韓兆琦　注譯
王子今　原文總校勘

新譯史記（二）表

三民書局　印行

國家圖書館出版品預行編目資料

新譯史記／韓兆琦注譯;王子今原文總校勘.－－增訂二版二刷.－－臺北市：三民，2020
面；　公分.－－(古籍今注新譯叢書)
參考書目：面
ISBN 978-957-14-6372-8 （第二冊：平裝）
1. 史記 2. 注釋

610.11　　　106023514

古籍今注新譯叢書

新譯史記（二）表

注譯者　韓兆琦
原文總校勘　王子今

發行人　劉振強
出版者　三民書局股份有限公司
地址　臺北市復興北路 386 號（復北門市）
臺北市重慶南路一段 61 號（重南門市）
電話　(02)25006600
網址　三民網路書店 https://www.sanmin.com.tw

出版日期　初版一刷 2008 年 2 月
初版三刷 2013 年 11 月修正
增訂二版一刷 2018 年 1 月
增訂二版二刷 2020 年 1 月
書籍編號　S032530
ISBN　978-957-14-6372-8

新譯史記　目次

第二冊

卷十三

三代世表第一

【題解】表，是《史記》五種體例之一，是司馬遷的創造。它用表格形式，依時代、內容，簡明扼要地譜列大量歷史事實，既方便讀者閱覽，又與其他體例相互補充。《史記》中的十篇表，有八篇「年表」，一篇「月表」，一篇「世表」，「世表」就是本篇。三代，即夏、商、周三個朝代；世，即世系，指帝王世代相傳的系統。由於夏、商、西周過於遙遠，沒法說清各個事件發生的具體年代，所以只是列出了其歷代帝王的傳承順序。本篇所寫實際包括五帝和三代，時代起於傳說中的黃帝，止於西周末年的周厲王奔彘，朝廷實行共和。本表可以分為三段，第一段，「以祖宗為經，以子孫為緯，則五帝三代皆出於黃帝可知矣」。第三段，「周成王之後，以世為經，以國為緯，則親疏之相輔可知矣」。中間一段，「帝顓頊以下周武王以上，有經而無緯，止列世系而大治亂附焉，則正嫡旁支之繼統，皆可知矣」。總之，〈三代世表〉「所以觀百世之本支矣」（呂祖謙《大事記‧解題》）。

太史公曰：五帝、三代之記尚矣❶。自殷以前，諸侯不可得而譜❷，周以來，乃頗可著❸。孔子因史文次春秋❹，紀元年❺，正❻時日月，蓋❼其詳哉。至於序尚書❽則略❾，無年月；或頗有，然多闕，不可錄。故疑則傳疑，蓋其慎也❿。

余讀諜記⓫，黃帝以來皆有年數。稽其曆譜諜、終始五德之傳⓬，古文⓭咸不同，乖異⓮。夫子之弗論次⓯其年月，豈虛哉⓰！於是以五帝繫諜⓱、尚書集世⓲，紀黃帝以來訖共和為世表⓳。

【章旨】以上為〈三代世表〉的序，說明了自己寫作〈三代世表〉的原則。

【注釋】❶五帝三代之記尚矣　五帝，有多種說法，司馬遷指黃帝、顓頊、帝嚳、堯、舜，與《國語・魯語上》《大戴禮記・五帝德》相同。三代，指夏、商、周。尚，久遠。❷譜　布列；編排。❸頗可著　頗，略微。下文「頗」字義同。著，著錄。❹因史文次春秋　因史文，指依據魯《春秋》等文獻資料。次，依次序編排。春秋，本為史書的泛稱，據《孟子》《史記・孔子世家》等記載，孔子曾筆削魯《春秋》，增加「義法」，後世遂稱為《春秋經》。《春秋經》實為春秋大事記，作為時代名稱的「春秋」，即得名於此。❺元年　帝王即位之首年。❻正　改正謬誤。❼蓋　通「盍」。何。因為句末「哉」字表感歎語氣。❽序尚書　序，整理使之有次序。尚書，上古歷史文獻的彙編，分〈虞書〉〈夏書〉〈商書〉〈周書〉，據說曾經孔子整理。❾略　簡略。❿故疑則傳疑二句　傳，存留；保留。蓋，連接上句，表示原因。孔子主張「多聞闕疑，慎言其餘，則寡尤」（《論語・為政》），這裡即用其意。⓫諜記　指「曆譜諜」，即曆書和記載古代帝王世系、諡號的譜牒類著作。諜，通「牒」。《漢書・藝文志・數術略・曆譜》載錄〈黃帝五家曆〉〈夏殷周魯曆〉〈漢元殷周諜曆〉〈帝王諸侯世譜〉〈古來帝王年譜〉即此類著作。⓬稽其曆譜諜句　稽，考核。終始五德之傳，陰陽家鄒衍以水、火、木、金、土五行相生相剋的理論闡述朝代的更替和循環不已。終始，周而復始。五德，五行的性能，如火剋金，金剋木，每個王朝各具五行的一德，夏、商、周的興亡，就是火（周）剋金（商），金剋木（夏）。「代火者必將水」，「數備將徙于土」（《呂氏春秋・應同》），所以後人又附會秦為水德，漢為土德。傳，指曆譜牒和終始五德的著作。⓭古文　指先秦六國古籍。戰國時代東方六國使用的文字與秦漢不同，漢人稱之為「古文」。⓮乖異　相互抵觸，不一致。⓯論次　按次序編排。論，音同《論語》之「論」。⓰豈虛哉　難道沒有道理嗎。

虛，空；無。⓱五帝繫諜　《大戴禮記》有〈五帝德〉和〈帝繫〉兩篇，講古代帝王的譜系，言顓頊、帝嚳、堯、舜、禹，都是黃帝的後裔。⓲集世　編成世系。⓳訖共和為世表　訖，止。共和，周厲王暴虐，被國人驅逐，流放到彘（今山西霍州東北），《竹書》說「有共伯和者攝行天子事」，〈周本紀〉說是「召公、周公二相行政」。共和凡十四年（西元前八四一—前八二八年）。世表，因為年月闕略，只列世系，故稱。梁玉繩《史記志疑》說：「五帝、三王之世，多有紕漏，與〈本紀〉同，故其屬長短不相當……此非盡史公之誤也。考《梁書・劉杳傳》《史通・表曆篇》俱引桓譚《新論》云：『太史公〈三代世表〉旁行斜上，並效《周譜》。』今〈表〉有旁行而無斜上，久失其舊。」

【語　譯】太史公說：五帝、三代的記載很久遠了。從殷商以前，諸侯國的史蹟沒辦法譜列，周代以來，才稍微能夠著錄。孔子依據歷史文獻，編排《春秋》，記錄了紀元年代，訂正了四時月日，何其詳明啊！至於編排《尚書》就很簡略，沒記載年月；或者略有年月，可是大多數沒有，不能著錄。所以有疑問不能確定就保留疑問，這就是他的謹慎吧。

我讀了譜牒類著作，從黃帝以來都有年數。查考曆書、譜牒和講述五德循環轉換的書，古文的記載全不相同，相互矛盾。孔夫子不排列其年月，難道沒有道理嗎！於是，我用《五帝繫諜》、《尚書》編集世系，記載黃帝以來到共和這一段歷史，撰為〈三代世表〉。

帝王世國號	顓頊❶屬	俈❷屬	堯❸屬	舜❹屬	夏屬	殷❺屬	周屬
黃帝❻號有熊。	黃帝生昌意❼。	黃帝生玄囂❽。	黃帝生玄囂。	黃帝生昌意。	黃帝生昌意。	黃帝生玄囂。	黃帝生玄囂。

❶顓頊，黃帝之孫，昌意之子，號高陽氏。生於若水，曾佐少昊氏。都於帝丘。❷俈，同「嚳」。即帝嚳，黃帝曾孫，名夋（或作「俊」），號高辛氏。都於亳。傳說他是商人、周人的祖先。❸堯，名放勛，號陶唐氏，或說姓伊祁。都於平陽。曾舉鯀治洪水，禪位於舜。一說，堯德衰，舜逼其讓位。❹舜，號有虞氏，姚姓，名重華，字都君。生於嬀汭，繼堯為帝，都於蒲坂。一說舜是東夷之人，居於嬀汭。據《山海經》〈天問〉和甲骨卜辭，帝俊、帝嚳、舜、夔應是一人，後發生分化。舜與堯一起被儒家尊為聖王。傳說堯晚年舉舜攝政，舜任用賢者，放逐四凶，命禹治水，並禪位給禹。一說晚年被禹放逐。或曰死於鳴條，或曰死於蒼梧。❺殷，商王盤庚自奄遷都於殷，故後世也稱商為「殷」或「殷商」。❻黃帝，華夏族始祖，少典氏後裔，姬姓，號軒轅氏，有熊國君，曾居姬水。一說，都於涿

帝王世國號	顓頊屬	俈屬	堯屬	舜屬	夏屬	殷屬	周屬
帝顓頊，黃帝孫。起黃帝至顓頊三世，號高陽❾。	昌意生顓頊。為高陽氏。	玄囂生蟜❿極。	玄囂生蟜極。	昌意生顓頊。顓頊生窮蟬⓫。	昌意生顓頊。	玄囂生蟜極。蟜極生高辛。	玄囂生蟜極。蟜極生高辛。
帝俈，黃帝曾孫。起黃帝至帝俈四世。號高辛。		蟜極生高辛，為帝俈。	蟜極生高辛。高辛生放勛。	窮蟬生敬康。敬康生句望。		高辛生卨⓬。	高辛生后稷⓭，為周祖。
帝堯。起黃帝，至俈子五世。號唐。			放勛為堯。	句望生蟜牛⓮。蟜牛生瞽叟⓯。		卨為殷祖。	后稷生不窋⓰。
帝舜，黃帝玄孫之玄孫，號虞。				瞽叟生重華，是為帝舜。	顓頊生鯀⓱。鯀生文命⓲。	卨生昭明⓳。	不窋生鞠⓴。
帝禹㉑，黃帝耳孫㉒，號夏。					文命，是為禹。	昭明生相土㉓。	鞠生公劉㉔。
帝啟㉕，伐有扈㉖，作甘誓㉗。						相土生昌若。	公劉生慶節。
帝太康㉘						昌若生曹圉㉙。曹圉生冥㉚。	慶節生皇僕。皇僕生差弗。
帝仲康㉛，太康弟。						冥生核㉜。	差弗生毀渝㉝。毀渝生公非㉞。
帝相㉟						核生微。微生報乙㊱。	公非生高圉。高圉生亞圉㊲。

鹿，遷於有熊。阪泉之戰，打敗炎帝；涿鹿之戰，擒殺蚩尤，被尊為天子。有子二十五人。❼昌意，黃帝元妃嫘祖所生，居於若水。❽玄囂，嫘祖所生。❾號高陽，此三字原無。張文虎《札記》：「《考證》云脫『號高陽』三字，《史詮》說同。」今據補。❿蟜，《世本》作「僑」。⓫窮蟬，《世本》作「窮係」。據《左傳》《國語》記載，顓頊之後、瞽叟之前有「虞幕」。⓬卨，亦作「契」，也稱玄王，子姓，殷人的始祖。《詩經・商頌・玄鳥》：「天命玄鳥，降而生商。」傳說卨母為有娀氏之女簡狄，食玄鳥卵受孕而生卨。卨曾任司徒。《世本》稱「契居蕃（亳）」。⓭后稷，《詩經・大雅・生民》說稷母姜嫄感大人之跡生稷，生而弃（棄）之，故名「弃」。弃好農耕，任農官，被封於邰。姬姓，號后稷。「為」上應增「后稷」二字。⓮蟜牛，「蟜」字也作「橋」、「喬」。⓯瞽叟，舜父。瞽，目盲，此指有目而不辨好壞。叟，一作「瞍」，有目無珠。⓰據《山海經・大荒西經》「帝俊生后稷，稷降以百穀。稷之弟曰台璽，生叔均。叔均是代其父及稷播百穀，始作耕」。《山海經・海內經》稱「稷之孫曰叔均，是始作牛耕」。則后稷與不窋不應是父子關係，世代必有脫遺。《國語・周語上》、《禮記・祭法》又說烈山民（炎帝）之子能殖百穀，後周棄繼其事，祀以為稷。《禮記・祭法》說「夏之衰也，周棄繼之」，《國語・周語上》也說當夏衰之際不窋失官，奔於戎狄之間。⓱鯀，《漢書・律曆志》稱「顓頊五代而生鯀」，更可信。鯀居於崇，號有崇氏，又稱崇伯。洪水泛濫，堯命鯀治水，築堤攔堵，九年無成，被殛於羽山。⓲文命，此為禹之名。一說「文命」非禹名。⓳昭明，《荀子・成相》：「契玄王，生昭明，居于砥石遷于商。」商在今河南商丘南。⓴鞠，《世本》作「鞠陶」。㉑禹，鯀之子，姒姓，又稱戎禹、崇禹、大禹。奉舜命治理洪水，用疏導方法，歷十三載而成功。舜禪位於禹。《竹書》《世本》稱禹居陽城。〈夏商周年表〉估定禹之始年約在西元前二〇七〇年。有人依《竹書紀年》推算，則在西元前一九九四年。禹欲傳益，而禹之子啟奪位建立夏朝。㉒耳孫，遠孫。郭嵩燾曰：「按〈本紀〉，則禹為黃帝元孫，顓頊之孫也，於舜為五世族祖。史公似亦知其義不可通，故〈世表〉但謂之『耳孫』，亦疑以傳疑之意。」㉓相土，又作「乘杜」，居於商。《詩經・商頌・長發》：「相土烈烈，海外有截。」《世本》：「相土作乘馬。」㉔公劉，復修后稷之業，勤於農耕，民眾富足，百姓歸服，周族自此興盛。《史記・劉敬叔孫通列傳》說自后稷至公劉「十有餘世」，公劉避夏桀率族人遷於豳。㉕啟，夏王，禹之子，都陽翟。㉖有扈，有扈氏，相傳為夏之諸侯，舊說在今陝西戶縣，今人疑在今河南原陽西。夏啟繼父位為君，有扈氏不服，啟率師征伐，戰於甘。舊說甘亦在今戶縣，疑應在洛陽市西南。㉗甘誓，《尚書》篇名。㉘太康，啟之子，居斟鄩。好淫樂，不理政事，有窮后羿乘太康出獵奪取其政權，太康失國。㉙曹圉，也作「遭圉」、「根圉」。㉚冥，因為勤其官而水死，殷人給予隆重的祭祀。《禮記・祭法》孔穎達疏引《世本》曰：「曹圉生根國，根國生冥。」多出根國一世。㉛仲康，曾命胤侯征討天文官羲和。㉜按：「核」字原作「振」，誤，今改。「核」字又作「胲」「該」「垓」「王亥」。始駕牛到有易做交易，被其君綿臣所殺。甲骨卜辭稱之為「高祖亥」或「高祖垓」。㉝毀渝，〈本紀〉作「毀隃」，《世本》作「毀揄」，或作「偽榆」。㉞公非，《世本》作「公非辟方」。《漢書・人表》曰：「辟方，公非子。」或說公非字辟方，或說公非、辟方是兄弟。㉟相，仲康之子，居於帝丘，曾伐淮夷、黃夷。寒浞殺羿自立，浞之子澆又殺相。㊱「核」原作「振」，今正。微，上甲微。「上甲」是廟號，「微」是名。借河伯之師殺綿臣，滅有易。原作「微生報丁」，據甲骨卜辭，微生「報乙」，非「報丁」，今正。㊲《世本》作「高圉侯侔，亞圉雲都」。《漢書・人表》「侯侔」作「夷俟」，以為夷俟、亞圉為高圉子，雲都為亞圉弟。漢宋衷《世本》注曰：「高圉能率稷者也，周人服之。」

帝王世國號	顓頊屬	俈屬	堯屬	舜屬	夏屬	殷屬	周屬
帝少康[38]						報乙生報丙。報丙生報丁[39]。	亞圉生公祖類[40]。
帝予[41]						報丁生主壬。主壬生主癸[42]。	公祖類生太王亶父[43]。
帝槐[44]						主癸生天乙，是為殷湯[45]。	亶父生季歷[46]，季歷生文王昌[47]。益[48]易卦。
帝芒[49]							文王昌生武王發[50]。
帝泄[51]							
帝不降[52]							
帝扃，不降弟。							
帝廑[53]							
帝孔甲[54]，不降子。好鬼神、淫亂，不好德，二龍去[55]。							
帝皋[56]							
帝發[57]							

帝履癸，是為桀。(58)從禹至桀十七世。從黃帝至桀二十世。

(38)少康，相之子。澆殺相，相妻有孕，逃歸母家有仍氏，生少康。《左傳》哀公元年載：少康曾任有仍牧正，有虞庖正，虞思妻以二姚，「邑諸綸」，布德行收夏眾。夏臣伯靡殺澆，滅寒浞，少康復位，史稱「少康中興」。(39)按：原作「報丁生報乙。報乙生報丙」。今據甲骨卜辭更正。報乙、報丙是廟號。(40)〈本紀〉「公」下有「叔」字，「類」或作「賴」。《世本》作「太公組紺諸盩」。《漢書・人表》作「公祖」，馬驌《繹史》以組紺、諸盩為二世。王玉哲以為太公也應是一代。(41)予，少康之子，也作「杼」、「佇」、「季佇」。參與了滅寒浞之子豷的戰爭，先後居原、老丘，曾征東海，始作甲。史書稱讚他能修禹之道。(42)按：「報丁」原作「報丙」，今據甲骨卜辭更正。又「主壬」、「主癸」甲骨卜辭作「示壬」、「示癸」。(43)太王亶父，也稱「公亶父」，為避狄人侵害，由豳遷居周原。時為商王武乙時。周人滅商的奠基者，武王時尊為「太王」。(44)槐，予之子，《竹書紀年》《世本》「槐」作「芬」。在位期間，九夷賓服。(45)天乙，傳說名「履」，又稱「成湯」、「武王」。「天」當是「大」字之誤，「大」同「太」。甲骨文、金文稱「成」、「唐」、「大乙」、「成唐」。以伊尹、仲虺為相，征葛、韋、顧、昆吾，十一征無敵於天下。夏桀無道，湯敗桀於鳴條，放逐於南巢，遂建立商朝。自契至湯十四世，凡八徙國都。湯始居亳，在今山東曹縣南；滅夏後則遷於西亳，即今河南偃師二里頭之商城。湯時「商」不稱「殷」，故「殷湯」應曰「商湯」。(46)季歷，又稱「公季」、「王季」，名季歷，亶父少子。亶父欲立季歷之子昌，故傳位於季歷。季歷曾朝殷王武乙，多次打敗戎狄，殷命他為牧師。終為殷王文丁所殺。(47)文王昌，周文王姬昌。殷末時為西方諸侯之長，稱為「西伯昌」。勤政愛民，文治武功突出，諸侯歸服，三分天下有其二，生前即稱王。由岐下遷豐，在今西安市西的古豐水西側。曾被殷紂王囚在羑里，傳說他把《周易》的八卦演為六十四卦。(48)益，增加。(49)芒，《竹書》作「荒」，槐之子，曾東狩於海。(50)武王發，周武王，名發，即位後遷都於鎬京，今西安市西的古豐水東側。以太公望、周公旦輔政。西元前一〇四六年率諸侯兵破殷紂王於牧野，紂王兵敗自焚而死。周武王滅殷後建立周朝，分封宗室功臣與前王後裔為諸侯。一說，周之始年當依《竹書紀年》，在西元前一〇二七年。(51)泄，芒之子，泄二十一年加畎夷、白夷、赤夷等爵命。(52)不降，泄之子，《世本》作「降」，《竹書》同《史記》。不降六年伐九苑。(53)廑，《竹書》稱「胤甲」，扃之子，居西河。(54)孔甲，《國語・周語下》云：「孔甲亂夏，四世而殞。」(55)二龍去，天降龍，孔甲命劉累豢養。雌龍死，劉累拿龍肉給孔甲吃。後來孔甲還要吃龍肉，劉累便懼而逃走了。「二龍去」與〈夏本紀〉所說不同。(56)皋，《竹書》作「昊」，孔甲之子，其墓在崤山南陵。(57)發，又作「敬發」、「發惠」，皋之子。諸夷來獻樂舞。(58)桀，又稱「癸」、「履癸」，發之子。《世本》說是皋之子。桀居斟鄩。暴虐無道，百姓無法忍受。湯伐桀，敗之鳴條，放逐南巢而死。按：夏代凡十四世，十七王。依此表，自黃帝至桀為十八世，二十一王。《竹書》曰：「自禹至桀有王與無王，用歲四百七十一年。」依此推算，夏亡約在西元前一五二三年。〈夏商周年表〉估定夏亡約在西元前一六〇〇

帝王世國號	顓頊屬	俈屬	堯屬	舜屬	夏屬	殷屬	周屬
殷湯代夏氏。從黃帝至湯十七世[59]。							
帝外丙，湯太子太丁[60]蚤[61]卒，故立次弟外丙。							
帝仲壬[62]，外丙弟。							
帝太甲[63]，故太子太丁子。淫，伊尹[64]放之桐宮[65]。三年，悔過自責，伊尹乃迎之復位。							
帝沃丁[66]。伊尹卒。							
帝太庚[67]，沃丁弟。							
帝小甲[68]，太庚弟。殷道衰，諸侯或不至。							
帝雍己[69]，小甲弟。							

帝太戊(70)，雍己弟。以桑穀(71)生，稱中宗。							
帝中丁(72)							
帝外壬(73)，中丁弟。							
帝河亶甲(74)，外壬弟。							
帝祖乙(75)							
帝祖辛(76)							

年。(59)十七世，梁玉繩以為應作「十八世」。〈夏商周年表〉估定商湯始年為西元前一六〇〇年。依《竹書》推算，約在西元前一五二三年。(60)外丙，甲骨文作「卜丙」，名勝，居亳。太丁，卜辭「太」字作「大」，下同。(61)蚤，通「早」。(62)仲壬，又作「中壬」，名「庸」。卜辭未見仲壬。一說即卜辭中之「南壬」。(63)太甲，即位後不遵湯之法度，亂德，被伊尹放之桐宮。三年後悔過，迎之復位。因能繼湯功業，死後被尊為太宗。(64)伊尹，名摯，號阿衡，湯之賢相，輔湯滅夏建商，放太甲後攝政三年。《竹書》說伊尹放太甲而自立，七年後太甲殺伊尹而復位。此說不可信，因為卜辭中對伊尹有隆重的祭祀。(65)桐宮，桐地的宮室，在今河南偃師西。一說在今河南虞城東北。(66)沃丁，名絢，太甲之子。按：甲骨文中無沃丁，而有羌丁，于省吾以為「沃」為「羌」字之訛。伊尹卒，沃丁以王禮葬之。(67)太庚，名辯，又稱「小庚」。(68)帝小甲，名高，〈本紀〉《世本》都說小甲是太庚之子。「殷道衰，諸侯或不至」，〈本紀〉記於雍己時。(69)雍己，名伷。(70)太戊，名密，以伊尹之子伊陟為相。〈本紀〉曰：桑樹、穀樹共生於朝廷，一暮大拱。伊陟勸太戊不信此妖孽之象而修德，「殷復興，諸侯歸之，故稱中宗。」卜辭中祀序為太戊、雍己、仲丁。又卜辭中稱「中宗祖乙」，未見稱太戊為中宗。(71)穀，樹名，落葉喬木，也叫構。(72)中丁，也作「仲丁」，名莊，太戊之子，自亳遷都於囂，也作「隞」，在今河南滎陽東北。近人也有以為即今鄭州商城遺址。征藍夷。(73)外壬，甲骨卜辭作「卜壬」，太戊之子。(74)河亶甲，名整，亦稱「整甲」，甲骨卜辭作「戔甲」，太戊之子。自囂遷都於相，今河南內黃東南。殷衰。征藍夷、班方。(75)祖乙，名滕，由甲骨卜辭知其為中丁之子，與〈本紀〉河亶甲之子說不同。任巫賢為相，殷復興，被尊稱中宗。據《竹書紀年》知其曾兩次遷都，先遷於邢，今河北邢台。邢亦稱耿，被水沖毀。後又遷於庇，今山東鄆城，或費縣西南。(76)祖辛，祖乙之子。

帝王世國號	顓頊屬	俈屬	堯屬	舜屬	夏屬	殷屬	周屬
帝沃甲[77]，祖辛弟。							
帝祖丁，祖辛子。							
帝南庚[78]，沃甲子。							
帝陽甲[79]，祖丁子。							
帝盤庚[80]，陽甲弟。徙河南。							
帝小辛[81]，盤庚弟。							
帝小乙[82]，小辛弟。							
帝武丁[83]。雉升鼎耳雊[84]。得傅說。稱高宗。							
帝祖庚[85]							
帝甲[86]，祖庚弟。淫[87]。							
帝廩辛[88]							
帝康丁[89]，廩辛弟。殷徙河北[90]。							

帝武乙[91]。慢神。震死[92]。							
帝文丁[93]							
帝乙[94]。殷益衰。							
帝辛[95]，是為紂。弒[96]。從湯至紂二十九世[97]。從黃帝至紂四十六世[98]。							

[77]沃甲，《竹書》《世本》作「開甲」，甲骨卜辭作「羌甲」，名踰。[78]南庚，名更，自庇遷都於奄，今山東曲阜。[79]陽甲，名和。曾西征。中丁以來九世，不斷發生廢嫡立諸弟子，諸弟子又爭立，殷衰，諸侯不來朝。[80]盤庚，名旬，「盤」又作「般」。自奄遷都於殷，今河南安陽小屯村。由於臣民反對，盤庚曾幾次發布訓令，即今《尚書》中的〈盤庚〉三篇。遷都後，「百姓由甯，殷道復興」。司馬遷誤以為盤庚是由邢遷於亳，所以說「徙河南」；實際是奄在河南，殷在河北。盤庚遷都約在西元前一三〇〇年。《竹書》曰：「自盤庚遷殷至紂之滅，七（二）百七十三年更不徙都。」[81]小辛，名頌。殷復衰。[82]小乙，名斂，甲骨文又作「小祖乙」、「后祖乙」。[83]武丁，名昭，小乙之子。相傳他久勞於外，了解民間疾苦，又學於賢臣甘盤。即位後三年不言，以觀國風。後從民間訪得傅說，任以為相，殷朝大治。曾征伐土方、羌方等，戰功顯赫，疆域擴大。在位五十九年，約在西元前一二五〇—前一一九二年，死後被尊為「高宗」。[84]雉升鼎耳雊，武丁祭祀成湯，有雉飛到鼎耳上鳴叫，武丁以為不祥，乃聽從賢臣祖己之言，修德行政，而使殷道復興，自己也被後代稱為聖君。[85]祖庚，名曜，或作「躍」，武丁之子。[86]甲，又稱「祖甲」，名載。[87]淫，淫亂，《國語・周語下》：「帝甲亂之，七世而隕。」[88]廩辛，又作「馮辛」、「憑辛」，名「先」，祖甲之子。[89]康丁，也叫「康祖丁」。原作「庚丁」，今據甲骨卜辭改。[90]徙河北，此說誤，康丁未遷都，《竹書》「康丁居殷」可證。據〈夏商周年表〉，祖庚、帝甲、廩辛、康丁四王在位之年為西元前一一九一—前一一四八年。[91]武乙，甲骨文作「武祖乙」，康丁之子。[92]慢神震死，據說他曾以箭射天，侮辱天神，後在獵於河渭時被雷震死。慢神，對天神傲慢。[93]文丁，原作「太丁」，《世本》作「文丁」，甲骨文作「文武丁」，今據正。文丁是武乙之子。文丁初命周季歷為牧師。文丁時季歷頻繁伐諸戎，周之勢力迅速發展，遂召季歷殺之。[94]帝乙，甲骨文、金文作「文武帝乙」，文丁之子。帝乙二年，周伐商。帝乙曾兩次親征人方。[95]帝辛，名紂，或作「受」，又稱「辛」、「受辛」、「商紂」，帝乙之子。暴虐淫亂，親諂諛，拒忠良，長期伐東夷，重賦嚴刑，以致眾叛親離。周武王率諸侯伐紂，殷的士兵倒戈，紂敗，自焚死，殷滅。據〈夏商周年表〉，紂在位三十年（西元前

帝王世國號	顓頊屬	俈屬	堯屬	舜屬	夏屬	殷屬	周屬
周武王代殷。從黃帝至武王十九世[99]。							

成王誦[100]	魯周公旦[101],武王弟。初封。	齊太公尚[102],文王、武王師。初封。	晉唐叔虞[103],武王子。初封。	秦惡來[104],助紂。父飛廉,有力。	楚熊繹[105],繹父鬻熊[106],事文王。初封。	宋微子啟[107],紂庶兄。初封。	衛康叔[108],武王弟。初封。	陳胡公滿[109],舜之後。初封。	蔡叔度[110],武王弟。初封。	曹叔[111]振鐸,武王弟。初封。	燕召公奭[112],周同姓。初封。
康王釗。刑錯四十餘年[113]。	魯公伯禽[114]	丁公呂伋[115]	晉侯燮[116]	女防[117]	熊乂[118]	微仲,啟弟。[119]	康伯[120]	申公[121]	蔡仲[122]		九世至惠侯[123]。
昭王瑕。南巡不返。不赴,諱之[124]。	考公[125]	乙公[126]	武侯[127]	旁皋[128]	熊黮[129]	宋公[130]	孝伯[131]	相公[132]	蔡伯[133]	太伯[134]	

一〇七五—前一〇四六年)。[96]弒,據《逸周書・克殷》、〈周本紀〉,武王至紂死所,親斬紂頭,故曰「弒」。[97]二十九世,依本表當作「三十世」。[98]四十六世,依本表當作「四十七世」。不計未立而卒的太丁,商實有十七世、三十王。《竹書》說:「湯滅夏以至于受,二十九王,用歲四百九十六年。」《鬻子・湯政天下至紂》則說:「湯之治天下也……積歲五百七十六歲至紂。」[99]十九世 依本表應作「二十世」,但「十九」「二十」都不可信,見前不窋、公劉注。〈本紀〉稱武王克殷「後二年」病卒,〈夏商周年表〉定武王滅殷建周在西元前一〇四六年。滅殷後武王在位四年,為西元前一〇四六—前一〇四三年。有些學者以為應依《竹書》,定武王滅殷於西元前一〇二七年。[100]成王誦,成王名誦,武王之子。年幼即位,由周公攝政,平管蔡之亂,東征淮夷和奄,命召公營建東都洛邑。七年後還政。據〈夏商周年表〉,成王在位二十二年(西元前一〇四二—前一〇二一年)。[101]周公旦,周公名旦,武王同母弟,也稱「叔旦」。采邑在周,今陝西岐山北。先後任太宰、太師,故稱「周公」,也稱「周文公」。與太公望、召公奭等佐武王滅殷建周。武王死後,成王年幼,周公攝政,管叔、蔡叔勾結紂子武庚發動叛亂,被周公討平。七年後還政成王。據《左傳》定公四年載,始封於魯、稱「魯

公」者是周公之子伯禽，與《史記》說法不同。[102]太公尚，姜姓呂氏，名尚，字牙，又稱「太公望」、「呂望」，東海人。文王遇之於渭水濱，曰：「吾太公望子久矣。」故號「太公望」。為文、武師，輔武王滅紂建周，被封於齊營丘，後改名臨淄，在今山東淄博之臨淄城北。[103]唐叔虞，名虞，字子于，武王之子，成王之弟。周公滅唐後，成王封虞於唐，在今山西翼城西。至其子燮時，因唐境內有晉水，故改國號曰晉。一說虞始封於晉陽或燮始遷都於晉陽。[104]惡來，嬴姓，名革。有力。伯益之後，其父飛廉善走，父子俱事殷紂。飛廉也作「蜚廉」，別號處父。[105]熊繹，羋姓，熊氏，楚國始封之君。成王時封於楚蠻，食子男之田，居丹陽，今湖北秭歸。[106]鬻熊，也稱「鬻子」、「鬻熊子」，傳說曾為周文王師。「鬻」字也作「粥」。據〈楚世家〉熊繹為鬻熊之曾孫。[107]微子啟，微子名啟，殷帝乙之子，因母賤，不得嗣，封於微。一說與紂同母，生紂時已為正妃。紂昏亂，微子屢諫，紂不聽，微子遂出亡。周公平武庚之亂，命微子代殷後，國於宋，今河南商丘。[108]康叔，名封，又稱「康叔」「衛侯」，周武王的同母弟。食采於康，今河南禹州西北。周公東征平亂後，封康叔於殷王舊地，曰衛，都沬，今河南淇縣。周公對康叔的訓誡，即《尚書・康誥》。曾任王朝司寇。[109]胡公滿，胡公名滿，舜之後。《左傳》稱「胡公不淫」。武王克殷，以長女太姬妻滿，封之於陳，今河南淮陽，奉舜祀，賜姓嬀。[110]蔡叔度，蔡叔名度，武王的同母弟。滅商後，武王封度於蔡，今河南上蔡西南。與管叔相武庚。成王幼，周公攝政，管叔、蔡叔疑周公不利於成王，乃挾武庚作亂。周公誅武庚，殺管叔，蔡叔被流放而死。[111]曹叔，名振鐸、叔鐸，周武王的同母弟。克殷後，封於曹，都陶丘，今山東定陶北。[112]召公奭，姬姓，名奭。因采邑在召，也作邵，在今陝西岐山西南，故也稱「邵公」、「召康公」。滅殷後，被封於燕，金文作「匽」「郾」，都城在今北京市。由其子到燕地就封，召公則留於王都與周公共佐成王。召公與周公分陝而治，自陝以東周公主之，自陝以西召公主之。相傳至康王時召公尚為太保。主持修建東都洛邑。[113]康王名釗，成王之子。由召公、畢公輔佐。《竹書》：「成康之際，天下安寧，刑措四十餘年不用。」晉侯築宮室而美，康王使讓之。錯，置；不用。康王出兵平定東夷，又兩次討伐鬼方。據〈夏商周年表〉，康王在位二十五年（西元前一〇二〇—前九九六年）。[114]伯禽，周公長子，又稱「禽父」，魯國的第一代國君。都曲阜。周公東征後，成王把奄的土地與殷民六族封給伯禽。淮夷、徐戎反叛，伯禽伐之於費，作〈費誓〉。[115]丁公呂伋，丁公名伋，太公之子。[116]名燮，又稱「燮父」，唐叔之子。改國號曰晉。[117]惡來之子。[118]《世本》作「熊艾」，「乂」「艾」二字相通。熊繹之子。[119]微仲，名衍。劉恕等均以為微仲是啟之子。[120]名髦，或作「牟」，又稱「王孫牟」、「牟伯」，康叔之子。[121]名犀侯，胡公之子。[122]名胡，《漢書・人表》作「蔡中胡」，蔡叔之子。改過修德，周公以為卿士，復封於蔡。[123]惠侯當周厲王奔彘、共和之時。司馬貞曰：「並國史先失也。」金文中有「郾侯旨」，學者以為應是一、二代燕侯。約春秋時燕滅薊，以為都，在今北京城之西南部。[124]昭王，名瑕，康王之子。昭王十六年，南征楚荊，十九年喪六師於漢水，昭王溺死，即所謂「南巡不返」。不赴，不向諸侯國通報喪事。赴，同「訃」。諱，隱匿不說。據〈夏商周年表〉昭王在位十九年（西元前九九五—前九七七年）。[125]名酋，也作「就」、「遒」，伯禽之子。在位四年（西元前九九八—前九九五年）。[126]名得，丁公之子。[127]名寧族，《世本》作「曼期」，或作「曼旗」，燮之子。[128]女防之子。[129]䵣，或作「黜」、「亶」，熊乂之子。[130]名稽，微仲之子。[131]〈世家〉作「考伯」，梁玉繩認為「考」為「孝」之訛。康伯之子。[132]《漢書・人表》作「柏公」，名皋羊，申公之弟。[133]名荒，蔡仲之子。梁玉繩曰：「蔡為侯爵，不知何以稱『伯』？」[134]名脾，振鐸之子。

穆王滿。作甫刑。荒服不至135。	煬公，考公弟136。	癸公137	成侯138	大几139	熊勝140	丁公141	嗣伯142	孝公143	宮侯144	仲君145	
146恭王伊扈	幽公147	哀公148	厲侯149	大駱150	熊煬151	湣公，丁公弟152。	疐伯153	慎公154	厲侯155	宮伯156	
懿王堅。周道衰，詩人作刺157。	魏公158	胡公159	靖侯160	非子161	熊渠162	煬公，湣公弟163。	靖伯164	幽公165	武侯166	孝伯167	
孝王方，懿王弟。168	厲公169	獻公。弒胡公170。		秦侯171	172熊無康	厲公173	貞伯174	釐公175		夷伯176	
夷王燮，懿王子177。	獻公，厲公弟178。	武公179		公伯180	181熊鷙紅	釐公182	頃侯183				
厲王胡。以惡聞過亂，出奔，遂死于彘184。	真公185			秦仲186	熊延，紅弟187。		釐侯188				

135穆王，名滿，昭王之子。穆王曾討淮夷、犬戎，伐徐至九江。《竹書》《穆天子傳》稱穆王周遊四方，北征行流沙千里，西征至昆侖丘。學者認為穆王遠遊實有其事。穆王在位五十五年，〈夏商周年表〉定於西元前九七六－前九二二年。作甫刑，由於諸侯不睦，甫侯請穆王頒布刑法，於是有《甫刑》，即關於刑法的文告。荒服，據說古代帝王統屬的地區由近及遠分為五服，曰甸服、侯服、賓服、要服、荒服。「要服」、「荒服」都指周邊的少數民族地區。《國語・周語》說周穆王因為征伐犬戎，致使荒服之人不再來朝。136煬公，名熙，一作「怡」。《世本》：「煬公徙魯。」魯初封於少昊之墟，在奄之東。煬公「克淵（奄）克曼」而徙居奄城，二城相距三四里，後聯而為一。煬公在位六年（西元前九九四－前九八九年）。137《世本》與〈本紀〉索隱作「瘖公」，名慈母，乙公之子。138名服人，武侯之子。《詩譜》曰：「徙居曲沃。」139〈本紀〉作「太几」，「太」「大」通。旁皋之子。140熊黮之子。141名申，宋公之子。142孝伯之子。143名突，申公之子。144蔡伯之子。145名平，太伯之子。146恭王，也作「共王」，名伊扈，也作「繄扈」，穆王之子。滅密。《國語・魯語下》稱「周恭王能庇昭、穆之闕而為『恭』」，〈夏商周年表〉定恭王在位二十三年（西元前九二二－前九〇〇年）。147名宰，一作

「圉」，煬公之子。在位十四年（西元前九八八－前九七五年）。魏公殺之。[148]名不辰，《世本》作「不臣」。癸公之子。紀侯譖哀公於周，周夷王烹哀公。《世本》宋衷注：「哀公荒淫田游，國史作詩以刺之。」[149]名福，《世本》作「輻」，成侯之子。[150]大几之子。[151]「煬」，〈世家〉作「楊」，或作「錫」，熊勝之弟。[152]湣公，名共，〈世家〉〈人表〉以湣公為丁公子。梁玉繩以為表誤。[153]疌伯，〈世家〉作「庫伯」，《世本》作「摯伯」，嗣伯之子。[154]名圉戎，孝公之子。《繹史・世系》曰：「〈世家〉『慎公當周厲王時』。歷二百五十年，周十世，陳止五世，疑有脫誤。」[155]宮侯之子。[156]名侯，仲君之子。[157]懿王，名堅，也作「艱」，恭王之子。周衰，戎狄交侵，懿王遷都犬丘，今陝西興平城之東南部。詩人作刺，《漢書・匈奴傳》以為指《詩經・采薇》之所謂「靡室靡家，玁狁之故」云云。懿王元年「天再旦于鄭」，〈夏商周年表〉定是年為西元前八九九年。[158]也作「微公」，名「費」「弗」或「弗甚」，幽公之弟。殺幽公自立。在位五十年（西元前九七四－前九二五年）。[159]名靜，哀公之弟。徙都薄姑，今山東博興東南。[160]名宜臼，厲侯之子。靖侯十七年，厲王奔彘。[161]大駱之子。善養馬，周孝王使主畜牧，邑之秦，今甘肅張家川東，使復續嬴氏之祀，號曰「秦嬴」，在位約三十餘年。此處當書「初封」二字。[162]熊煬之子。周夷王時王室衰微，熊渠興兵伐庸、楊粵，並立其三個兒子為王，周厲王暴虐，楚畏受伐，去王號。[163]煬公，名熙。[164]疌伯之子。[165]名寧，慎公之子。幽公十三年周厲王奔彘。[166]厲侯之子。武侯時，周厲王奔彘。[167]名雲，宮伯之子。[168]孝王，名方，〈本紀〉〈人表〉名辟方，恭王弟。《世本》與本表曰懿王弟。[169]名擢，或作「翟」，魏公之子。在位三十七年（西元前九二四－前八八八年）。[170]獻公，名山，哀公同母少弟。殺胡公自立。元年復都臨淄。在位九年。[171]非子之子，在位十年（西元前八五七－前八四八年）。[172]〈世家〉作「毋康」，熊渠長子。《世本》「無康」作「庸」，早卒，未立。[173]名鮒祀，一作魴祀，湣公庶子。弒煬公自立。[174]《世本》作「箕伯」，靖伯之子。[175]釐公之立在共和時，此二字應削。[176]名喜，孝伯之子。夷伯二十三年，周厲王奔彘。[177]夷王，名燮。曾烹齊哀公，命虢公伐太原，今甘肅平涼、涇川一帶之戎。〈夏商周年表〉定懿、孝、夷三王共在位二十二年（西元前八九九－前八七八年）。[178]獻公，名具，在位三十二年（西元前八八七－前八五六年）。[179]名壽，獻公之子。武公九年，厲王奔彘。[180]秦侯之子，在位三年（西元前八四七－前八四五年）。[181]熊渠中子。《世本》〈帝繫〉無「鷙」字。譙周、馬驌以為即《左傳》僖公二十六年之熊摯。有疾未立，後世為夔子。[182]名舉，厲公之子。釐公十七年周厲王奔彘。「釐」字也作「僖」。[183]貞伯之子。〈世家〉說頃侯厚賂周夷王命衛為侯，司馬貞以為衛君本為侯爵，伯乃方伯之伯。梁玉繩以為頃侯之世晚於夷王。[184]厲王，名胡，夷王之子。暴虐侈傲，專山澤之利，殺謗者，民不堪命，發生暴動，厲王奔彘而死。因厲王無道，戎狄寇掠，西戎深入犬丘，淮夷深入伊、洛。〈夏商周年表〉定厲王在位三十七年（西元前八七七－前八四一年）。彘，在今山西霍縣汾水旁。「過」原作「遇」。瀧川《考證》：「『遇』當作『過』。惡聞過，謂監謗者。」[185]《世本》作「慎公」，名濞，或作「摯」，獻公之子。在位三十年（西元前八五五－前八二六年）。周厲王奔彘在真公十四年。按：除〈魯周公世家〉持不肯定之說，〈管蔡世家〉〈燕召公世家〉未明說，〈晉世家〉似主當年為共和元年，其餘《史記》有關各篇與〈十二諸侯年表〉均記共和行政於厲王奔彘之次年，〈夏商周年表〉定為當年改元，這裡所記仍依《史記》各篇。[186]公伯之子。秦仲三年，周厲王無道，西戎反周室，滅西犬丘大駱嫡子成之族，周宣王任命秦仲為大夫，誅西戎；西戎殺秦仲。秦仲在位二十三年（西元前八四四－前八二二年）。[187]熊渠少子，《世本》〈帝繫〉「延」字作「疵」、「疪」；〈世家〉前作「執疵」，後作「延」，均為一人。「延」「疵」

共和，二伯行政(189)。	武公，真公弟(190)。				熊勇(191)						

「疕」必有一誤。(188)頃侯之子，釐侯十三年，周厲王奔彘。(189)二伯，指當時的周公與召公。按：據《竹書》《左傳》《呂氏春秋》皆以為是「共伯和」行天子事。共，國名，在今河南輝縣，其君是伯爵，名和。以好行仁義，諸侯奉之以行政，其首年稱「共和元年」，與司馬遷「周、召二伯聯合執政」之說異。共和元年為西元前八四一年。(190)按：「武公」乃春秋時人，此五字應削。(191)熊延之子。熊勇在位十年，其六年，周厲王奔彘。

張夫子問褚先生❶曰：「詩言契、后稷皆無父而生❷。今案諸傳記，咸言有父❸，父皆黃帝子❹也，得無與詩謬乎❺？」

褚先生曰：「不然。詩言契生於卵，后稷人迹者，欲見其有天命❻精誠❼之意耳。鬼神不能自成，須人而生，奈何無父而生乎！一言❽有父，一言無父，信❾以傳信，疑以傳疑，故兩言之。堯知契、稷皆賢人，天之所生，故封之契七十里❿，後十餘世至湯，王天下⓫。堯知后稷子孫之後王也，故益封之百里⓬，其後世且千歲，至文王而有天下。詩傳⓭曰『湯之先為契，無父而生。契母與姊妹浴於玄丘⓮水，有燕銜卵墮之，契母得，故含之，誤吞之，即生契。契生而賢，堯立為司徒⓯，姓之曰子氏⓰。子者茲⓱，茲，益大也。詩人美而頌之曰：「殷社芒芒，天命玄鳥，降而生商⓲。」商者質⓳，殷號也。文王之先為后稷，后稷亦無父而生。后稷母為姜嫄⑳，出見大人蹟㉑而履㉒踐之，知於身㉓，則生后稷。姜嫄以為無父，賤而弃之道中，牛羊避不踐也。抱㉔之山中，山者㉕養之。又捐㉖之大澤，鳥覆席食之㉗。姜嫄怪之，於是知其天子㉘，乃取長㉙之。堯知其賢才，立以為大農㉚，姓之曰姬氏。姬者，本也㉛。詩人美而頌之曰「厥初生民㉜」。深修益成㉝，而道后稷之始也。』孔子曰㉞：『昔者堯命契為子氏㉟，為有湯也。命后稷為姬氏，為有文王也。大王命季歷㊱，明天瑞㊲也。太伯之吳㊳，遂生源㊴也。』天命難言，非聖人莫能見。舜、禹、契、后稷皆黃帝子孫也。黃帝策㊵天命而治天下，德澤深㊶後世，故其子孫皆復立為天子，是天之報有德也。人不知，以為氾㊷從布衣匹夫起耳。夫布衣匹夫安能無故而起王天下乎？其有天命然㊸。」

【章旨】以上為褚少孫補寫他對契與后稷「無父而生」以及得到堯封、後世昌大的理解。

【注釋】❶張夫子問褚先生　張夫子，張長安，字幼君，山陽（今河南焦作東）人。師事王式（《魯詩》傳人、昌邑王之師），為博士，參加石渠閣會議，官至淮陽中尉。見《漢書・儒林傳》。褚先生，褚少孫，潁川（今河南禹州）人，寓居沛（今江蘇沛縣）。與張長安同事王式，為博士。好《史記》，續補《史記》十篇，即今存《史記》之「褚先生曰」者。❷皆無父而生　見〈表〉中「卨」注、「后稷」注。❸咸言有父　指高辛生卨和后稷。按：言帝嚳有四妃，分別生后稷、卨、帝堯、帝摯之說，見於《大戴禮記・帝繫》。❹子　這裡是子孫的意思。高辛為黃帝曾孫。❺得無與詩謬乎　得無，莫不是；難道不。謬，乖謬；不合。按：張長安之疑有理，褚少孫之說乃調和之論。對此，顧頡剛說：「司馬遷信了《詩經》又信〈帝繫〉，於是把這兩種不同的記載混合起來了。」❻天命　上天的意旨。❼精誠　純誠；真誠。❽一言　有一種說法。❾信　真確可信的。

⑩封之契七十里　指堯舜時封契於商。《世本》則說「契居蕃（亳）」。其地眾說紛紜，難以指實。⑪王天下　稱王於天下。⑫益封之百里　指郃（在今陝西武功西）。按：皇甫謐《帝王世紀》有堯「始封稷、契、咎繇」、舜時「稷、契、臯繇皆益地」之說（見徐宗元《帝王世紀輯存》）。⑬詩傳　解釋《詩經》的著作，張、褚都是《魯詩》的經師，這裡所引是《魯詩》的解說。

⑭玄丘　傳說中的地名。⑮堯立為司徒　〈殷本紀〉說舜命契為司徒。司徒，官名，掌管國家土地與人民教化。⑯姓之曰子氏　賜他姓子。古代姓與氏有別，漢以後姓、氏不分，這裡就是混說。⑰子者茲　「子」的意思就是「茲」。茲，此借為「滋」，增益、增長之意。⑱殷社芒芒三句　今《詩經・商頌・玄鳥》作「天命玄鳥，降而生商，宅殷土芒芒。」殷社，殷商的土地。社，土地神或祭土地神之所。芒芒，即茫茫，廣大的樣子。玄鳥，燕子，燕子色黑，故稱玄鳥。玄，黑色。簡狄食玄鳥卵生子，說明當時還處於母系社會，人們只知其母不知其父。說契為帝嚳之子，當出於後世附會。一說，玄鳥為商人圖騰。⑲質樸。《春秋繁露・三代改制質文》：「王者以制，一商一夏，一質一文。商質者主天，夏文者主地。」「天將授湯，主天法質而王……質易純仁。」⑳姜嫄　有郃氏之女。姜，姓。嫄，名。㉑蹟　腳印。㉒履　踩；踏。㉓知於身　知道自己懷孕了。身，身孕。㉔抱　通「拋」。㉕山者　住在山裡的人。㉖捐　棄。㉗鳥覆席食之　覆席，覆蓋鋪墊。〈周本紀〉：「飛鳥以其翼覆薦之。」食之，給他食物吃。按：這段記載與《詩經・大雅・生民》大致相同：「誕置之隘巷，牛羊腓字之。誕置之平林，會伐平林。誕置之寒冰，鳥覆翼之。」㉘天子　上天之子。㉙長　撫養。㉚大農　主管農業的官員。㉛姬者二句　《廣雅・釋言》：「姬，基也。」即根基，根本。㉜厥初生民　這是《詩經・生民》中的首句，下句為「時（是）維姜嫄」，本意為當初生下始祖后稷的人，是姜嫄。這裡非取本意，只是說后稷是周族的始祖。㉝深修益成　深所修養，多所成就。㉞孔子曰　下面所引孔子的話，可能出於漢代緯書，都是偽託。㉟堯命契為子氏　〈殷本紀〉說舜封契於商，賜姓子氏，〈周本紀〉說命后稷為姬氏的也是舜，與此不同。㊱命季歷　命季歷繼承王位。㊲天瑞　上天降下的祥瑞。〈周本紀〉說「生昌，有聖瑞」，張守節引《尚書帝命驗》：「赤爵（雀）銜丹書入於酆，止於昌戶。其書曰：『……以仁得之，以仁守之，其量百世……』」

㊳太伯之吳　因為太王要傳位給季歷及其子昌，太王封長子太伯於虞（今山西平陸北），太伯卒，仲雍即位（故又稱虞仲）。吳，即虞。參《穆天子傳》、《左傳》僖公五年。〈周本紀〉說，太伯、仲雍逃亡至吳（今江蘇無錫東南），不可信。吳為仲雍支族，在周康王時至吳。㊴遂生源　成就周人世代傳衍的本源。遂，成就。㊵策　仗；秉持。㊶深　深遠；久遠。㊷氾　等於今天所說「平平常常地」。㊸然　用法同「焉」。

【語 譯】張夫子問褚先生說：「《詩經》裡說契、后稷都是沒有父親而出生的。現在查考有關記載，都說他們有父親，而且其父都是黃帝的子孫，這不是與《詩經》相抵觸嗎？」

褚先生說：「不是這樣。《詩經》裡說契由於其母吞鳥卵而出生，后稷由於其母踩上大腳印而出生，是要表現其中有精誠的天命之意罷了。鬼神自己不能生成，必須靠人生成，沒有父親怎麼會生子呢！一說有父親，一說無父親，信者以傳信，疑者以傳疑，所以有了兩種說法。帝堯知道契、后稷都是賢人，是上天生下的，所以封給契七十里土地，其後經十多世傳到湯，稱王天下。堯知道后稷子孫以後也會稱王，所以加封他一百里土地，其後代經過將近千年，到文王就擁有了天下。《詩傳》說：『湯的祖先是契，沒有父親而出生，契的母親與其姐妹在玄丘水洗澡，有一隻燕子銜著卵掉下來，契的母親得到了，本來含在嘴裡，誤吞了它，就生下契。契生下來就很賢明，堯立他為司徒，賜他姓子。子，就是茲；茲，就是日益強大。詩人讚美歌頌他說：「殷的土地茫茫無邊，上天命令燕子，降生了商。」商，就是質樸，是殷的美號。文王的祖先是后稷，后稷也是沒有父親而出生。后稷的母親是姜嫄，外出看見巨人的腳印而在上面踐踏，感到懷了身孕，就生了后稷。姜嫄認為后稷沒有父親，輕視他而把他拋棄在道路上，可是牛羊都躲避不踐踏他。把他拋到山裡，山裡人來餵養他。又把他棄置到大澤裡，飛鳥為他覆蓋、鋪墊、餵食。姜嫄感到奇怪，由此知道他是上天之子，才把他抱回來撫養。堯知道他賢明有才，就立他做大農，賜他姓姬。姬，就是根本。詩人讚美歌頌他說：「其初生下周人……」深自修煉多所成就，來稱道后稷是周族的開始。』孔子曾說：『先前堯命契姓子，是因為他的後代有湯。命后稷姓姬，是因為他的後代有文王。太王命令季歷繼承王位，是表明上天的祥瑞所在。太伯逃往吳地，成就了周人傳衍不息的本源。』天意不易言說，不是聖人是不能明曉的。舜、禹、契、后稷，都是黃帝的子孫。黃帝秉持天命治理天下，德澤深遠地延及後世，所以他的子孫都又立為天子，這是上天報答有大德的人。人們不了解真情，還以為帝王是平平常常從平民百姓興起的呢。平民百姓怎能無故興起統治天下呢？這是要有天命的。」

「黃帝後世何王天下之久遠邪？」

曰：「傳云天下之君王，為萬夫之黔首請贖民之命者帝❶，有福萬世，黃帝是也。五政❷明則修禮義，因天時❸舉兵征伐而利者王，有福千世。蜀王，黃帝後世也❹，至今在漢西南五千里，常來朝降❺，輸獻❻於漢，非以其先之有德，澤流後世邪？行道德豈可以忽❼乎哉！人君王者，舉而觀之❽。漢大將軍霍子孟名光者❾，亦黃帝後世❿也。此可為博聞遠見者言，固難為淺聞者說也。何以言之？古諸侯以國為姓。霍者，國名也。武王封弟叔處於霍，後世晉獻公滅霍公⓫，後世為庶民，往來居平陽。平陽在河東⓬，河東晉地，分為魏國⓭。以詩言之，亦可為周世⓮。周起后稷，后稷無父而生。以三代世傳⓯言之，后稷有父名高辛。高辛，黃帝曾孫。黃帝終始傳⓰曰：『漢興百有餘年，有人不短不長⓱，出白燕之鄉⓲。持天下之政，時有嬰兒主⓳，卻行車⓴。』霍將軍者，本居平陽白燕。臣為郎㉑時，與方士考功會旗亭下㉒，為臣言。豈不偉哉㉓！」

【章　旨】以上為褚少孫為西漢後期權臣霍光歌功頌德、妄稱「天命」的附會之言。

【注　釋】❶傳云天下之君王二句　此語不順，一說「黔首」當是「元首」的訛誤。傳，經書以外的著作，或解經的文字。贖，通「續」。延續。❷五政　各家所說不同。《管子．四時》說春、夏、秋、冬各有「五政」，如春之五政，「一政曰論幼孤，赦有罪；二政曰賦爵列，授祿位；三政曰湅解修溝瀆，復亡人；四政曰端險阻，修封疆，正千佰（阡陌）；五政曰無殺麑夭，毋蹇華絕蕁。」漢荀悅《申鑒・政體》以「興農桑以養其生，審好惡以正其俗，宣文教以章其化，立武備以秉其威，明賞罰以統其法」為五政。❸因天時　利用有利的自然條件。❹蜀王二句　張守節據譜記記載，說明蜀王為黃帝曾孫帝嚳之後，周末首先稱王者為蠶叢。司馬貞據〈蜀王本紀〉，以為蜀王杜宇應出於唐杜氏，也是黃帝之後。蜀，即今四川成都一帶。後世，後代。❺降　「降」字疑為衍文。❻輸獻　輸送貢獻。❼忽　輕忽；忽略。❽舉而觀之　都要以此省察自己。❾霍子孟名光者　霍光，字子孟，河東平陽（今山西臨汾西南）人。西漢大臣。漢武帝死時，昭帝年幼，霍光受遺詔輔昭帝，任大司馬大將軍，封博陸侯。昭帝死，迎立昌邑王賀，以淫亂廢之，迎立宣帝。執政二十年，權傾內外。❿黃帝後世　周文王之子霍叔封於霍（今山西霍縣西南），因為傳說周人為黃帝後裔，霍光既為霍叔之後，所以這樣說。《漢書・霍光傳贊》：「昔霍叔封於晉，晉即河東，光豈其苗裔乎？」⓫晉獻公滅霍公　事在晉獻公十六年（西元前六六一年），獻公滅霍、耿、魏三國。⓬河東　漢代河東郡，在黃河之東，今山西省西南部，治所在安邑（今夏縣西北）。⓭分為魏國　「魏」字原作「衛」，誤，今據《史記會注考證》訂正。⓮以詩言之二句　《毛詩・魏風》釋文引《詩譜》說「周以（魏地）封同姓焉」，《左傳》襄公二十九年也說魏為姬姓國。此魏為西周初年封國，其地「在〈禹貢〉冀州雷首之北、析城之西、南枕河曲、北涉汾水。」治所在今山西芮城北。至晉獻公滅魏，以魏封畢萬，則後為戰國韓、趙、魏之魏，亦為周之同姓。周世，周人的後代。⓯世傳　世代相傳的統系。⓰黃帝終始傳　西漢緯書，言五行終始，大概出於陰陽家。⓱有人不短不長　有人，指霍光。不短不長，不矮不高。據《漢書・霍光傳》，霍光身高七尺三寸，約合今一・六八公尺，為中等身材。⓲白燕之鄉　「白」原作「自」。依張文虎《札記》改。白燕，張守節曰：「一作『白彘』。霍光，平陽人。漢為彘縣。遍檢記傳，無白燕之名，疑『白彘』是鄉之名。」梁玉繩曰：「當作『白彘』為是。」又曰：「褚少孫徒見〈世表〉訖於共和，天位久虛，人臣攝位，遂以其事與霍光相類，因附論焉。……誠小司馬所謂『言之不經，蕪穢正史』者也。」⓳嬰兒主　指昭帝，即位時僅八歲。⓴卻行車　能使行進的車倒退，喻霍光擅權。㉑郎　皇帝的侍從官員，有議郎、中郎、侍郎、郎中等，由郎中令主管。㉒與方士考功會旗亭下　方士，講神仙方術，從事巫卜星相等職業的人。考功，方士的官銜。旗亭，市樓，負責督察集市。㉓豈不偉哉　此段文字意在說明霍光之事之「偉」，當續補於「霍氏盛時」；不當敘於宣帝地節四年霍光之子霍禹謀反被族誅之後。王鳴盛曾斥此文「妄且陋」，張文虎稱此文為「續貂之尤鄙謬者」。

【語　譯】「黃帝的後代統治天下為什麼這麼久遠？」

褚先生說：「有記載說，天下的君王是百姓的首領，求得延續百姓生命的，稱帝。福澤及於萬代。黃帝就是這樣。五政修明就講求禮義，順應天時，興兵討伐有罪而獲得勝利的，稱王。福澤及於千代。蜀王，是黃帝的後代，到現在建國於漢西南五千里的地方，常常來朝，向漢進貢，如果不是因為他先世有大德，恩澤能流傳到後世嗎？施行道德怎麼可以輕忽啊！做君主稱王天下的，都要以此省察自己。漢大將軍霍子孟名光的，也是黃帝的後代。這話只能向學問廣博見識遠大的人講，實在難以對孤陋寡聞的人說清楚。為什麼這樣說？古代諸侯以國名為姓氏，霍是國名。周武王把他的弟弟叔處封到霍，傳到後代，晉獻公滅了霍公，霍公子孫變成了平民，生活居住於平陽。平陽在河東，河東從前是晉地，後來劃分為魏國的土地。依據《詩經》的記載來說，魏也可以說是周族的子孫。周起於后稷，后稷沒有父親而出生。可是根據三代所傳的世系來說，后稷有父親名為高辛；高辛，是黃帝的曾孫。《黃帝終始傳》說：『漢興起一百多年，有個人不矮不高，出生於白燕鄉，主持天下大政，當時有幼兒做君主，他能使前進的車子退行。』霍將軍，原居平陽白燕鄉。我做郎官時，與方士考功在市樓相會，他對我這樣說。難道不是很奇偉嗎！」

【研　析】《史記》十表是司馬遷在史學上的一大創造，鄭樵甚至說「《史記》一書，功在十表」。歷史是千頭萬緒的，那麼多事件，那麼多人物，那麼多朝代和國家，又那麼長時間。《史記》的本紀、世家、列傳、書對三千年的歷史記載，相對而言可算得詳盡完備，可是數十萬字巨著，旦夕之間誰能把握？十表的創制把三千年的歷史發展過程作了綱目式的表述，使紛繁的史實釐然有序，一目瞭然，「雖燕、越萬里，而於徑寸之內犬牙交錯；雖昭穆九代而於方尺之中雁行有敘，使讀者閱文便睹，舉目可詳。此其所以為快也」。（《史通・雜說上》）哲學家認為：空間和時間是運動著的物質世界存在的兩種基本形式，《史記》的十表大多是年經國緯，或國經年緯，就正是通過發生在不同空間和時間交匯處的歷史事件，簡要明晰地展現了歷史的演變，就應當是綱目式表述歷史過程的一種最佳方式。

〈三代世表〉以五帝和三代之王的世系傳承及其國號為中心，並附有帝王的先世和周代十一諸侯的世系，時代久遠，不能「論次其年月」，只是「集世」，而「紀黃帝以來訖共和」。值得注意的是，依據〈三代世表〉，不僅五帝中的後四帝都是黃帝後代，而且夏、商、周三代之王也都出於黃帝，這種五帝、三王同出一源之說，形成於戰國時期。《國語》一書開始出現了「昔少典……生黃帝、炎帝」（〈晉語四〉）和天下有土之君「皆黃、炎之後」（〈周語下〉）的說法，「共工和齊、許和戎都算是炎帝的子孫」，「大家是一家子」；到了《大戴禮記》的〈五帝德〉、〈帝繫〉和《呂氏春秋》的〈尊師〉、〈古樂〉，則把炎帝除外，都說成黃帝之後了。（顧頡剛《中國上古史研究講義》之〈國語〉、〈帝繫〉二節）可見天下一統的思想形成於《國語》至〈帝繫〉、《呂氏春秋》的時代。〈三代世表〉主要是依據〈五帝德〉與〈帝繫〉寫成的。陳仁錫說：「自帝泄至帝辛有世而無屬」，「由後人抄錄之訛」，這個說法恐怕不對。本表主旨在說明「帝王世國號」，依照本表的設計，五帝、三代之王的世代傳續及其國號只能算是第一欄，而不能書於以下各欄。以下各欄只是表明帝王的繫屬，他們的沒有做過帝王的先世。至於周成王以下加入十一諸侯，不僅為〈十二諸侯年表〉張本，依照他們所處的時代，也正適宜寫在這裡。

依據中國古代神話，所謂五帝都是神話裡的天帝，但在傳說中逐漸向人轉化。司馬遷剔除其神話色彩，捨棄諸如「黃帝以來皆有年數」的不可信記載，寫入本表和〈五帝本紀〉。由於傳說紛紜，缺乏可靠資料，抵牾仍然不少。歐陽修曾說，司馬遷關於五帝的記述，出於《大戴禮記》、《世本》，「今依其說圖而考之，堯、舜、夏、商、周皆同出於黃帝。堯之崩也，下傳其四世孫舜；舜之崩也，復上傳其四世祖禹。而舜、禹皆壽百歲。稷、契於高辛為子，乃同父異母之兄弟，而以其世次而下之，湯與王季同世，湯下傳十六世而為紂，王季下傳一世而為文王，二世而為武王。是文王以十五世祖臣事十五世孫；而武王以十四世祖伐十四世孫而代之王，豈不繆哉！」（《歐陽文忠全集》卷四三〈帝王世次圖序〉）據記載，堯姓祁，舜姓姚，夏人姓姒，商人姓子，周人姓姬，他們應當來自不同的部落，地下考古也可以證實這一點，不可能「皆出黃帝」。而且《詩經》明確說，商人、周人的始祖契、后稷只知其母不知其父，說他們的父親是帝嚳肯定是後人附會。如上所說，這不能怪罪司馬遷。事實上，在《國語》中就說，黃帝、炎帝為兄弟，祁姓（堯）、舜、禹、商人、周人都是黃帝之後，舜、禹出於顓頊，商人、周人出於帝嚳。到了《大戴禮記‧五帝德》及《帝繫姓》更說堯也是帝嚳之子，楚人是顓頊之後。《史記》在這方面只是集其大成，與前人相比，司馬遷在黃帝子孫中僅增加了秦、越和匈奴三個成員（參顧頡剛《中國上古史研究講義》）。又《山海經》已經說：「有北狄之國：黃帝之孫曰始均，始均生北狄。」（〈大荒西經〉）「有犬戎國」，「黃帝生苗龍……是為犬戎」，「顓頊生驩頭，驩頭生苗民」（〈大荒北經〉），這等於說，戎、狄、苗蠻都是黃帝子孫。所有這些，都表現了強烈的「四海一家」的大一統思想。這種說法，當然不符合歷史的實際，但對於民族大團結顯然發揮著積極作用，特別是作為中華民族主體的華夏族有這種思想，有助於民族融合，有助於各民族的共存共榮。這應當是民族思想的一筆遺產。

卷十四

十二諸侯年表第二

【題解】〈十二諸侯年表〉上接〈三代世表〉，主要表現春秋時代的歷史內容。表中首周次魯，列齊、晉、秦、楚、宋、衛、陳、蔡、曹、鄭、燕、吳十二諸侯。因為參考魯史《春秋》編成，以魯為主，所以未將魯與齊、晉等同列，稱十二諸侯。一說是受董仲舒影響，以魯當一王之法。本表起共和元年（西元前八四一年），止於周敬王四十三年（西元前四七七年），即孔子卒後第三年，所以司馬遷說：「自共和訖孔子。」這是《史記》中第一篇有紀年的「年表」。「年為經，國為緯」，「紀年記事，聚於一幀」，是其特點。

太史公讀春秋、曆、譜諜❶，至周厲王❷，未嘗不廢❸書而歎也。曰：嗚呼，師摯見之矣❹！紂為象箸而箕子唏❺。周道缺，詩人本之衽席，關雎作❻。仁義陵遲❼，鹿鳴刺❽焉。及至厲王，以惡聞其過，公卿懼誅而禍作，厲王遂奔于彘❾，亂自京師❿始，而共和行政⓫焉。是後或力政⓬，彊乘⓭弱，興師不請天子。然挾王室之義[14]，以討伐為會盟主，政由五伯[15]，諸侯恣行，淫侈不軌，賊臣篡子滋起[16]矣。齊、晉、秦、楚[17]其在成周微甚[18]，封[19]或百里或五十里。晉阻三河[20]，齊負東海[21]，楚介江、淮[22]，秦因雍州之固[23]，四海迭興[24]，更為伯主[25]，文、武所褒大封皆威而服焉[26]。是以孔子明[27]王道，干七十餘君[28]，莫能用，故西觀周室，論[29]史記舊聞，興於魯[30]而次春秋[31]，上記隱[32]，下至哀之獲麟[33]，約其辭文，去其煩重，以制義法[34]，王道備，人事浹[35]。七十子之徒[36]口受其傳指[37]，為有所刺譏褒諱挹損[38]之文辭，不可以書見[39]也。魯君子左丘明[40]懼弟子人人異端[41]，各安其意[42]，失其真，故因孔子史記具論其語[43]，成左氏春秋[44]。鐸椒[45]為楚威王[46]傅，為王不能盡觀春秋[47]，采取成敗，卒[48]四十章，為鐸氏微[49]。趙孝成王[50]時，其相虞卿[51]上采春秋，下觀近勢[52]，亦著八篇，為虞氏春秋[53]。呂不韋[54]者，秦莊襄王[55]相，亦上觀尚古[56]，刪拾春秋，集六國時[57]事，以為八覽、六論、十二紀，為呂氏春秋[58]。及如荀卿[59]、孟子[60]、公孫固[61]、韓非[62]之徒，各往往捃摭[63]春秋之文以著書，不可勝紀。漢相張蒼[64]曆譜五德[65]，上大夫董仲舒[66]推春秋義[67]，頗著文焉[68]。

太史公曰：儒者斷其義[69]，馳說者騁其辭[70]，不務綜其終始[71]；曆人[72]取其年月，數家[73]隆於神運[74]，譜諜獨記世謚[75]，其辭略，欲一觀諸要[76]難。於是譜十二諸侯，自共和訖孔子[77]，表見[78]春秋、國語[79]，學者所譏[80]盛衰大指著于篇，為成學[81]治古文[82]者要刪[83]焉。

【章　旨】以上為〈十二諸侯年表〉的序，表現了司馬遷對春秋時代歷史形勢的感慨，對歷史家、思想家所著述的幾種有關春秋時代的歷史書的評價，以及自己編寫〈十二諸侯年表〉的緣起。

【注　釋】❶曆譜諜　紀年的曆書和記帝王世系、諡號的譜牒類著作。諜，通「牒」。❷周厲王　西元前八七七－前八四一年在位。❸廢　停止；放下。❹師摯見之矣　師摯，名字為摯的樂官。「師」是有專門知識技藝的人。這裡是樂官之稱。此人的時代，其說不一，依文意，當是厲王時人。見之矣，預見到了周的衰敗。❺紂為象箸而箕子唏　《韓非子．說林上》載：「紂為象箸而箕子怖，以為象箸必不盛羹於土簋，則必犀玉之杯，玉杯、象箸必不盛菽藿，則必旄、象、豹胎，旄、象、豹胎必不衣短褐而舍茅茨之下，則必錦衣九重，高臺廣室也。稱此以求，則天下不足也。聖人見微以知萌，見端以知末。」紂，殷紂王。象箸，象牙筷子。箕子，紂王的叔父，任太師。屢諫紂不聽，乃佯狂為奴，被囚。武王滅紂，封箕子於朝鮮。唏，歎息。❻周道缺三句　《毛詩．序》認為〈關雎〉是寫「后妃之德」，《魯詩》則說是刺周康王貪色晏起之作。《史記．儒林列傳》：「夫周室衰而〈關雎〉作。」〈孔子世家〉：「至幽、厲之缺，始於衽席，故曰〈關雎〉之亂以為風始。」皆用《魯詩》說，與此同意。本，依據。衽席，臥席。指房中男女情欲之事。關雎，《詩經．周南》篇名，今人以為愛情詩。❼陵遲　衰落；敗壞。❽鹿鳴刺　鹿鳴，《詩經．小雅》篇名。梁玉繩引《文選》注十八蔡邕〈琴操〉云：「〈鹿鳴〉者，周大臣之所作也。王道衰，大臣知賢者幽隱，故彈弦風諫。」所說與此一致。刺，諷刺；刺譏。❾彘　在今山西霍縣。❿京師　國都。指西周國都鎬京。⓫共和行政　司馬遷認為是周公、召公二相聯合行政，而《竹書紀年》、《左傳》、《呂氏春秋》以為是共國君主名和者攝行天子事。⓬或力政　或，有的（諸侯）。力政，靠強力征伐。政，同「征」。⓭乘　凌駕；欺壓。⓮挾王室之義　假借周天子的名義。挾，夾持；脅持。⓯五伯　其說不一，戰國時人多以為是齊桓公、晉文公、楚莊王、吳王闔廬、越王句踐；漢代人多以為是齊桓公、晉文公、秦穆公、宋襄公、楚莊王。伯，通「霸」。⓰賊臣篡子滋起　賊臣篡子，指叛亂篡權的弒君弒父之徒。滋起，紛紛而起。滋，越來越多。⓱齊晉秦楚　春秋時四個諸侯大國。⓲其在成周微甚　依文意，此「成周」是指西周初年分封諸侯之時。微，弱小。⑲封　封地。⑳阻三河　憑藉三河。阻，憑依。三河，指晉國西、南、東三面有黃河圍繞。西指今山西、陝西之間的一段黃河，即「西河」；南即今山西、河南之間和豫北的黃河；春秋戰國時黃河自今河北黃驊或天津入海（詳見譚其驤《長水粹編・西漢以前的黃河下游故道》），即晉東之河。㉑負東海　背靠東海。負，背靠；依仗。東海，指齊國東方的大海（今之渤海、黃海）。㉒介江淮　依賴江淮之險。介，借助。㉓因雍州之固　憑藉雍州的牢固地形。因，憑藉。雍州，古九州之一。指今陝西和甘肅的一部分。《尚書・禹貢》：「黑水、西河惟雍州。」㉔四海迭興　天下諸侯交替興起。㉕更為伯主　輪迴交替著充當霸主。更，更替；交替。㉖文武所褒大封句　周文王、周武王所褒獎分封的大國（如魯、燕等），都懾於聲威服從它們了。㉗明　彰顯；闡揚。㉘干七十餘君　此說出於《莊子・天運》「以奸（干）者七十二君，論先王之道而明周、召之迹，一君無所鉤用」，此乃寓言，司馬遷誤取其說。干，求。㉙論　編集；彙集。段玉裁以為此意之「論」為「侖」字假借（實則「論」為「侖」的異體字），義為「聚集簡冊」（《說文解字注》）。㉚興於魯　以魯國的史書為基礎。興，起始。㉛次春秋　意即編寫《春秋》。次，依次序編排。春秋，魯國編年大事記。孟子、司馬遷等以為是孔子在魯國史官記錄的基礎上修訂而成。㉜隱　魯隱公，名息姑，惠公之子。西元前七二二－前七一二年在位。《春秋》記事起於魯隱公元年。㉝哀之獲麟　哀，魯哀公，名蔣，定公之子。西元前四九四－前四六八年在位。獲麟，魯哀公十四年（西元前四八一年）「春，西狩獲麟」，孔子歎息道：「吾道窮矣！」「莫知我夫！」（《孔子世家》）《春秋》即終於此年（《左傳》之經終於哀公十六年孔子卒，多出二年）。麟，麒麟。傳說中珍奇的動物，古人以為聖王的嘉瑞，據傳孔子對於獲麟還曾說：「今宗周將滅，無主，孰為來哉！」（《公羊傳》哀公十四年疏）㉞義法　義理法則。此指《春秋》褒貶的筆法。㉟浹　周遍；周全。按：「王道」二句是用《春秋繁露・玉杯》語：「《春秋》論十二世之事，人道浹而王道備。」㊱七十子之徒　指孔子高足弟子。〈孔子世家〉：「（孔子）弟子蓋三千焉，身通六藝者七十有二人。」〈仲尼弟子列傳〉：「受業身通者七十有七人。」㊲口受其傳指　指通過孔子口述接受他傳授的《春秋》意旨。指，同「旨」。㊳挹損　貶抑。挹，通「抑」。㊴不可以書見　不便於寫出來給人看。㊵魯君子左丘明　生平不詳。孔子曾說：「巧言、令色、足恭，左丘明恥之，丘亦恥之。匿怨而友其人，左丘明恥之，丘亦恥之。」（《論語・公冶長》）可證左丘明是孔子同時或稍前的人。這裡說是「魯君子」，班固則說是「魯太史」，後世更傅會為孔子弟子。說左丘明是《左傳》作者的，司馬遷為第一人。可能的情況是，《左傳》始傳自左丘明，而後人有所增益。㊶異端　（採用）不同的說法。㊷各安其意　都認為自己的理解正確。安，認為穩妥。㊸具論其語　詳備地編集了孔子的評語。按：《左傳》中彙集了幾十條孔子評史事、評人物的話。㊹左氏春秋　即《左傳》。《左傳》參考了魯《春秋》的記事大綱，也始於魯隱公元年，而結束於魯哀公二十七年，較《春秋》多十三年。記事詳細生動，是一部完備的史書。戰國晚期著作亦稱《左傳》為《春秋》，所以司馬遷稱它《左氏春秋》。西漢時因為先後有了《春秋公羊傳》、《春秋穀梁傳》，劉歆以為《左氏春秋》也是「傳」《春秋》的，開始稱之為《春秋左氏傳》，後世簡稱《左傳》。(45)鐸椒　楚人《左傳》的傳習者，楚威王太傅。劉向說：「左丘明授曾申，申授吳起，起授其子期，期授楚人鐸椒，椒作《抄撮》八卷。」（孔穎達《春秋左氏經傳集解序．疏》引劉向《別錄》）《抄撮》即下文所說《鐸氏微》。(46)楚威王　名熊商，宣王之子。西元前三三九—前三二九年在位。(47)春秋　此兼指《春秋》和《左傳》而言，《春秋》在當時不過一萬八千字，而《左傳》多達十八、九萬字，所以說「不能盡觀」。(48)卒　終；編成。(49)鐸氏微　意即鐸氏為《春秋》所闡發的微言大意。微，闡釋精微之旨。(50)趙孝成王　名丹，惠文王之子。西元前二六五—前二四五年在位。(51)虞卿　曾任趙國上卿，虞氏，故稱虞卿。後亡趙之魏，著《虞氏春秋》。劉向《別錄》說：「鐸椒作《抄撮》八卷，授虞卿。虞卿作《抄撮》九卷，授荀卿。」按：鐸椒與虞卿時代恐不相及。(52)近勢　當作「近世」。別本、〈平原君虞卿列傳〉並作「近世」。(53)虞氏春秋　當即《抄撮》，只是本文和〈平原君虞卿列傳〉都說是「八篇」，而《抄撮》為「九卷」，《漢書．藝文志》「儒家」、「春秋」類著錄《虞氏列傳》十五篇，《虞氏微傳》二篇，篇數都與此不同。《鐸氏微》與虞氏二書已亡佚，清馬國翰《玉函山房輯佚書》有《虞氏春秋》輯佚一卷。(54)呂不韋　原為富商，因為擁立秦莊襄王有功，任相國，封文信侯。為相期間召集賓客著《呂氏春秋》二十六卷。詳見〈呂不韋列傳〉。(55)秦莊襄王　初名異人，後改子楚，孝文王之子。西元前二四九—前二四七年在位。(56)尚古　同「上古」。(57)六國時　指戰國時，六國（齊、楚、燕、韓、趙、魏）與秦並立之時期。(58)呂氏春秋　成書於戰國末期，秦統一六國前（約在西元前二四一年）。全書分紀、覽、論三部分，十二紀各為五篇，八覽各為八篇，六論各為六篇，凡一百六十篇。《漢書．藝文志》把它列於「雜家」。(59)荀卿　名況，時人尊稱「卿」，故稱荀卿，趙國人。曾遊齊、秦，後任楚蘭陵令。著有《荀子》一書。《漢書．藝文志》列於「儒家」。(60)孟子　名軻，鄒（今山東鄒城）人。曾遊宋、滕、魏、齊等國，任齊宣王客卿。晚年與弟子萬章等合著《孟子》。《漢書．藝文志》列於「儒家」。(61)公孫固　齊國人。《漢書．藝文志．儒家》著錄：「《公孫固》一篇，十八章。齊閔王失國，問之，固因為陳古今成敗也。」西元一九七三年馬王堆漢墓出土佚書約十八段，有人以為即《公孫固》。(62)韓非　韓國公族，與李斯同師事荀卿。至秦國，受李斯讒害，自殺於獄中。著有《韓非子》。《漢書．藝文志．法家》著錄：「《韓非子》五十五篇。」其中不全是韓非的作品。(63)捃摭　摘取；搜集。(64)張蒼　初從高祖征伐，漢初封北平侯，主計，遷御史大夫。參與擁立文帝，為丞相十五年。「善律曆」，嘗「緒正律曆」，主張仍依秦以十月為歲首，並「推五德之運，以為漢當水德之時」。「著書十八篇，言陰陽律曆事」（〈張丞相列傳〉）。《漢書・藝文志》著錄：「《張蒼》十六篇。」列於「陰陽家」。65曆譜五德　曆譜，排列。五德，見〈三代世表〉注。張蒼以為漢當水德，後被魯人公孫臣否定，公孫臣以秦為水德，漢為土德，文帝採納公孫臣說，命「草土德之曆制度，更元年」，張蒼失勢。66董仲舒　今文經學大師，專治「春秋公羊學」。漢武帝舉賢良文學之士，他對以「天人三策」，主張罷黜百家，獨尊儒術，提出「天人感應」說，為武帝採納，影響深遠。「仲舒所著，皆明經術之意，及上疏條教，凡百二十三篇。而說《春秋》事得失……復數十篇，十餘萬言。」（《漢書・董仲舒傳》）今存《春秋繁露》，可能經後人修訂改編。67推春秋義　發揮《春秋》的義理。推，推演。68頗著文焉　寫了相當多的文章。69儒者斷其義　儒者，主要指公羊家。斷其義，截取《春秋》的大義。70馳說者騁其辭　馳說者，奔走遊說的人。指虞卿、呂不韋等。騁，盡情施展。71綜其終始　全面地考察歷史盛衰興亡的本末。72曆人　從事曆法的人。指曆譜牒的作者。73數家　數術家，如張蒼。數，數術。指從事天文、五行、筮占的人。74隆於神運　在興衰變化的氣運方面特別留意。隆，推重；重視。75世謚　世系和謚號。76觀諸要　了解其重要的方面、內容。諸，相當於「之於」。77訖孔子　止於孔子之卒。按：孔子卒於周敬王四十一年（西元前四七九年），此表終於敬王崩之年（西元前四七七年），此為概略說法。由此即可以看出司馬遷對孔子的敬重，又照顧到了周王世系的更替。78表見　以表格的形式顯現。見，同「現」。79國語　國別體史書，偏重記言，分別記錄周和魯、齊、晉、鄭、楚、吳、越的史事，主要是春秋時期的史事。司馬遷認為《國語》的作者也是左丘明。80譏　稽查；考察。81成學　猶「茂學」。博學；飽學。成，茂（《呂氏春秋・先己》高誘注）。82古文　漢代人稱戰國時東方六國人所使用的文字曰「古文」，這裡即指用古文抄寫的《春秋》、《左傳》、《國語》等書。俞正燮曰：「古文者，謂《春秋》、《國語》。《漢書・楚元王傳》言『古文《春秋左氏傳》』，又言『《左氏傳》多古言古字』，故可稱古文。《史記・五帝本紀贊》、〈吳世家贊〉所說『古文』亦指《春秋》、《國語》。」按，由俞氏所說，可知「《春秋》」兼指《左氏傳》。83要刪　郭嵩燾曰：「撮其大要，而刪其煩文也。」

【語　譯】太史公閱讀春秋、曆書、譜牒類資料，每到周厲王，總是放下書歎息，說道：唉，師摯預見到周朝的衰敗了！殷紂王製做象牙筷子，箕子因而歎息。周朝政治有缺失，詩人從帝后夫婦之道出發，作了〈關雎〉。仁義衰微敗壞，詩人作了〈鹿鳴〉給以諷刺。等到厲王時，因為不喜歡別人說他的過失，公卿害怕被誅罰從而產生了禍亂，厲王於是逃奔到彘地。禍亂從京城開始，於是造成周公、召公共同執政的局面。此後諸侯間有的靠武力征伐，強大的欺凌弱小的，興兵打仗不請示天子。可又打著王室的旗號，利用討伐之名，做諸侯的會盟主。政令由五霸操縱，諸侯恣意而行，淫逸奢侈，不守法度，賊亂之臣篡弒之子一天比一天多起來了。齊國、晉國、秦國、楚國，它們在西周時還微弱得很，封地有的方圓百里，有的方圓五十里。晉憑恃三河的阻隔，齊依仗著東海，楚借助江淮的天險，秦利用雍州的險固，從四方迭次興起，輪流做霸主。文王、武王所褒獎分封的大國，它們都施以聲威使之歸服了。因此孔子彰明王道，干求七十多位君主，沒有哪個能用他。所以孔子西行到周王室考察，會集歷史記載、舊日傳聞，以魯史為基礎而編次《春秋》，上從魯隱公寫起，下至哀公出獵獲麟為止，精簡文字，刪除煩複，從而制定了修史的義理法度，於是王道賅備，人事周全。七十多名高足弟子們憑口述接受孔子對《春秋》旨意的傳授，因為其中有一些諷刺、褒獎、忌諱、貶抑的語句，是不能寫出來給人看的。魯國君子左丘明擔心孔子弟子人人理解不同，各自為是，喪失孔子的本真，所以依據孔子史記詳備地編集了孔子的評語，撰成《左氏春秋》。鐸椒做楚威王的師傅，因為楚王不能讀完整部《春秋》，他就摘取有關成功失敗的內容，編成四十章，命為《鐸氏微》。趙孝成王時，相國虞卿一面摘錄《春秋》，一面考察近代形勢，也著成八篇，命為《虞氏春秋》。呂不韋，是秦莊襄王相國，也考察上古史跡，刪拾《春秋》，彙集六國時事，而編成八覽、六論、十二紀，命為《呂氏春秋》。至於像荀子、孟子、公孫固、韓非等人，都往往摘錄《春秋》的文章而著書立說，無法一一記述。漢丞相張蒼結合曆法編排五德終始，上大夫董仲舒推演《春秋》大義，都著作了不少文章。

太史公說：儒家學者摘取其大義，遊說者馳騁其文辭，沒有全面考察歷史盛衰興亡的本末；曆法家取用其年月，陰陽數術家推重於盛衰變化的氣運，譜牒學者只記世系、謚號，他們的文字都很簡略，想要從他們那裡看到重要的方面、內容很困難。我於是譜列十二諸侯年表，起共和元年到孔子逝世，用表格顯示《春秋》、《國語》的內容，學者所留意考察的盛衰興亡的大旨，都寫在篇中，為成就學業、研治古文的人取要刪煩。

	西元前841	840	839	838	837	836
	庚申❹				甲子	
周	共和元年厲王子居召公宮❺,是為宣王。王少,大臣共和行政。	二	三	四	五	六
魯	真公❻濞十五年,一云十四年❼	十六	十七	十八	十九	二十
齊	武公❽壽十年	十一	十二	十三	十四	十五
晉	靖侯❾宜臼十八年	晉釐侯⓲司徒元年	二	三	四	五
秦	秦仲❿四年	五	六	七	八	九
楚	熊勇⓫七年	八	九	十	楚熊嚴⓳元年	二
宋	釐公⓬十八年	十九	二十	二十一	二十二	二十三
衛	釐侯⓭十四年	十五	十六	十七	十八	十九
陳	幽公⓮寧十四年	十五	十六	十七	十八	十九
蔡	武侯⓯二十三年	二十四	二十五	二十六	蔡夷侯⓴元年	二
曹	夷伯⓰二十四年	二十五	二十六	二十七	二十八	二十九
鄭❶						
燕❷	惠侯⓱二十四年	二十五	二十六	二十七	二十八	二十九
吳❸						

❶鄭，西周末期封國，始封君為宣王之弟友，即鄭桓公，初都於鄭（今陝西華縣東）。幽王時，桓公見周將亂，將家屬、資財遷往雒東（東虢與鄶之間）。平王東遷，鄭武公定都新鄭（今河南新鄭）。武公、莊公均任周王卿士。❷燕，金文作「匽」、「郾」。召公奭長子封國，初都於今北京市房山區琉璃河鎮董家林，後移都於薊（今北京市城區西南）。司馬貞曰：「自惠侯已下皆無名，亦不言屬，惟昭王父子有名，蓋在戰國時旁見他說耳。燕四十二代有二惠侯，二釐侯，二宣侯，三桓侯，二文侯，蓋國史微失本謚，故重耳。」又引譙周曰：「《系本》謂燕自宣侯已上皆父子相傳，無及，故〈世家〉桓侯已下並不言屬，以其難明故也。」梁玉繩曰：「〈世家〉惠侯至襄公以子繼父，桓公至文公，中間惟載懿公卒，子惠公立，其餘俱不著何君之子。……竊意遷《史》元本自惠侯至文公俱無『子』字，凡言『子』者必後人妄增之。今得兩確證，《漢書・人表》所紀列國之君皆依《史記》，或云某之子，或云某之弟，獨燕之諸君，以世計數，迨文公而後始注云某公子，某王子，顯是《史》無『子』字之驗。又《索隱》注云自惠侯已下不言屬，更是《史》無『子』字之驗。」依梁說，本表今不注其屬。❸吳，據〈周本紀〉、〈吳太伯世家〉，公亶父欲傳位其孫姬昌（即後來的周文王），其長子太伯、次子仲雍乃「亡如荊蠻」以讓季歷（昌之父）。立為吳太伯，居於蕃離，亦稱梅里（今江蘇無錫東南），傳仲雍。武王克殷，封仲雍玄孫周章之弟於夏虛之虞城（今山西平陸北），稱虞仲。對此今人頗有異議，有人說，太伯至吳，乃無稽之談（陳橋驛《吳越文化論叢》），有人認為太伯、仲雍始封於虞，故仲雍有虞仲之稱。至康王時，虞仲後代始別封吳（楊寬《西周史》、王玉哲《中華遠古史》）。❹庚申，瀧川資言引錢大昕曰：「《史記》諸年表皆不記干支，注干支，出於徐廣。〈十二諸侯年表〉共和元年，亦當有『徐廣曰：庚申』字。考徐注之例，唯於每王之元年記干支，此表每十年輒書『甲戌』、『甲申』、『甲午』、『甲辰』、『甲寅』、『甲子』字，不特非史公正文，並非徐氏之例，其為後人孱入，鑿鑿可據。」❺厲王子居召公宮，厲王三十七年國人暴動時，厲王太子靜藏在召公家，召公乃以自己兒子代太子，太子免難，後即位為宣王（〈周本紀〉）。❻真公，《世本》、《漢書・人表》並作「慎公」，名濞，一作摯，獻公之子，始封君伯禽玄孫。在位三十年，居曲阜。❼一云十四年，〈魯周公世家〉曰：「真公十四年，周厲王無道，出奔彘，共和行政。」〈晉世家〉亦曰：「靖侯十七年……厲王出奔彘，大臣行政，故曰『共和』。」厲王奔彘之年似即共和之年，與此云「一云」相合。這好像司馬遷看到有當年改元之說。但是此表與〈周本紀〉、〈秦本紀〉和其餘世家，則是厲王出奔之次年改共和元年。《夏商周斷代工程階段成果報告》定「共和當年改元」。❽武公，名壽，獻公之子，始封君太公六代孫。在位二十六年，居臨淄。❾靖侯，名宜臼，厲侯之子，始封君唐叔五代孫。在位十八年，居曲沃（今山西聞喜）。❿秦仲，公伯之子，始封君非子曾孫。在位二十三年，為西戎所殺。居西犬丘（今甘肅天水西南）。⓫熊勇，熊延之子，始封君熊繹七代孫。在位十年，居丹陽（今湖北秭歸東南）。⓬釐公，名舉，厲公之子，微仲五代孫。在位二十九年，居商丘（今河南商丘城南）。⓭釐侯，頃侯之子，始封君康叔九代孫。在位四十八年，居沫（今河南淇縣）。⓮幽公，名寧，慎公之子，始封君胡公五代孫。在位二十三年，居陳（今河南淮陽）。⓯武侯，厲侯之子，始封君叔度六代孫。在位二十六年，居蔡（今河南上蔡西南）。⓰夷伯，名喜，孝伯之子，始封君叔振鐸六代孫。在位三十年，居陶丘（今山東定陶西北）。⓱惠侯，始封君召公奭長子之八代孫。在位三十八年。⓲晉釐侯，名司徒，靖侯之子。⓳熊嚴，熊勇之弟。《漢書・人表》說是熊勇之子。⓴蔡夷侯，武侯之子。

	835	834	833	832	831	830	829	828
周	七	八	九	十	十一	十二	十三	十四 宣王㉔即位，共和罷。
魯	二十一	二十二	二十三	二十四	二十五	二十六	二十七	二十八
齊	十六	十七	十八	十九	二十	二十一	二十二	二十三
晉	六	七	八	九	十	十一	十二	十三
秦	十	十一	十二	十三	十四	十五	十六	十七
楚	三	四	五	六	七	八	九	十
宋	二十四	二十五	二十六	二十七	二十八	宋惠公㉓覸元年	二	三
衛	二十	二十一	二十二	二十三	二十四	二十五	二十六	二十七
陳	二十	二十一	二十二	二十三	陳釐公㉒孝元年	二	三	四
蔡	三	四	五	六	七	八	九	十
曹	三十	曹幽伯㉑彊元年	二	三	四	五	六	七
鄭								
燕	三十	三十一	三十二	三十三	三十四	三十五	三十六	三十七
吳								

827	826	825	824	823	822
甲戌					
宣王元年	二	三	四	五	六
二十九	三十	魯武公㉗敖元年	二	三	四
二十四	二十五	二十六	齊厲公㉙無忌元年	二	三
十四	十五	十六	十七	十八	晉獻侯籍㉚元年
十八	十九	二十	二十一	二十二	二十三
楚熊霜㉕元年	二	三	四	五	六
四	五	六	七	八	九
二十八	二十九	三十	三十一	三十二	三十三
五	六	七	八	九	十
十一	十二	十三	十四	十五	十六
八	九	曹戴伯鮮㉘元年	二	三	四
			二		
三十八	燕釐侯莊㉖元年	二	三	四	五

㉑曹幽伯，夷伯之弟。《漢書・人表》說是夷伯之子。㉒陳釐公，幽公子。㉓宋惠公，釐公子。㉔宣王，名靜，厲王之子。厲王死於彘，大臣共立宣王。㉕熊霜，熊嚴長子。㉖燕釐侯莊，「莊」衍文。㉗魯武公，真公之弟。㉘曹戴伯鮮，殺幽伯代立。《漢書・人表》說是幽伯之子。鮮，〈世家〉作蘇。㉙齊厲公，武公之子。㉚晉獻侯籍，釐侯之子。籍，《世本》作蘇。

	821	820	819	818	817	816	815	814	813	812
					甲申					
周	七	八	九	十	十一	十二	十三	十四	十五	十六
魯	五	六	七	八	九	十	魯懿公㉝戲元年	二	三	四
齊	四	五	六	七	八	九	齊文公㉞赤元年	二	三	四
晉	二	三	四	五	六	七	八	九	十	十一
秦	秦莊公㉛其元年	二	三	四	五	六	七	八	九	十
楚	楚熊徇㉜元年	二	三	四	五	六	七	八	九	十
宋	十	十一	十二	十三	十四	十五	十六	十七	十八	十九
衛	三十四	三十五	三十六	三十七	三十八	三十九	四十	四十一	四十二	衛武公㉟和元年
陳	十一	十二	十三	十四	十五	十六	十七	十八	十九	二十
蔡	十七	十八	十九	二十	二十一	二十二	二十三	二十四	二十五	二十六
曹	五	六	七	八	九	十	十一	十二	十三	十四
鄭										
燕	六	七	八	九	十	十一	十二	十三	十四	十五
吳										

807	808	809	810	811
甲午				
二十一	二十	十九	十八	十七
九	八	七	六	五
九	八	七	六	五
五	四 取㊳齊女為夫人。	三	二	穆侯弗生㊱元年
十五	十四	十三	十二	十一
十五	十四	十三	十二	十一
二十四	二十三	二十二	二十一	二十
六	五	四	三	二
二十五	二十四	二十三	二十二	二十一
三	二	蔡釐侯㊲所事元年	二十八	二十七
十九	十八	十七	十六	十五
二十	十九	十八	十七	十六

㉛秦莊公，秦仲之子，為西垂大夫。㉜熊徇，熊嚴之子，亦稱季紃。《漢書・人表》說是熊嚴之弟。㉝魯懿公，武公少子。宣王愛戲，立之。㉞齊文公，厲公子。㉟衛武公，釐侯之子，太子早逝，或說武公殺太子自立。㊱穆侯弗生，弗生，或作「費生」。獻侯子。據《詩譜》穆侯自曲沃遷都於絳（今山西翼城東南）。㊲蔡釐侯，夷侯之子。㊳取，通「娶」。

	806	805	804	803
周	二十二	二十三	二十四	二十五
魯	魯孝公稱元年。伯御立為君，稱為諸公子云。伯御，武公孫㊴。〔魯伯御元年〕	二〔伯御二〕	三〔伯御三〕	四〔伯御四〕
齊	十	十一	十二	齊成公說㊷元年
晉	六	七 以伐條生太子仇㊶。	八	九
秦	十六	十七	十八	十九
楚	十六	十七	十八	十九
宋	二十五	二十六	二十七	二十八
衛	七	八	九	十
陳	二十六	二十七	二十八	二十九
蔡	四	五	六	七
曹	二十	二十一	二十二	二十三
鄭	鄭桓公㊵友元年 始封。周宣王母弟。	二	三	四
燕	二十一	二十二	二十三	二十四
吳				

802	801
二十六	二十七
五（伯御五）	六（伯御六）
二	三
十 以千畝戰。㊸生仇弟成師。㊹二子名反，君子譏之。後亂。㊺	十一
二十	二十一
二十	二十一
二十九	三十
十一	十二
三十	三十一
八	九
二十四	二十五
五	六
二十五	二十六

㊴伯御立為君四句，伯御為武公孫，懿公兄括之子。武公曾攜長子括、少子戲，西朝周宣王，宣王愛戲，立為魯太子。武公卒，戲立，為懿公。懿公九年，伯御與魯人攻殺懿公，伯御立為君。伯御即位十一年，宣王伐魯殺伯御，立懿公之弟稱（《漢書・人表》說是懿公之子，此表下文又說是伯御之弟），是為孝公。本表有「探續」之例，然而〈魯周公世家〉、《漢書・律曆志》都說伯御在位十一年、孝公二十七年，則非探續明矣。孝公元年實應在周宣王三十二年（西元前七九五年）。㊵鄭桓公，厲王少子，死於犬戎。而《竹書》說是宣王之子，名多父，西周滅後居於鄭父之丘。㊶以伐條生太子仇，因為伐條戎失敗，因而名其子曰仇。以，於；在。條，條戎，戎族一支。居於晉國南境中條山一帶。㊷齊成公，文公之子。說，〈世家〉作「脫」。㊸千畝戰，也應是伐戎之戰。千畝，杜預說在今山西介休南，楊伯峻以為在今山西安澤北。㊹成師，因為「伐千畝，有功」，故穆侯名其子成師，意即出師成功。㊺二子名反三句，對於穆侯名其子仇和成師，晉大夫師服評論曰：「異哉君之命子也！太子曰『仇』，仇者讎也。少子曰『成師』，成師大號，成之者也。……今嫡庶名反逆，此後晉其能毋亂乎？」（〈晉世家〉、《左傳》桓公二年之語與此大同）此即「君子譏之」。名反，指「仇」意為怨恨、仇恨，「成師」意含成功。亂，成師的後代屢次攻伐仇的後代，並最終取代仇之後為晉侯。

	800	799	798	797	796
				甲辰	
周	二十八	二十九	三十	三十一	三十二
魯	七〔伯御七〕	八〔伯御八〕	九〔伯御九〕	十〔伯御十〕	十一〔伯御十二〕周宣王誅伯御，立其弟稱，是為孝公。
齊	四	五	六	七	八
晉	十二	十三	十四	十五	十六
秦	二十二	二十三	二十四	二十五	二十六
楚	二十二	楚熊鄂47元年	二	三	四
宋	三十一〔宋哀公元年〕宋惠公覸46。	宋戴公48立。元年	二	三	四
衛	十三	十四	十五	十六	十七
陳	三十二	三十三	三十四	三十五	三十六
蔡	十	十一	十二	十三	十四
曹	二十六	二十七	二十八	二十九	三十
鄭	七	八	九	十	十一
燕	二十七	二十八	二十九	三十	三十一
吳					

795	794	793	792	791	790	789	788	787
								甲寅
三十三	三十四	三十五	三十六	三十七	三十八	三十九	四十	四十一
十二〔魯孝公稱元年〕	十三〔二〕	十四〔三〕	十五〔四〕	十六〔五〕	十七〔六〕	十八〔七〕	十九〔八〕	二十〔九〕
九	齊莊公贖(51)元年	二	三	四	五	六	七	八
十七	十八	十九	二十	二十一	二十二	二十三	二十四	二十五
二十七	二十八	二十九	三十	三十一	三十二	三十三	三十四	三十五
五	六	七	八	九	楚若敖(52)元年	二	三	四
五	六	七	八	九	十	十一	十二	十三
十八	十九	二十	二十一	二十二	二十三	二十四	二十五	二十六
陳武公(49)靈元年	二	三	四	五	六	七	八	九
十五	十六	十七	十八	十九	二十	二十一	二十二	二十三
曹惠伯雉(50)元年	二	三	四	五	六	七	八	九
十二	十三	十四	十五	十六	十七	十八	十九	二十
三十二	三十三	三十四	三十五	三十六	燕頃侯元年	二	三	四

(46)據〈宋微子世家〉「三十年，惠公卒，子哀公立。哀公元年卒，子戴公立」，則惠公無三十一年，又遺落哀公一世。「宋惠公薨」四字應在上年，本年為宋哀公元年，今正。薨，諸侯死曰薨。(47)熊鄂，熊徇之子。(48)宋戴公，哀公子。《漢書・人表》說是惠公子。(49)陳武公，釐公子。(50)曹惠伯雉，原作「曹惠公伯雉」。據武英殿本、梁玉繩《史記志疑》卷八：「〈曹世家〉作『惠伯兕』，『公』字是衍文。」逕改。曹惠伯，戴伯之子。雉，或作「弟」、「兕」。(51)齊莊公，成公子。贖，《世本》、〈世家〉皆名「購」。(52)若敖，即熊儀，熊鄂之子。敖，即「豪」。猶今之酋長。楚君之無謚者皆稱敖，而冠以葬地。

	786	785	784	783	782	781	780
周	四十二	四十三	四十四	四十五	四十六	幽王[53]元年	二 三川[54]震。
魯	二十一(十)	二十二(十一)	二十三(十二)	二十四(十三)	二十五(十四)	二十六(十五)	二十七(十六)
齊	九	十	十一	十二	十三	十四	十五
晉	二十六	二十七 穆侯卒，弟殤叔自立，太子仇出奔。	晉殤叔元年	二	三	四 仇攻殺殤叔，立為文侯。	晉文侯仇元年
秦	三十六	三十七	三十八	三十九	四十	四十一	四十二
楚	五	六	七	八	九	十	十一
宋	十四	十五	十六	十七	十八	十九	二十
衛	二十七	二十八	二十九	三十	三十一	三十二	三十三
陳	十	十一	十二	十三	十四	十五	陳夷公[55]說元年
蔡	二十四	二十五	二十六	二十七	二十八	二十九	三十
曹	十	十一	十二	十三	十四	十五	十六
鄭	二十一	二十二	二十三	二十四	二十五	二十六	二十七
燕	五	六	七	八	九	十	十一
吳							

	771	772	773	774	775	776	777	778	779
							甲子		
	十一 幽王為犬戎所殺[59]。	十	九	八	七	六	五	四	三 王取褒姒[56]。
	三十六（二十五）	三十五（二十四）	三十四（二十三）	三十三（二十二）	三十二（二十一）	三十一（二十）	三十（十九）	二十九（十八）	二十八（十七）
	二十四	二十三	二十二	二十一	二十	十九	十八	十七	十六
	十	九	八	七	六	五	四	三	二
	七 始列為諸侯[60]。	六	五	四	三	二	秦襄公[57]元年	四十四	四十三
	二十	十九	十八	十七	十六	十五	十四	十三	十二
	二十九	二十八	二十七	二十六	二十五	二十四	二十三	二十二	二十一
	四十二	四十一	四十	三十九	三十八	三十七	三十六	三十五	三十四
	七	六	五	四	三	二	陳平公[58]燮元年	三	二
	三十九	三十八	三十七	三十六	三十五	三十四	三十三	三十二	三十一
	二十五	二十四	二十三	二十二	二十一	二十	十九	十八	十七
	三十六 以幽王故，為犬戎所殺。	三十五	三十四	三十三	三十二	三十一	三十	二十九	二十八
	二十	十九	十八	十七	十六	十五	十四	十三	十二

[53]幽王，名宮涅，或作宮湦，宣王之子。[54]三川，指涇水、洛水、渭水。都在今陝西境內。[55]陳夷公，武公之子。[56]褒姒，幽王寵妃，褒國之女，姒姓。[57]秦襄公，莊公子。[58]陳平公，夷公弟。[59]幽王為犬戎所殺，幽王任用佞臣虢石父，招國人怨。寵褒姒，廢申后及太子宜臼，立褒姒為后，褒姒之子伯服（亦作伯盤）為太子。宜臼出奔申。申侯怒，與繒（曾）、犬戎攻幽王，殺之驪山下。諸侯共立宜

	770	769	768	767	766	765	764
				甲戌			
周	平王元年東徙雒邑[61]。	二	三	四	五	六	七
魯	三十七〔二十六〕	三十八〔二十七〕	魯惠公弗湟[64]元年	二	三	四	五
齊	二十五	二十六	二十七	二十八	二十九	三十	三十一
晉	十一	十二	十三	十四	十五	十六	十七
秦	八 初立西畤，祠白帝[62]。	九	十	十一	十二 伐戎至岐[65]而死。	秦文公[66]元年	二
楚	二十一	二十二	二十三	二十四	二十五	二十六	二十七
宋	三十	三十一	三十二	三十三	三十四	宋武公司空[67]元年	二
衛	四十三	四十四	四十五	四十六	四十七	四十八	四十九
陳	八	九	十	十一	十二	十三	十四
蔡	四十	四十一	四十二	四十三	四十四	四十五	四十六
曹	二十六	二十七	二十八	二十九	三十	三十一	三十二
鄭	鄭武公滑突[63]元年	二	三	四	五	六	七
燕	二十一	二十二	二十三	二十四	燕哀侯元年	二	燕鄭侯元年
吳							

763	762	761	760	759	758
八	九	十	十一	十二	十三
六	七	八	九	十	十一
三十二	三十三	三十四	三十五	三十六	三十七
十八	十九	二十	二十一	二十二	二十三
三	四	五	六	七	八
楚霄敖(68)元年	二	三	四	五	六
三	四	五	六	七	八
五十	五十一	五十二	五十三	五十四	五十五
十五	十六	十七	十八	十九	二十
四十七	四十八	蔡共侯(69)興元年	二	蔡戴侯(71)元年	二
三十三	三十四	三十五	三十六	曹穆公(72)元年	二
八	九	十　娶申侯(70)女武姜。	十一	十二	十三
二	三	四	五	六	七

曰為王（即周平王）。虢公翰立王子餘臣為王於攜，稱攜王，出現了二王並立的局面。後晉文侯殺攜王（見古本《竹書紀年》）。(60)始列為諸侯，秦因為救周和以兵送平王東遷有功，被封為諸侯，得賜岐西之地。封諸侯應在下年，張守節曰：「秦襄公，周平王元年封也。」今人均繫於平王元年。(61)雍邑，周公營建，在今洛陽市王城公園一帶。(62)初立西畤二句，秦在西方，白帝少昊為西方天帝，故秦立畤祭白帝（見〈封禪書〉）。西畤，祭祀西方白帝的處所。司馬貞以西為邑名，「襄公始列為諸侯，自以居西。西，縣名。故作西畤，祠白帝。畤，止也。言神靈之所依止也。」祠，祭祀。(63)鄭武公滑突，桓公之子，遷都新鄭。滑突，〈世家〉作「掘突」。(64)魯惠公，孝公子。弗湟，〈世家〉作「弗皇」。(65)岐，岐山，在今陝西岐山縣東北。(66)秦文公，襄公子。(67)宋武公，戴公子。(68)霄敖，即熊坎，號霄敖，若敖之子。(69)蔡共侯，釐侯之子。(70)申，姜姓國，傳為伯夷之後。在今河南南陽東北。(71)蔡戴侯，共侯子。(72)曹穆公，名武，惠伯之弟。殺惠伯子石甫代立。

	757	756	755	754	753	752	751
	甲申						
周	十四	十五	十六	十七	十八	十九	二十
魯	十二	十三	十四	十五	十六	十七	十八
齊	三十八	三十九	四十	四十一	四十二	四十三	四十四
晉	二十四	二十五	二十六	二十七	二十八	二十九	三十
秦	九	十　作鄜畤(76)	十一	十二	十三	十四	十五
楚	楚蚡冒(73)元年	二	三	四	五	六	七
宋	九	十	十一	十二	十三	十四	十五
衛	衛莊公(74)揚元年	二	三	四	五	六	七
陳	二十一	二十二	二十三	陳文公(78)圉元年，生桓公鮑、厲公他。他母蔡女(79)。	二	三	四
蔡	三	四	五	六	七	八	九
曹	三	曹桓公終生(77)元年	二	三	四	五	六
鄭	十四　生莊公寤生(75)。	十五	十六	十七　生大叔段(80)，母欲立段，公不聽。	十八	十九	二十
燕	八	九	十	十一	十二	十三	十四
吳							

750	749	748	747	746
			甲午	
二十一	二十二	二十三	二十四	二十五
十九	二十	二十一	二十二	二十三
四十五	四十六	四十七	四十八	四十九
三十一	三十二	三十三	三十四	三十五
十六	十七	十八	十九 作祠陳寶。83	二十
八	九	十	十一	十二
十六	十七	十八 生魯桓公母。82	宋宣公84力元年	二
八	九	十	十一	十二
五	六	七	八	九
十	蔡宣侯楷論81元年	二	三	四
七	八	九	十	十一
二十一	二十二	二十三	二十四	二十五
十五	十六	十七	十八	十九

73蚡冒，即熊眴，號蚡冒，霄敖之子，又稱楚厲王。74衛莊公，武公之子。75寤生，因難產故名此。寤，通「牾」。逆。76作鄜畤，〈封禪書〉：「（秦）文公夢黃蛇自天下屬地，其口止於鄜衍。文公問史敦，敦曰：『此上帝之徵，君其祠之。』於是作鄜畤，用三牲郊祭白帝焉。」鄜畤，在今陝西洛川境（洛川與鄜縣，今稱富縣）。洛川縣南有鄜畤山，當即其地。77曹桓公，穆公子。終生，一作「終湦」。78陳文公，平公子。79生桓公鮑厲公他二句，此與〈世家〉俱誤。據《春秋》、《左傳》厲公名躍，桓公鮑之子，其母為蔡女。他（亦作「佗」，又稱五父），文公之子，立未逾年，無諡，為蔡人所殺。非厲公，亦非蔡出。80大叔段，亦稱共叔段。81楷論，〈世家〉作「措父」，《春秋》作「考父」。82生魯桓公母，梁玉繩曰：「是年武公卒，則桓母未必定生于父卒之年。」《左傳》隱公元年：「宋武公生仲子。仲子生而有文在其手，曰：『為魯夫人。』故仲子歸于我。生桓公。」83陳寶，陳倉（今陝西寶雞市區東）山上有石雞，「寶而祠之」，故稱陳寶。實由隕落於陳倉的隕石附會而出。〈封禪書〉：「文公獲若石云，于陳倉北阪城祠之。其神或歲不至，或歲數來。來也常以夜，光輝若流星，從東南來集于祠城，則若雄雞，其聲殷云，野雞夜雊。以一牢祠，命曰陳寶。」寶雞即由此而得名。84宋宣公，武公子。

	745	744	743
周	二十六	二十七	二十八
魯	二十四	二十五	二十六
齊	五十	五十一	五十二
晉	晉昭侯[85]元年封季父成師于曲沃,曲沃大於國,君子譏曰:「晉人亂自曲沃始矣。」[86]	二	三
秦	二十一	二十二	二十三
楚	十三	十四	十五
宋	三	四	五
衛	十三	十四	十五
陳	十 文公卒。	陳桓公[87]元年	二
蔡	五	六	七
曹	十二	十三	十四
鄭	二十六	二十七	鄭莊公寤生元年祭仲相。[88]
燕	二十	二十一	二十二
吳			

742	741	740	739
二十九	三十	三十一	三十二
二十七	二十八	二十九	三十
五十三	五十四	五十五	五十六
四	五	六	〔七〕 潘父殺昭侯，納成師，不克。昭侯子立，是為孝侯。[90]
二十四	二十五	二十六	二十七
十六	十七	武王立。[89]	二
六	七	八	九
十六	十七 愛妾子州吁，州吁好兵。	十八	十九
三	四	五	六
八	九	十	十一
十五	十六	十七	十八
二	三	四	五
二十三	二十四	二十五	二十六

[85]晉昭侯，文侯之子。[86]封季父成師于曲沃四句，季父原作「季弟」。梁玉繩《志疑》卷八：「『弟』乃『父』字之誤」，今據改。〈晉世家〉：「成師封曲沃，號為桓叔。」「君子曰：『晉之亂其在曲沃矣。末大於本而得民心，不亂何待！』」曲沃，在今山西聞喜東北。國，國都。當時晉國國都在絳，又稱翼（今山西翼城東南）。[87]陳桓公，「桓公」下應有「鮑」字。[88]祭仲，名足，鄭大夫。祭為食邑，在今河南中牟。[89]武王，熊通。熊眴之弟，殺眴子自立。依例應書「楚武王元年」。[90]潘父殺昭侯五句，〈晉世家〉：「七年，晉大臣潘父弒其君昭侯而迎曲沃桓叔。桓叔欲入晉，晉人發兵攻桓叔。桓叔敗，還歸曲沃。晉人共立昭侯子平為君，是為孝侯。誅潘父。」潘父，晉大臣。不克，沒有成功。按：依〈世家〉，本年為昭侯七年，下年為孝侯元年。〈世家〉又曰：「孝侯八年，曲沃桓叔卒，……

	738	737	736	735	734	733	732
		甲辰					
周	三十三	三十四	三十五	三十六	三十七	三十八	三十九
魯	三十一	三十二	三十三	三十四	三十五	三十六	三十七
齊	五十七	五十八	五十九	六十	六十一	六十二	六十三
晉	二〔晉孝侯平元年〕	三〔二〕	四〔三〕	五〔四〕	六〔五〕	七〔六〕	八〔七〕
秦	二十八	二十九	三十	三十一	三十二	三十三	三十四
楚	三	四	五	六	七	八	九
宋	十	十一	十二	十三	十四	十五	十六
衛	二十	二十一	二十二	二十三 夫人[91]無子，桓公[92]立。	衛桓公完元年	二 弟州吁驕，桓黜[93]之，出奔。	三
陳	七	八	九	十	十一	十二	十三
蔡	十二	十三	十四	十五	十六	十七	十八
曹	十九	二十	二十一	二十二	二十三	二十四	二十五
鄭	六	七	八	九	十	十一	十二
燕	二十七	二十八	二十九	三十	三十一	三十二	三十三
吳							

731	730	729
四十	四十一	四十二
三十八	三十九	四十
六十四	齊釐公95祿父元年	二 同母弟夷仲年生公孫毋知96也。
九〔八〕 曲沃桓叔成師卒，子代立94，為莊伯。	十〔九〕	十一〔十〕
三十五	三十六	三十七
十	十一	十二
十七	十八	十九 公卒，命立弟和，為穆公。
四	五	六
十四	十五	十六
十九	二十	二十一
二十六	二十七	二十八
十三	十四	十五
三十四	三十五	三十六

十五年，曲沃莊伯弒其君晉孝侯于翼。」而依本表，則為九年、十六年，可證較〈世家〉多一年。馬驌《繹史・年表》已正，今從正。

91夫人，莊姜，齊莊公之女，即《詩經・碩人》所歌詠者。92桓公，名完，陳女所生，莊姜養為己子，故立。93黜，貶斥。94子代立，莊伯名鱓，「子代立」應作「子鱓立」。95齊釐公，莊公之子。96毋知，〈世家〉作「無知」。

	728	727	726	725	724		723	
		甲寅						
周	四十三	四十四	四十五	四十六	四十七		四十八	
魯	四十一	四十二	四十三	四十四	四十五		四十六	
齊	三	四	五	六	七		八	
晉	十二（十一）	十三（十二）	十四（十三）	十五（十四）	十六（十五）	曲沃莊伯殺孝侯，晉人立孝侯子郤為鄂侯97。		晉鄂侯郤元年曲沃強於晉。
秦	三十八	三十九	四十	四十一	四十二		四十三	
楚	十三	十四	十五	十六	十七		十八	
宋	宋穆公和元年	二	三	四	五		六	
衛	七	八	九	十	十一		十二	
陳	十七	十八	十九	二十	二十一		二十二	
蔡	二十二	二十三	二十四	二十五	二十六		二十七	
曹	二十九	三十	三十一	三十二	三十三		三十四	
鄭	十六	十七	十八	十九	二十		二十一	
燕	燕穆侯元年	二	三	四	五		六	
吳								

	720	721	722
	五十一	五十	四十九
	三 二月，日蝕[102]。	二	魯隱公[98]息姑元年母聲子[99]。
	十一	十	九
	四	三	二
	四十六	四十五	四十四
	二十一	二十	十九
	九 公屬孔父立殤公[103]。馮奔鄭[104]。	八	七
	十五	十四	十三
	二十五	二十四	二十三
	三十	二十九	二十八
	三十七	三十六	三十五
	二十四 侵周，取禾[105]。	二十三 公悔，思母不見，穿地相見[101]。	二十二 段作亂，奔[100]。
	九	八	七

[97]鄂侯，孝侯之子。《左傳》以為是孝侯之弟，稱翼侯，被莊伯所逼曾奔隨，晉人迎回居鄂（今山西鄉寧），故稱鄂侯。[98]魯隱公，名息姑，惠公的長庶子，因太子年幼攝行政事。[99]聲子，惠公妾，後為繼室，宋女。[100]段作亂二句，段在姜氏支持下，積極擴展勢力，占據土地，並擬襲擊國都奪權，被莊公擊敗，出奔共（原為國，這時為衛邑，在今河南輝縣）。《竹書》與《公羊傳》、《穀梁傳》都說莊公殺公子聖（段），與《左傳》不同。[101]公悔三句，莊公怨恨姜氏支持段，把她安放到外地去，誓言「不及黃泉，無相見也」，既而悔之，鄭臣潁考叔建議掘地及泉，在隧道中相見，即及黃泉而相見。莊公採納了這個意見。穿地，指挖隧道。[102]二月二句，楊伯峻注：「以今法推算，此公元前七二〇年二月二十二日之日全食。《漢書・五行志》云：『推隱三年之食，貫中央，上下竟而黑。』亦全食之

	719	718	717
			甲子
周	桓王[106]元年	二 使虢公伐晉之曲沃[108]。	三
魯	四	五 公觀魚于棠，君子譏之[109]。	六 鄭人來渝平[114]。
齊	十二	十三	十四
晉	五	六 鄂侯卒[110]。曲沃莊伯復攻晉。立鄂侯子光為哀侯。	晉哀侯[115]光元年
秦	四十七	四十八	四十九
楚	二十二	二十三	二十四
宋	宋殤公與夷元年	二 鄭伐我[111]。我伐鄭。	三
衛	十六 州吁弒公自立。	衛宣公[112]晉元年。共立之。討州吁[113]。	二
陳	二十六 衛石碏來告，故執州吁[107]。	二十七	二十八
蔡	三十一	三十二	三十三
曹	三十八	三十九	四十
鄭	二十五	二十六	二十七 始朝王，王不禮[116]。
燕	十	十一	十二
吳			

716	715
四	五
七	八 易許田，君子譏之。[117]
十五	十六
二 莊伯卒，子稱立，為武公。	三
五十	秦憲公[118]元年
二十五	二十六
四	五
三	四
二十九	三十
三十四	三十五
四十一	四十二
二十八	二十九 與魯祊，易許田。[119]
十三	十四

象。」[103]公屬孔父立殤公，因為宣公不傳太子與夷而傳弟穆公，穆公卒前召大司馬孔父囑曰：「我死，必立與夷也。」「毋立馮，我不可以負宣公。」屬，同「囑」。孔父，名嘉，宋國公族，孔子的祖先。殤公，即與夷。[104]馮奔鄭，〈宋微子世家〉：「穆公使馮出居于鄭。」馮，穆公之子公子馮，後即位為莊公。[105]侵周二句，《左傳》隱公三年載鄭武公、莊公為周平王卿士，而平王想把政權交給虢公，致使鄭伯怨平王；這年四月，祭足帥師取溫之麥；秋，又取周之禾。[106]桓王，名林，平王太子洩父之子。[107]衛石碏來告二句，衛上卿石碏騙使州吁朝陳，令陳人拘捕之。[108]使虢公伐晉之曲沃，因曲沃莊伯叛王，故伐之。虢，國名。此指北虢，都上陽，今河南陝縣東南。[109]公觀魚于棠二句，觀魚，觀看捕魚。棠，今山東魚台。君子譏之，魯臣臧僖伯嘗勸阻之，以為非禮。[110]鄂侯卒，《左傳》隱公六年晉人迎鄂侯於隨，鄂侯未卒甚明。[111]鄭伐我，今年鄭人伐宋，因去年宋應衛州吁之請與衛伐鄭。[112]衛宣公，桓公之弟。[113]討州吁，《左傳》與〈衛康叔世家〉皆先殺州吁後立宣公。殺州吁在上年。[114]渝平，改為求和。渝，變。[115]晉哀侯，鄂侯之子。[116]始朝王二句，周桓王怒鄭取周禾，故對鄭伯不以禮相待。[117]易許田二句，楊伯峻曰：「此用《穀梁（傳）》義。」《穀梁傳》以為天子在上，諸侯不得私自易地。[118]秦憲公，文公太子靜公之子。「憲」字原誤作「寧」，今據〈秦記〉與〈秦公鐘〉銘改。[119]與魯祊二句，鄭桓公為周宣王母弟，賜之祊，於周王祭泰山時作為鄭助祭的湯沐邑。鄭怒朝王不禮，本年鄭派使歸祊於魯，桓公元年終換定。祊，邑名。在今山東費縣東。

	714	713	712	711
周	六	七	八	九
魯	九 三月，大雨雹(120)，電。	十	十一 大夫翬(124)請殺桓公，求為相(125)，公不聽，即殺公。	魯桓公(126)允元年
齊	十七	十八	十九	二十
晉	四	五	六	七
秦	二(121)	三	四	五
楚	二十七	二十八	二十九	三十
宋	六	七 諸侯敗我(123)。我師與衛人伐鄭。	八	九
衛	五	六	七	八
陳	三十一	三十二	三十三	三十四
蔡	蔡桓侯(122)封人元年	二	三	四
曹	四十三	四十四	四十五	四十六
鄭	三十	三十一	三十二	三十三 以璧加魯(127)，易
燕	十五	十六	十七	十八
吳				

	710
	十
母宋武公女128，生手文為魯夫人。	二 宋賂以鼎，入於太廟，君子譏之。129
	二十一
	八
	六
	三十一
	華督見孔父妻好，悅之。華督殺孔父，及殺殤公130。宋公131馮元年。華督為相。
	九
	三十五
	五
	四十七
許田。	三十四
	燕宣侯元年

120雨雹，下冰雹。121二，本年秦徙居平陽，在今陝西寶雞東南之陽平鄉。122蔡桓侯，宣侯子。123諸侯敗我，指齊、鄭、魯三國敗宋師於菅（今山東單縣北）。124大夫翬，字羽父，魯宗室。125相，執政之卿。126魯桓公，名允。《世本》作「軌」。127以璧加魯，鄭以祊與魯，復加玉璧。128宋武公女，即仲子，魯惠公繼配夫人。仲子生而有字在手：「為魯夫人」。129宋賂以鼎三句，宋太宰華父督殺孔父嘉，弒殤公，立莊公，鄭、魯、齊、陳皆有賂，以鄭國大鼎賂魯公。魯納於周公廟。君子，指魯大夫臧哀伯。哀伯諫桓公納賂器於太廟，是

	709	708	707	706
			甲戌	
周	十一	十二	十三 伐鄭。[135]	十四
魯	三 翬迎女，齊侯送女，君子譏之。[132]	四	五	六
齊	二十二	二十三	二十四	二十五 山戎伐我。[139]
晉	晉小子元年[133]〔哀侯九〕[134]	二〔晉小子侯元年〕	三〔二〕	〔三〕曲沃武公殺小子[140]。周伐曲沃，立晉
秦	七	八	九	十
楚	三十二	三十三	三十四	三十五 侵隨[141]，隨為善政，得止。
宋	二	三	四	五
衛	十	十一	十二	十三
陳	三十六	三十七	三十八 弟他[136]殺太子免。代立，國亂，再赴[137]。	陳厲公他[142]元年
蔡	六	七	八	九
曹	四十八	四十九	五十	五十一
鄭	三十五	三十六	三十七 伐周，傷王。[138]	三十八 太子忽[143]救齊，齊將妻之。
燕	二	三	四	五
吳				

705

十五	
七	
二十六	
二〔小子侯四〕	哀侯弟湣為晉侯。晉侯湣元年
十一	
三十六	
六	
十四	
二	生敬仲完。144周史145卜完後世王齊146。
十	
五十二	
三十九	
六	

滅德立違。130華督見孔父妻好四句，華督見孔父嘉妻美，以殤公在位十年而十一戰，歸罪於嘉，殺嘉而奪其妻。殤公怒，督懼誅，遂弒殤公，並迎立公子馮，即莊公。督賂諸侯以討好。華督，即華父督，名督，宋臣，官太宰。孔父，名嘉，宋臣，官大司馬，正考父之子，孔子六世祖。好，美。131宋公，當作「宋莊公」。名馮，穆公子。殺殤公當年改元。132翬迎女三句，依禮，諸侯嫁女，大國上卿送之，齊僖公親送女至讙（今山東肥城南），《左傳》責其非禮。133晉小子，〈世家〉稱之「小子侯」，幼弱無謚，故稱小子。哀侯之子。134《左傳》、〈晉世家〉皆謂哀侯有九年。135伐鄭，桓王奪鄭伯政與虢公，鄭伯不朝，周率諸侯伐之。136他，也作佗，桓公弟，又稱五父。明年蔡人殺陳他。137再赴，兩次報喪。赴，同「訃」。138伐周，當作「拒周」。此役鄭敗周，且射中王肩。139山戎伐我，〈匈奴列傳〉稱其越燕伐齊，戰於齊郊。山戎，古族名，在今河北之東北部與遼西一帶。140曲沃武公殺小子，《左傳》稱曲沃伯殺小子在魯桓公七年，侯湣元年在魯桓公八年。141隨，國名。姬姓，在今湖北隨州。142陳厲公，名躍，桓公子。史公稱厲公名他，誤。143太子忽，即後來之鄭昭公。144完，公子完，卒謚敬仲，陳厲公之子。陳亂，完懼禍出奔，仕於齊。後其子孫代姜齊而建田齊，為諸侯。145史，史官，亦掌卜筮。146王齊，稱王於齊。戰國時諸侯先後稱王。

	704	703	702	701	700	699
周	十六	十七	十八	十九	二十	二十一
魯	八	九	十	十一	十二	十三
齊	二十七	二十八	二十九	三十	三十一	三十二 釐公令毋知秩服(154)
晉	三 〔晉侯緡元年〕	四 〔二〕	五 〔三〕	六 〔四〕	七 〔五〕	八 〔六〕
秦	十二	秦出公(148)元年	二	三	四	五
楚	三十七 伐隨，弗拔，但(147)盟，罷兵。	三十八	三十九	四十	四十一	四十二
宋	七	八	九	十 執祭仲。(149)	十一	十二
衛	十五	十六	十七	十八 太子伋弟壽爭死。(150)	十九	衛惠公(155)朔元年
陳	三	四	五	六	七 公淫蔡，蔡殺公。(152)	陳莊公(156)林元年 桓公
蔡	十一	十二	十三	十四	十五	十六
曹	五十三	五十四	五十五	曹莊公射姑(151)元年	二	三
鄭	四十	四十一	四十二	四十三	鄭厲公(153)突元年	二
燕	七	八	九	十	十一	十二
吳						

697	698	
甲申		
二十三	二十二	
十五　天王求車，非禮。[160]	十四	
齊襄公諸兒元年。貶毋知秩服，毋知怨。	三十三	如太子。[157]
十〔八〕	九〔七〕	
秦武公[161]元年，伐彭，至華山。[162]	六　三父殺出公，立其兄武公。[158]	
四十四	四十三	
十四	十三	
三　朔奔齊，立黔牟。[163]	二	
三	二	子。
十八	十七	
五	四	
四　祭仲立忽，公出居櫟。[164]	三　諸侯伐我，報宋故。[159]	
燕桓侯元年[165]	十三	

[147]但，只；僅。[148]秦出公，曼，又曰出子，秦憲公少子，春秋時秦國國君，五歲而立，在位六年（西元前七〇三—前六九八年）。被三父等殺。[149]執祭仲，鄭莊公卒，祭仲欲立公子忽，宋欲立宋女所生之公子突，因誘執祭仲令立之。執，拘禁。[150]太子伋弟壽爭死，太子伋為宣王夫人夷姜所生，後為太子娶齊女，宣公見齊女好，自娶之，而生子壽、子朔。夷姜死，朔等譖害太子。宣公命太子持白旄使齊，使盜於界上殺之。壽知此，阻太子，不成，自持白旄先往，被殺，太子又至，亦被殺。朔得立為太子。伋，《左傳》作「急」，是同音通假。[151]曹莊公射姑，桓公子。射姑，〈世家〉作「夕姑」。[152]公淫蔡二句，陳厲公無淫蔡被殺之事，史公誤以厲公為陳他，又據《公羊》、《穀梁》有關陳他事而書此。[153]鄭厲公，莊公子，宋女所生。[154]秩服，品級；穿戴。[155]衛惠公，宣公子。[156]陳莊公，厲公之弟。[157]太子，名諸兒，即後之齊襄公。[158]三父，也作「參父」。官庶長，後被武公所誅。[159]諸侯伐我二句，宋、齊、蔡、衛、陳伐鄭，報復桓公十二年之諸國伐宋。[160]天王求車二句，依禮，諸侯不貢車服。天王，指周天子。[161]秦武公，憲公之子，出子之兄。[162]伐彭二句，彭，彭戲氏，戎部族名。華山，即西嶽，在陝西華陰南。[163]朔奔齊二句，《左傳》記此事於下年。朔母為齊女。[164]祭仲立忽二句，厲公

	696	695	694
周	莊王[166]元年，生子頹。[167]	二 有弟克。[171]	三
魯	十六 公會曹，謀伐鄭。[168]	十七 日食[172]，不書日，官失之。	十八 公與夫人如齊，齊侯通焉，使彭生殺公於車上。[174]
齊	二	三	四 殺魯桓公，誅彭生。[175]
晉	十一〔九〕	十二〔十〕	十三〔十一〕
秦	二	三	四
楚	四十五	四十六	四十七
宋	十五	十六	十七
衛	衛黔牟元年[169]〔衛惠公四〕	二〔衛黔牟元年〕	三〔二〕
陳	四	五	六
蔡	十九	二十	蔡哀侯獻舞[176]元年
曹	六	七	八
鄭	鄭昭公忽元年，忽母鄧女，祭仲取之。[170]	二 渠彌殺昭公。[173]	鄭子亹元年，齊殺子亹[177]，昭公弟。
燕	二	三	四
吳			

693	692
四　周公欲殺王而立子克，王誅周公，克奔燕。[178]	五
魯莊公同元年[179]	二
五	六
十四（十二）	十五（十三）
五	六
四十八	四十九
十八	十九
四（三）	五（四）
七	陳宣公杵臼元年　杵臼，莊公弟。
二	三
九	十
鄭子嬰元年[180]　子亹之弟。	二
五	六

惡祭仲之專權，謀殺之，未果，出居櫟；故祭仲立忽。櫟，鄭邊邑，在今河南禹縣。[165]燕桓侯元年，《世本》稱桓侯徙臨易（今河北雄縣西北）。[166]莊王，名佗，桓王子。[167]子穨，莊王嬖姬所生，太子之弟。[168]公會曹二句，「曹」原作「晉」，《殿本史記考證》：「《世家》『會于曹，謀伐鄭』」今據改。公會宋公、蔡侯、衛侯於曹，在正月；四月諸國伐鄭。曹國的國都在今定陶西北。[169]衛黔牟元年，黔牟是宣公原太子伋之弟。其元年應在下年。[170]忽母鄧女二句，祭仲為昭公娶鄧女見《左傳》桓公十一年。鄧，國名。曼姓，在今湖北襄樊西北。[171]有弟克，原作「有兄弟」。梁玉繩《史記志疑》卷八：「當作『有弟克』，傳寫訛倒，又誤『克』為『兄』。蓋指莊王弟王子克也。」今據改。克，即王子克，字子儀。莊王之弟。[172]日食，即西元前六九五年十月十日之日環蝕。[173]渠彌殺昭公，昭公素惡高渠彌，渠彌畏誅，遂弒昭公。[174]公與夫人如齊三句，如，往。通，通姦。彭生，齊公子，有勇力。[175]誅彭生，魯責齊，齊殺彭生。[176]蔡哀侯，桓侯之弟。獻舞，或作「獻武」。[177]齊殺子亹，高渠彌立子亹，子亹會齊襄公，二人有舊怨，襄公伏甲殺之。《世本》稱「鄭殺其君某」，與此異。[178]周公欲殺王而立子克三句，據《左傳》此事在三年。周公，名黑肩，此時獨執周政。燕，此指南燕，相傳其君是黃帝後裔，在今河南延津南。[179]魯莊公，桓公子。[180]鄭子嬰，子亹被殺，故鄭人立其弟。子嬰，《左傳》曰「子儀」，《漢書·人表》曰「嬰齊」。

	691	690	689	688
周	六	七	八	九
魯	三	四	五 與齊伐衛，納惠公184。	六
齊	七	八 伐紀，去其都邑182。	九	十
晉	十六（十四）	十七（十五）	十八（十六）	十九（十七）
秦	七	八	九	十
楚	五十	五十一 王伐隨，告夫人心動183，王卒軍中。	楚文王185貲元年 始都郢186。	二 伐申187，過鄧，鄧甥188曰楚可取，
宋	宋湣公181捷元年	二	三	四
衛	六（五）	七（六）	八（七）	九（衛惠公十二）（八）189
陳	二	三	四	五
蔡	四	五	六	七
曹	十一	十二	十三	十四
鄭	三	四	五	六
燕	七	燕莊公元年	二	三
吳				

	687	686
	甲午	
	十	十一
	七 星隕如雨，與雨偕。191	八 子糾193來奔，與管仲194俱，避毋知亂。
	十一	十二 毋知殺君自立。
	二十〔十八〕	二十一〔十九〕
	十一	十二
鄧侯不許。190	三	四
	五	六
	十〔衛惠公十三〕齊立惠公，黔牟奔周。192	衛惠公朔復入。195 十四年
	六	七
	八	九
	十五	十六
	七	八
	四	五

181宋湣公，莊公子。182伐紀二句，去年紀侯弟曾以地降齊，紀分為二；今齊伐紀，紀侯逃離其都。紀，姜姓國名，在今山東壽光南。183告夫人心動，夫人，鄧曼。鄧曼告其夫曰「王祿盡矣」。184與齊伐衛二句，與齊、宋等國伐衛，為使惠公朔返國為君。185楚文王，武王子。186郢，今湖北江陵西北之紀南城。孔穎達引《世本》以為楚武王時已都郢。187申，國名。在今河南南陽市。188鄧甥，指鄧國的騅甥、聃甥、養甥三大夫。189八，惠公入，放黔牟於周。190鄧侯，指鄧祁侯。191星隕如雨二句，此次流星雨發生在西元前六八七年三月十六，是世界上最早的天琴座流星雨的記載。192齊立惠公二句，據《左傳》，此在上年。193子糾，齊襄公之弟，以毋知弒襄公，而其母魯女，故奔魯。194管仲，此時為公子糾之臣。195復入，惠公復入在前年。

	685	684
周	十二	十三
魯	九 魯欲與糾入，後小白，齊距魯，使生致管仲[196]。	十 齊伐我[197]，為糾故。
齊	齊桓公小白元年，春，齊殺毋知。	二
晉	二十二〔二十〕	二十三〔二十一〕
秦	十三	十四
楚	五	六 息夫人[198]，陳女，過蔡，蔡不禮，惡之。楚伐蔡，獲哀侯以歸[199]。
宋	七	八
衛	十五	十六
陳	八	九
蔡	十	十一 楚虜我侯。
曹	十七	十八
鄭	九	十
燕	六	七
吳		

683	682	681
十四	十五	釐王[203]元年
十一　臧文仲弔宋水。[200]	十二	十三　曹沬劫桓公。反所亡地。[204]
三	四	五　與魯人會柯。
二十四（二十二）	二十五（二十三）	二十六（二十四）
十五	十六	十七
七	八	九
九　宋大水，公自罪。[201]魯使臧文仲來弔。	十　萬殺君，仇牧有義。[202]	宋桓公御說[205]元年莊公子。
十七	十八	十九
十	十一	十二
十二	十三	十四
十九	二十	二十一
十一	十二	十三
八	九	十

[196]與，助。後，晚；晚於。小白，即日後之齊桓公，亦襄公弟，在鮑叔牙的輔佐下捷足先登返回齊國。距，抵抗。生致，活著送來。[197]齊伐我，此即長勺之戰。由於曹劌設謀，齊師敗回。[198]息夫人，息侯之妻。息，國名。在今河南息縣西南。[199]楚伐蔡二句，由於蔡侯對息夫人無禮，息侯請楚伐蔡，虜蔡哀侯。[200]臧文仲弔宋水，臧文仲，名辰，魯大夫，文仲之卒在六十七年後，此時還不能有活動，可能是史公誤讀《左傳》文。弔，慰問受災者。[201]公自罪，指宋湣公對魯使所說「寡人以不能事鬼神，政不脩，故水」等自責的話。[202]萬，南宮萬，宋卿。因曾被魯所俘，宋公戲呼曰「魯囚」，於是萬弒宋君。仇牧，宋大夫。在與南宮萬戰鬥中被萬所殺。[203]釐王，名胡齊，莊王之子。[204]此事詳見於〈刺客列傳〉，而《左傳》無，學者多以為是戰國人編造。[205]宋桓公御說，南宮萬弒湣公而立公子游，諸公子殺萬弟南宮牛與子游，立湣公弟御說。後又殺南宮萬。

	680	679	678
周	二	三	四
魯	十四	十五	十六
齊	六	七 始霸，會諸侯于鄄[206]。	八
晉	二十七（二十五）	二十八（二十六）曲沃武公滅晉侯湣，以寶獻周，周命武公為晉君，并其地[207]。	晉武公稱并晉，已立三十八年，不更元，因其元年。
秦	十八	十九	二十 葬雍[209]，初以人從死[210]。
楚	十	十一	十二 伐鄧，滅之。
宋	二	三	四
衛	二十	二十一	二十二
陳	十三	十四	十五
蔡	十五	十六	十七
曹	二十二	二十三	二十四
鄭	十四	鄭厲公後[208]元年厲公亡後十七歲復入。	二 諸侯伐我[211]。
燕	十一	十二	十三
吳			

677	676	675
甲辰		
五	惠王[213]元年取陳后。[214]	二　燕、衛伐王，王奔溫，立子穨。[218]
十七	十八	十九
九	十	十一
三十九　武公卒，子詭諸立，為獻公。	晉獻公詭諸元年	二
秦德公元[212]年武公弟。	二　初作伏，祠[215]社，磔狗邑四門。[216]	秦宣公[219]元年
十三	楚堵敖囏元年[217]	二[220]
五	六	七　取衛女。文公弟。[221]
二十三	二十四	二十五
十六	十七	十八
十八	十九	二十
二十五	二十六	二十七
三	四	五
十四	十五	十六　伐王，王奔溫，立子穨。[222]

[206]會諸侯于鄄，齊侯與宋公、陳侯、衛侯、鄭伯會於鄄（今山東鄄城北，衛邑）。[207]武公滅侯湣在此年；但周命武公為諸侯乃在明年，即魯莊公十六年。[208]鄭厲公後元年，厲公即位於魯桓公二十二年，通前為二十二年。後，「後」字依文例加。[209]雍，秦邑。在今陝西鳳翔東南。[210]以人從死，此次殉葬者六十六人。[211]諸侯伐我，《春秋》曰：「夏，宋人、齊人、衛人伐鄭。」[212]秦德公元年，德公遷都雍城。[213]惠王，名閬，釐王之子。[214]陳后，陳國之女。[215]初作伏二句，開始設立伏日祭祀土神。初作伏，開始設立伏日。祠社，祭祀土神。[216]磔狗邑四門，將狗分裂張開祭都城四門，以去除熱毒。[217]楚堵敖囏元年，於《左傳》為文王十四年。[218]燕衛伐王三句，子穨等先曾有一次反王失敗，出奔溫，又奔衛，衛人與南燕又助子穨反王，王敗，立子穨為王。溫，周邑名。在今河南溫縣西。子穨，莊王嬖妾王姚所生。[219]秦宣公，德公之子。[220]二，於《左傳》為文王十五年。[221]文公弟，文公之妹。[222]伐王三句，伐王者為南燕，不應書此。

	674	673	672	671	670
周	三[223]	四 誅穨，入惠王[227]。	五 太子母早死[229]。惠后生叔帶[230]。	六	七
魯	二十	二十一	二十二	二十三 公如齊觀社[237]。	二十四
齊	十二	十三	十四 陳完自陳來奔，田常[231]始此也。	十五	十六
晉	三	四	五 伐驪戎[232]，得姬[233]。	六	七
秦	二	三	四 作密畤[234]。	五	六
楚	三[224]	四[228]	五[235] 弟惲殺堵敖自立。	楚成王惲元年	二
宋	八	九	十	十一	十二
衛	二十六	二十七	二十八	二十九	三十
陳	十九	二十	二十一 厲公子完奔齊。	二十二	二十三
蔡	蔡穆侯[225]肸元年	二	三	四	五
曹	二十八	二十九	三十	三十一	曹釐公夷[238]元年
鄭	六	七 救周亂，入王。	鄭文公捷[236]元年	二	三
燕	十七 鄭執我仲父[226]。	十八	十九	二十	二十一
吳					

666	667	668	669
	甲寅		
十一	十 賜齊侯命。(242)	九	八
二十八	二十七	二十六	二十五
二十	十九	十八	十七
十一	十	九 始城絳都。(240)	八 盡殺故晉侯羣公子。(239)
十	九	八	七
六	五	四	三
十六	十五	十四	十三
三	二	衛懿公(241)赤元年	三十一
二十七	二十六	二十五	二十四
九	八	七	六
五	四	三	二
七	六	五	四
二十五	二十四	二十三	二十二

(223)三，惠王處鄭之櫟邑。(224)三，於《左傳》為楚堵敖囏元年。(225)蔡穆侯，哀侯子。(226)鄭執我仲父，此仲父乃南燕之君，不當書此。(227)誅積二句，鄭、虢之君誅積，復入惠王。(228)四，於《左傳》為堵敖囏二年。(229)太子母早死，太子與叔帶同為惠后所生，此說誤。太子，即日後之襄王。(230)叔帶，又稱王子帶，封於甘。惠后寵愛叔帶，襄王時勾結戎狄作亂，被晉文公所殺。(231)田常，陳完的後代，即陳恆，後來奪取姜氏政權的關鍵人物之一。(232)驪戎，戎族的一支，有說在陝西驪山一帶，有說在山西王屋山一帶。(233)得姬，得到了驪姬姐妹。(234)密時，在雍郊渭水南岸建造祭祀青帝的神壇。(235)五，於《左傳》為堵敖囏三年。(236)鄭文公，厲公子。捷，《世家》作「踕」。(237)觀社，遊觀祭祀社神的民間活動。(238)曹釐公夷，莊公子。夷，《春秋》作「赤」。(239)盡殺故晉侯羣公子，先建邑使之聚居，後盡殺之。蓋為消除本族的威脅。羣公子，指桓叔、莊伯之族。(240)始城絳都，晉自穆侯已都絳，此處乃增築，非始築。(241)衛懿公，惠公子。(242)賜齊侯命，命齊侯為伯。伯，即諸侯之長。

	665	664	663	662
周	十二	十三	十四	十五
魯	二十九	三十	三十一	三十二 莊公弟叔牙鴆死。慶父弒子般。季友
齊	二十一	二十二	二十三 伐山戎，為燕也[244]。	二十四
晉	十二 太子申生居曲沃，重耳居蒲城，夷吾居屈。驪姬故[243]。	十三	十四	十五
秦	十一	十二	秦成公[245]元年	二
楚	七	八	九	十
宋	十七	十八	十九	二十
衛	四	五	六	七
陳	二十八	二十九	三十	三十一
蔡	十	十一	十二	十三
曹	六	七	八	九
鄭	八	九	十	十一
燕	二十六	二十七	二十八	二十九
吳				

661	
十六	
魯湣公開元年	奔陳，立湣公。[246]
二十五	
十六 滅魏、耿、霍。始封趙夙耿，畢萬魏，[247]始此。	
三	
十一	
二十一	
八	
三十二	
十四	
曹昭公[248]元年	
十二	
三十	

[243]太子申生居曲沃四句，驪姬為使其子篡取政權，故設方排斥太子與其他諸公子。曲沃，是晉國的宗廟所在地。蒲城，在今山西隰縣西北。屈，在今山西吉縣。[244]伐山戎二句，山戎伐燕，桓公為救燕而伐山戎。[245]秦成公，德公子。[246]莊公弟叔牙鴆死四句，「慶父弒」原本缺此三字，張文虎《札記》卷二：「《史詮》云上脫『慶父弒』三字。」今據補。莊公有弟三人，曰慶父、叔牙、季友。莊公死，叔牙欲立慶父，季友殺叔牙，立莊公之子般。慶父殺般立啟，即所謂湣公。季友奔陳。[247]滅魏、耿、霍，原作「伐魏取霍」，按〈魏世家〉：「以伐霍、耿、魏，滅之。」今據改。魏，在今山西芮城北。耿，在今山西河津東南。霍，在今山西霍縣西南。趙夙、畢萬，皆晉大夫。[248]曹昭公，名班，釐公子。

660	
周	十七
魯	二 慶父殺湣公。季友自陳立申，為釐公。殺慶父[249]。
齊	二十六
晉	十七 申生將軍，君子知其廢[250]。
秦	四
楚	十二
宋	二十二
衛	〔九〕 翟[251]伐我。公好鶴，士不戰[252]，滅我國。國怨，惠公[253]亂，滅其後，更立黔牟弟[254]。衛戴公元年[255]。
陳	三十三
蔡	十五
曹	二
鄭	十三
燕	三十一
吳	

659	658
十八	十九
魯釐公申元年。哀姜喪自齊至。[256]	二
二十七 殺女弟魯莊公夫人，淫故。[257]	二十八 為衛築楚丘。[259]救戎狄伐。
十八	十九 荀息以幣假道于虞以伐虢，滅下陽。[260]
秦穆公任好[258]元年	二
十三	十四
二十三	二十四
衛文公燬元年。戴公弟也。	二 齊桓公率諸侯為我城楚丘。[261]
三十四	三十五
十六	十七
三	四
十四	十五
三十二	三十三

[249]慶父殺湣公四句，《左傳》曰湣公不禁其傅奪大夫卜齮之田，慶父使齮弒湣公。〈魯周公世家〉謂莊公夫人哀姜與慶父私通，謀殺湣公而立慶父。季友聞之，請立申。魯人欲殺慶父，慶父奔莒。立申，即釐公。賂莒求慶父，慶父返魯途中自縊。[250]申生將軍二句，獻公命申生率軍伐翟，衣之偏衣，佩之金玦，晉之諸大臣皆知太子將廢。[251]翟，通「狄」。據《紀年》此為赤狄。[252]公好鶴二句，懿公好鶴，至鶴有乘軒者，故國人不戰。[253]惠公，即朔，諂害太子伋及壽者。懿公即惠公子。[254]更立黔牟弟，此注誤。〈衛康叔世家〉謂：「更立黔牟之弟昭伯頑之子申為君，是為戴公。」與《左傳》所說為昭伯之子合。梁玉繩曰：「『弟』下當補『子申』二字。」[255]衛戴公元年，戴公名申，太子伋與黔牟的同母弟，居於曹（今河南滑縣東）。元年卒。本年亦即懿公九年。[256]釐公，湣公弟。哀姜喪自齊至，齊桓公召殺哀姜，送其屍歸魯。[257]殺女弟魯莊公夫人二句，魯莊公夫人哀姜是齊桓公之妹，與慶父通，並殺湣公，故齊桓公召而殺之。[258]秦穆公，德公子。[259]楚丘，在今河南滑縣東，曹之東北。[260]荀息以幣假道于虞以伐虢二句，指荀息以良馬、玉璧賄虞君，假道伐虢，宮之奇諫，虞君不聽，晉攻下虢之下陽。幣，用作禮品的玉、馬等。虞，國名。姬姓，在今山西平陸東北。虢，即北虢，在虞之南。下陽，也作「夏陽」。虢邑，在平陸北。[261]齊桓公率諸侯為我城楚丘，從此衛遂都於楚丘。

	657	656	655
	甲子		
周	二十	二十一	二十二
魯	三	四	五
齊	二十九 與蔡姬262共舟，蕩公，公怒，歸蔡姬。	三十 率諸侯伐蔡，蔡潰，遂伐楚，責包茅貢264。	三十一
晉	二十	二十一 申生以驪姬讒自殺265。重耳奔蒲，夷吾奔屈。	二十二 滅虞、虢。重耳奔狄269。
秦	三	四 迎婦于晉266。	五
楚	十五	十六 齊伐我，至陘267，使屈完268盟。	十七
宋	二十五	二十六	二十七
衛	三	四	五
陳	三十六	三十七	三十八
蔡	十八 以女故，齊伐我263。	十九	二十
曹	五	六	七
鄭	十六	十七	十八
燕	燕襄公元年	二	三
吳			

	654	653	652
	二十三	二十四	二十五〔襄王元年[273]〕襄王立，畏太叔[274]。
	六	七	八
	三十二 率諸侯伐鄭[270]。	三十三	三十四
	二十三 夷吾奔梁[271]。	二十四	二十五 伐翟[275]，以重耳故。
	六	七	八
	十八 伐許，許君肉袒謝，楚從之[272]。	十九	二十
	二十八	二十九	三十 公疾，太子茲父[276]讓兄目夷[277]賢，公不聽。
	六	七	八
	三十九	四十	四十一
	二十一	二十二	二十三
	八	九	曹共公[278]元年
	十九	二十	二十一
	四	五	六

[262]蔡姬，桓公之妾，蔡穆侯之妹。[263]以女故二句，桓公遣蔡姬歸蔡，蔡女改嫁，齊遂伐蔡。[264]責包茅貢，不向周貢包茅，是齊伐楚的藉口。責，責問。包茅，成束的茅。祭祀時束茅立之，以酒澆其上，酒糟留於茅中，汁下滲，象神鬼飲酒。包，包裹；束紮。茅，菁茅，有刺，三脊，是楚對周王的貢物。[265]申生以驪姬讒自殺，驪姬誣陷申生欲鴆獻公，申生自殺。[266]迎婦于晉，穆公娶獻公女申生之姐為夫人。[267]陘，楚邑。有說在今河南漯河東，似可疑。[268]屈完，楚大夫。[269]重耳奔狄，獻公受驪姬讒派人殺重耳，重耳奔其母家狄（在今山西離石一帶）。[270]率諸侯伐鄭，因去年桓公召諸侯盟於首止，鄭伯中途逃歸，故今年伐之。[271]梁，國名。在今陝西韓城南。[272]伐許三句，楚君伐許為救鄭，許君降。許，國名，姜姓，始封君傳說為伯夷之後文叔，在今河南許昌東。後屢遷至葉、城父等地。肉袒，袒露上體以示謝罪降服。《左傳》曰：「許君面縛，銜璧，大夫衰絰，士輿櫬。」從之，一本作「釋之」，當是。[273]襄王元年，楊伯峻考之《國語》，核以《春秋》經、傳，「無一不可以證明惠王之死在去年，襄王之元年在僖之八年」，即今年也。史公誤會《春秋》經文。襄王，名鄭，惠王之子。[274]太叔，即叔帶、王子帶。[275]伐翟，據《左傳》，去年晉敗狄，今年狄伐晉，故表文應記於去年。[276]茲父，即

	651	650	649
周	襄王元年(二)諸侯立王[279]。	二 (三)	三 (四)戎伐我，太叔帶召之。欲誅
魯	九 齊率我伐晉亂，至高梁還[280]。	十	十一
齊	三十五 夏，會諸侯于葵丘[281]。天子使宰孔[282]賜胙[283]，命無拜。	三十六 使隰朋[287]立晉惠公。	三十七
晉	二十六 公卒，立奚齊。里克殺之，及卓子。立夷吾[284]。	晉惠公夷吾元年誅里克，倍秦約[288]。	二
秦	九 夷吾使郤芮[285]賂[286]，求入。	十 丕鄭[289]子豹亡來。	十一 救王伐戎，戎去。
楚	二十一	二十二	二十三 伐黃[290]。
宋	三十一 公薨，未葬，齊桓會葵丘。	宋襄公茲父元年目夷相。	二
衛	九	十	十一
陳	四十二	四十三	四十四
蔡	二十四	二十五	二十六
曹	二	三	四
鄭	二十二	二十三	二十四 有妾[291]夢天[292]與之蘭，生
燕	七	八	九
吳			

648	
四〔五〕	叔帶，叔帶奔齊。293
十二	
三十八	使管仲平戎于周，294欲以上卿禮，讓，受下卿。295
三	
十二	
二十四	
三	
十二	
四十五	
二十七	
五	
二十五	穆公蘭。
十	

襄公。277目夷，字子魚，襄公庶兄。278曹共公，名襄，昭公子。279諸侯立王，四字應在前一年之「畏太叔」下。280齊率我伐晉亂二句，齊隰朋會秦，俱送夷吾入立。無魯事，此記誤。高梁，晉邑，在今山西臨汾東。281葵丘，宋邑。在今河南蘭考東南。282宰孔，周室的太宰，名孔。283賜胙，賜給諸侯以祭肉，以表示對其尊崇。284公卒五句，奚齊、卓子皆驪姬所生。里克，晉大夫，重耳一派。先欲迎立重耳，重耳不入，乃立夷吾。285郤芮，晉大夫。286賂，賄賂秦國。求秦國助其回晉即位。287隰朋，齊大夫。288誅里克二句，誅里克，懼其串通重耳生變。倍秦約，夷吾原答應割地與秦，回晉後遂背約。倍，通「背」。289丕鄭，里克一黨。夷吾殺丕鄭，故其子奔秦。290黃，國名。在今河南潢川西。明年楚滅黃。291妾，指蕪姑。292夢天，《左傳》宣公三年作「夢天使」。293戎伐我四句，叔帶召戎作亂、失敗奔齊事在明年，書此者誤。294平戎于周，使伐周之戎與周室媾和。295受下卿，接受下卿之禮。楊伯峻曰：「《禮記・王制》云：『次國三卿，二卿命於天子，一卿命於君。』齊侯爵為次國，二卿為天子所命，則國氏、高氏也，為上卿；管仲為桓公所命，為下卿。」

	647	646	645
	甲戌		
周	五〔六〕	六〔七〕	七〔八〕
魯	十三	十四	十五 五月，日有食之。不書，史官失之。
齊	三十九 使仲孫[296]請王[297]，言王叔帶，王怒。	四十	四十一
晉	四 饑[298]，請粟，秦與我。	五 秦饑，請粟，晉倍之[300]。	六 秦虜惠公，復立之[302]。
秦	十三 丕豹欲無與，公不聽，輸晉粟，起雍至絳。	十四	十五 以盜食善馬士得破晉[303]。
楚	二十五	二十六 滅六、英[301]。	二十七
宋	四	五	六
衛	十三	十四	十五
陳	陳穆公[299]款元年	二	三
蔡	二十八	二十九	蔡莊侯[304]甲午元年
曹	六	七	八
鄭	二十六	二十七	二十八
燕	十一	十二	十三
吳			

644	643	642
八〔九〕	九〔十〕	十〔十一〕
十六	十七	十八
四十二 王以戎寇告齊，齊徵(305)諸侯戍(306)周。	四十三	齊孝公(310)昭元年
七 重耳聞管仲死，去翟之齊。(307)	八	九
十六 為河東置官司。(308)	十七	十八
二十八	二十九	三十
七 隕五石。六鶂退飛，(309)過我都。	八	九
十六	十七	十八
四	五	六
二	三	四
九	十	十一
二十九	三十	三十一
十四	十五	十六

(296)仲孫，仲孫湫，齊大夫。(297)請王，為叔帶向襄王講情。(298)饑，災荒。(299)陳穆公，名款，宣公子。(300)晉倍之，晉，應作「我」。倍，背恩。不借粟與秦。(301)滅六英，據《春秋》，魯僖十七年「齊人、徐人伐英氏」，魯文五年又曰「楚人滅六」，則六、英均未滅。梁玉繩曰：「此乃『滅黃』之誤，原屬二十四年事，錯書於二十六年耳。」六，國名。偃姓，傳說禹封皋陶之子於六，在今安徽六安北。郭沫若以為六即金文之錄國。英，國名，亦稱英氏。偃姓，傳說亦為皋陶之後，在今安徽金寨東南。(302)秦虜惠公二句，韓之戰，秦虜晉惠公，由於秦穆夫人講情，秦放歸晉惠公。(303)以盜食善馬士得破晉，〈秦本紀〉、《呂氏春秋・愛士》載，穆公丟失良馬，岐下野人得而食之者三百餘人。穆公沒有懲辦他們，反以「食善馬肉不飲酒，傷人」，賜酒而赦之。韓之戰中，穆公被圍，受傷。岐下三百人馳冒晉軍，爭死相報，終解晉圍，脫穆公。然此事不見於《左傳》、《國語》。(304)蔡莊侯，名甲午，穆侯之子。(305)徵，徵調。(306)戍，駐守。(307)重耳聞管仲死二句，管仲死於去年。去，離開。之，前往。(308)為河東置官司，《左傳》記此事於去年。去年《左傳》曰惠公賂秦河外五城，而「內及解梁城」，解梁即今山西永濟東北之解城，在河東。秦敗晉，「於是秦始征晉河東，置官司焉。」官司，政府主管官員、機構。(309)退飛，逆風飛行，故有此現象。(310)齊孝公，桓公子。桓公死，先是無詭立；三月，被殺，無謚，而後孝公立。

	641	640	639	638
周	十一〔十二〕	十二〔十三〕	十三〔十四〕	十四〔十五〕叔帶復歸於周[314]。
魯	十九	二十	二十一	二十二
齊	二	三	四	五 歸王弟帶。
晉	十	十一	十二	十三 太子圉質秦亡歸[315]。
秦	十九 滅梁。梁好城，不居，民罷，相驚，故亡[311]。	二十	二十一	二十二
楚	三十一	三十二	三十三 執宋襄公，復歸之[312]。	三十四
宋	十	十一	十二 召楚盟[313]。	十三 泓之戰[316]，楚敗公。
衛	十九	二十	二十一	二十二
陳	七	八	九	十
蔡	五	六	七	八
曹	十二	十三	十四	十五
鄭	三十二	三十三	三十四	三十五 君如楚，宋伐我。
燕	十七	十八	十九	二十
吳				

甲申	
十五〔十六〕	
二十三	
六	伐宋，以其不同盟317。
十四	圉立，為懷公。
二十三	迎重耳於楚，厚禮之，妻之女318。重耳願歸。
三十五	重耳過，厚禮之。
十四	公疾死泓戰319。
二十三	重耳從齊過320，無禮。
十一	
九	
十六	重耳過321，無禮，僖負羈私善。322
三十六	重耳過，無禮，叔詹諫。323
二十一	

311梁好城五句，好城，喜歡築城。罷，通「疲」。相驚，相驚曰秦寇至。今秦遂滅之。312執宋襄公二句，宋公在盂之會與楚爭盟，楚執之以伐宋，不久放回。313召楚盟，宋襄公欲為盟主，召楚，楚王怒，遂執宋襄公。314叔帶復歸於周，王召之回。315太子圉質秦亡歸，韓之戰後太子圉在秦為質，今聞父病，逃回國。太子圉，惠公子，即日後之懷公。316泓之戰，此役以襄公頑固愚蠢而敗於楚。泓，水名。在今河南柘城北。317伐宋二句，魯僖十九年，陳、蔡、楚、鄭曾盟於齊，今乘宋敗於泓討其不盟齊。318女，即懷嬴。319公疾死泓戰，泓之戰，公傷股，今遂死。320從齊過，從齊來，路過衛。321重耳過，重耳過曹當在去年。322僖負羈，曹大夫。323叔詹，管仲稱他為鄭國的「三良」之一。

	636	635	634
周	十六（十七）王奔氾[324]。氾，鄭地也。	十七（十八）晉納王[329]。	十八（十九）
魯	二十四	二十五	二十六
齊	七	八	九
晉	晉文公元年。誅子圉。魏武子為魏大夫[325]，趙衰為原大夫。咎犯[326]曰：「求霸莫如內王[327]。」	二	三 宋服[331]。
秦	二十四 以兵送重耳。	二十五 欲內王，軍河上[330]。	二十六
楚	三十六	三十七	三十八
宋	宋成公[328]王臣元年	二	三 倍楚親晉。
衛	二十四	二十五	衛成公鄭元年
陳	十二	十三	十四
蔡	十	十一	十二
曹	十七	十八	十九
鄭	三十七	三十八	三十九
燕	二十二	二十三	二十四
吳			

十九（二十）	
二十七	
十	孝公薨，弟潘因衛公子開方殺孝公子，立潘。[332]
四	救宋，報曹、衛恥。[333]
二十七	
三十九	使子玉[334]伐宋。
四	楚伐我，我告急於晉。
二	
十五	
十三	
二十	
四十	
二十五	

[324]王奔氾，王子帶又勾結狄攻王，故王外奔。氾，今河南襄城南。[325]魏武子為魏大夫，魏武子，名犨。畢萬之子或孫。魏大夫，魏邑的行政長官。趙衰，重耳謀臣。原在今河南濟源西北。[326]咎犯，即子犯，也稱狐偃。與趙衰等都是多年追隨重耳的親信。咎，通「舅」，子犯是重耳舅父。[327]內王，將蒙難在外的周王送回京城。內，同「納」。[328]宋成公，襄公之子。[329]晉納王，以兵送襄王入，殺子帶。[330]軍，駐兵。河上，黃河邊。[331]宋服，宋以襄公善待重耳遂叛楚即晉，故楚來伐。[332]孝公薨三句，梁玉繩曰：「此事三傳不載，史公蓋別有所本也。」衛公子開方，仕於齊之衛公子，受桓公寵幸。據〈齊太公世家〉，管仲曾說他「倍親以適君，非人情，難近」。《集解》曰：「管仲曰：『衛公子開方去其千乘之太子而臣事君也。』」[333]救宋二句，晉為救宋而侵曹伐衛。事在下年。恥，猶當年曹、衛對重耳無禮。[334]子玉，即成得臣，此時為楚令尹。

	632	631	630
周	二十（二十一）王狩河陽[335]。	二十一（二十二）	二十二（二十三）
魯	二十八 公如踐土會朝[336]。	二十九	三十
齊	齊昭公[337]潘元年。會晉敗楚,朝周王。	二	三
晉	五 侵曹,伐衛,取五鹿,執曹伯[338]。諸侯敗楚而朝河陽,周命賜公土地[339]。	六	七 聽周歸衛成公[347]。與秦圍鄭[348]。
秦	二十八 會晉伐楚朝周。	二十九	三十 圍鄭,有言即去[349]。
楚	四十 晉敗子玉于城濮[340]。	四十一	四十二
宋	五 晉救我,楚兵去。	六	七
衛	三 晉伐我,取五鹿。公出奔,立公子瑕[341],會晉朝,復歸衛[342]。	四 晉以衛與宋[345]。	五 周入成公,復衛。
陳	十六 會晉伐楚,朝周王[343]。	陳共公[346]朔元年	二
蔡	十四 會晉伐楚,朝周王[344]。	十五	十六
曹	二十一 晉伐我,執公,復歸之。	二十二	二十三
鄭	四十一	四十二	四十三 晉、秦圍我,以晉故。
燕	二十六	二十七	二十八
吳			

	629	628	627
			甲午
周	二十三〔二十四〕	二十四〔二十五〕	二十五〔二十六〕
魯	三十一	三十二	三十三　僖公薨。
齊	四	五	六　狄侵我。
晉	八	九　文公薨。	晉襄公驩元年。破秦于殽。[352]
秦	三十一	三十二　將襲鄭，蹇叔[351]曰不可。	三十三　襲鄭，晉敗我殽。[353]
楚	四十三	四十四	四十五
宋	八	九	十
衛	六[350]	七	八
陳	三	四	五
蔡	十七	十八	十九
曹	二十四	二十五	二十六
鄭	四十四	四十五　文公薨。	鄭穆公蘭元年。秦襲我，弦高詐之。[354]
燕	二十九	三十	三十一
吳			

[335]王狩河陽，是年晉敗楚於城濮，而後在踐土舉行盟會，令周天子也來參加，因不合禮，故孔子諱之曰「天王狩于河陽」。河陽，在今河南孟州市西。[336]公如踐土會朝，本年魯僖公五月朝王於踐土，十月朝王於河陽。踐土，在今河南原陽西南。[337]齊昭公，孝公弟。[338]五鹿，衛邑，在今河南清豐西北。[339]賜公土地，乃前納王時事，此時乃命之為伯，並賜車服弓箭等。[340]晉敗子玉于城濮，據西元一九九四年臺北故宮博物院收藏子犯編鐘十二件，鐘上銘文共一三二字。踐土之盟時，楚未來朝天子，子犯與晉侯便又帥六師大舉伐楚，鞏固了周王位。此可補史傳之缺，見顧德隆等所著《春秋史》。城濮，在今山東鄄城西南臨濮集。或說在今河南范縣，或說在今河南開封東南陳留附近。[341]公出奔二句，成公出居於襄牛，聞楚敗，出奔楚，又奔陳。後晉人聽其返國。衛成出奔期間，由成侯弟叔武攝政、受盟。衛成返，叔武被殺。衛臣元咺訟衛成，晉執衛成置京師，元咺立公子瑕為衛君，魯僖三十年衛殺元咺、瑕，衛成歸於衛。[342]復歸衛，「衛」原作「晉」。梁玉繩《史記志疑》卷八：「『歸晉』當作『歸衛』。」今據改。[343]會晉伐楚二句，陳與楚擊晉，無伐楚事。[344]會晉伐楚二句，蔡與楚擊晉，無伐楚事。[345]晉以衛與宋，晉分曹、衛之田與宋乃城濮戰前事，此晚書一年。[346]陳共公，穆公子。[347]聽周歸衛成公，魯僖公為衛成侯說情，並向周王、晉侯各納玉十雙，晉乃赦衛。[348]圍鄭，因鄭曾對重耳無禮，又曾親楚。[349]有言即去，指燭之武為秦分說利害，秦與鄭單獨媾和而去。[350]六，是年衛遷於帝丘（今河南濮陽西南）。[351]蹇叔，秦老臣。[352]晉襄公，文公子。殽，在今河南洛寧西北。[353]襲鄭二句，即秦晉殽之戰。[354]鄭穆公，文公子。弦高，鄭商人。經商途中遇秦軍，假作奉使勞軍，遂解鄭難。

	626	625
周	二十六〔二十七〕	二十七〔二十八〕
魯	魯文公[355]興元年	二
齊	七	八
晉	二 伐衛，衛伐我。	三 秦報我殽，敗于汪[360]。
秦	三十四 敗殽，將[356]亡歸，公復其官。	三十五 伐晉，報殽，敗我于汪[361]。
楚	四十六 王欲殺太子[357]立職，太子恐，與傅[358]潘崇殺王。王欲食熊蹯[359]死，不聽。自立為王。	楚穆王商臣元年，以其太子宅賜崇，為
宋	十一	十二
衛	九 晉伐我，我伐晉。	十
陳	六	七
蔡	二十	二十一
曹	二十七	二十八
鄭	二	三
燕	三十二	三十三
吳		

	624	623	622
	二十八（二十九）	二十九（三十）	三十（三十一）
	三 公如晉。	四	五
	九	十	十一
	四 秦伐我，取王官[363]，我不出[364]。	五 伐秦，圍邧、新城[365]。	六 趙成子[367]、欒貞子[368]、霍伯[369]、臼季[370]皆卒。
	三十六 以孟明等伐晉，晉不敢出。	三十七 晉伐我，圍邧、新城。	三十八
相[362]。	二 晉伐我。	三 滅江[366]。	四 滅六、蓼[371]。
	十三	十四	十五
	十一	十二 公如晉。	十三
	八	九	十
	二十二	二十三	二十四
	二十九	三十	三十一
	四	五	六
	三十四	三十五	三十六

[355]魯文公，僖公子。[356]敗殽將，失敗於殽山的秦將，孟明視等。[357]欲殺太子，欲殺，《左傳》是「欲廢」。太子，名商臣，即日後之楚穆王。[358]傅，帝王或太子的輔導官。[359]欲食熊蹯，熊蹯難熟，以待外援。熊蹯，熊掌。[360]汪，今陝西澄城。[361]敗我于汪，秦敗於晉，失汪與彭衙。[362]為相，此說不確，時楚有令尹。《左傳》說「使為太師，且掌環列之尹（猶漢之衛尉——引者）」。[363]王官，在今陝西聞喜南。[364]不出，用趙衰言故意躲讓。[365]伐秦二句，此即王官之役。邧，今陝西澄城南。新城，今澄城東北。[366]江，國名。在今河南正陽東南。

	621	620
周	三十一〔三十二〕	三十二〔三十三〕
魯	六	七
齊	十二	十三
晉	七　公卒。趙盾為太子少[372]，欲更立君，恐誅，遂立太子為靈公。	晉靈公[374]夷皋元年　趙盾專政。
秦	三十九　繆公薨。葬殉以人，從死者百七十人，君子譏之，故不言卒[373]。	秦康公[375]罃元年
楚	五	六
宋	十六	十七　公孫固殺成公[376]。
衛	十四	十五
陳	十一	十二
蔡	二十五	二十六
曹	三十二	三十三
鄭	七	八
燕	三十七	三十八
吳		

619	618	617
		甲辰
三十三(三十四) 襄王崩。	頃王元年(382)	二
八 王使衛(377)來求金以葬,非禮(378)。	九	十
十四	十五	十六
二 秦伐我,取武城(379),報令狐之戰(380)。	三 率諸侯救鄭。	四 伐秦,拔少梁(383)。秦取我北徵(384)。
二	三	四 晉伐我,取少梁。我伐晉,取北徵。
七	八 伐鄭,以其服晉。	九
宋昭公杵臼元年 襄公之子(381)。	二	三
十六	十七	十八
十三	十四	十五
二十七	二十八	二十九
三十四	三十五	曹文公壽元年
九	十 楚伐我。	十一
三十九	四十	燕桓公元年

(367)趙成子,趙衰。(368)欒貞子,欒枝。(369)霍伯,先且居,先軫之子,食邑于霍(今陝西霍縣西南)。(370)臼季,胥臣。食邑于臼(今陝西臨猗南),行季。(371)蓼,國名。在今河南固始東北。(372)趙盾為太子,原缺「盾為太」三字,今據武英殿本補。趙盾,趙衰之子,時掌晉政。(373)葬殉以人四句,原缺「葬殉以」三字,今據武英殿本補。君子譏之二句,君子譏之,有曰:「秦穆之不為盟主也宜哉,死而棄民。」又有曰:「君子是以知秦之不復東征也。」不言卒,《春秋》沒有記載秦穆公死的事。(374)晉靈公,襄公子。(375)秦康公,穆公子。(376)無公孫固殺成公事。〈世家〉與《左傳》皆言公死後公孫固被殺,時公孫固任大司馬。(377)衛,毛伯衛,周室卿士。(378)求金,討助喪財物。此事在明年。非禮,魯於王室例供含(放在死人嘴裡的珠玉)、襚(為死者贈送衣衾)、賵(贈死者車馬),此外而求財物,則非禮。(379)武城,晉邑,在今陝西華縣東北。(380)令狐之戰,去年趙盾為迎立公子雍所導致的秦晉衝突,秦敗。令狐,在今山西臨猗西南。(381)昭公是成公子,非襄公子。(382)頃王,襄王子。(383)少梁,秦邑,在今陝西韓城南。(384)北徵,晉邑,在今陝西澄城西南。

	616	615	614
周	三	四	五
魯	十一 敗長翟于鹹而歸，得長翟[385]。	十二	十三
齊	十七	十八	十九
晉	五	六 秦取我羈馬[387]。與秦戰河曲[388]，秦師遁。	七 得隨會[390]。
秦	五	六 伐晉，取羈馬。怒[389]，與我大戰河曲。	七 晉詐得隨會。
楚	十	十一	十二
宋	四 敗長翟、長丘[386]。	五	六
衛	十九	二十	二十一
陳	十六	十七	十八
蔡	三十	三十一	三十二
曹	二	三	四
鄭	十二	十三	十四
燕	二	三	四
吳			

613	612
六 頃王崩。公卿爭政，故不赴。(391)	匡王(399)元年
十四 彗星入北斗，(392)周史曰：「七年，宋、齊、晉君死。」(393)	十五 六月辛丑，日蝕。齊伐我。
二十 昭公卒。弟商人殺太子自立，(394)是為懿公。	齊懿公(400)商人元年
八 趙盾以車八百乘納捷菑，(395)平王室。(396)	九 我入蔡。
八	九
楚莊王(397)侶元年	二
七	八
二十二	二十三
陳靈公(398)平國元年	二
三十三	三十四 晉伐我。(401)莊侯薨。
五	六 齊入我郛。(402)
十五	十六
五	六

(385)敗長翟于鹹而歸二句，長翟侵齊，而及於魯，魯叔孫得臣敗之於鹹，獲長狄僑如。長翟，即長狄。傳說長狄人高大，故稱長狄。常出沒於齊、魯、衛、宋間，其部落稱鄋瞞。鹹，魯邑，又稱鹹丘。在今河南濮陽東南之鹹城。(386)敗長翟長丘，此記誤，《左傳》記此事在宋武公之世，宋武公乃生活在春秋以前。長丘，在今河南封丘西南。(387)羈馬，晉邑，在今山西永濟西南。(388)河曲，今山西、陝西、河南三省交界之黃河向東轉彎處。(389)怒，《晉世家》說晉侯怒；《左傳》說是晉將趙穿怒。(390)隨會，也稱士會，晉之良臣。本受命去接公子雍，後趙盾變卦，迎擊秦軍於令狐，隨會便留在了秦國，今將其騙回晉國。(391)赴，同「訃」。報喪。(392)彗星，此實為哈雷彗星，《左傳》稱為「孛」。這是世界上關於哈雷彗星的最早紀錄。(393)周史曰二句，周史，指周內史叔服。七年，原作「十年」，據武英殿本改。即《左傳》所說「不出七年」。杜預注：「後三年宋弒昭公，五年齊弒懿公，七年晉弒靈公。」(394)太子，名舍。(395)捷菑，邾文公之子，晉女所生，故晉納之。但納而未成。(396)平王室，調停周公閱與王孫蘇之間的矛盾。(397)楚莊王，穆王子。(398)陳靈公，共公子。(399)匡王，名班，頃王之子。(400)齊懿公，昭公死後，子舍立，商人弒舍自立。(401)晉伐我，蔡未參加去年的新城之盟，故晉人來伐。(402)郛，外城。

	611	610
周	二	三
魯	十六	十七 齊伐我。
齊	二 不得民心。	三 伐魯。
晉	十	十一 率諸侯平宋。
秦	十	十一
楚	三 滅庸。[403]	四
宋	九 襄夫人[404]使衛伯[405]殺昭公。弟鮑立。	宋文公鮑元年。昭公弟。晉率諸侯平我。[407]
衛	二十四	二十五
陳	三	四
蔡	蔡文侯[406]申元年	二
曹	七	八
鄭	十七	十八
燕	七	八
吳		

609	608
四	五
十八 襄仲殺嫡，立庶子為宣公。[408]	魯宣公俀元年。魯立宣公，不正，公室卑。[410]
四 公刖邴歜父而奪閻職妻，二人共殺公[409]，立桓公子惠公。	齊惠公元年[411] 取魯濟西之田。[412]
十二	十三 趙盾救陳、宋，伐鄭。
十二	秦共公和元年[413]
五	六 伐宋、陳，以倍我服晉故。
二	三 楚、鄭伐我，以倍楚故也。
二十六	二十七
五	六
三	四
九	十
十九	二十 與楚侵陳，遂侵宋。晉使趙盾伐我，以倍晉故。
九	十

[403]庸，國名，在今湖北竹山縣西南。[404]襄夫人，宋襄公的夫人，周襄王姐。[405]衛伯，《左傳》作「帥甸」。[406]蔡文侯，莊侯子。[407]晉率諸侯平我，宋人殺昭公，晉率諸侯伐宋。文公已定立，反定其位而還兵。[408]襄仲殺嫡二句，文公的嫡子名惡，宣公之母（文公次妃）勾結襄仲，在齊國認可的情況下殺惡而立宣公。襄仲，魯公子遂，莊公子。[409]公刖邴歜父而奪閻職妻二句，懿公為公子時，與邴歜父爭田，不勝；即位後掘其屍而刖之，並使歜為自己駕車。閻職之妻美，懿公納之入宮，而使閻職陪乘。後懿公遊於申池，邴、閻共殺之。刖，砍斷小腿的刑罰。閻職，〈齊太公世家〉作「庸職」，「閻」、「庸」為一聲之轉。[410]公室卑，宣公是庶子，身分卑下，從此公室卑微，

	607	606	605
	甲寅		
周	六 匡王崩。	定王元年[419]	二
魯	二	三	四
齊	二 王子成父[414]敗長翟。	三	四
晉	十四 趙穿[415]殺靈公，趙盾使穿迎公子黑臀[416]于周，立之。趙氏賜公族[417]。	晉成公黑臀元年伐鄭。	二
秦	二	三	四
楚	七	八 伐陸渾，至雒，問鼎輕重[420]。	九 若敖氏為亂[423]，滅之。伐鄭。
宋	四 華元以羊羹故陷於鄭[418]。	五 贖華元，亡歸[421]。圍曹[422]。	六
衛	二十八	二十九	三十
陳	七	八	九
蔡	五	六	七
曹	十一	十二 宋圍我。	十三
鄭	二十一 與宋師戰，獲華元。	二十二 華元亡歸。	鄭靈公夷元年公子歸生
燕	十一	十二	十三
吳			

604	
三	
五	
五	
三　中行桓子[425]荀林父救鄭[426]，伐陳。	
五[427]	
十	
七	
三十	
十　楚伐鄭，與我平[428]。晉中行桓子距楚，救鄭，伐我。	
八	
十四	
鄭襄公堅元年靈公庶弟。楚伐我，晉來救。	以黿故殺靈公[424]。
十四	

政在季氏。[411]齊惠公，桓公之子。[412]取魯濟西之田，魯人為立宣公，賂齊以濟西之田。濟西，約當今山東梁山、鄆城一帶。[413]和，《世本》作「稻」。[414]王子成父，齊大夫。[415]趙穿，晉卿，趙夙庶孫，與趙盾為從父兄弟，晉襄公女婿。諡武。[416]公子黑臀，即晉成公，晉文公少子，其母為周女。[417]賜公族，賜予公族大夫之職。公族大夫向由國君同姓者擔任，教訓同族子弟。今委任趙氏故曰「賜」。亦因委任異姓，則公族大夫兼掌公族及卿大夫子弟之教導。[418]華元以羊羹故陷於鄭，華元因其在戰前犒賞士兵時，沒有給他的車夫喝羊肉湯，結果車夫驅車入鄭師，華元被俘。華元，宋卿。[419]定王，名渝，匡王之弟。[420]伐陸渾三句，陸渾，陸渾之戎，戎族一支，允姓，當時居住於今河南西部伊、洛一帶。雒，雒水。今作洛水。發源於陝西洛南，流經今河南盧氏、洛寧、洛陽入黃河。問鼎輕重，九鼎傳說為夏禹所鑄，是國家權力的象徵。楚莊王問其輕重，有逼周取天下之意。[421]亡歸，華元逃回在去年。[422]圍曹，在去年。因宋國的叛亂分子在曹國。[423]若敖氏為亂，指伯比之孫鬭椒攻莊王。若敖氏，若敖氏之族。若敖之子為鬭伯比，故亦稱鬭氏。[424]鄭靈公，穆公子。公子歸生以黿故殺靈公，靈公因不使公子宋喝甲魚湯，公子宋激怒歸生，使之弒靈公。公子歸生，字子家。[425]中行桓子，即荀林父，時為中行將。中行，新三軍的中軍將。桓是諡，子是士大夫的通稱。[426]救鄭，時鄭受楚攻，故晉伐宋以救鄭。[427]五，〈秦本紀〉、〈秦始皇本紀〉共公皆在位五年，《春秋》則只四年。[428]平，講和；締約。

	603	602	601	600
周	四	五	六	七
魯	六	七	八 七月[431]，日蝕。	九
齊	六	七	八	九
晉	四 與衛侵陳[429]。	五	六 與魯伐秦[432]，獲秦諜[433]，殺之絳市，六日而蘇。	七 使桓子伐楚。以諸侯師伐陳救鄭[435]。成公薨。
秦	秦桓公[430]元年	二	三 晉伐我，獲諜。	四
楚	十一	十二	十三 伐陳，滅舒蓼[434]。	十四 伐鄭，晉郤缺救鄭，敗我[436]。
宋	八	九	十	十一
衛	三十二 與晉侵陳。	三十三	三十四	三十五
陳	十一 晉、衛侵我。	十二	十三 楚伐我。	十四
蔡	九	十	十一	十二
曹	十五	十六	十七	十八
鄭	二	三	四	五 楚伐我，晉來救，敗楚師。
燕	十五	十六	燕宣公元年	二
吳				

	599	598
	八	九
	十 四月，日蝕。[437]	十一
	十 公卒。[438]崔杼有寵，[439]高、國逐之，奔衛。	齊頃公無野[444]元年
	晉景公[440]據元年 與宋伐鄭。	二
	五	六
	十五	十六 率諸侯誅夏徵舒，立陳靈公子午。
	十二	十三
	衛穆公遬元年 齊崔杼來奔。[441]	二
	十五 夏徵舒以其母辱，殺靈公。[442]	陳成公午元年 靈公太子。
	十三	十四
	十九	二十
	六 晉、宋、楚伐我。[443]	七
	三	四

[429]侵陳，因陳親楚，故侵之。[430]秦桓公，名榮，共公之子。[431]七月，當作十月。[432]與魯伐秦，《春秋》、《左傳》明載與晉伐秦者乃白狄，非魯。[433]諜，奸細。[434]舒蓼，國名。在今安徽舒城、廬江一帶。[435]以諸侯師伐陳救鄭，《春秋》有「荀林父率師伐陳」、「晉郤缺帥師救鄭」云云。[436]郤缺，郤芮之子，也稱冀缺。《左傳》曰「鄭伯敗楚師于柳棼」，則敗楚者為鄭伯，非晉郤缺。[437]日蝕，此即西元前五九九年三月六日之日環蝕。[438]崔杼，姜姓，齊丁公伋嫡子季子食采於崔，遂為崔氏。杼為季子之後，有寵於惠公，後歸齊為卿。[439]高國，高氏、國氏，世為齊上卿，此時為高固、國佐。[440]晉景公，成公子。[441]齊崔杼來奔，「崔杼」原作「高、國」。梁玉繩《史記志疑》卷八：「奔衛者崔杼，非高、國也。」今據改。[442]夏徵舒以其母辱二句，陳靈公與其大臣合伙與夏母淫亂，被夏徵舒所殺。夏徵舒，名南，陳大夫。[443]晉宋楚伐我，鄭處於晉、楚之間，附此則彼伐，附彼則此伐。[444]齊頃公，惠公子。

	597	596	595	594	593
	甲子				
周	十	十一	十二	十三	十四
魯	十二	十三	十四	十五 初稅畝。[449]	十六
齊	二	三	四	五	六
晉	三 救鄭，為楚所敗河上。[445]	四	五 伐鄭。	六 救宋，執解揚，[450]有使節。[451]秦伐我。	七 隨會滅赤翟。
秦	七	八	九	十	十一
楚	十七 圍鄭，鄭伯肉袒謝，釋之。	十八	十九 圍宋，為殺使者。[448]	二十 圍宋。五月，華元告子反以誠，[452]楚罷。	二十一
宋	十四 伐陳。[446]	十五	十六 殺楚使者，楚圍我。	十七 華元告楚，楚去。	十八
衛	三	四	五	六	七
陳	二	三	四	五	六
蔡	十五	十六	十七	十八	十九
曹	二十一	二十二	二十三 文公薨。	曹宣公廬元年	二
鄭	八 楚圍我，我卑辭以解。[447]	九	十 晉伐我。	十一 佐楚伐宋，執解揚。	十二
燕	五	六	七	八	九
吳					

592	591
十五	十六
十七 日蝕。	十八 宣公薨。
七 晉使郤克[453]來齊,婦人笑之,[454]克怒,歸去。	八 晉伐敗我[455]。
八 使郤克使齊,婦人笑之,克怒歸。	九 伐齊,質子彊[456],兵罷。
十二	十三
二十二	二十三 莊王薨。
十九	二十
八	九
七	八
二十 文侯薨。	蔡景侯[457]固元年
三	四
十三	十四
十	十一

[445]救鄭二句，此即邲之戰，荀林父等慘敗。河上，河邊，即今河南滎陽東北的黃河南岸。[446]伐陳，此時陳附楚，而宋親晉。[447]卑辭，謙卑的言辭。[448]圍宋二句，宋殺楚聘齊之使者申舟。[449]稅畝，按土地畝數徵收租稅。改勞役地租為實物地租。[450]執解揚，解揚被楚人所執。解揚，晉大夫。奉命使宋，使無降楚，鄭人因而獻於楚。而〈鄭世家〉謂為霍地壯士，字子虎。[451]有使節，有出使不辱君命的節操。指解揚誑楚而完成使命。[452]華元告子反以誠，華元，宋國執政。子反，楚國司馬。誠，實情，指華元所說宋國「易子而食，析骸以爨」的危急狀況。[453]郤克，晉卿，時執晉政。[454]婦人笑之，指頃公之母竊觀郤克之跛而笑之。[455]晉伐敗我，晉侯與衛太子臧伐齊至陽穀。[456]子彊，齊頃公庶子。[457]蔡景侯，文侯子。

	590	589	588
周	十七	十八	十九
魯	魯成公黑肱元年。春，齊取我隆458。	二 與晉伐齊，齊歸我汶陽。竊與楚盟460。	三 會晉、宋、衛、曹伐
齊	九	十 晉郤克敗公於鞍461，虜逢丑父462。	十一 頃公如晉，欲王
晉	十	十一 與魯、曹敗齊。	十二 始置六卿466。率
秦	十四	十五	十六
楚	楚共王審459元年	二 秋，申公巫臣463竊徵舒母464奔晉，以為邢465大夫。冬，伐衛、魯，救齊。	三
宋	二十一	二十二	宋共公瑕467元年
衛	十	十一 穆公薨。與諸侯敗齊，反侵地。楚伐我。	衛定公468臧元年
陳	九	十	十一
蔡	二	三	四
曹	五	六	七 伐鄭。
鄭	十五	十六	十七 晉率諸侯伐我。
燕	十二	十三	十四
吳			

	587	586
	甲戌	
	二十	二十一　定王崩。
鄭。	四　公如晉，晉不敬，公欲倍晉合於楚。	五
晉，晉不敢受469。	十二	十三
諸侯伐鄭。	十三　魯公來，不敬。	十四　梁山崩。伯宗隱其人而用其言473。
	十七	十八
	四　子反救鄭470。	五　伐鄭，倍我故也。鄭悼公來訟474。
	二	三
	二	三
	十二	十三
	五	六
	八	九
	十八　晉欒書471取我氾472。襄公薨。	鄭悼公費元年475。公如楚訟。
	十五	燕昭公元年

458齊取我隆，取隆事當在下年。隆，在今山東泰安東南，《左傳》作「龍」。459審，《國語・楚語上》作「葴」。460與晉伐齊三句，汶陽原屬魯，齊侵之，今晉命齊歸還。汶陽，汶水以北之地。是年楚侵魯，魯背晉與楚盟。461鞍，在今濟南西北。462逢丑父，齊頃公之車右，假作頃公被俘。463申公巫臣，楚大夫。464徵舒母，即夏姬，鄭穆公女。465邢，在今河南溫縣東北。466始置六卿，此說誤。魯僖二十七年晉作三軍，各軍將、佐即為六卿。本年晉作六軍，原三軍、新三軍凡十二卿。〈齊太公世家〉、〈晉世家〉與此表之「六卿」皆為「六軍」之誤。467瑕，《春秋》作「固」。嘏、固音近，疑「瑕」為「嘏」訛。468衛定公，穆公子。469頃公如晉三句，齊、晉世家也有此語，似史公錯會《左傳》「將授玉」，「寡君（齊）未敢任」文意。470子反救鄭，是年鄭侵許，晉救許伐鄭，楚子反救鄭。471欒書，晉卿，執晉政。472氾，即今河南滎陽西北之氾水。楊伯峻曰：「依杜注，字應作『汜』，即《水經》汜水」。473梁山崩二句，梁山崩，晉君召見伯宗，

	585	584	583	582
周	簡王[476]元年	二	三	四
魯	六	七	八	九
齊	十四	十五	十六	十七 頃公薨。
晉	十五 使欒[477]書救鄭，遂侵蔡。	十六 以巫臣始通於吳而謀楚[479]。	十七 復趙武田邑[480]。侵蔡。	十八 執鄭成公，伐鄭。秦伐我。
秦	十九	二十	二十一	二十二 伐晉。
楚	六	七 伐鄭。	八	九 救鄭。冬，與晉成[481]。
宋	四	五	六	七
衛	四	五	六	七
陳	十四	十五	十六	十七
蔡	七 晉侵我。	八	九 晉伐我。	十
曹	十	十一	十二	十三
鄭	二 悼公薨。楚伐我，晉使欒書來救。	鄭成公睔元年。悼公弟也。楚伐我。	二	三 與楚盟。公如晉，執公伐我。
燕	二	三	四	五
吳	吳壽夢[478]元年	二 巫臣來，謀伐楚。	三	四

581	580	579
五	六	七
十 公如晉，送葬，諱之。[482]	十一	十二
齊靈公[483]環元年	二	三
十九[484]	晉厲公壽曼[485]元年	二
二十三	二十四 與晉侯夾河盟[486]，歸，倍盟[487]。	二十五
十	十一	十二
八	九	十
八	九	十
十八	十九	二十
十一	十二	十三
十四	十五	十六
四 晉率諸侯伐我。	五	六
六	七	八
五	六	七

伯宗路遇絳邑車夫，車夫告訴伯宗君主如何對待山崩，伯宗用其言而未講明此言出於車夫，故《穀梁傳》責備伯宗「攘善」。梁山，在今陝西韓城之黃河邊，當時屬晉。伯宗，字尊，晉大夫。[474]伐鄭三句，許靈公、鄭悼公赴楚訟，鄭不勝，返而請成於晉。楚之伐鄭乃在明年。訟，找人評辯是非。[475]鄭悼公費，襄公子。費，或作「沸」。[476]簡王，名夷，定王子。[477]十五，此年晉遷都於新田（今山西侯馬西）。[478]壽夢，名乘，又稱孰姑。仲雍十八世孫，始稱王，遷居吳（今蘇州市）。[479]以巫臣始通於吳而謀楚，楚殺巫臣之族，巫臣為晉使吳，實施聯吳伐楚。巫臣，即申公巫臣。[480]復趙武田邑，趙武母莊姬是景公之妹，勾結其他大族誣趙同、趙括等為亂，於是晉滅趙氏。時趙武幼小隨母莊姬在晉宮，未及難。後因韓厥為趙氏分說，晉復立趙武，歸其田邑。趙武，趙朔之子，趙盾之孫。[481]成，媾和。[482]諱之，指《春秋》不寫。別國諸侯都不去，獨魯國去，魯人以為辱。[483]齊靈公，頃公子。[484]十九，是年晉景公卒。[485]晉厲公，景公子。壽曼，《春秋》經傳作「州蒲」，「蒲」為「滿」字訛。[486]夾河盟，秦、晉二君原定會於令狐，但臨時秦伯變卦，雙方只派大臣過河分別與二君會晤。[487]倍盟，指秦召白狄伐晉。

	578	577	576	575
		甲申		
周	八	九	十	十一
魯	十三 會晉伐秦。	十四	十五 始與吳通，會鍾離[493]。	十六 宣伯[500]告晉，欲殺季文子，文子
齊	四 伐秦。	五	六	七
晉	三 伐秦至涇[488]，敗之，獲其將成差。	四	五 三郤[494]讒伯宗，殺之，伯宗好直諫。	六 敗楚鄢陵[501]。
秦	二十六 晉率諸侯[489]伐我。	二十七[491]	秦景公[495]元年	二
楚	十三	十四	十五 許畏鄭，請徙葉[496]。	十六 救鄭，不利。子反醉，軍敗，殺子反，
宋	十二 晉率我伐秦。	十二	十三 華元奔晉[497]，復還。	宋平公成[502]元年
衛	十一	十二 定公薨。	衛獻公[498]衎元年	二
陳	二十一	二十二	二十三	二十四
蔡	十四	十五	十六	十七
曹	十七 晉率我伐秦。	曹成公[492]負芻元年	二 晉執我公以歸[499]。	三
鄭	七 晉率我伐秦[490]。	八	九	十 倍晉盟楚，晉伐我，楚來救。
燕	九	十	十一	十二
吳	八	九	十 與魯會鍾離。	十一

	574	573
	十二	十三
得以義脫503。	十七	十八 成公薨。
	八	九
	七	八〔晉悼公元年504〕欒書、中行偃505殺厲公，立襄公孫，為悼公。
	三	四
歸。	十七	十八 為魚石506伐宋彭城507。
	二	三 楚伐彭城，封508魚石。
	三	四
	二十五	二十六
	十八	十九
	四	五
	十一	十二 與楚伐宋。
	十三 昭公薨。	燕武公元年
	十二	十三

488伐秦至涇，是役諸國敗秦麻隧（今涇陽縣西的涇水岸邊）。涇，水名。源於寧夏，經甘肅入陝西，入渭水。489諸侯，指齊、魯、宋、衛、鄭、曹、邾、滕。490晉率我伐秦，「晉率我」原無。梁玉繩《史記志疑》卷八：「《史詮》曰脫『晉率我』三字。」今據補。491二十七，據《春秋》此年為秦桓公二十八年。492曹成公，宣公庶子。493鍾離，吳邑。在今安徽鳳陽東。494三郤，晉臣郤錡、郤犨、郤至。伯宗，晉直臣。495秦景公，桓公子。496葉，楚邑。今河南葉縣西南。497華元奔晉，「華元」原本其上有一「宋」字，梁玉繩《史記志疑》卷八：「《史詮》曰華上衍『宋』字。」今據刪。宋司馬唐山攻殺太子肥，又欲殺華元，華元奔晉。498衛獻公，定公子。499晉執我公以歸，因成公殺宣公太子自立，故晉率諸侯討之。500宣伯，叔孫僑如，魯卿。因欲殺季氏、孟氏未成，出奔齊。501鄢陵，鄭邑。在今河南鄢陵西北。此即晉楚鄢陵之戰。502宋平公，共公少子。成，《公羊傳》作「戊」，梁玉繩以為是。503文子得以義脫，季文子被晉人所執，晉臣范文子為之開說，晉人釋之。季文子，季孫行父，魯國執政。504晉悼公元年，晉用夏曆，厲公之弒，實在去年；魯用周正，而改為今年，楊伯峻據錢綺《左傳札記》改今年為悼公元年。晉悼公，名周，襄公曾孫。505中行偃，字伯游，荀林父之孫，荀庚之子。又稱荀偃、中行伯、中行獻子。晉卿，官至中軍帥，掌國政。506魚石，宋襄公庶兄子魚的曾孫，為宋左師。共公死後宋亂，魚石逃楚。

	572	571	570
周	十四 簡王崩。	靈王[515]元年生有髭。	二
魯	魯襄公[509]午元年圍宋彭城[510]。	二 會晉城虎牢[516]。	三
齊	十 晉伐我[511]，使太子光[512]質於晉。	十一	十二 [517]
晉	晉悼公元年〔三〕圍宋彭城。	二 〔三〕率諸侯伐鄭，城虎牢。	三 〔四〕魏絳辱楊干[518]。
秦	五	六	七
楚	十九 侵宋，救鄭。	二十	二十一 使子重[519]伐吳，至衡山[520]。使何忌[521]侵陳。
宋	四 楚侵我，取犬丘[513]。晉誅魚石，歸我彭城。	五	六
衛	五 圍宋彭城。	六	七
陳	二十七	二十八	二十九 倍楚盟，楚侵我。
蔡	二十	二十一	二十二
曹	六	七	八
鄭	十三 晉伐敗我，兵次洧[514]上，楚來救。	十四 成公薨。晉率諸侯伐我。	鄭釐公惲[522]元年
燕	二	三	四
吳	十四	十五	十六 楚伐我。

569	568	567
		甲午
三	四	五
四 公如晉。	五 季文子卒。	六
十三	十四	十五
四〔五〕 魏絳說和戎、狄，523 戎狄朝晉。	五〔六〕	六〔七〕
八	九	十
二十二 伐陳。	二十三 伐陳。	二十四
七	八	九
八	九	十
三十 楚伐我。成公薨。	陳哀公弱524元年	二
二十三	二十四	二十五
九	十	十一
二	三	四
五	六	七
十七	十八	十九

507彭城，今徐州市。508封，意即授與。509魯襄公，成公之子。510圍宋彭城，為宋討彭城之魚石。511晉伐我，上原有「我不救鄭」四字。梁玉繩《史記志疑》卷八：「《左傳》齊不會圍宋，故晉討之，非因不救鄭而見伐也。是時鄭服于楚，晉連年往伐，諸侯方欲城虎牢以偪鄭，齊不服楚，何為救鄭？〈表〉誤書之。」今據刪。晉伐我，因齊未參加討彭城，故晉來討。512太子光，即日後之齊莊公。513取犬丘，楚救鄭，與鄭侵宋，取犬丘者為鄭。犬丘，在今河南永城西北。514洧，水名。流經今河南密縣、新鄭、鄢陵，入潁水。515靈王，名泄心，簡王子。516虎牢，在今河南滎陽汜水鎮。517本欄原有「伐吳」二字，梁玉繩《史記志疑》卷八：「《春秋》是年無齊伐吳事，乃因楚伐吳而錯出也，當衍。」今據刪。518魏絳辱楊干，悼公會諸侯，楊干傲慢無禮，乘車衝亂了軍陣行列，魏絳不便處置楊干本人，便殺了楊干的車夫，以示懲治。悼公開始很惱怒，後來明白過來，對魏絳更加重用。事見《左傳》與〈魏世家〉。魏絳，魏犨之孫，時任中軍司馬。楊干，悼公弟。519子重，莊王之弟，為楚令尹。520衡山，今安徽當塗東北之橫山。521何忌，楚司馬。522鄭釐公，成公子。惲，《左傳》作「髡頑」；《公羊》、《穀梁》作「髡原」。523說和戎狄，勸說悼公與戎狄交好，提出和戎有五利。說，勸說。524陳哀公，成公子。弱，《左傳》作「溺」。

	566	565	564
周	六	七	八
魯	七	八 公如晉。	九 與晉伐鄭，會河上，問公年十二，可冠，冠於衛。527
齊	十六	十七	十八 與晉伐鄭。
晉	七〔八〕	八〔九〕	九〔十〕率齊、魯、宋、衛、曹伐鄭。秦伐我。
秦	十一	十二	十三 伐晉，楚為我援。
楚	二十五 圍陳。	二十六 伐鄭。	二十七 伐鄭，師于武城528，為秦。
宋	十	十一	十二 晉率我伐鄭。
衛	十一	十二	十三 晉率我伐鄭。師曹鞭公幸妾529。
陳	三 楚圍我，為公亡歸525。	四	五
蔡	二十六	二十七 鄭侵我。	二十八
曹	十二	十三	十四 晉率我伐鄭。
鄭	五 子駟使賊夜殺釐公，詐以病卒赴諸侯526。	鄭簡公嘉元年。釐公子。	二 誅子駟。晉率諸侯伐我，我與盟。楚怒，伐我。
燕	八	九	十
吳	二十	二十一	二十二

九	王叔奔晉。[530]
十	楚、鄭侵我西鄙。[531]
十九	令太子光、高厚[532]會諸侯鍾離。
十〔十二〕	率諸侯伐鄭。荀罃[533]伐秦。
十四	晉伐我。
二十八	使子囊[534]救鄭。
十三	鄭伐我，衛來救。
十四	救宋。
六	
二十九	
十五	
三	晉率諸侯伐我，楚來救。子孔作亂，子產攻之[535]。
十一	
二十三	

[525]楚圍我二句，楚圍陳，諸侯會于鄬謀救陳，哀公自會逃歸。為，疑是「會于鄬」之脫文。[526]子駟使賊夜殺釐公二句，釐公欲從晉，子駟主從楚，子駟殺釐公，以病死告諸侯。子駟，公子騑，穆公子，為鄭執政。[527]問公年十二三句，魯襄公參與晉悼公伐鄭的盟會時，年紀幼小。晉悼公問他年幾何，魯襄公說「十二」。晉悼公說：「十二年矣，是謂一終，一星終也。國君十五而生子，冠而生子，禮也，君可以冠矣。」於是魯襄公便在衛國舉行了加冠禮。古人通常都是二十而冠，但在特殊情況下也可以找出理由加以變通。[528]武城，楚邑，在今河南南陽北。[529]師曹鞭公幸妾，衛獻公嬖妾學琴於師曹，曹鞭之。師曹，樂師，名曹。[530]王叔奔晉，王叔與伯輿同為卿士，爭權，王祖伯輿，王叔遂奔晉。王叔，王叔陳生。[531]鄙，邊境。[532]高厚，齊上卿。[533]荀罃，荀首之子，也稱知罃、知伯。時為中軍帥，掌晉政。[534]子囊，莊王子，時為楚令尹。[535]子孔作亂二句，此與〈鄭世家〉皆言子孔作亂，事實不對。作亂殺子駟等人者為尉止，子孔知之，故未死，而代子駟當國。子產所攻殺者為尉止。子孔，穆公子。子產，即公孫僑。穆公之孫，子國之子，鄭國傑出的政治家。

	562	561	560
周	十	十一	十二
魯	十一 三桓分為三軍，各將軍[536]。	十二 公如晉。	十三
齊	二十	二十一	二十二
晉	十一（十二） 率諸侯伐鄭，秦敗我櫟。公曰：「吾用魏絳九合諸侯[537]」，賜之樂[538]。	十二（十三）	十三（十四）
秦	十五 我使庶長鮑[539]伐晉救鄭，敗之櫟。	十六	十七
楚	二十九 與鄭伐宋[540]。	三十	三十一 吳伐我，敗之[543]。共王薨。
宋	十四 楚、鄭伐我[541]。	十五	十六
衛	十五 伐鄭[542]。	十六	十七
陳	七	八	九
蔡	三十	三十一	三十二
曹	十六	十七	十八
鄭	四 與楚伐宋，晉率諸侯伐我，秦來救。	五	六
燕	十二	十三	十四
吳	二十四	二十五 壽夢卒。	吳諸樊[544]元年。楚敗我。

558	559
十四	十三
十五 日蝕。[551]齊伐我。	十四 日蝕。[545]
二十四 伐魯。	二十三 衛獻公來奔。
十五 悼公薨。	十四（十五） 率諸侯大夫伐秦，敗棫林。[546]
十九	十八 晉諸侯大夫伐我，敗棫林。
二	楚康王昭元年 共王太子出奔吳。[547]
十八	十七
衛殤公狄元年 定公弟。[552]	十八 孫文子[548]攻公，公奔齊，立定公弟狄。[549]
十一	十
三十四	三十三
二十	十九
八	七
十六	十五
三	二 季子讓位。[550]楚伐我。

[536]三桓分為三軍二句，三桓，由桓公三子後代所形成的三大家族，即季孫氏、叔孫氏、孟孫氏。三家各掌一軍，魯國公室被架空。[537]櫟，在今山西永濟西南。吾用魏絳九合諸侯，魯襄五年會於戚；又會於城棣救陳；七年會於鄬；八年會於邢丘；九年盟於戲；十年會於相；又戍鄭虎牢；十一年盟於亳城北；又會於蕭魚，蓋八年之中九合諸侯。[538]賜之樂，鄭人送給晉悼公歌鐘二肆，女樂二八，晉悼公分一半給了魏絳，以表示對他治國功勳的褒獎。[539]庶長鮑，名鮑，官為庶長。秦爵二十級中有左、右庶長、駟車庶長、大庶長。[540]與鄭伐宋，原作「鄭晉伐我」。梁玉繩《史記志疑》卷八：「《春秋》十一年無其事，此必『與鄭伐宋』之誤。」今據改。[541]楚鄭伐我，原無「鄭」字，據武英殿本補。[542]伐鄭，原作「救鄭敗晉師櫟」。梁玉繩《史記志疑》卷八引《史詮》認為「救鄭」乃「伐鄭」之誤，衍「敗晉師櫟」四字，今據改。[543]敗之，敗吳軍。[544]諸樊，壽夢長子，名「遏」，或作「謁」。[545]日蝕，此即西元前五五九年一月十四日之日環蝕。[546]率諸侯大夫伐秦二句，為報櫟之役也。棫林，秦地名，在今陝西涇陽附近。[547]共王太子出奔吳，共王太子即康王，無太子出奔事。[548]孫文子，即孫林父，孫良夫之子，衛大夫。[549]定公弟狄，應曰「定公弟之子狄」。狄，〈衛康叔世家〉作「秋」。[550]季子，名札，壽夢之第四子。賢，其父、其兄皆欲立札，季札不受。[551]日蝕，此為西元前五五八年五月三十一日之日偏蝕。[552]定公弟，乃定公弟黑背之子，此誤。

	557	556	555	554
	甲辰			
周	十五	十六	十七	十八
魯	十六 齊伐我。地震。齊復伐我北鄙。	十七 齊伐我北鄙。	十八 與晉伐齊。	十九
齊	二十五 伐魯。	二十六 伐魯。	二十七 晉圍臨淄。晏嬰[556]。	二十八 廢光，立子牙為太子。光與崔杼殺牙。
晉	晉平公[553]彪元年。伐敗楚于湛坂[554]。	二	三 率魯、宋、鄭、衛圍齊，大破之。	四 與衛伐齊。
秦	二十	二十一	二十二	二十三
楚	三 晉伐我，敗湛坂。	四	五 伐鄭。	六
宋	十九	二十 伐陳。	二十一 晉率我伐齊。	二十二
衛	二	三 伐曹。	四	五 晉率我伐齊。
陳	十二	十三 宋伐我。	十四	十五
蔡	三十五	三十六	三十七	三十八
曹	二十一	二十二 衛伐我[555]。	二十三 成公薨。	曹武公勝[557]元年
鄭	九	十	十一 晉率我圍齊。楚伐我。	十二 子產為卿。
燕	十七	十八	十九 武公薨。	燕文公元年
吳	四	五	六	七

	553	552	551
	十九	二十	二十一
	二十 日蝕。[559]	二十一 公如晉。日再蝕。[560]	二十二 孔子生。[562]
自立。[558] 晉、衛伐我。	齊莊公元年	二	三 晉欒逞來奔，[563] 晏嬰曰：「不如歸之」。
	五	六 魯襄公來。殺羊舌虎。[561]	七 欒逞奔齊。
	二十四	二十五	二十六
	七	八	九
	二十三	二十四	二十五
	六	七	八
	十六	十七	十八
	三十九	四十	四十一
	二	三	四
	十三	十四	十五
	二	三	四
	八	九	十

[553]晉平公，悼公子。[554]湛坂，在今河南平頂山北。[555]衛伐我，原作「伐衛」。梁玉繩《史記志疑》卷八：「襄十七年《春秋》『衛伐曹』，則此是『衛伐我』之誤。」據改。[556]晉圍臨淄二句，晉伐齊，齊敗，靈公欲入臨淄，晏嬰諫止，靈公弗從，晉遂圍臨淄。此處有缺文。晏嬰，齊相。[557]曹武公，成公子。勝，《春秋》作「滕」。[558]廢光三句，靈公廢太子光，立其妾子牙。崔杼立故太子光，殺牙。[559]日蝕，此為西元前五五三年八月三十一日之日環蝕。[560]日再蝕，第一次為八月二十日之日全蝕；第二次為誤記。再，兩次。[561]殺羊舌虎，范宣子逐欒盈，殺其黨羊舌虎。羊舌虎，叔向之異母弟。[562]孔子生，《公羊》、《穀梁》都說孔子生於上一年，即西元前五五二年。[563]欒逞，

	550	549	548
周	二十二	二十三	二十四
魯	二十三	二十四 侵齊。日再蝕[565]。	二十五 齊伐我北鄙，以報孝伯之師[567]。
齊	四 欲遣欒逞入曲沃伐晉，取朝歌[564]。	五 畏晉通楚，晏子謀。	六 晉伐我，報朝歌。崔杼以莊公通其妻，殺之，立其弟，為景公。
晉	八	九	十 伐齊，至高唐[568]，報太行之役[569]。
秦	二十七	二十八	二十九 公如晉，盟不結[570]。
楚	十	十一 與齊通。率陳、蔡伐鄭救齊。	十二 吳伐我，以報舟師之役，射殺吳王[571]。
宋	二十六	二十七	二十八
衛	九 齊伐我。	十	十一
陳	十九	二十 楚率我伐鄭。	二十一 鄭伐我。
蔡	四十二	四十三 楚率我伐鄭。	四十四
曹	五	六	七
鄭	十六	十七 范宣子[566]為政。我請伐陳。	十八 伐陳，入陳[572]。
燕	五	六	燕懿公元年
吳	十一	十二	十三 諸樊伐楚，迫巢門[573]，傷射以薨。

547	546
甲寅	
二十五	二十六
二十六	二十七　日蝕。[579]
齊景公杵白[574]元年，如晉，請歸衛獻公。[575]	二　慶封[580]欲專，誅崔氏，杼自殺。
十一　誅衛殤公，復入獻公。[576]	十二
三十	三十一
十三　率陳、蔡伐鄭。	十四
二十九	三十
十二（衛獻公後元年）[577]　齊、晉殺殤公，復內獻公。	衛獻公衎後元年（後二年）
二十二　楚率我伐鄭。	二十三
四十五	四十六
八	九
十九　楚率陳、蔡伐我。	二十
二	三
吳餘祭[578]元年	二

即《左傳》之欒盈。欒書之孫，欒黶之子。去年逃楚，今來齊。[564]欲遣欒逞入曲沃伐晉二句，齊派欒逞入晉為內應，齊國出兵伐晉至太行，因欒逞失敗，齊取朝歌而返，報晉之伐臨淄也。朝歌，今河南淇縣。[565]日再蝕，此年七月有日全蝕，八月之再蝕為誤記。[566]范宣子，原本其上有「子產曰」三字，梁玉繩疑其為衍文，今據刪。范宣子，士匄，時執晉政。[567]孝伯之師，指去年孝伯率師伐齊。孝伯，仲孫羯，時為魯卿。[568]高唐，齊邑。在今山東高唐東北。[569]報太行之役，與報朝歌為一事。[570]公如晉二句，此事在上一年。《左傳》襄公二十五年載，上年「秦晉為成，晉韓起如秦莅盟，秦伯車如晉莅盟，成而不結。」〈秦本紀〉誤記此於景公二十七年，此又誤記於二十九年。[571]吳伐我三句，指去年楚以水軍侵吳，今年吳報楚，諸樊被楚人射死。[572]伐陳二句，子產、子展伐陳，入其都。[573]迫巢門，逼近巢國城門。迫，逼近。巢，國名。在今安徽巢湖市東北。[574]齊景公，莊公異母弟。[575]請歸衛獻公，時衛獻公被晉人扣留。[576]誅衛殤公二句，誅衛殤公、使獻公由齊復入者為衛臣甯喜，與晉國、齊國無關。衛獻公復入後，晉、魯諸國討衛，晉扣留衛獻公，由於齊、鄭之君入晉講情才獲釋放。史公錯會《左傳》文意，將由齊復入和由晉放回，誤合為一，都說成了「復入」。[577]衛獻公後元年，獻公當年改元。[578]餘祭，又稱戴吳。諸樊之二弟。[579]日蝕，此即該年西曆十月十三日之日全蝕。[580]慶封，齊大夫。崔杼自殺後，慶封專齊政。

	545	544
周	二十七	景王583元年
魯	二十八 公如楚。葬康王。	二十九 吳季札來觀周樂584，盡知樂所為。
齊	三 冬，鮑、高、欒氏581謀慶封，發兵攻慶封，慶封奔吳582。	四 吳季札來使，與晏嬰歡。
晉	十三	十四 吳季札來，曰：「晉政卒歸韓、魏、趙585。」
秦	三十二	三十三
楚	十五 康王薨。	楚熊郟敖586元年
宋	三十一	三十二
衛	二〔後三〕	三〔後四〕
陳	二十四	二十五
蔡	四十七	四十八
曹	十	十一
鄭	二十一	二十二 吳季札謂子產曰：「政將歸子，子以禮587，幸脫於厄588矣。」
燕	四 懿公薨。	燕惠公589元年。齊高止590來奔。
吳	三 齊慶封來奔。	四 守門閽591殺餘祭。季札使諸侯。

543	542
二	三
三十	三十一 襄公薨。
五	六
十五	十六
三十四	三十五
二	三 王季父595圍596為令尹。
三十三	三十四
衛襄公592惡元年	二
二十六	二十七
四十九 為太子取楚女，公通焉，太子殺公自立。	蔡靈侯597班元年
十二	十三
二十三 諸公子爭寵相殺，又欲殺593子產，子成止之。	二十四
二	三
五 〔吳餘眛元年〕594	六 〔餘眛二〕

581鮑高欒氏，鮑，桓公大臣鮑叔牙之後。此指鮑國。高，此指惠公之孫公孫蠆，字子尾。欒氏，此指公孫竈，字子雅，惠公孫，公子欒之子。582慶封奔吳，慶封失敗後，先奔魯，又奔吳。583景王，名貴，靈王子。584周樂，周王室的音樂。因周公有殊勳，故天子贈魯以周樂。樂工依次演奏〈風〉、〈雅〉、〈頌〉，季札皆知其意。585韓魏趙，韓，韓萬之後。魏，畢萬之後。趙，趙夙之後。586熊郟敖，康王之子。熊，此字衍，應削。郟敖，名員。郟，敖的葬地，即今河南郟縣。587以禮，指依禮為政。588戹，災難。589惠公，《左傳》作「簡公」。590高止，齊大夫，高厚之子。專斷好功，被子尾、子雅放逐於燕。591閽，守門人，此人為吳伐越之俘虜。閽多由戰俘與刑人擔當。

592衛襄公，獻公子。593又欲殺子產，原本缺「又欲殺」三字。張文虎指出其缺脫，今據補。594吳餘眛元年，餘祭在位四年，餘眛在位十七年，史公顛倒，今正。餘眛，《左傳》作「夷末」，諸樊之三弟。595季父，叔父。596圍，公子圍，即日後之楚靈王。共王子，康王弟。

597蔡靈侯，景侯子。

	541	540	539
周	四	五	六
魯	魯昭公稠元年。昭公年十九，有童心。	二 公如晉，至河，晉謝還之600。	三
齊	七	八 田無宇送女601。	九 晏嬰使晉，見叔向603，曰：「齊政歸田氏604。」叔向曰：「晉公室卑。」
晉	十七 秦后子來奔598。	十八 齊田無宇來送女。	十九
秦	三十六 公弟后子奔晉，車千乘599。	三十七	三十八
楚	四 令尹圍殺郟敖，自立為靈王。	楚靈王圍元年。共王子，肘玉602。	二
宋	三十五	三十六	三十七
衛	三	四	五
陳	二十八	二十九	三十
蔡	二	三	四
曹	十四	十五	十六
鄭	二十五	二十六	二十七 夏，如晉。冬，如楚。
燕	四	五	六 公欲殺公卿立幸臣605，公卿誅幸臣，公恐，出奔齊。
吳	七（餘眛三）	八（餘眛四）	九（餘眛五）

538	537
	甲子
七	八
四 稱病不會楚[606]。	五
十	十一
二十	二十一 秦后子歸秦[611]。
三十九	四十 公卒。后子自晉歸。
三 夏，合諸侯宋地[607]，盟。伐吳朱方[608]，誅慶封。冬，報我，取三城[609]。	四 率諸侯伐吳[612]。
三十八	三十九
六 稱病不會楚。	七
三十一	三十二
五	六
十七 稱病不會楚。	十八
二十八 子產曰：「三國[610]不會。」	二十九
七	八
十（餘眛六） 楚誅慶封。	十一（餘眛七） 楚率諸侯伐我。

[598]秦后子，名鍼，景公弟。有寵於桓公，與景公如二君。[599]車千乘，極言其富。[600]公如晉三句，晉平公寵姬死，魯昭公欲往弔喪，晉謝絕。[601]田無宇送女，田無宇，原本其上有「齊」字，梁玉繩指出其為衍文，今據刪。田無宇，齊大夫。送女，送齊女嫁晉君。[602]肘玉，楚共王為選嗣君，埋玉於地下，召五寵子進，子圍的肘正好壓在璧上；還有兩個兒子也沾邊，故三人後皆一度為王。[603]叔向，羊舌肸，晉平公傅。晉武公子伯僑之後。[604]歸田氏，將歸田氏所有。[605]立幸臣，《左傳》同此，曰欲立寵臣；〈燕召公世家〉則曰欲立寵姬，大臣殺此寵姬。[606]稱病不會楚，時楚靈王召諸侯會盟。[607]合諸侯宋地，《左傳》、〈楚世家〉都說會諸侯於申，即今河南南陽北，不在宋地。[608]朱方，吳賜慶封之邑。在今江蘇鎮江東南。[609]取三城，指楚國的棘、櫟、麻。[610]三國，《左傳》指魯、衛、曹、邾，〈楚世家〉說晉、宋、魯、衛。[611]秦后子歸秦，秦景公卒故。[612]率諸侯伐吳，報棘、櫟、麻之役，楚無功而還。

	536	535	534	533
周	九	十	十一	十二
魯	六	七 季武子卒。日蝕[616]。	八 公如楚，楚留之。賀章華臺[620]。	九
齊	十二 公如晉，請伐燕，入其君[613]。	十三 入燕君[617]。	十四	十五
晉	二十二 齊景公來，請伐燕，入其君。	二十三 入燕君。	二十四	二十五
秦	秦哀公元年[614]	二	三	四
楚	五 伐吳，次乾谿[615]。	六 執芋尹亡人入章華[618]。	七 就章華臺，內亡人實之[621]。滅陳。	八 弟棄疾[624]將兵定陳[625]。
宋	四十	四十一	四十二	四十三
衛	八	九 夫人姜氏無子[619]。	衛靈公元年[622]	二
陳	三十三	三十四	三十五 弟招作亂[623]，哀公自殺。	陳惠公吳元年，哀公孫也。楚來
蔡	七	八	九	十
曹	十九	二十	二十一	二十二
鄭	三十	三十一	三十二	三十三
燕	九 齊伐我。	燕悼公元年，惠公歸至卒。	二	三
吳	十二（餘眛八） 楚伐我，次乾谿。	十三（餘眛九）	十四（餘眛十）	十五（餘眛十一）

532	
十三	
十[627]	
十六	
二十六　春，有星出婺女。[628]七月，[629]公薨。	
五	
九	
四十四　平公薨。	
三	
二　〔楚滅陳〕	定我。[626]〔楚滅陳〕
十一	
二十三	
三十四	
四	
十六〔餘眛十二〕	

[613]公如晉三句，齊景公赴晉，請晉同意伐燕，而後齊伐之。齊、燕平，納簡公未成。這是《左傳》的說法。〈燕召公世家〉則說齊高偃入晉，齊、晉共伐燕而入惠公。[614]秦哀公，景公子，〈秦始皇本紀〉作「畢公」。[615]乾谿，楚邑名。在今安徽亳州東南。[616]日蝕，是年三月十八日日全蝕。[617]入燕君，景公赴晉，齊、晉共入燕君。見注[604]說。[618]執芋尹亡人入章華，章華臺廣納亡人，申無宇的守門人亦逃入其中，無宇入章華臺捕人，為守宮者所執，靈王釋之。芋尹，官名，君主打獵時為之驅趕禽獸。此指任此官的申無宇。亡人，有罪潛逃者。章華臺，楚靈王建築的樓臺。舊說在今湖北荊州東。據考古發掘，今湖北潛江馬場湖村之放鷹臺遺址即章華臺。[619]夫人姜氏無子，襄公妾生子元，立以為嗣。[620]公如楚三句，此為去年事。[621]內亡人實之，納亡人實章華臺事在上年。此與《楚世家》同誤。[622]衛靈公，襄公子。[623]弟招作亂，哀公弟招殺太子偃師，立次妃所生子留。[624]棄疾，即日後之楚平王。[625]定陳，實為滅陳，命穿封戌為陳公。據《春秋》《左傳》，滅陳在上年。上年「滅陳」者，即棄疾。[626]楚來定我，楚公子棄疾奉哀公孫吳圍陳，非來「定我」，乃滅之也。且事在去年，此言「陳惠公吳元年」亦誤。《左傳》昭公十一年叔向曰：「楚王奉孫吳以討於陳，曰『將定而國』，陳人聽命，而遂縣之。」史公誤會文意。
[627]本欄原本有「四月日蝕」四字，梁玉繩疑此四字為錯簡，今據刪。[628]有星出婺女，有彗星出現在婺女宿。婺女，二十八宿中的女宿。[629]七月，原作「十月」。梁玉繩《史記志疑》卷八：「昭十年《春秋》平公卒于七月戊子，此譌作『十月』。」據改。

	531	530	529
周	十四	十五	十六
魯	十一	十二 朝晉至河，晉謝之歸。	十三
齊	十七	十八 公如晉。	十九
晉	晉昭公(630)夷元年	二	三
秦	六	七	八
楚	十 醉殺蔡侯(631)，使棄疾圍之。棄疾居之，為蔡侯(632)。	十一 王伐徐(634)以恐吳，次乾谿。民罷於役，(635)怨王。	十二 棄疾作亂自立，靈王自殺。
宋	宋元公(633)佐元年	二	三
衛	四	五 公如晉，朝嗣君(636)。	六
陳	三 〔楚滅陳〕	四 〔楚滅陳〕	五 〔陳惠公吳元年〕 楚平王復陳，立惠公。
蔡	十二 靈侯如楚，楚殺之，使棄疾居之，為蔡侯。	蔡侯廬元年 景侯子(637)。 〔楚滅蔡〕	二 〔蔡侯廬元年〕 楚平王復我(639)，立景
曹	二十四	二十五	二十六
鄭	三十五	三十六 公如晉。	鄭定公(640)寧元年
燕	五	六	七
吳	十七 〔餘眛十三〕	吳餘眛(638)元年 〔餘眛十四〕	二 〔餘眛十五〕

	527	528	
	甲戌		
	十八 太子后卒。644	十七	
	十五 日蝕。645 公如晉，晉留之葬公，恥之。646	十四	
	二十一	二十	
	五	四	
	十	九	
	二 王為太子取秦女，647 好，自取之。	楚平王居元年。642 共王子，抱玉。643	復陳、蔡。641
	五	四	
	八	七	
	七 〔三〕	六 〔二〕	
	四 〔三〕	三 〔二〕	侯子盧。
	曹平公須元年。648	二十七	
	三	二	
	二	燕共公元年	
	四 〔十七〕	三 〔十六〕	

630晉昭公，平公子。631醉殺蔡侯，《左傳》：「楚子伏甲而饗蔡侯於申，醉而執之。夏四月丁巳，殺之……冬十一月，楚子滅蔡。」632蔡侯，應作「蔡公」。「蔡公」即蔡邑的行政長官，即後來的縣長、縣令。633宋元公，平公子。634徐，國名。在今江蘇泗洪南。是吳的同盟國與甥舅之國。635罷，通「疲」。636嗣君，指晉昭公。637蔡侯盧元年，當在下一年，這時棄疾為蔡公（去年說為「蔡侯」，亦誤）。蔡侯盧，即蔡平侯，靈侯之孫，太子友之子。景侯曾孫，非景侯子。638餘眛，原作「餘眛」。武英殿本作「餘眛」。《左傳》、《穀梁傳》昭公十五年經文作「夷末」，本書〈吳太伯世家〉作「餘眛」、〈刺客列傳〉作「夷眛」，《公羊傳》昭公十五年作「夷眛」。為吳王壽夢三子，餘祭之弟，西元前五三〇—前五二七在位。639楚平王復我，蔡國從此遷於新蔡（今河南新蔡）。640鄭定公，簡公子。641棄疾作亂自立三句，棄疾與公子比殺靈王太子，又設計逼子比自殺，而自立為王。為討好諸侯，又使陳、蔡復國。642楚平王，平王原名棄疾，後改名居。643抱玉，當年其父占驗五子時，平王正好把玉壓在胸前。644后太子卒，「后」下應有「崩」字。太子，名壽。645日蝕，此年四月十八日有日全蝕。646晉留之葬，此誤說。昭公於十五年冬去晉，十六年夏返魯，而晉昭公乃八月卒，根本無留葬事。「如晉葬昭公」

	522	523	524	525	526
周	二十三	二十二	二十一	二十	十九
魯	二十 齊景公與晏子狩，入魯問	十九 地震[654]。	十八	十七 五月朔，日蝕。彗星見辰[651]。	十六
齊	二十六 獵魯界，因入魯。	二十五	二十四	二十三	二十二
晉	四	三	二	晉頃公[652]去疾元年	六 公卒。六卿[649]彊，公室卑矣。
秦	十五	十四	十三	十二	十一
楚	七 誅伍奢、尚，太子建奔宋，伍	六	五	四 與吳戰。	三
宋	十 公毋信。詐殺諸公子。[656]楚	九	八 火。	七	六
衛	十三	十二	十一 火。	十	九
陳	十二 (八)	十一 (七)	十 (六) 火。	九 (五)	八 (四)
蔡	九 (八) 平侯薨。靈侯孫東國	八 (七)	七 (六)	六 (五)	五 (四)
曹	二	曹悼公[655]午元年	四 平公薨。	三	二
鄭	八 楚太子建從宋來奔。	七	六 火。	五 火，欲禳[653]之，子產曰：「不如脩德。」	四
燕	二	燕平公元年	五 共公薨。	四	三
吳	五 伍員來奔。	四	三	二 與楚戰。	吳僚[650]元年

522	521	520
	二十四	二十五
禮。	二十一 公如晉，至河，晉謝之659，歸。日蝕。	二十二 日蝕。
	二十七	二十八
	五	六 周室亂，公平亂，立敬王662。
	十六	十七
胥奔吳657。	八 蔡侯660來奔。	九
太子建來奔，見亂，之鄭。	十一	十二
	十四	十五
	十三〔九〕	十四〔十〕
殺平侯子而自立658。	二 蔡悼侯東國元年奔楚661。	二
	三	四
	九	十
	三	四
	六	七

者乃季平子，詳見《左傳》。647為太子取秦女，太子，名建。取秦女，〈秦本紀〉在三年，《左傳》在六年。取，同「娶」。平王自娶秦女，受費無極指使。648曹平公，武公子。649六卿，指范氏、中行氏、知氏、韓、趙、魏六家。650僚，壽夢庶子。〈吳太伯世家〉說是餘眛子。651見辰，出現於辰宿。辰宿是二十八宿之一。652晉頃公，昭公子。653禳，祭祀祈求免災。654地震，在五月己卯（十六日）。655曹悼公，平公子。656詐殺諸公子，元公無信多私，而惡華定、華亥、向寧。華定、向寧等謀誅元公之黨公子寅、公子御戎等人，雙方相互捉人為質，華定、向寧等奔陳。657誅伍奢尚三句，費無極誣太子建與伍奢謀反，平王殺伍奢與其長子伍尚。伍奢次子伍員與太子逃奔宋。伍奢，楚大夫，時任太子建師傅。伍胥，名員，字子胥。奔吳後，助闔廬奪取王位，打敗楚。658東國殺平侯子而自立，平侯弟東國受楚費無極支持逐太子而自立。事在下年。平侯子，名朱。言「殺平侯子」，誤。659晉謝之，時晉將伐鮮虞。660蔡侯，指蔡侯朱。661奔楚，奔楚者為平侯子朱。662周室亂三句，景王死，子朝爭立，國人立長子猛。猛卒（《周本紀》曰子朝殺猛），立子朝母弟匄，是

	519	518	517
			甲申
周	敬王元年。663	二	三
魯	二十三 地震。664	二十四 鸜鵒來巢。668	二十五 公欲誅季氏，三桓氏攻公，公出居鄆。670
齊	二十九	三十	三十一
晉	七	八	九
秦	十八	十九	二十
楚	十 吳伐敗我。	十一 吳卑梁人爭桑，伐取我鍾離。669	十二
宋	十三	十四	十五
衛	十六	十七	十八
陳	十五(十二) 吳敗我兵，取胡、沈。665	十六(十二)	十七(十三)
蔡	三	蔡昭侯申元年悼侯弟。	二
曹	五	六	七
鄭	十一 楚建作亂，殺之。666	十二 公如晉，請內王。	十三
燕	五	六	七
吳	八 公子光敗楚。667	九	十

	516	515
	四	五
	二十六　齊取我鄆以處公[671]。	二十七
	三十二　彗星見。晏子曰：「田氏有德於齊，可畏[672]。」	三十三
	十　知櫟、趙鞅內王於王城[673]。	十一
	二十一	二十二
	十三　欲立子西[674]，子西不肯。秦女子立，為昭王。	楚昭王珍元年。誅無忌[676]以說[677]眾。
	宋景公頭曼[675]元年	二
	十九	二十
	十八〔十四〕	十九〔十五〕
	三	四
	八	九
	十四	十五
	八	九
	十一	十二　公子光使專諸[678]殺僚，自立。

為敬王。晉出兵攻子朝助敬王。[663]敬王元年，本年秋王子朝入居王城稱王，敬王出居於東郊狄泉，二王對立。[664]地震，是年八月魯地震，二日後周又地震。[665]胡沈，胡，國名。在今安徽阜陽。沈，國名。在今河南平輿北。二國皆楚國附庸，今被吳國所取。[666]楚建作亂二句，楚太子建與晉人謀襲鄭，為鄭所殺。〈鄭世家〉繫此事於上年。[667]公子光，〈吳太伯世家〉稱其為諸樊子。即後來之吳王闔閭。[668]鸜鵒，八哥。[669]吳卑梁人爭桑二句，因邑人爭桑引發邊境戰爭。卑梁，吳邑。在今安徽天長西北。鍾離，楚邑。在今安徽鳳陽東北。[670]鄆，魯邑。在今山東鄆城東。昭公開始出居於齊，至下年，始回居於鄆。[671]齊取我鄆以處公，齊攻鄆在去年十二月，今正月取之，三月昭公居鄆。[672]田氏有德於齊二句，指將奪取齊國。有德於齊，指田氏以大斗出小斗進之類而贏得民心。[673]知櫟趙鞅內王於王城，知櫟，知文子，知盈之子，時為晉卿。趙鞅，趙簡子，趙武之孫，晉之執政。二人幫周敬王打回都城。王城，在今洛陽市王城公園一帶，是成周內宮城。[674]子西，平王長庶子，昭王之兄，後為令尹。[675]頭曼，元公子。《左傳》稱「欒」，《漢書・人表》稱「兜欒」。[676]無忌，即《左傳》之「費無極」。害伍奢與太子建者，楚滅其族。[677]說，同「悅」。取悅。[678]專諸，《左傳》作「專設諸」。

	514	513	512
周	六	七	八
魯	二十八 公如晉,求入,晉弗聽,處之乾侯。[679]	二十九 公自乾侯如鄆。齊侯曰「主君[683]」,公恥之,復之乾侯。	三十
齊	三十四	三十五	三十六
晉	十二 六卿誅公族,分其邑。各使其子為大夫[680]。	十三	十四 頃公薨。
秦	二十三	二十四	二十五
楚	二	三	四 吳三公子來奔,封以扞吳。
宋	三	四	五
衛	二十一	二十二	二十三
陳	二十(十六)	二十一(十七)	二十二(十八)
蔡	五	六	七
曹	曹襄公[681]元年	二	三
鄭	十六	鄭獻公蠆[684]元年	二
燕	十	十一	十二
吳	吳闔閭[682]元年	二	三[685] 公子奔楚。

	511	510	509
	九	十 晉使諸侯為我築城。	十一
	三十一 日蝕687。	三十二 公卒乾侯。	魯定公宋元690年。昭公喪自乾侯至。
	三十七	三十八	三十九
	晉定公午元688年	二 率諸侯為周築城。	三
	二十六	二十七	二十八
686。	五 吳伐我六、潛689。	六	七 囊瓦691伐吳，敗我豫章692。蔡侯來朝。
	六	七	八
	二十四	二十五	二十六
	二十三（十九）	二十四（二十）	二十五（二十一）
	八	九	十 朝楚，以裘故留693。
	四	五 平公弟通殺襄公自立。	曹隱公694元年
	三	四	五
	十三	十四	十五
	四 伐楚六、潛。	五	六 楚伐我，迎擊，敗之，取楚之居巢695。

679乾侯，晉邑。在今河北成安東南。680六卿誅公族三句，指滅祁氏、羊舌氏二族。祁氏為獻公之後，羊舌氏為武公之後。分其邑為十縣，任十人為縣大夫。其中有四人為六卿子弟，「各使其子」語不當。681曹襄公，〈世家〉與《漢書・人表》均作「聲公」，徐廣亦曰「一作『聲』。」，名野，悼公之弟。《春秋》《世本》無聲公。682闔閭，也作闔廬。〈吳太伯世家〉稱其為諸樊子。683主君，卿大夫之家臣稱其主子曰「主君」。684鄭獻公，定公子。685三，當作「二」。686吳三公子來奔二句，三公子，應作「二公子」。即王僚之二弟掩餘、燭庸。楚封之以城父與胡之田，用以與吳國搗亂。扜，侵犯；搗亂。687日蝕，在本年之公曆十一月十四日。688晉定公，頃公子。689六潛，六，楚邑。即今安徽六安。潛，楚邑。在今安徽霍山東北。690魯定公，昭公弟。691囊瓦，字子常，子囊之孫，時任楚令尹。692敗我豫章，豫章是楚地名，但具體地點諸說不一，大體在淮水以南、長江以北今合肥至河南光山、湖北紅安一帶地區。此表與〈楚世家〉皆言此役

	508	507	506	505
		甲午		
周	十二	十三	十四 與晉率諸侯侵楚。	十五
魯	二	三	四	五 陽虎[702]執季桓子[703],與盟,釋之。
齊	四十	四十一	四十二	四十三
晉	四	五	六 周與我率諸侯侵楚。[696]	七
秦	二十九	三十	三十一 楚包胥[697]請救。	三十二
楚	八	九 蔡昭侯留三歲,得裘,故歸。	十 吳、蔡伐我,入郢,昭王亡。伍子胥鞭平王墓[698]。	十一 秦救至,吳去,昭王復入。
宋	九	十	十一	十二
衛	二十七	二十八	二十九 與蔡爭長[699]。	三十
陳	二十六(二十二)	二十七(二十三)	二十八(二十四)	陳懷公[704]柳元年
蔡	十一	十二 與子常裘,得歸,如晉,請伐楚。	十三 與衛爭長。楚侵我,吳與我伐楚,入郢[700]。	十四
曹	二	三	四	曹靖公[705]路元年
鄭	六	七	八	九
燕	十六	十七	十八	十九
吳	七	八	九 與蔡伐楚[701],入郢。	十

(505)	504	503
	十六 王子朝之徒作亂故，王奔晉[706]。	十七 劉子迎王，晉入王[710]。
日蝕。	六	七 齊伐我[711]。
	四十四	四十五 侵衛。伐魯。
	八	九 入周敬王。
	三十三	三十四
	十二 吳伐我番[707]，楚[708]恐，徙都[709]。	十三
	十三	十四
	三十一	三十二 齊侵我。
	二	三
	十五	十六
	二	三
	十 魯侵我。	十一
	燕簡公元年	二
	十一 伐楚取番。	十二

在楚昭王七年，《左傳》說在楚昭王八年。[693]以裘故留，子囊欲得蔡侯之裘，蔡侯不與，遂被扣留。[694]曹隱公，名通，平公之弟。《春秋》《世本》無隱公。司馬貞曰：「今檢《世本》及《春秋》，悼伯卒，弟露立，謚靖公，實無聲公、隱公。」梁玉繩以為《史記》非是。而馬驌、楊伯峻則據《曹世家》增聲、隱二世。[695]居巢，在今安徽桐城南。[696]周與我率諸侯侵楚，周室劉文公與諸侯伐楚。[697]包胥，申包胥，楚大夫。[698]伍子胥鞭平王墓，《左傳》無鞭墓事。《淮南子》等書始言之。[699]與蔡爭長，主盟者欲先蔡侯，衛爭之，乃使衛居蔡先。[700]入郢，「入」原本缺，梁玉繩《史記志疑》卷八引《史詮》指出其缺。今據補。[701]與蔡伐楚，參加伐楚者尚有唐。[702]陽虎，季孫氏的家臣。[703]季桓子，季孫斯，謚桓，魯之執政。[704]陳懷公，惠公子。[705]曹靖公，聲公弟。《世本》曰：「悼伯卒，弟露立，謚靖公。」以靖公為悼公之弟。[706]王子朝之徒，指子朝餘黨儋翩。王奔晉，〈周本紀〉同；《左傳》曰出居姑蕕，非奔晉。[707]番，此役吳獲楚將潘子臣，疑「番」字訛誤。[708]楚，應作「我」。[709]徙都，徙都於鄀。鄀，在今湖北宜城東南。[710]劉子迎王二句，周卿士劉桓公等迎王，晉人籍秦納王，王入王城。[711]齊伐我，時齊叛晉，故伐魯。

	502	501	500	499
周	十八	十九	二十	二十一
魯	八 陽虎欲伐三桓，三桓攻陽虎，虎奔陽關[712]。	九 伐陽虎，虎奔齊。	十 公會齊侯於夾谷[719]。孔子相。齊歸我地[720]。	十一
齊	四十六 魯伐我。我伐魯。	四十七 囚陽虎，虎奔晉。	四十八	四十九
晉	十 伐衛。	十一 陽虎來奔[715]。	十二	十三
秦	三十五	三十六 哀公薨。	秦惠公[721]元年。彗星見。	二 生躁公、懷公。
楚	十四 子西為民泣[713]，民亦泣，蔡昭侯恐。	十五	十六	十七
宋	十五	十六 陽虎來奔[716]。	十七	十八
衛	三十三 晉、魯侵伐我。	三十四	三十五	三十六
陳	四 公如吳，吳留之，因死吳[714]。	陳湣公[717]越元年	二	三
蔡	十七	十八	十九	二十
曹	四 靖公薨。	曹伯陽[718]元年	二	三 國人有夢
鄭	十二	十三 獻公薨。	鄭聲公[722]勝元年。鄭益弱。	二
燕	三	四	五	六
吳	十三 陳懷公來，留之，死於吳。	十四	十五	十六

	498
	二十二
	十二　齊來歸女樂，季桓子受之，孔子行726。
	五十　遺727魯女樂。
	十四
公、簡公723。	三
	十八
	十九
	三十七　伐曹。
	四
	二十一
眾君子立社宮724，謀亡曹，振鐸請待公孫彊725，許之。	四　衛伐我。
	三
	七
	十七

712陽關，魯邑。在今山東泰安東南。713為民泣，為楚民泣而謀伐蔡，以蔡導吳伐楚也。〈管蔡世家〉繫此於上一年。714公如吳三句，梁玉繩以此說為誤。715陽虎來奔，陽虎先逃齊，經宋而至晉。716陽虎來奔，陽虎自齊往晉而經宋。717陳湣公，又名周，懷公子。718曹伯，名陽。伯是爵，西周時有曹夷伯、幽伯、戴伯等。719夾谷，又稱祝其。在今山東萊蕪東南。720孔子相二句，齊國原擬趁會劫魯君，孔子識破陰謀，迫使齊國歸還汶陽之田。相，儐相；贊禮者。721秦惠公，哀公太子夷公之子。722鄭聲公，獻公子。723生躁公懷公簡公，此說誤。據〈秦本紀〉、〈秦始皇本紀〉所附《秦記》，躁公、懷公是兄弟，為惠公曾孫。據〈秦本紀〉與〈六國年表〉，簡公是懷公之子。724社宮，社稷壇的大院內。725公孫彊，日後一個好弋獵的野人，慫恿曹君犯宋，宋遂滅曹。726齊來歸女樂三句，季桓子接受齊國送給魯國一班歌舞妓後，三天不聽政，又不分祭肉給諸大夫，於是孔子離開魯國。歸，同「饋」，贈送。727遺，給；贈。

	497	496	495
	甲辰		
周	二十三	二十四	二十五
魯	十三	十四	十五 定公薨。日蝕[736]。
齊	五十一	五十二	五十三
晉	十五 趙鞅伐范、中行[728]。	十六	十七
秦	四	五	六
楚	十九	二十	二十一 滅胡[737]。以吳敗，我倍之。
宋	二十	二十一	二十二 鄭伐我。
衛	三十八 孔子來，祿之如魯[729]。	三十九 太子蒯聵[730]出奔。	四十
陳	五	六 孔子來[731]。	七
蔡	二十二	二十三	二十四
曹	五	六 公孫彊好射，獻鴈，君使為司城[732]，夢者子行[733]。	七
鄭	四	五 子產卒[734]。	六 伐宋。
燕	八	九	十
吳	十八	十九 伐越，敗我，傷闔閭指[735]，以死。	吳王夫差[738]元年

	494	493
	二十六	二十七
	二 魯哀公[739]將元年	二
	五十四 伐晉。	五十五 輸范、中行氏粟。[741]
	十八 趙鞅圍范、中行、朝歌。齊、衛伐我。	十九 趙鞅圍范、中行，鄭來救，我敗之。
	七	八
	二十二 率諸侯[740]圍蔡。	二十三
	二十三	二十四
	四十一 伐晉。	四十二 靈公薨。蒯聵子輒立。晉納太子蒯聵于戚[742]。
	八 吳伐我。	九
	二十五 楚伐我，以吳怨故。	二十六 畏楚，私召吳人，乞遷于州來[743]，州來近吳。
	八	九
	七	八 救范、中行氏，與趙鞅戰於鐵[744]，敗我師。
	十一	十二
	二 伐越。	三

[728]趙鞅伐范中行，此說誤。本年趙鞅因被范吉射、中行寅攻伐而逃到晉陽。伐范氏、中行氏者為荀躒、韓不信、魏曼多。范氏、中行氏攻晉君失敗後逃奔朝歌。[729]祿之如魯，衛國給孔子的俸祿，和孔子在魯國所得一樣多。[730]蒯聵，即日後之衛莊公。[731]孔子來，此說誤。孔子擬來陳，中途被圍於匡，而後返回衛。[732]司城，主管工程建築的官。[733]夢者子行，《管蔡世家》記做夢者死前告其子，見公孫彊主事則迅速離曹。夢者子，當年做夢人的後代。[734]子產卒，此說不可信。據《左傳》子產死於魯昭公二十年，西元前五二二年。[735]指，腳趾。[736]日蝕，是年七月二十二日有日蝕。[737]滅胡，《楚世家》繫滅胡於昭王二十年者誤，此與《左傳》同。[738]夫差，闔閭子。[739]魯哀公，定公子。[740]諸侯，指陳、隨、許。[741]輸范中行氏粟，不應有「中行」二字。[742]戚，亦稱宿，衛邑。在今河南濮陽東北。[743]州來，時為吳邑。即今安徽鳳台。因蔡遷此，改稱下蔡。[744]鐵，衛邑。在今河南濮陽西北。

	492	491	490
周	二十八	二十九	三十
魯	三 地震。[745]	四	五
齊	五十六	五十七 乞[749]救范氏。	五十八 景公薨。立嬖姬子[753]為太子。
晉	二十	二十一 趙鞅拔邯鄲、柏人，有之。[750]	二十二 趙鞅敗范、中行，中行奔齊。[754]伐衛。
秦	九	十 惠公薨。[751]〔秦悼公元年〕	秦悼公元年〔二〕
楚	二十四	二十五	二十六
宋	二十五 孔子過宋，桓魋惡之。[746]	二十六	二十七
衛	衛出公[747]輒元年	二	三 晉伐我，救范氏故。
陳	十	十一	十二
蔡	二十七	二十八 大夫共誅昭侯。[752]	蔡成侯[755]朔元年
曹	十 宋伐我。	十一	十二
鄭	九	十	十一
燕	燕獻公[748]元年	二	三
吳	四	五	六

489	488
三十一	三十二
六	七 公會吳王于繒[758]。吳徵百牢，季康子使子貢謝之[759]。
齊晏孺子元年。田乞詐立陽生，殺孺子[756]。	齊悼公陽生元年
二十三	二十四 侵衛。
二 〔三〕	三 〔四〕
二十七 救陳，王死城父[757]。	楚惠王[760]章元年
二十八 伐曹。	二十九 侵鄭，圍曹。
四	五 晉侵我。
十三 吳伐我，楚來救。	十四
二	三
十三 宋伐我。	十四 宋圍我，鄭救我。
十二	十三
四	五
七 伐陳。	八 魯會我繒。

[745]地震，此年四月甲午有地震。[746]孔子過宋二句，〈孔子世家〉繫此事於魯定公十五年，誤；此與〈宋微子世家〉同。桓魋，宋桓公之後，向戌之子，時任司馬。孔子在樹下講課，桓魋拔其樹。[747]衛出公，名輒，靈公之孫，其父蒯聵因得罪靈公夫人南子而逃於外，故靈公死後，輒即繼位。因後被其父奪位出奔，故曰出公。[748]燕獻公，似應依《竹書紀年》作「孝公」。[749]乞，田乞，齊大夫。[750]趙鞅拔邯鄲栢人二句，上年趙鞅圍朝歌，范吉射、中行寅奔邯鄲，中行寅又自邯鄲奔栢人（今河北隆堯西南）。趙鞅本年拔邯鄲，明年拔栢人。[751]惠公薨，惠公於九年死，十年葬。[752]大夫共誅昭侯，怕昭侯再繼續東遷降吳。[753]嬖姬子，指晏孺子荼，景公少子。[754]中行奔齊，《左傳》與〈晉世家〉都說是范氏、中行氏一道奔齊。[755]蔡成侯，昭侯子。[756]陽生，景公庶子。即位為齊悼公。[757]城父，楚邑。在今河南平頂山市西北。[758]繒，魯邑。在今山東蒼山縣西北。[759]吳徵百牢二句，依《左傳》與〈孔子世家〉本為二事，吳要求享百牢之禮，魯大

	487	486	485
	甲寅		
周	三十三	三十四	三十五
魯	八 吳為邾伐我,至城下,盟而去。齊取我三邑。[761]	九	十 與吳伐齊。
齊	二 伐魯,取三邑。[762]	三	四 吳、魯伐我。鮑子殺悼公[766],齊人立其子壬為簡
晉	二十五	二十六	二十七 使趙鞅伐齊。
秦	四〔五〕	五〔六〕	六〔七〕
楚	二 子西召建子勝於吳,為白公。[763]	三 伐陳,陳與吳故。[764]	四 伐陳。
宋	三十 曹倍我,我滅之。	三十一 鄭圍我,敗之于雍丘。[765]	三十二 伐鄭。
衛	六	七	八 孔子自陳來。[767]
陳	十五	十六 倍楚,與吳成。	十七
蔡	四	五	六
曹	十五 宋滅曹,虜伯陽。		
鄭	十四	十五 圍宋,敗我師雍丘,伐我。	十六
燕	六	七	八
吳	九 伐魯。	十	十一 與魯伐齊救陳。誅五員。[768]

	484	483
	三十六	三十七
	十一 齊伐我。冄有言，(769)故迎孔子，孔子歸。	十二 與吳會橐皋(771)。用田賦(772)。
公。	齊簡公(770)元年魯與吳敗我。	二
	二十八	二十九
	七〔八〕	八〔九〕
	五	六 白公勝數請子西伐鄭，以父怨(773)故。
	三十三	三十四
	九 孔子歸魯。	十 公如晉，與吳會橐皋(774)。
	十八	十九
	七	八
	十七	十八 宋伐我。
	九	十
	十二 與魯敗齊。	十三 與魯會橐皋。

夫子服景伯說明吳的要求違背周禮。吳太宰嚭召季康子，康子使子貢謝絕。此與〈吳太伯世家〉、〈魯周公世家〉皆誤合二事為一事。徵，索要。牢，牛羊豕各一隻曰一太牢。季康子，季孫肥，季桓子之子，魯之執政。子貢，孔子弟子，以辭令見稱。(760)楚惠王，昭王子。(761)吳為邾伐我四句，因去年魯曾伐邾故也。邾，國名，也作「鄒」。初在今山東曲阜東南。西元前六一四年遷都於繹，在今山東鄒城紀王城。三邑，當作「二邑」。指讙與闡。(762)三邑，應是二邑。(763)白公，白邑之長。白，在今河南息縣東。楚稱縣邑之長曰公。(764)與，交結；親附。(765)雍丘，宋邑。即今河南杞縣。(766)鮑子殺悼公，鮑子，原本其上有「齊」字，張文虎《札記》指出其為衍文。今據刪。殺悼公者，《史記》諸篇都說是鮑牧，《左傳》則稱鮑牧已在魯哀公八年為簡公所殺，梁玉繩以為殺悼公者應是田恆。鮑子，鮑牧，齊大夫。(767)孔子自陳來，〈衛康叔世家〉同；〈孔子世家〉則稱魯哀公六年孔子自楚來衛。(768)五員，當作「伍員」。誅伍員，〈吳太伯世家〉與表同在此年，《左傳》則繫之於魯哀公十一年，即下一年。(769)冄有，即「冉有」。名求，孔子弟子，以政治才能著稱。言，因為冉有說話，季孫迎孔子歸魯。(770)齊簡公，名壬，悼公子。(771)橐皋，吳邑名。在今安徽巢縣東北。(772)用田賦，開始按田畝數量徵收賦稅。(773)父

	482	481	480
周	三十八	三十九	四十
魯	十三 與吳會黃池(775)。	十四 西狩獲麟(777)。衛出公來奔(778)。	十五 子服景伯(780)使齊，子貢為介(781)，齊歸我侵地(782)。
齊	三	四 田常殺簡公，立其弟鶩，為平公，常相之，專國權。	齊平公(783)鶩元年。景公孫(784)也。齊自是稱(785)田氏。
晉	三十 與吳會黃池，爭長(776)。	三十一	三十二
秦	九〔十〕	十〔十一〕	十一〔十二〕
楚	七 伐陳。	八	九
宋	三十五 鄭敗我師。	三十六	三十七 熒惑守心(786)，子韋曰：「善。」(787)
衛	十一	十二 父蒯聵入，輒出亡(779)。	衛莊公蒯聵元年(788)〔衛出公輒十三年〕
陳	二十	二十一	二十二
蔡	九	十	十一
曹			
鄭	十九 敗宋師。	二十	二十一
燕	十一	十二	十三
吳	十四 與晉會黃池。	十五	十六

479
四十一
十六 孔子卒。
二
三十三
十二（十三）
十 白公勝殺令尹子西，攻惠王。葉公[789]攻白公，白公自殺。惠王復國。
三十八
二（莊公蒯聵元年）
二十三 楚滅陳，殺湣公。
十二
二十二
十四
十七

怨，白公的父親太子建是被鄭人所殺。[774]公如晉二句，梁玉繩曰「如晉」當作「如吳」。據《左傳》本年吳、魯會於橐皋，吳、衛會於鄖（今山東莒縣）。[775]黃池，衛邑。在今河南封丘西南。[776]爭長，爭為諸侯盟主。即歃血時居先。[777]西狩獲麟，有人在城西打獵時捕獲了一隻麟。據說麟是一種祥瑞的動物。[778]衛出公來奔，《左傳》繫此事於下一年。此誤。[779]父蒯聵入二句，《左傳》記此事在明年。[780]子服景伯，仲孫氏之後，名何，謚景，魯大夫。[781]介，使者的副職。[782]歸我侵地，指歸還魯國成邑。前邑宰公孫宿曾據之叛魯降齊。[783]齊平公，簡公之弟。[784]景公孫，原本作「景公子」。考〈齊太公世家〉，平公為景公之孫，今據改。[785]稱，稱頌。當時田氏大斗出貸，小斗收還。[786]熒惑守心，火星運行到心宿附近。心宿是宋國的分野。古人認為這預示著宋國將有大災。[787]子韋曰善，子韋是宋國的史官，見到「熒惑守心」這種天文現象便報告宋景公說「禍當於君」，但可以移於相、移於民，或移於歲。宋景公都不同意，寧可自己承當。子韋對景公的這種明智、無私極為讚賞。[788]衛莊公蒯聵元年，莊公元年當在下年。[789]葉公，沈諸梁，字子高，因曾為葉縣之長故稱葉公，此時任楚國令尹兼司馬。

	478	477
		甲子
周	四十二	四十三 敬王崩792。
魯	十七	十八 二十七卒793。
齊	三	四 二十五卒794。
晉	三十四	三十五 三十七卒795。
秦	十三（十四）	十四（十五） 卒796，子厲共公立。
楚	十一	十二 五十七卒797。
宋	三十九	四十 六十四卒798。
衛	三（二） 莊公辱戎州人，戎州人與趙簡子攻莊公，出奔790。	衛君起799元年 石傅800逐起出，輒復入。
陳		
蔡	十三	十四 十九卒801。
曹		
鄭	二十三	二十四 三十八卒802。
燕	十五	十六 二十八卒803。
吳	十八 越敗我791。	十九 二十三卒804。

790莊公辱戎州人三句，《左傳》稱：「初，公自城上見己氏之妻髮美，使髡之以為呂姜髢（假髮）。」〈衛康叔世家〉曰：「莊公上城，見戎州曰：『戎虜何為是？』戎州病之。」戎人告訴趙簡子，簡子伐衛，衛人出莊公，晉立襄公之孫般師，莊公復入，戎人殺之。齊人伐衛而立公子起。戎州，戎族聚居的村落、街巷。791越敗我，越王句踐敗吳軍於笠澤。792敬王崩，《左傳》、《帝王世紀》、今本《竹書紀年》皆謂敬王在位四十四年，其死在明年。而陳夢家、楊寬仍主四十三年說。793二十七卒，魯哀公在位二十七年而卒。此終言後事，下同。794二十五卒，齊平公在位二十五年而卒。795三十七卒，晉定公在位三十七年而卒。796十五卒，秦悼公在位十五年卒，其子秦

厲共公繼位。797五十七卒，楚惠王在位五十七年而卒。798六十四卒，據《左傳》，宋景公在位四十八年而卒，與此異。799衛君起，名起，莊公之弟。800石傅，衛大夫。〈衛康叔世家〉作「石曼尃」。801十九卒，蔡成侯在位十九年而卒。802三十八卒，鄭聲公在位三十八年而卒。803二十八卒，燕獻公在位二十八年而卒。804二十三卒，吳王夫差在位二十三年而卒。

【研　析】此表比〈三代世表〉周成王段增加了鄭、吳二國，成十四欄。周為共主，餘為十三諸侯，卻為何稱「十二諸侯」呢？學者曾長期爭論，提出多種不同解釋。其中最有說服力的說法應當是：本表以魯史《春秋》為綱，又多取材於魯史《左氏春秋》，以魯為主而表述十二諸侯，故不數魯而稱〈十二諸侯年表〉。正如同〈六國年表〉本列七國，以「因〈秦紀〉」「表列六國時事」，故稱〈六國年表〉。本表「年經而國緯，所以觀天下之大勢也」（呂祖謙《大事記・解題》）。平王東遷，周室衰落，「政由五霸，諸侯恣行」，齊、晉、秦、楚「更為霸主」，征討不斷。司馬遷「綜其終始」，以表現這個時期的「盛衰大指」。儘管「自共和訖孔子」的起訖時間有可以商榷之處，但是司馬遷看出，通常所說的春秋時期，既不同於西周，又不同於戰國的歷史特徵。從而劃分為不同的歷史時期，並相應的分期立表，已誠屬不易。司馬遷對表的設計、安排很好，但有時記事不很細緻，前人指出每有當書而不書，不宜書而書之者。我們在注釋的過程中還發現一些史實記述的錯誤，不止一次地看到司馬遷引用《左傳》，由於未能細讀原文而錯會文意。司馬遷的寫作速度似乎很快，朱熹曾說：「司馬遷才高，識亦高，然粗耳。」這個評價是很確當的。

卷十五

六國年表第三

【題解】六國，即齊、楚、燕、韓、趙、魏六個諸侯國。此表起於周元王元年（西元前四七六年），止於秦二世三年（西元前二〇七年），凡二百七十年。周赧王五十九年（西元前二五六年），周室最後一個掛名天子赧王死了。次年秦取西周，西元前二四九年秦滅東周，周人絕祀。至此，只有「七雄」並存，到秦始皇二十六年（西元前二二一年），秦併六國，統一天下。因為不計入周和統一天下的秦，所以稱「六國」。與〈十二諸侯年表〉一樣，也是年經而國緯。晉、衛附於魏，鄭附於韓，魯、蔡附於楚，宋附於齊，中山附於趙，所以表中還附錄了晉、衛、鄭、魯、蔡、宋、中山數國的史料。又秦王朝只存在了十五年，也並錄於本表中。故此表實際包括戰國和秦朝兩個時期。

太史公讀秦記❶，至犬戎敗幽王❷，周東徙洛邑❸，秦襄公❹始封為諸侯，作西畤用事上帝❺，僭端見矣❻。禮曰：「天子祭天地，諸侯祭其域內名山大川❼。」今秦雜戎翟❽之俗，先暴戾，後仁義，位在藩臣而臚於郊祀❾，君子懼焉。及文公踰隴⑩，攘夷狄，尊陳寶⑪，營岐雍⑫之間，而穆公⑬脩政，東竟至河⑭，則與齊桓、晉文中國侯伯侔矣⑮。是後陪臣執政⑯，大夫世祿⑰，六卿⑱擅晉權，征伐會盟，威重於諸侯。及田常殺簡公⑲而相齊國，諸侯晏然弗討⑳，海內爭於戰功矣。三國㉑終之卒分晉，田和㉒亦滅齊而有之，六國之盛自此始。務在彊兵并㉓敵，謀詐用而從衡短長㉔之說起。矯稱蠭出，誓盟不信，雖置質剖符㉕猶不能約束也。秦始小國僻遠，諸夏賓之㉖，比於戎翟，至獻公㉗之後常雄諸侯。論秦之德義不如魯、衛之暴戾者㉘，量秦之兵不如三晉㉙之彊也，然卒并天下，非必險固便、形埶㉚利也，蓋若天所助焉㉛。

或曰：「東方物所始生，西方物之成孰㉜。」夫作事者必於東南，收功實㉝者常於西北。故禹興於西羌㉞，湯起於亳㉟，周之王也以豐、鎬㊱伐殷，秦之帝用雍州㊲興，漢之興自蜀漢㊳。

秦既得意㊴，燒天下詩書，諸侯史記尤甚，為其有所刺譏也。詩書所以復見者，多藏人家，而史記獨藏周室，以故滅。惜哉！惜哉！獨有秦記，又不載日月，其文略不具㊵。然戰國之權變亦有可頗采者㊶，何必上古。秦取天下多暴，然世異變，成功大㊷。傳曰「法後王」，何也㊸？以其近己而俗變相類，議卑㊹而易行也。學者牽㊺於所聞，見秦在帝位日淺，不察其終始，因舉而笑之，不敢道，此與以耳食㊻無異。悲夫！

余於是因秦記，踵春秋之後㊼，起周元王，表六國時事，訖二世㊽，凡二百七十年，著諸所聞興壞之端㊾。後有君子，以覽觀焉。

【章　旨】以上為本表的序，作者敘述了秦國從一個僻遠小邦在幾代英明君主的領導下經過長期努力，最後終於統一天下的過程。雖然由於它的單純迷信武力很快就被劉邦推翻了，但是其歷史經驗是豐富的、寶貴的，司馬遷對漢代那些肆意詆毀秦朝的非愚即妄的觀點進行了有力的抨擊。

【注　釋】❶秦記　秦國編年體史書。下文說此書「不載日月，其文略不具」。❷犬戎敗幽王　犬戎，古族名，西戎的一支，分布於今陝西北部等地。據考證，西戎即獫狁。幽王，周宣王之子，名宮湦，梁玉繩以為應作「宮涅」，西元前七八一—前七七一年在位。任用虢石父，政治腐敗。寵褒姒，廢申后和太子宜臼，立褒姒為后、褒姒子伯服為太子。申侯聯合繒國、西戎伐周，諸侯不救，遂被殺，西周滅亡。❸洛邑　在今河南洛陽西，周初周公、召公所營建，平王（即宜臼）遷都於此，又稱王城。❹秦襄公　秦莊公之子，名失傳，西元前七七七—前七六六年在位。原為西垂（在今甘肅天水西南）大夫，犬戎攻周，他曾救周，平王東遷，他率兵相送，遂封為諸侯，賜岐（岐山，在今陝西岐山縣東北）西之地。❺作西畤用事上帝　西畤，秦襄公在西垂所建祀白帝（西方之神）的神祠，〈封禪書〉：「作西畤，祠白帝。」畤，止也。神所棲止之意。用，以。❻僭端見矣　超越本分的苗頭表現出來了。見，同「現」。瀧川曰：「是與天子南郊祭天者異，蓋依土俗祭祀耳。此時秦襄始封，豈可有覬周之事？自漢武封禪，儒生方士附會為說，史公亦為其所誤也。」❼天子祭天地二句　《禮記・王制》：「天子祭天地，諸侯祭社稷。……天子祭天下名山大川，諸侯祭名山大川之在其地者。」❽翟　通「狄」。❾臚於郊祀　臚，有二解，陳列；祭名。後說當是。按：「臚」解為祭名，通「旅」。《漢書・敘傳下》：「大夫臚岱，侯伯僭畤。」郊祀，天子祭天之禮。冬至祭天曰郊，夏天祭天曰社。❿文公踰隴　指秦文公越過隴山向東方發展。文公，襄公之子，西元前七六五—前七一六年在位。即位四年，於汧、渭之會（在今陝西眉縣東北）營造城邑，遷都之。文公十六年伐犬戎，收復岐山一帶地。隴，隴山，在陝、甘之間。⑪陳寶　文公十九年得到一塊神石，據說其神「若雄雞」，立祠供奉於陳倉（今陝西寶雞東南）北阪，稱為「陳寶」。⑫岐雍　岐，岐山。雍，周代邑名，在今陝西鳳翔南。⑬穆公　德公之子，名任好，西元前六五九—前六二一年在位。穆公時國勢強盛，曾打敗晉國，滅掉西戎許多部落，稱霸西戎。⑭東竟至河　竟，同「境」。河，即今之黃河。⑮則與齊桓晉文句　中國，指中原地區。侔，相等。漢代人以齊桓、晉文、宋襄、秦穆、楚莊為春秋五霸，所以這句以為秦穆公與齊桓、晉文相當。按：戰國時如墨子、荀子等以為齊桓、晉文、楚莊、吳闔廬、越句踐為春秋五霸。⑯陪臣執政　指諸侯勢弱，卿大夫掌握諸侯國的實權，如晉國六卿、齊國田氏。陪臣，指卿大夫，諸侯之臣，對天子而言則是陪臣。⑰世祿　指父子相承世代任職食祿。⑱六卿　指掌晉權的范氏、中行氏、智氏、韓氏、趙氏、魏氏。⑲田常殺簡公　西元前四八一年，齊權臣田常（即陳恆，諡成子）殺齊簡公，立平公，為執政，割安平（今山東淄博臨淄東）以東至琅邪，自為封邑，其地大於齊君。簡公，齊悼公之子，名壬，西元前四八四—前四八一年在位。⑳諸侯晏然弗討　田常殺簡公後，孔子曾向魯哀公、季孫氏等提出討伐田常，亦未被接受。晏然，安然。㉑三國　即韓、趙、魏。晉國六卿中，范氏、中行氏先亡，韓、趙、魏又滅智氏。晉幽公時，公室僅保有晉都絳（今山西曲沃西北）與別都曲沃（今山西聞喜東北）之地，餘皆歸韓、趙、魏，晉侯反朝三家之君。西元前四〇三年，周天子冊命韓、趙、魏為諸侯。㉒田和　田常曾孫，名和，又稱和子，號太公。初相齊康公，西元前三九一年，遷康公於海上。自求為諸侯。西元前三八六年列為諸侯。㉓并　吞併。㉔從衡短長　從事合縱、連橫活動，分析此長彼短與利害得失。從，同「縱」，合縱。衡，通「橫」，連橫。戰國後期，秦國獨強，常指六國聯合抗秦為合縱，秦國聯合一些國家攻打其他國家，以各個擊破為連橫。因為秦在西，六國在東而自北而南，故有人又釋曰南北聯合為合縱，東西聯合為連橫。短長，《集解》引張晏曰：「趨彼為短，歸此為長，《戰國策》名『長短術』也。」㉕置質剖符　置質，指國君派子弟到別國做人質。剖符，符為憑信用具，由銅、玉或竹木製成，分為兩半，雙方各執其一，傳達命令、調動軍隊等，合符以為徵信。㉖諸夏賓之　諸夏，指中原地區各諸侯國。夏，華夏，我國古代對中原地區的稱呼。賓，同「擯」。排斥。㉗獻公　秦靈公之子，名師隰，一名連，西元前三八四—前三六二年在位。他圖謀向東方發展，在他晚年便出兵攻魏，大敗魏於石門（在今山西運城西南）。其子孝公任用商鞅變法，秦一躍而成為強國。㉘論秦之德義句　郭嵩燾曰：「此句法與《論語》『夷狄之有君不如諸夏之亡』同，中間忽插入此一段議論，文氣跌宕，波趣無窮，此班氏所無。」㉙三晉　指韓、趙、魏三國。㉚埶　同「勢」。㉛蓋若天所助焉　秦之吞併天下出於多種原因，主要是因為商鞅變法成功，使秦國富兵強，又採取了「遠交近攻」等行之有效的策略，而六國各徇私利，不能團結對敵，遂為秦各個擊破。司馬遷對此未能做出合理的解釋，於是歸於不可知之「天」。他看出「天道無親，常與善人」之說之背於實際而深為不滿，秦暴戾而卒併天下，此又其一例。蓋，大概，傳疑之詞。㉜東方物所始生二句　古人把春、夏、秋、冬四季與東、西、南、北相配，說東方之神為青帝，主春；西方之神為白帝，主秋。因為東方與春相配，故曰「物所始生」，西方與秋相配，故曰「物之成孰」。孰，同「熟」。㉝功實　實際的功效。㉞故禹興於西羌　〈夏本紀〉《正義》引《帝王紀》：「（禹）本西夷人也。」揚雄〈蜀王本紀〉：「禹本汶山郡廣柔縣人也，生於石紐。」按：漢代之廣柔縣在今四川阿壩藏族羌族自治州汶川縣西北。據《括地志》，石紐山在汶川縣西。㉟湯起於亳　一般認為湯之亳在今河南境內（有西亳、南亳、北亳），而司馬遷明言「西北」，故徐廣、錢大昕以為此所說之亳當指今陝西西安東南之亳亭。徐廣曰：「京兆杜縣有亳亭。」㊱豐鎬　周之二都名。豐，在今西安市西南灃河以西，周文王由周（今陝西岐山）遷都於此。鎬，在豐之東北灃河之東，周武王由豐遷都於此。㊲雍州　此用《尚書．禹貢》之「九州」說：「黑水西河惟雍州。」即今陝西一帶。秦德公遷都於雍（今陝西鳳翔南）。㊳漢之興自蜀漢　劉邦初為漢王，「王巴、蜀、漢中，都南鄭（今陝西漢中）」。㊴得意　指秦統一天下，得遂其志。㊵不具　不完備。㊶戰國之權變句　戰國之權變，指戰國時期縱橫家的遊說詞和遊說故事，即後來劉向編進《戰國策》的各種資料。亦有可頗采者，也有可以少量採取的資料。頗，略；少。楊寬《戰國史》：「司馬遷所作《史記》，所憑戰國主要史料，除《秦記》以外，惟有縱橫家書，就是司馬遷所說『戰國之權變亦頗有可采者』……漢初皇家書庫和民間都有收藏。」（改為「亦頗有可」，則「頗」意為很，相當）㊷秦取天下多暴三句　瀧川引方苞曰：「言秦取天下雖多暴，然世變現與古異，則秦混一海宇，革古制法，成功甚大。」按：其語源自《韓非子．五蠹》：「時異則事異，事異則備變。」㊸傳曰法後王二句　《荀子．儒效》：「法後王，一制度。」〈非相〉：「舍後王而道上古，譬之是猶舍己之君而事人之君也。」傳，賢人的著述曰「傳」，此指《荀子》。法後王，以後代的帝王為效法對象。㊹議卑　指議論切實，不妄發高論。㊺牽　拘泥。㊻以耳食　用耳朵吃飯，不知其滋味，喻不能分辨省察其是非。㊼踵春秋之後　《春秋》起魯隱公元年（西元前七二二年），止於魯哀公十四年（西元前四八一年），〈六國年表〉起周元王元年（西元前四七六年），中間只相隔數年，所以這樣說。踵，繼。㊽訖二世　到二世為止。二世，即秦始皇之子二世皇帝，名胡亥，西元前二〇九－前二〇七年在位。㊾興壞之端　興盛與衰敗的原因。端，頭緒。

【語　譯】太史公閱讀《秦記》，到犬戎打敗幽王，周室東遷於洛邑，秦襄公開始封為諸侯，作西畤祭祀上帝，僭禮越分的苗頭就表現出來了。《禮》書上說：「天子祭祀天地，諸侯祭祀其國境內的名山大河。」如今秦國夾雜戎狄的風俗，推崇殘暴，蔑視仁義，身處於藩臣之位，卻舉行天子郊祀的禮儀，君子對此感到擔心。到了文公，越過隴山，打擊戎狄，尊奉陳寶，經營於岐、雍之間。而穆公整治內政，東方邊境擴展到大河，就和齊桓公、晉文公等中原諸侯霸主平起平坐了。此後陪臣執掌諸侯國政，大夫世襲祿位，六卿專擅晉權，對外征伐，諸侯會盟，威勢超過諸侯。等到田常殺死簡公而自任齊的相國，諸侯安然處之，不發兵征討，從此天下爭著以武力相侵奪了。韓、趙、魏三國末了終於瓜分晉，田和也滅掉齊而擁有了君位，六國的強大就從此開始。努力的目標全在於加強兵力，吞併敵國，謀略欺詐之術受到重用，合縱連橫此短彼長之說由此興起。矯稱詐說層見疊出，訂立盟誓也不信守，即使交換人質、分剖符信仍然不能產生約束作用。秦剛開始是個小國，處於僻遠之地，中原各國排斥它，視同戎狄，到了獻公之後則常稱雄於諸侯。要論秦的道德仁義，簡直還不如魯、衛的殘暴，料想秦的軍隊也不如三晉強大，可是它終於吞併天下，這不一定是因為地理形勢險要堅固，便於攻守，很像是上天在暗中幫助它。

有人說：「東方是萬物開始生長的地方，西方是萬物成熟的所在。」開創事業一定在東南，收取成功實效常在西北。所以大禹興起於西羌，商湯興起於亳地，周的稱王是靠了豐鎬攻打殷，秦的稱帝是利用雍州起來，漢的隆盛則起自蜀漢。

秦實現統一天下之願以後，焚燒天下的《詩》、《書》，諸侯的歷史記載燒毀尤其厲害，因為它們含有諷刺秦國的內容。《詩》、《書》所以再現人世，是因為私家多藏有其書，而各國史書卻只藏於周王室，因此之故都被毀滅。可惜呀！可惜呀！只剩下了《秦記》，又不記載日月，它的文字簡略不詳備。可是戰國時期的權謀機變故事，也有一些可以採用，為什麼一定要到上古尋訪依據？秦國取得天下，有很多殘暴行為，可它能隨著時代的不同而變化其政治措施，取得了巨大成功。書傳記載說「效法後代的帝王」，為什麼呢？因為後代帝王距離自己時代近，風俗的變化也相差不多，議論淺近切實而容易實行。一般學者受到自己聞見的局限，只看到秦帝在位時間短，不肯考察其興亡過程，於是都譏笑秦朝，甚至不敢談論它，這和用耳朵吃飯沒有兩樣。

真是可悲呀！

我於是根據《秦記》，繼《春秋》之後，從周元王開始，用表顯現六國時事，到秦二世為止，共二百七十年，把我所知道的興衰事由記錄下來，以供後來的君子閱覽。

	西元前476	475
周	周元王元年❶。	二⓬
秦	秦厲共公元年❷。	二 蜀人來賂⓭。
魏	魏獻子❸。衛出公❹輒後元年❺。	晉定公卒⓮。
韓	韓宣子。	
趙	趙簡子❻。四十二	四十三（趙襄子元年）⓯
楚	楚惠王❼章十三年，吳伐我❽。	十四 越圍吳，吳怨⓰。
燕	燕獻公❾十七年❿。〔燕孝公十七年〕	十八
齊	齊平公驁五年⓫。	六

❶依《左傳》，是年為周敬王四十四年。元王，敬王之子，名仁，一說名赤。❷厲共公，悼公之子，名不詳。都雍。❸張文虎曰：「《志疑》云：『魏獻、韓宣，後人因趙〈表〉而妄增。魏舒卒於魯定元年，韓起卒於魯昭二十年，久無其人，何以書？』案梁說甚確。單本《索隱》此〈表〉止出『趙簡子』，無『魏獻』、『韓宣』，蓋所見本尚未增入。」❹出公，靈公之孫，蒯聵之子。❺出公之父蒯聵與靈公夫人南子不睦，逃亡在外，靈公死，出公即位，於西元前四九二—前四八一年在位，其父歸國，他出亡。因曾經在位，故復位而稱後元年。又，衛國後來成為魏國附庸，故其事附於魏〈表〉。❻簡子，晉卿趙武之孫、景叔成之子，名鞅，居晉陽。❼惠王，昭王之子，都郢。❽據《左傳》哀公十九年：「越人侵楚，以誤吳也。」疑此當作「越伐我」。這時吳將亡，已無力伐楚。❾都薊。❿據《史記》，燕獻公上接簡公下接孝公，而《竹書紀年》無獻公，今人遂以獻、孝之年當孝公在位之年，多以為西元前四七六年當燕孝公二十二年。楊寬《戰國史·大事年表》改為西元前四七六年當孝公十七年，按諸〈燕召公世家〉，楊說更合理，今取楊說。⓫平公，悼公之子，簡公之弟。都臨淄。⓬依《左傳》，是年為周元王元年。⓭蜀，古國名，都成都（今四川成都），占有今四川西部一帶地區。賂，進獻財物。⓮定公，頃公之子，名午，在位三十七年。⓯此與〈趙世家〉以為趙簡子在位六十年，「晉出公十七年簡子卒」，並誤。《左傳》哀公二十年「十一月，越圍吳，趙孟降於喪食」，杜注：「趙孟，襄子無恤，時有父簡子之喪。」這時襄子已繼簡子為晉國正卿，故史家以為本年為襄子元年。⓰吳怨，張文虎以為「怨」字當作「恐」字。按：〈吳太伯世家〉、〈越王句踐世家〉均無「怨」之記載，張說疑是。

	474	473	472	471	470	469	468	467
周	三	四	五	六	七	八	定王元年㉙。	二
秦	三	四	五 楚人來賂。	六 義渠來賂。緜諸乞援㉓。	七 彗星見㉕。	八	九	十 庶長將兵拔魏城。彗星見㉛。
魏	晉出公⑰錯元年⑱。				衛出公飲，大夫不解襪，公怒，即攻公，公奔宋㉖。	〔衛悼公黚元年。㉗〕		
韓								
趙	四十四〔襄子二〕	四十五〔襄子三〕	四十六〔襄子四〕	四十七〔襄子五〕	四十八〔襄子六〕	四十九〔襄子七〕	五十〔襄子八〕	五十一〔襄子九〕
楚	十五	十六 越滅吳⑳。	十七 蔡景侯卒㉑。	十八 蔡聲侯元年㉔。	十九 王子英奔秦。	二十	二十一	二十二 魯哀公卒㉜。
燕	十九	二十	二十一	二十二	二十三	二十四	二十五	二十六
齊	七 越人始來⑲。	八	九 晉知伯瑤來伐我㉒。	十	十一	十二㉘	十三㉚	十四

466	465
三	四
十一	十二
五十二（襄子十）	五十三（襄子十一）
二十三　魯悼公㉝元年。三桓勝，㉞魯如小侯。	二十四
二十七	二十八㉟
十五	十六

⑰出公，定公之子，名錯，《世本》〈世家〉名鑿，在位二十三年。⑱晉出公在位之年，〈晉世家〉作十七年，此表作十八年，《索隱》引《竹書紀年》云「出公二十三年奔楚，乃立昭公之孫，是為敬公」。當從《紀年》說，出公在位之年起於本年，止於周貞定王十七年（西元前四五二年），非止於十二年（西元前四五七年）。⑲《左傳》哀公二十一年載「越人始來」，是指越始派使通魯。按：魯後被楚所滅，魯事附記於楚〈表〉，則此所記當指越使通齊。⑳是年為吳王夫差二十三年，越王句踐二十四年。㉑景侯當作「成侯」。景侯為成侯之高祖父，西元前五九一－前五四三年在位，見〈十二諸侯年表〉。成侯，昭王之子，名朝。蔡為楚所滅，故蔡事附於楚〈表〉。㉒知伯瑤，晉卿知襄子，名瑤。與韓、趙、魏滅范氏、中行氏，勢最強。知伯向韓、趙、魏索地，趙不與，並聯合韓、魏共滅知伯。知，亦作「智」。㉓義渠，西戎的一支。分布於今甘肅慶陽及涇川一帶，長期與秦對峙。秦昭王三十七年（西元前二七〇年）秦滅義渠。緜諸，原作「繇諸」。梁玉繩《史記志疑》卷九：「《史詮》謂『繇諸』乃『緜諸』之訛，是也。」今據改。緜諸，西戎的一支，在今甘肅天水一帶。㉔聲侯，成侯之子，名產。㉕本年與始皇七年即西元前二四〇年之彗星為哈雷彗星，見馬非百《秦集史・厲共公紀》。㉖指衛出公與諸大夫飲酒，褚師比不解襪（詳見《左傳》哀公二十五年）。依禮，宴飲，須脫襪後登席。公奔宋，郭嵩燾曰：「〈衛世家〉：『莊公三年，趙簡（應作襄）子圍衛，莊公出奔。』莊公奔宋實以趙故，宜云『圍衛，莊公奔宋。』」「出公」，原作「莊公」；「襪」原作「履」。梁玉繩《史記志疑》卷九：「『莊公』乃『出公』之誤，『不解履』乃『不解襪』之誤。」今刪改。㉗是年《左傳》：「立悼公。」莊公弟。㉘宋景公卒。㉙定王，又稱貞定王，元王之子，名介。㉚宋昭公元年。㉛庶長，秦官爵名，掌軍政，地位相當於各國的卿。魏城，在今山西芮城北。㉜哀公，定公之子，名將，一作蔣。依《左傳》〈魯周公世家〉〈十二諸侯年表〉，魯哀公二十七年卒，時為周定王元年（西元前四六八年）；依本表則在位二十八年，相差一年。《左傳》明言知伯伐鄭在「悼公四年」，依本表則在悼公三年。梁玉繩、錢穆、楊寬等均依《左傳》。㉝悼公，哀公之子，名寧，一作「曼」。依《左傳》，悼公元年在西元前四六七年。㉞三桓，魯國的三卿仲孫氏（亦稱孟孫氏）、叔孫氏、季孫氏執魯國之政，季氏最強，公室反卑於三家。他們分別是魯桓公之子仲慶父、叔牙、季友的後裔，故稱「三桓」。勝，義同「盛」。㉟越王句踐卒。

	464	463	462	461	460	459	458	457
周	五	六	七	八	九	十	十一	十二
秦	十三	十四 晉人、楚人來賂。	十五	十六 塹阿旁。伐大荔。補龐戲城㊹。	十七	十八	十九	二十 公將師與緜諸戰。
魏	㊱							
韓	知伯伐鄭，駟桓子如齊求救㊲。	鄭聲公卒㊷。	鄭哀公元年㊸。					
趙	五十四（襄子十二）知伯謂簡子，欲廢太子襄子，襄子怨知伯㊳。	五十五（襄子十三）	五十六（襄子十四）	五十七（襄子十五）	五十八（襄子十六）	五十九（襄子十七）	六十（襄子十八）	襄子元年，（十九）未除服，登夏
楚	二十五㊴	二十六	二十七	二十八	二十九	三十	三十一 〔越王不壽元年〕㊺	三十二 蔡聲侯卒。
燕	燕孝公元年。（二十九）㊵	二（三十）	三（三十一）	四（三十二）	五（三十三）	六（三十四）	七（三十五）	八（三十六）
齊	十七 救鄭，晉師去。中行文子謂田常：「乃今知所以亡。」㊶	十八	十九	二十	二十一	二十二	二十三	二十四

	456	455
	十三	十四
	二十一	二十二
	晉哀公忌元年㊽。	衛悼公黔元年㊿。
		〔鄭共公元年〕(51)
屋，誘代王，以金斗殺代王㊻。封伯魯子周為代成君㊼。	二〔二十〕	三〔二十一〕
	三十三　蔡元侯元年㊾。	三十四
	九〔三十七〕	十〔三十八〕
	二十五	齊宣公就匝元年(52)。

㊱衛敬公弗元年。㊲據《左傳》記載，知伯於魯哀公二十七年（西元前四六八年），「帥師伐鄭」，悼公四年（本表之悼公三年）再次「帥師圍鄭」。鄭大夫駟桓子求救於齊，是前一次，不是本年事。此文所說「駟桓子如齊求救」和齊〈表〉所說「救鄭……」皆為魯哀公二十七年事，當移前。駟桓子，鄭大夫駟弘，桓為諡。㊳此處記事與〈趙世家〉同，均有誤。《左傳》〈趙世家〉均記本年「知伯伐鄭」，《左傳》說，攻打鄭城門時，知伯命襄子「入之」，襄子說「主在此」，知伯罵襄子「惡而無勇，何以為子？」於是襄子怨知伯。而〈趙世家〉則說「知伯醉，以酒灌擊毋恤」，毋恤「慍知伯」，知伯歸，因謂簡子使廢毋恤，毋恤「怨知伯」。此必簡子在世時事。襄子，簡子之子，名毋恤。㊴越王鹿郢元年。㊵繼簡公立，名不詳。㊶中行文子於晉定公二十二年（西元前四九〇年）失敗奔齊，至此已二十六年。㊷聲公，獻公之子，名勝，在位三十八年。〈世家〉曰三十七年。㊸哀公，聲公之子，名易，在位八年被殺。㊹塹，這裡用作動詞，挖壕溝，指築防禦工事。阿，據〈秦本紀〉同年記事「塹河旁」，應作「河」，即今黃河。大荔，在今陝西大荔東南，當時為戎族所居。龐戲城，即原戎族彭戲氏之城，在華山下。〈秦本紀〉武公元年「伐彭戲氏，至于華山下」，《正義》以為指彭衙故城，譚其驤《中國歷史地圖集》不採《正義》說，蓋是。㊺越王不壽，越王鹿郢子。㊻事在西元前四七六年或前四七五年，故曰「未除服」，紀於此年誤。夏屋，山名，又名賈屋山，在今山西代縣東北。代王，襄子姐夫。代，古國名，都城在今河北蔚縣東北。為趙襄子所滅。金斗，飲酒器。㊼伯魯，襄子之兄。㊽哀公，當作「敬公」或「懿公驕」。在位十八年。其元年在西元前四五一年。㊾元侯，聲侯之子，名不詳。㊿悼公，靈公之子，出公叔父，名黔，一作虔。悼元有西元前四六九年、四六八年二說，此誤。(51)〈世家〉曰共公三年晉滅智伯，則在哀公被殺當年改元，〈表〉定幽公元年在西元前四二三年，共公實有三十二年，非三十年。表失書共公，今補。(52)宣公，平公之子，〈齊太公世家〉曰名積。

	454	453	452	451	450	449	448
周	十五	十六	十七	十八	十九	二十	二十一
秦	二十三	二十四	二十五 晉大夫智開率其邑來奔(57)。	二十六 左庶長城南鄭(58)。	二十七	二十八 越人來迎女(64)。	二十九 晉大夫智寬率其邑人來奔(66)。
魏		魏桓子敗智伯于晉陽(54)。		〔晉敬公元年〕(59)	衛敬公元年(61)。		
韓		韓康子敗智伯于晉陽(55)。					
趙	四〔二十二〕與智伯分范、中行地(53)。	五〔二十三〕襄子敗智伯晉陽，與魏、韓三分其地(56)。	六〔二十四〕	七〔二十五〕	八〔二十六〕	九〔二十七〕	十〔二十八〕
楚	三十五	三十六	三十七	三十八	三十九 蔡侯齊元年(62)。	四十	四十一
燕	十一	十二〔二〕	十三〔三〕	十四〔四〕	十五〔五〕	燕成公元年(65)。〔六〕	二〔七〕
齊	二	三	四	五 宋景公卒(60)。	六 宋昭公元年(63)。	七	八

447	446	445	444	443
二十二	二十三	二十四	二十五	二十六
三十	三十一	三十二	三十三 伐義渠，虜其王。	三十四 日蝕，晝晦。星見[70]。
		〔魏文侯斯元年〕[68]	〔二〕	〔三〕[71]
十一〔二十九〕	十二〔三十〕	十三〔三十一〕	十四〔三十二〕	十五〔三十三〕
四十二 楚滅蔡[67]。	四十三	四十四 滅杞[69]。杞，夏之後。	四十五	四十六
三〔八〕	四〔九〕	五〔十〕	六〔十一〕	七〔十二〕
九	十	十一	十二	十三

[53]趙與智伯、韓、魏共分范、中行氏地在晉出公十七年（西元前四五八年），記於本年，誤。范中行，晉卿范氏、中行氏。趙簡子與范吉射、荀（中行）寅經過多次戰爭，於周敬王三十年（西元前四九〇年）打敗范、中行氏，范、中行氏奔齊。晉出公十七年，趙與智、韓、魏共分其地。此當脫「韓、魏」二字。[54]魏桓子，晉卿，名駒。[55]韓康子，晉卿，名虎。[56]晉出公二十年（西元前四五五年）智伯瑤索地於韓、魏，韓、魏與之；索地於趙襄子，襄子不與。智伯率韓、魏伐趙，襄子奔保晉陽（今山西太原西南），三家圍晉陽。出公二十二年，趙氏聯合韓、魏，共滅智伯，分其地，形成了三家分晉的局面。[57]智開，智伯之子，一說智伯之族。一本「邑」下有「人」字。[58]春秋時，秦置庶長，戰國時分左庶長、右庶長、大庶長等，地位相當於卿大夫，掌軍政。南鄭，即今陝西漢中。[59]上年晉出公奔楚，三卿立敬公。[60]景公，元公之子，名頭曼，一作欒。梁玉繩考證，宋景公卒於齊平公十二年（西元前四六九年）。景公在位四十八年。〈宋微子世家〉說景公在位六十四年，誤。[61]敬公，悼公之子，名弗，一作費。在位十九年。梁玉繩定敬公元年在西元前四六四年，日本平勢隆郎定於西元前四五四年。[62]蔡侯，元侯之子，名齊。為楚所滅。[63]昭公，元公之孫，名特，一作得。在位四十七年。昭公元年在西元前四六八年。[64]此時為越王不壽十年。下年為越王朱句元年。[65]繼孝公立，名載。據《竹書紀年》智伯滅在成公二年，則成公元年應在周定王十五年，西元前四五四年。在位十六年。[66]智寬，智瑤之族。[67]蔡，國名，周武王之弟叔度封國。初都蔡（今河南上蔡西南），後遷新蔡（今屬河南）、州來（即下蔡，今安徽鳳台）。後又復國，都高蔡（今湖南常德），楚宣王滅之。[68]居安邑。[69]杞，國名，夏禹之後，周初都雍丘（今河南杞縣），後遷緣陵（今山東昌樂東南）、淳于（今山東安丘東北）。至此，為楚所滅。[70]朱文鑫曰：「此次日蝕當在次年三月十一日。」楊寬引齊藤國治曰：此為西元前四四四年十一月初一之日環蝕，〈表〉誤在後一年。[71]衛

	442	441	440	439	438	437	436	435	434	433	432
周	二十七	二十八	考王元年73。	二	三	四	五	六	七	八	九
秦	秦躁公元年72。	二 南鄭反。	三	四	五	六	七	八 六月，雨雪。日、月蝕76。	九	十	十一
魏	（四）	（五）	（六）	（七）	（八）	（九） 晉幽公柳元年。服韓、魏74。	（十）75	（十一）	（十二）	（十三）	（十四）
韓											
趙	十六（三十四）	十七（三十五）	十八（三十六）	十九（三十七）	二十（三十八）	二十一（三十九）	二十二（四十）	二十三（四十一）	二十四（四十二）	二十五（四十三）	二十六（四十四）
楚	四十七	四十八	四十九	五十	五十一	五十二	五十三	五十四	五十五	五十六	五十七
燕	八（十三）	九（十四）	十（十五）	十一（十六）	十二	十三（湣公二）	十四（湣公三）	十五（湣公四）	十六（湣公五）	燕湣公元年77。（六）	二（七）
齊	十四	十五	十六	十七	十八	十九	二十	二十一	二十二	二十三	二十四

431	430	429	428	427	426
十	十一	十二	十三	十四	十五
十二	十三 義渠伐秦，侵至渭陽[80]。	十四	秦懷公元年，生靈公[81]。	二	三
(十五) 衛昭公元年[78]。	(十六)	(十七)	(十八)	(十九)	(二十)
二十七(四十五)	二十八(四十六)	二十九(四十七)	三十(四十八)	三十一(四十九)	三十二(五十)
楚簡王仲元年，滅莒[79]。	二	三 魯悼公卒。	四 魯元公元年[82]。	五	六
三(八)	四(九)	五(十)	六(十一)	七(十二)	八(十三)
二十五	二十六	二十七	二十八	二十九	三十

昭公元年約在本年前後。〈表〉與〈世家〉不能盡合。[72]躁公，厲共公之子，名不詳。[73]考王，定王之子，名嵬。封其弟揭於河南，是為西周桓公。梁玉繩曰：「定王崩，長子去疾立，是為哀王。立三月，弟叔襲殺之，自立，是為思王。立五月，少弟嵬殺思王自立，是為考王。」三王先後立，〈表〉未寫明。[74]幽公，繼敬公立，在位十八年。此年為晉敬公十五年。錢穆、陳夢家定幽元在西元前四三三年。服韓魏，當作「朝韓、趙、魏」。[75]依〈衛康叔世家〉，懷公在位十一年，其元年約在本年。[76]齊藤國治以為即西元前四三六年七月初一之日蝕和十一月九日之月蝕，此誤後一年。[77]潛公，繼成公立，名不詳。其元年在西元前四三八年。按：《竹書紀年》作文公，《世本》作閔公。[78]昭公，敬公之子，名糾。梁玉繩以為昭公元年在西元前四四五年，平勢定於西元前四三六年。[79]簡王，惠王之子。莒，國名，初都計斤，今山東膠州西南。後都莒，今山東莒縣。[80]渭陽，當作渭陰。[81]懷公，厲共公之子，躁公之弟，名不詳。生靈公，張文虎曰：「〈表〉於是年書『生靈公』，而後靈公元年書『生獻公』，首尾僅五年，錯誤甚矣。」梁玉繩曰：「靈乃懷之孫，此仍《秦記》之誤。」[82]元公，悼公之子，名嘉。其元年在何年，眾說不一，郭克煜《魯國史》以為本表不誤。

	425	424	423	422	421	420
周	威烈王元年。[83]	二	三	四	五	六
秦	四 庶長鼂殺懷公。太子蚤死，[84]大臣立太子之子，為靈公。	秦靈公元年，生獻公[86]。	二	三 作上下畤[92]。	四	五
魏	（二十一） 衛悼公亹元年[85]。	（二十二） 魏文侯斯元年[87]。	二（二十三）	三（二十四）	四（二十五）	五（二十六） 魏誅晉幽公，立其弟止[94]。
韓		韓武子元年[88]。	二 鄭幽公元年。韓殺之[90]。	三 鄭立幽公子，為繻公，元年[93]。	四	五
趙	三十三（五十一） 襄子卒。	趙桓子元年[89]。	趙獻侯元年[91]。	二	三	四
楚	七	八	九	十	十一	十二
燕	九（十四）	十（十五）	十一（十六）	十二（十七）	十三（十八）	十四（十九）
齊	三十一	三十二	三十三	三十四	三十五	三十六

419	418	417	416
七	八	九	十
六	七 與魏戰少梁。	八 城塹河瀨。初以君主妻河[97]。	九
六（二十七） 晉烈公止元年[95]。魏城少梁[96]。	七（二十八）	八（二十九） 復城少梁。	九（三十）
六	七	八	九
五	六	七	八
十三	十四	十五	十六
十五（二十）	十六（二十一）	十七（二十二）	十八（二十三）
三十七	三十八	三十九	四十

[83]威烈王，考王之子，名午。[84]太子蚤死，〈秦本紀〉：「懷公太子曰昭子，蚤死。」蚤，通「早」。[85]悼公，〈世家〉作「懷公」。懷公為昭公之子，名亹，殺父自立。梁玉繩以為其元年在西元前四三九年，平勢隆郎定為西元前四三一年。依〈衛康叔世家〉，慎公在位四十二年，本年應為慎公元年。[86]靈公，懷公之孫，昭王之子。靈公時遷都於涇陽。[87]文侯，桓子之子，名斯。其元年在西元前四四五年。此表之元年是魏斯自稱侯元年。[88]武子，康子虎之子，名啟章。武子時自平陽徙居宜陽。[89]桓子，簡子之子，襄子之弟，名嘉。《世本》以為襄子之子。[90]幽公，共公之子，為韓武子所殺。[91]獻侯，襄子之姪孫，代成君之子，襄子立為太子，襄卒，獻侯立。桓子逐之。桓子死，復立。名浣。《世本》曰浣為襄子之孫。自晉陽遷中牟。[92]上下時，秦靈公所建的神祠，在吳陽，今陝西寶雞西北，地在吳山之陽。上時祠黃帝，下時祠炎帝。[93]繻公，名駘。[94]據《竹書紀年》、〈晉世家〉載，幽公淫婦人，為其夫人秦嬴所殺，「魏文侯以兵誅晉亂，立幽公子止，是為烈公。」據《竹書》、《世本》、〈晉世家〉，止為幽公之子，此言幽公弟，誤。又事在周威烈王十年（西元前四一六年），此紀年誤。郭嵩燾曰：「作『魏誅晉幽公』，必有遺失。」[95]烈公，幽公之子，在位二十七年。此年為晉幽公十五年，烈公元年在西元前四一五年。[96]少梁，魏邑，在今陝西韓城西南。[97]城塹河瀨，在黃河之濱築城，挖護城河。瀨，水邊。以君主妻河，把公主嫁給河伯（河神）。即取別人之女充作國君的女兒，投入黃河中。君主，國君之女，公主。繆文遠引呂祖謙曰：「魏西門豹為鄴令，鄴民苦歲為河伯娶婦，豹禁之，正與此同時。魏與秦鄰，意者染秦俗歟？」

	415	414	413	412	411	410	409
周	十一	十二	十三	十四	十五	十六	十七
秦	十 補龐，城籍姑。[98]靈公卒，立其季父悼子，是為簡公。	秦簡公元年[100]。	二 與晉戰，敗鄭下[103]。	三	四	五 日蝕[110]。	六 初令吏帶劍。
魏	十（三十一） 〔晉烈公止元年〕[99]	十一（三十二） 衛慎公元年[101]。	十二（三十三）	十三（三十四） 公子擊圍繁龐，出其民[105]。	十四（三十五）	十五（三十六）	十六（三十七） 伐秦，築臨晉、元里[111]。
韓	十	十一	十二	十三	十四	十五	十六
趙	九	十 中山武公初立[102]。	十一	十二	十三 城平邑[107]。	十四	十五
楚	十七	十八	十九	二十	二十一 〔越王翳元年〕[108]	二十二	二十三
燕	十九（二十四）	二十 〔燕簡公元年〕	二十一（簡公二）	二十二（簡公三）	二十三（簡公四）	二十四（簡公五）	二十五（簡公六）
齊	四十一	四十二	四十三 伐晉，毀黃城，圍陽狐[104]。	四十四 伐魯、莒及安陽[106]。	四十五 伐魯，取都[109]。	四十六	四十七

408	407
十八	十九
七 塹洛，城重泉。初租禾(112)。	八
十七（三十八） 擊守中山。伐秦至鄭，還築洛陰、合陽(113)。	十八（三十九） 文侯受經子夏。過段干木之閭常式(119)。
韓景侯虔元年(114)。伐鄭，取雍丘(115)。鄭城京(116)。	二 鄭敗韓于負黍(120)。
趙烈侯籍元年(117)。魏使太子伐中山。	二
二十四 簡王卒。	楚聲王當元年。魯穆公元年(121)。
二十六（簡公七）	二十七（簡公八）
四十八 取魯郕(118)。	四十九 與鄭會于西城。伐衛，取毌(122)。

(98)龐，即繁龐，秦邑，在今陝西韓城東南。籍姑，秦邑，在今韓城東北。(99)烈公，亦稱烈成公。(100)簡公，懷公之子，名悼子。(101)愼公，公子適之子，名頹。弒懷公自立。梁玉繩以為愼公在位之年為西元前四二八—前三八七年；平勢以為在西元前四二一—前三八一年。(102)中山，國名，春秋時白狄別族所建。戰國初建都於顧（今河北定州）。武公時，西元前四〇六年滅於魏。不久桓公復國，遷都靈壽（今河北平山東北）。西元前二九六年滅於趙。武公，文公之子，其名不詳。(103)鄭，秦邑，在今陝西華縣南。(104)黃城，魏邑，在今河南內黃西北。陽狐，魏邑，在今河北大名東北。(105)公子擊，文侯之子，即日後之武侯。繁龐，即前文之「龐」。(106)安陽，楊寬以為在今山東陽穀東北之阿城鎮西北。即日後項羽殺宋義之地。(107)平邑，在今河南南樂東北。《紀年》曰在晉烈公四年，即上年。當是趙獻侯當年改元，故誤後一年。(108)越王翳，越王朱句子。(109)都，〈田敬仲完世家〉作「取魯一城」。蓋作者不知其地，故稱之「一城」或「一都」。凡有宗廟之邑曰都，無者曰邑。(110)齊藤國治以為即西元前四一一年一月二十七日之日蝕，此誤後一年。(111)臨晉，即大荔（在今陝西大荔東）。元里，在今陝西澄城南。二地均在河西。繆文遠曰：「這是魏將吳起在秦河西地區用兵所取得的勝利。」(112)洛，即北洛河，發源於陝西定邊，東南流，至大荔入黃河。重泉，在今陝西蒲城東南。租禾，即徵收實物地租。(113)擊守中山，「守」原作「宋」。梁玉繩《史記志疑》卷九：「〈魏〉、〈趙世家〉云『伐中山，使子擊守之』，則『宋』乃『守』字之訛。」今據改。〈魏世家〉：「伐中山，使子擊守之。」洛陰，洛河之南，在今大荔縣南。合陽，在今陝西合陽東南。(114)景侯，武子之子，名虔。景侯時徙都陽翟。(115)雍丘，在今河南杞縣。(116)京，在今河南滎陽東南。(117)烈侯，獻侯之子，名籍。(118)郕，魯邑，在今山東寧陽東北。(119)受經子夏，從子夏學習經書。受，接受。子夏，孔子弟子卜商，字子夏，晉國溫人。他在西河（河、濟之間）講學，「為魏文侯之師」。段干木，子夏弟子，魏人。閭，里巷之門。式，又作「軾」，扶著車前的橫木敬禮。梁玉繩曰：「受經、式閭之事，〈世家〉書於二十五年，此在十八年，不同，蓋原不可以年定也。」(120)負黍，韓邑，在今河南登封西南。(121)聲王，簡王之子。穆公，元公之子，名顯。梁玉繩、錢穆、武內義雄對穆公元

	406	405	404	403	402	401	400	399
周	二十	二十一	二十二	二十三 九鼎震[126]。	二十四	安王元年[133]。	二	三 王子定奔晉[139]。
秦	九	十	十一	十二	十三	十四 伐魏，至陽狐[134]。	十五	秦惠公元年[140]。
魏	十九（四十）	二十（四十一） 卜相，李克、翟璜爭[123]。	二十一（四十二）	二十二（四十三） 初為侯[127]。	二十三（四十四）	二十四（四十五） 秦伐我，至陽狐。	二十五（四十六） 太子罃生[136]。	二十六（四十七） 虢山崩，壅河[141]。
韓	三	四	五	六 初為侯[128]。	七	八	九 鄭圍陽翟[137]。	韓烈侯元年[142]。
趙	三	四	五	六 初為侯[129]。	七 烈侯好音，欲賜歌者田，徐越侍以仁義，乃止[131]。	八	九	趙武公元年[143]。（烈侯十）
楚	二	三	四	五 魏、韓、趙始列為諸侯。	六 盜殺聲王。	楚悼王類元年[135]	二 三晉來伐我，至桑丘[138]。	三 歸榆關于鄭[144]。
燕	二十八（簡公九）	二十九（簡公十）	三十（簡公十一）	三十一（簡公十二）	燕釐公元年[132]。（簡公十三）	二（簡公十四）	三（簡公十五）	四（簡公十六）
齊	五十	五十一 田會以廩丘反[124]。	齊康公貸元年[125]	二（和子二） 宋悼公元年[130]。	三（和子三）	四（和子四）	五（和子五）	六（和子六）

四	二	二十七（四十八）	二 鄭殺其相駟子陽145。	二（烈侯十二）	四 敗鄭師，圍鄭。鄭人殺子陽。	五（簡公十七）	七（和子七）

年的說法不同，郭可煜認為本表不誤。122西城，未詳其地。繆文遠曰：「或是臨淄之西城。」毌，古「貫」字，即貫丘，在今山東曹縣西南。郭嵩燾曰：「殿本、金陵本作『毋丘』。」123李克，子夏弟子，魏國大臣。太子擊守中山，李克曾為中山相，頗有政績。著有《李克》七篇（已佚）。有人以為李克與李悝為一人，不確。翟璜，又名觸，下邽（今陝西渭南東北）人。為魏文侯相，爵上卿。為魏舉薦大批棟梁之才。124田會以廩丘反，田悼子卒，田會反於廩丘，降趙。田會，齊大夫，姓田，氏公孫，故又稱公孫會。廩丘，齊邑，在今山東鄆城西北。《呂氏春秋・不廣》：「齊攻廩丘，趙使孔青將死士而救之，與齊人戰，大敗之。」即記田會叛後之事。125康公，宣公之子。126九鼎，相傳夏禹收九牧貢金，鑄九鼎，象九州，後成為夏、商、周象徵國家政權的傳國重器。127初為侯，都安邑。〈周本紀〉威烈王二十三年「命韓、魏、趙為諸侯」。按：據《紀年》，上年曾有三晉因反擊「齊攻廩丘」而「伐齊，入長城」之事。《呂氏春秋・下賢》：「（魏文侯）南勝荊於連隄，東勝齊於長城，虜齊侯，獻諸天子，天子賞文侯以上卿。」繆文遠曰：「由於司馬遷失載三晉攻齊之役，致使周王命三晉為侯事，好像是突然而來，因果關係不明。」據考證，前此魏已自稱侯，且「相立為諸侯」。128初為侯，都陽翟。129初為侯，都中牟。130悼公，昭公之子，名購由。在位十八年。其元年有多說，楊寬以為〈表〉不誤。131此記述有誤，徐越當作「牛畜」。據〈趙世家〉所載，烈侯好音，欲賜二歌者田，相國公仲連不與，而進三賢士牛畜、荀欣、徐越。牛畜侍烈侯以仁義，約以王道。荀欣侍，以選練舉賢，任官使能。徐越侍，以節財儉用，察度功德。烈侯遂止。〈世家〉載此事於烈侯六年。132據《竹書紀年》所載，燕無釐公，「簡公立十三年而三晉命邑為諸侯」，則簡公即位於周威烈王十一年，次年（西元前四一四年）為元年，本年為簡公十三年。「簡公四十五年卒」。133安王，威烈王之子，名驕。又稱元安王。134陽狐，在今山西垣曲東南，史家以為此時秦尚無力攻魏至此。135悼王，聲王之子，名類，一作疑。136當作「太子子罃生」。137陽翟，今河南禹縣。138桑丘，中華本原作「乘丘」，乃誤改，今改回。據《水經・汝水注》桑丘在今河南新蔡故城東南。139事不詳。140惠公，簡公之子，名不詳。141虢山，山名，在今河南三門峽西。142烈侯，景侯之子，名取。《索隱》曰《世本》作「武侯」。143《索隱》引譙周云：「《系本》及說趙語者并無其事，蓋別有所據。」〈魏世家〉《索隱》引《紀年》說：「魏武侯元年當趙烈侯十四年。」可證本表及〈趙世家〉所說「九年，烈侯卒，弟武公立」之誤。武公之十三年當本屬烈侯。一說，此武公乃中山武公之誤移。按：《左傳》定公九年（西元前五〇一年）預言「趙氏其世有亂」，自此，簡子、襄子之世各有晉陽之難，獻侯之世有桓子之亂，烈侯之世有武公之亂，敬侯之世復有「武公子朝作亂」，故《史記》有武公之記。否則烈侯之世則無「亂」事。《左傳》的最後寫定已至戰國中期，這些事實《左傳》寫定者是看到了的，故有「世有亂」的預言。144榆關，在今河南中牟西南。145梁玉繩曰：「子陽之殺，繻公殺之以說（悅）於楚也，故〈世家〉書『鄭君（殺其相子陽）』。」由本年楚〈表〉所書「敗鄭師，圍鄭。鄭人殺子陽」，可見鄭是在楚兵臨城下的情況下殺子陽的。

391	392	393	394	395	396	397	
十一	十	九	八	七	六	五	周
九 伐韓宜陽，取六邑[156]。	八	七	六	五 伐緜諸[148]。	四	三 日蝕[146]。	秦
三十四（武侯五）	三十三（武侯四） 晉孝公傾元年[155]。	三十二（武侯三） 伐鄭，城酸棗[154]。	三十一（武侯二）	三十	二十九（五十）	二十八（四十九）	魏
九 秦伐宜陽，取六邑。	八	七	六 救魯。鄭負黍反[152]。	五 鄭康公元年[149]。	四 鄭相子陽之徒殺其君繻公。	三 三月，盜殺韓相俠累[147]。	韓
九（烈侯十八）	八（烈侯十七）	七（烈侯十六）	六（烈侯十五）	五[150]（烈侯十四）	四（烈侯十三）	三（烈侯十二）	趙
十一	十	九 伐韓，取負黍。	八	七	六	五	楚
十二（簡公二十四）	十一（簡公二十三）	十（簡公二十二）	九（簡公二十一）	八（簡公二十）	七（簡公十九）	六（簡公十八）	燕
十四（和子十四）	十三（和子十三）	十二（和子十二）	十一（和子十一） 伐魯，取最[153]。	十（和子十） 宋休公元年[151]。	九（和子九）	八（和子八）	齊

390	389	388	387
十二	十三	十四	十五
十 與晉戰武城。縣陝[157]。	十一 太子生[160]。	十二	十三 蜀取我南鄭[164]。
三十五（武侯六） 齊伐取襄陵[158]。	三十六（武侯七） 秦侵陰晉[161]。	三十七（武侯八） 〔晉桓公元年〕[163]	三十八（武侯九）
十	十一	十二	十三
十（烈侯十九）	十一（烈侯二十）	十二（烈侯二十一）	十三（烈侯二十二）
十二	十三	十四	十五
十三（簡公二十五）	十四（簡公二十六）	十五（簡公二十七）	十六（簡公二十八）
十五（和子十五） 魯敗我平陸[159]。	十六（和子十六） 與晉、衛會濁澤[162]。	十七（和子十七）	十八（和子十八）

[146]在四月二十一日。楊寬以為此與下三次日蝕皆記載確實。[147]三月，此上原有「鄭人殺君」。梁玉繩《史記志疑》卷九：「『鄭人殺君』是羨文，即後年弒繻公事誤重於前一年。」今據刪。此指嚴遂刺殺韓傀（俠累）事。衛人嚴遂事韓烈侯為卿，與相國俠累爭政，懼誅逃亡。後得聶政，遣政刺俠累。《戰國策・韓策》記此事於哀侯時，且言刺俠累兼中哀侯，誤。[148]緜諸，原作「繇諸」。梁玉繩《史記志疑》卷九：「此亦『繇諸』之譌也。」今據改。[149]康公，共公之子，幽公之弟，名乙，或作乙陽。在位二十一年，鄭亡。[150]平勢以為是年烈侯卒，敬侯立。[151]《紀年》以為宋悼公在位十八年，《史記》少十年。休公元年應在西元前三八五年。[152]鄭負黍反，指負黍叛歸韓。負黍，在今河南登封東南。[153]最，即「郰」，在今山東曲阜東南。[154]酸棗，在今河南延津西南。[155]晉孝公，《紀年》作晉桓公，在位二十年。桓公元年在西元前三八八年。此年為晉烈公二十四年。[156]宜陽，韓國西部大縣，在今河南宜陽之西。六邑，六個村落。[157]武城，在今陝西華縣之東。縣陝，在陝設立縣。陝，在今河南三門峽市西。[158]襄陵，魏邑，在今河南睢縣。[159]平陸，齊邑，在今山東汶上西北。[160]太子，即日後之出子，〈秦本紀〉曰生於十二年。[161]陰晉，魏邑，在今陝西華陰東。[162]指田和與魏文侯在濁澤相會，「求為諸侯」，魏文侯「使使言周天子及諸侯」。齊康公十九年，田和「立為齊侯，列於周室，紀元年」（〈田敬仲完世家〉）。濁澤，在今河南禹縣東北、新城東南。[163]晉桓公，名頃，烈公子。[164]〈秦本紀〉：「伐蜀，取南鄭。」乃是蜀先取南鄭，秦又奪回。

	386	385	384	383	382	381	380
周	十六	十七	十八	十九	二十	二十一	二十二
秦	秦出公元年[165]。	二 庶長改迎靈公太子，立為獻公。誅出公[170]。	秦獻公元年[174]。	二 城櫟陽[176]。	三 日蝕，晝晦[178]。	四 孝公生[179]。	五
魏	魏武侯元年[166]。〔十〕襲邯鄲，敗焉。	二〔十一〕城安邑、王垣[171]。	三〔十二〕	四〔十三〕	五〔十四〕	六〔十五〕	七〔十六〕伐齊，至桑丘[180]。
韓	韓文侯元年[167]。	二 伐鄭，取陽城。伐宋，到彭城，執宋君[172]。	三	四	五	六	七 伐齊，至桑丘。鄭敗晉。
趙	趙敬侯元年[168]。武公子朝作亂，奔魏。	二	三	四 魏敗我兔臺[177]。	五	六	七 伐齊，至桑丘。
楚	十六	十七	十八	十九	二十	二十一	楚肅王臧元年[181]。
燕	十七〔簡公二十九〕	十八〔簡公三十〕	十九〔簡公三十一〕	二十〔簡公三十二〕	二十一〔簡公三十三〕	二十二〔簡公三十四〕	二十三〔簡公三十五〕
齊	十九 田常曾孫田和始列為諸侯。遷康公海上，食一城[169]。	二十〔和子二〕伐魯，破之。田和卒[173]。	二十一〔齊侯剡元年〕田和子桓公午立[175]。	二十二〔侯剡二〕	二十三〔侯剡三〕	二十四〔侯剡四〕	二十五〔侯剡五〕伐燕，取桑丘。

二十三
六 初縣蒲、藍田、善明氏。[182]
八 〔十七〕
八
八 襲衛，不克。
二
二十四 〔簡公三十六〕
二十六 〔侯剡六〕 康公卒，田氏遂并齊而有之。太公望之後絕祀。[183]

[165]出公，惠公之子。「出公」當作「出子」。[166]武侯，文侯之子，名擊。據《竹書紀年》武侯元年當趙烈侯十四年，西元前三九五年。[167]依〈韓世家〉，文侯為烈侯之子，名不詳。〈韓世家〉《索隱》說：「《紀年》無文侯，《系本》無列侯。」「《系本》(列侯) 作武侯也。」錢穆以為列侯、文侯為一人，列侯元年乃即位稱元之年，文侯元年乃稱侯改元之年（韓至此始稱侯）。陳夢家併列侯、文侯為列侯之年，楊寬仍依本表。[168]敬侯，烈侯之子，名章。始都邯鄲。〈魏世家〉《索隱》引《紀年》說：「魏武侯元年當趙烈侯十四年。」今人所編年表均依此，定魏武元年在西元前三九五年。〈趙世家〉又說：「敬侯立，是歲魏文侯卒。」此依本表之錯誤年世而言，趙敬侯元年實當魏武侯十年，即西元前三八六年。而平勢隆郎所編新表，以為趙敬侯元年即趙烈侯十四年，魏武侯元年當魏文侯四十八年，其年均在西元前三九五年。這樣便合於《紀年》又合於〈趙世家〉，以備參。[169]田和，悼子之子，名和，又稱和子，號太公。田齊的開國之君。據〈田敬仲完世家〉，遷康公在康公十四年。海上，海濱。[170]《呂氏春秋・當賞》「庶長改」作「菌改」。[171]安邑，魏都，在今山西夏縣西北。王垣，魏邑，又稱垣，在今山西垣曲東南。[172]陽城，鄭邑，在今河南登封東南。彭城，宋邑，即今江蘇徐州。此時宋已遷都彭城。宋君，宋悼公。[173]據《紀年》，本年齊侯剡即位。宋休公元年，韓伐宋，執悼公而死，休公當年改元。[174]獻公，靈公之子，名師隰，又稱公子連。獻公實殺出子之年改元，故〈本紀〉曰二十四年卒。[175]依《紀年》所說：「齊康公五年，田侯午生。二十二年，田侯剡立。後十年，齊田午弒其君及孺子喜而為公。」則此脫去田侯剡一世。剡之後始為桓公。今據《紀年》補。但本表、〈田敬仲完世家〉所說田和稱侯二年而卒與《紀年》所說康公二十二年侯剡立，相差二年，錢穆以為《紀年》「二十二年，田侯剡立」之「二十二」為「二十」之誤，於是定侯剡元年為齊康公二十一年，楊寬《戰國史》同錢穆。田和於齊康公十九年列為諸侯，為侯二年而卒，於此未見異說，故今從錢穆，定侯剡元年為齊康公二十一年，在位十年為桓公午所弒。桓公午元年當西元前三七四年，在位十八年。平勢隆郎定西元前三八四年為侯剡二年，即主逾年改元說者之元年，實與錢穆同（上文與後文所說平勢之某王元年，已折算為逾年改元之年）。[176]櫟陽，在今陝西臨潼北。徐廣曰「徙都之」。[177]兔臺，〈趙世家〉《正義》：「兔臺、剛平並在河北。」其地不詳。兔，亦作「菟」。[178]在八月初一。[179]孝公，獻公之子，名渠梁。[180]桑丘，在今河北徐水西南。齊伐燕取桑丘，而三晉救燕攻齊。[181]肅王，悼王之子。[182]蒲，在今陝西蒲城東南。藍田，在今陝西藍田西。善明氏，未詳所在。[183]太公望，姜姓，呂氏，名尚，字牙。周文王遇之渭水之陽，曰「吾太公望子久矣」，故號為「太公望」。為文王、武王之師，佐武王滅商，受封於營丘（後稱臨淄），為姜姓齊開國之君。

	378	377	376	375	374	373
周	二十四	二十五	二十六	烈王元年(192)。	二	三
秦	七	八	九	十 日蝕(193)。	十一 縣櫟陽。	十二
魏	九（十八）翟敗我澮。伐齊，至靈丘(184)。	十（十九）晉靜公俱酒元年(187)。	十一（二十）魏、韓、趙滅晉，絕無後(189)。	十二（二十一）	十三（二十二）	十四（二十三）
韓	九 伐齊，至靈丘。	十	韓哀侯元年(190)。分晉國。	二 滅鄭。康公二十年滅，無後(194)。	三	四（懿侯二）
趙	九 伐齊，至靈丘。	十	十一 分晉國。	十二	趙成侯元年(197)。	二
楚	三(185)	四 蜀伐我茲方(188)。	五 魯共公元年(191)。	六〔越王諸咎粵滑元年〕(195)	七	八
燕	二十五（簡公三十七）	二十六（簡公三十八）	二十七（簡公三十九）	二十八（簡公四十）	二十九（簡公四十一）	三十（簡公四十二）敗齊林孤(198)。
齊	齊威王因齊元年(186)。（侯剡七）自田常至威王，威王始以齊彊天下。	二（侯剡八）	三（侯剡九）三晉滅其君。	四(196)（侯剡十）	五	六（桓公二）魯伐入陽關(199)。晉伐到鱄陵(200)。

372
四
十三
十五〔二十四〕衛聲公元年。敗趙北藺201。
五〔懿侯三〕
三 伐衛，取都鄙七十三。魏敗我藺202。
九
203燕桓公元年
七〔桓公三〕宋辟公元年204。

184翟，即狄。澮，澮水，汾水支流，源出今山西翼城東，流經侯馬，至新絳境內入汾水。靈丘，在今山東高唐南。185越王翳遷於吳。186威王，桓公之子，名因齊，或作嬰齊。中華本誤刪「齊」字，今恢復之。其元年在西元前三五六年。依《紀年》，《史記》遺落田悼子（在和子之前）和侯剡（在和子之後）二世，田午桓公在位十八年，而《史記》作六年，於是使威王之世大大提前。威王元年應在周顯王十三年（西元前三五六年），〈田敬仲完世家〉與〈表〉錯誤地提前了二十二年。187〈晉世家〉、〈六國年表〉、《世本》晉烈公下為孝公、靜公，《紀年》烈公下為桓公、悼公。〈晉世家〉載孝公在位十七年，靜公在位二年，〈六國年表〉載孝公在位十五年，靜公在位年同〈世家〉，均與《紀年》不合。〈世家〉之說（孝公、靜公凡十九年）與《紀年》「桓公二十年趙成侯、韓共侯遷桓公於屯留」之說，有一年之差。188茲方，在今湖北松滋。189此即〈晉世家〉所說靜公二年，魏、韓、趙遷靜公為家人，晉絕不祀。《紀年》則曰：「桓公二十年趙成侯、韓共侯遷桓公於屯留。」遷晉之年，錢穆定在西元前三七〇年，陳夢家、楊寬、平勢定於西元前三六九年。按，晉遷屯留，猶未全滅，趙成侯十六年（西元前三五九年），韓取屯留，趙、韓復遷晉君於端氏。趙成侯二十三年（西元前三五二年），晉取韓、趙泫氏、濩澤二邑。趙肅侯元年（西元前三四九年），趙奪晉君端氏，徙處屯留，而韓姬弒晉君悼公（當即《史記》之靜公）。晉終絕祀。詳見錢穆、陳夢家考證。190哀侯，文侯之子，名不詳。〈韓世家〉：「六年韓嚴弒其君哀侯而韓若山立。」《索隱》引《紀年》云：「晉桓公邑哀侯于鄭，韓山堅賊其君哀侯而韓若山立。」〈晉世家〉《索隱》引《紀年》云：「韓哀侯、趙敬侯並以桓公十五年卒。」據此，韓哀侯在位二年見弒，〈表〉誤以其在位六年。韓若山即韓懿侯，在位十二年。191共公，穆公之子，名奮。其元年在何年，今眾說不一，郭克煜以為本表不誤。192烈王，安王之子，名喜。193在三月初一。194滅鄭，韓滅鄭，韓都由陽翟遷至鄭都，即今河南新鄭，故此後韓國有時也稱鄭。《索隱》引《紀年》：「魏武侯二十一年，韓滅鄭，哀侯入于鄭。二十二年，晉桓公邑哀侯于鄭。」195諸咎粵滑，越王翳子。諸咎弒父自立。196桓公午殺侯剡自立。197成侯，敬侯之子，名種，一作偃。198林孤，〈燕召公世家〉作「林營」，不詳其地所在，當在燕、齊間。199陽關，在今山東泰安東南。200鱄陵，〈田敬仲完世家〉作博陵，在今山東茌平西北。201聲公，慎公之子，名訓或馴。梁玉繩以為其元年在西元前三八六年，平勢以為在西元前三八〇年。楊寬以為在西元前三八二年。北藺，即藺，在今山西離石西，靠近黃河。202〈趙世家〉「都鄙」作「鄉邑」，即村落。203依《紀年》所說「簡公四十五年卒」，則桓公元年須在西元前三六九年。而〈表〉於西元前三七二年已是燕桓公元年。楊寬認為「四十五」或為「四十二」之誤。因為依〈燕召公世家〉，桓公在位十一年，而學者公認燕王噲元年在公元前三二〇年，則王噲前之桓、文、易三世共有五十二年，而依《紀年》簡公四十五年之說，則僅餘四十九年，不能相合，故仍依〈表〉定桓公元年於西元前三七二年。平勢定釐公即位之年（西元前四一六年）為元年，釐公四十五

	371	370	369	368	367	366	365
周	五	六	七	顯王元年[215]。	二[219]	三	四
秦	十四	十五	十六 民大疫。日蝕[210]。	十七 櫟陽雨金，四月至八月[216]。	十八	十九 敗韓、魏洛陰[220]。	二十
魏	十六（二十五）伐楚，取魯陽[205]。	惠王元年[207]。（武侯二十六）	二 敗韓馬陵[211]。	三（二）齊伐我觀[217]。	四（三）	五（四）與韓會宅陽。城武都[221]。	六（五）伐宋，取儀臺[222]。
韓	六（懿侯四）韓嚴殺其君[206]。	莊侯元年[208]。（懿侯五）	二（懿侯六）魏敗我馬陵。	三（懿侯七）	四（懿侯八）	五（懿侯九）	六（懿侯十）
趙	四	五 伐齊于甄。魏敗我懷[209]。	六 敗魏涿澤，圍惠王[212]。	七 侵齊，至長城[218]。	八	九	十
楚	十 魏取我魯陽。	十一	楚宣王良夫元年[213]。	二	三	四	五
燕	二	三	四	五	六	七	八
齊	八（桓公四）	九（桓公五）趙伐我甄。	十（桓公六）宋剔成元年[214]。	十一（桓公七）伐魏，取觀。趙侵我長城。	十二（桓公八）	十三（桓公九）	十四（桓公十）

364	363
五 賀秦。	六
二十一 章蟜與晉戰石門，斬首六萬，天子賀[223]。	二十二
七 〔六〕	八 〔七〕
七 〔懿侯十一〕	八 〔懿侯十二〕
十一	十二
六	七
九	十
十五 〔桓公十一〕	十六 〔桓公十二〕

年（西元前三七二年）為桓公元年，桓公十三年（以為原「十一」年為「十三」年之殘，十三年在西元前三六〇年）為文公元年，又以文公二十九年（西元前三三二年）為易王元年，則可與〈表〉之西元前三三二年為易王元年相合。[204]宋辟公元年，有西元前三八〇年（錢穆）、三八三年（平勢）不同之說。辟公，《紀年》作桓侯璧兵，「辟」當因「璧兵」之「璧」而誤。錢穆以為桓侯在位四十一年，至西元前三四〇年為剔成所廢，剔成於西元前三四〇至前三三八年在位。平勢以為宋辟公（即桓侯）於西元前三八三至前三八二年在位，楊寬以為西元前三六二—前三五六年，在位七年。[205]魯陽，楚邑，即今河南魯山。楊寬以為此年是衛成公元年。[206]事在西元前三七五年。[207]惠王，武侯之子，名罃。其元年應在明年。西元前三六九—前三一九年在位。西元前三四四年於魏、齊、秦、趙、韓、燕六國中最先稱王。西元前三三四年與齊威王會徐州相王，並於是年改元。[208]莊侯，〈韓世家〉作「懿侯」，哀侯之子，名若山。《紀年》作「共侯若山」，其元年在西元前三七四年。[209]甄，即鄄，齊邑，在今山東鄄城北。懷，魏邑，在今河南武陟西南。[210]在五月初一。[211]馬陵，有數處，此指韓邑，在今河南新鄭東南。晉桓公二十年卒，晉亡。[212]涿澤，也作「濁澤」，在今山西運城解州西。有說在今河南長葛西北者，那是另一個濁澤，也稱「蜀潢」。[213]宣王，悼王之子，肅王之弟，名良夫。[214]宋剔成元年，有西元前三八七年（梁玉繩）、前三四〇年（錢穆）不同說法，而據《紀年》，西元前三五六年宋桓侯曾朝魏惠王，則剔成之世必在其後。錢穆定在位之年為西元前三四〇—前三三八年，楊寬定為西元前三五五—前三二九年。剔成，〈宋微子世家〉以為是辟公（當作桓侯）之子，誤甚。《紀年》曰：「宋剔城肝廢其君璧而自立。」（一本誤作「易城肝」）此人即《韓非子・內儲說右下》、〈說疑〉、〈二柄〉等篇屢次提到的「殺宋君而奪其政」的司城子罕即皇喜。皇喜，字子罕，為宋戴公之後，專權，殺桓侯而自立。此即史家所謂「戴氏代宋」。「司城」音轉為「剔成」。「肝」、「罕」音近通用。[215]烈王之弟，或曰子，名扁。[216]櫟陽雨金，《正義》曰：「言雨金於秦國都，明金瑞見也。」依〈秦本紀〉此當書於明年。[217]觀，魏邑，在今河南清豐西南。[218]長城，指齊長城，西起今山東平陰濟水之濱。[219]周分為西、東二小國。東周惠公班居洛陽。[220]洛陰，北洛水之南，今陝西大荔東南。[221]宅陽，韓邑，在今河南鄭州西北。武都，魏邑，即武城，在今陝西華縣東。[222]儀臺，在今河南虞城西南。[223]這是秦獻公伐魏的一次戰爭，章蟜當是秦將，晉，指魏。石門，山名，在今山西運城西南。

	362	361	360	359	358	357	356
周	七	八	九 致胙于秦[233]。	十	十一	十二	十三
秦	二十三 與魏戰少梁，虜其太子[224]。	秦孝公元年[230]彗星見西方。	二 天子致胙。	三	四	五	六
魏	九（八）與秦戰少梁，虜我太子[225]。	十（九）取趙皮牢。衛成侯元年[231]。	十一（十）	十二（十一）星晝墮，有聲。	十三（十二）	十四（十三）與趙會鄗[236]。	十五（十四）魯、衛、宋、鄭侯來[240]。
韓	九 魏敗我于澮[226]。大雨三月。	十（昭侯二）	十一（昭侯三）	十二（昭侯四）	韓昭侯元年（昭侯五）秦敗我西山[234]。	三（六）宋取我黃池。魏取我朱[237]。	三（七）
趙	十三 魏敗我于澮[227]。	十四	十五	十六	十七	十八 趙孟如齊[238]。	十九 與燕會阿。與齊、宋會平陸[241]。
楚	八（越王無余之元年）[228]	九	十	十一	十二	十三 君尹黑迎女秦[239]。	十四
燕	十一	燕文公元年[232]。	二	三	四	五	六
齊	十七[229]（桓公十三）	十八（桓公十四）	十九（桓公十五）	二十（桓公十六）	二十一（桓公十七）鄒忌以鼓琴見威王[235]。	二十二（桓公十八）封鄒忌為成侯。	二十三（齊威王因齊元年）與趙會平陸。

355	354
十四	十五
七 與魏王會杜平[242]。	八 與魏戰元里，斬首七千，取少梁。
十六（十五） 與秦孝公會杜平。侵宋黃池，宋復取之。	十七（十六） 與秦戰元里，秦取我少梁。
四（八）	五（九）
二十	二十一 魏圍我邯鄲。
十五	十六
七	八
二十四（二） 與魏會田於郊[243]。	二十五（三）

[224]〈魏世家〉：「與秦戰少梁，虜我將公孫痤。」此言虜太子，誤。[225]虜我太子，虜公孫痤，非太子。[226]澮，澮水，汾水支流，源於今山西翼城東南，入曲沃，合絳水。[227]此年，趙成侯與韓昭侯遇上黨。[228]無余之元年據陳夢家《六國紀年》考證。上年，諸咎末年，曾立錯枝。[229]楊寬以為此年為宋桓侯元年。[230]孝公，獻公之子，名渠梁。[231]成侯，聲公之子，名不逝。梁玉繩曰：「秦孝公元年當衛孝成侯十五年，〈年表〉於衛出公已下其年皆錯。」則成公元年在西元前三七五年。平勢定於西元前三七〇年。楊寬定於西元前三七一年。皮牢，趙邑，在今山西翼城東北。是年魏徙都大梁。魏惠王會韓昭侯於巫沙。[232]文公，繼桓公立，《紀年》作成侯，名載。燕文公元年，錢穆、楊寬同於〈表〉，為今通行之說。而范祥雍與平勢隆郎新表均以為桓公卒於下年，文公（《紀年》作成公）始即位。[233]致胙，將祭祀文王、武王的供肉賜給諸侯，以示尊崇。東周惠公卒。[234]昭侯，懿侯之子，名武，又稱昭釐侯。錢穆、楊寬定其元年在西元前三六二年。西山，韓、秦之間有商山，在韓之西。[235]鄒忌諷威王當在威王即位後，在明年或後年。鄒忌，威王時大臣。威王即位後，不治朝政，委政於卿大夫。鄒忌以鼓琴、妻妾偏私說威王。威王任鄒忌為齊相，封於下邳，號成侯。鄒忌輔威王選賢任能，修訂法律，使齊大強。卒於宣王初年。[236]鄗，趙邑，在今河北柏鄉北。[237]黃池，在今河南封丘西南。朱，錢穆以為即今河南沁陽境內的朱溝水。[238]趙孟，其人不詳，或以為即指趙成侯。[239]君尹黑，「君尹」疑是「右尹」之誤，右尹為楚官名，其名為黑。[240]〈魏世家〉《索隱》：「按《紀年》：魯恭侯、宋桓侯、衛成侯、鄭釐侯來朝，皆在十四年，是也。鄭釐侯者，韓昭侯也。」[241]與燕會阿，「阿」原作「河」。梁玉繩《史記志疑》卷九：「『河』乃『阿』字之訛，〈世家〉作『阿』是。」今據改。阿，燕邑，又名葛，在今河北高陽東北。[242]魏王，魏惠王。但這時尚未稱王。杜平，在今陝西澄城東。[243]會田，會獵，一起打獵。〈田敬仲完世家〉作「與魏王會田」，「會」上有「王」字。此年約為宋司城子罕元年。

	348	349	350	351	352	353
周	二十一	二十	十九	十八	十七	十六
秦	十四 初為賦[258]。	十三 初為縣，有秩史[255]。	十二 初聚小邑為三十一縣，令。為田，開阡陌[252]。	十一 城商塞。衛鞅圍固陽，降之[249]。	十 衛公孫鞅為大良造，伐安邑，降之[246]。	九
魏	二十三（二十二）	二十二（二十一）	二十一（二十） 與秦遇彤[253]。	二十（十九） 歸趙邯鄲。	十九（十八） 諸侯圍我襄陵。築長城，塞固陽[247]。	十八（十七） 邯鄲降。齊敗我桂陵[244]。
韓	十一（十五） 昭侯如秦。	十（十四） 韓姬弒其君悼公[256]。	九（十三）	八（十二） 申不害相[250]。	七（十一）	六（十） 伐東周，取陵觀、廩丘[245]。
趙	二	趙肅侯元年[257]。	二十五	二十四 魏歸邯鄲，與魏盟漳水上[251]。	二十三	二十二 魏拔邯鄲。
楚	二十二	二十一	二十 〔越王無顓元年〕[254]	十九	十八 魯康公元年[248]。	十七
燕	十四	十三	十二	十一	十	九
齊	三十一（九）	三十（八）	二十九（七）	二十八（六）	二十七（五）	二十六（四） 敗魏桂陵。

347	346
二十二	二十三
十五	十六
二十四〔二十三〕	二十五〔二十四〕
十二〔十六〕	十三〔十七〕
三　公子范襲邯鄲，不勝，死。[259]	四
二十三	二十四
十五	十六
三十二〔十〕	三十三〔十一〕　殺其大夫牟辛。[260]

[244]因為上年趙伐取衛地，迫使衛朝趙，引起魏救衛，圍趙都邯鄲。本年魏破邯鄲。趙求救於齊，齊派田忌、孫臏「圍魏救趙」，大敗魏於桂陵。桂陵，魏邑，在今河南長垣西北，一說在今山東菏澤東北。[245]東周，周室小諸侯國，都鞏，今河南鞏縣西南。陵觀廩丘，可能是聚落名，其地不詳。[246]公孫鞅，即商鞅，衛國諸公子，姓公孫氏。初為魏相公叔痤（楊寬以為當作「座」）家臣，痤死，入秦說孝公，孝公六年任為左庶長，實行變法。十年，任大良造。後以功封於商十五邑，號商君，故稱商鞅。惠文王立，以遭誣害，舉兵反抗，兵敗被殺。詳見〈商君列傳〉。大良造，秦二十等爵的第十六級，為高級貴族爵位，負責為國君出謀劃策和統兵作戰。[247]指齊、宋、衛聯軍包圍魏之襄陵。襄陵，在今河南睢縣。長城，指魏南起鄭（今陝西華縣）沿北洛水，經大荔、澄城至少梁以南備秦的長城。塞固陽，在固陽修築要塞。固陽，舊說即漢代的固陽縣，在今內蒙古烏拉特旗東北。魏的領土遠不能到達此地，此說不可信。「固」字疑有誤。[248]康公，共公之子，名屯。其元年，今眾說不一，郭克煜、楊寬考證本表不誤。[249]商塞，即商阪之塞，在今陝西商洛東南，地近韓、楚。[250]申不害，鄭國京（今河南滎陽東南）人，韓昭侯相。主張法治，尤重「術」。相韓十五年，「內修政教，外應諸侯」，「國治兵強」。申不害始相韓在昭侯八年，但〈表〉的昭侯八年實當昭侯十二年。[251]漳水，發源於今山西和順北，流經河北涉縣、磁縣、肥鄉，至曲周流入黃河。當時之黃河在今河北省入海。[252]聚，原作「取」。王念孫《雜志・史記第二》：「取小邑，當為『聚小邑』，字之誤也。」今據改。三十一縣，〈秦本紀〉作「四十一縣」。令，〈秦本紀〉作「縣一令」，即每縣置一縣令。為田，開阡陌，規劃土地，設置田界。據記載，商鞅之「開阡陌」，即廢除井田制，把「百步為畝」的阡陌改為二百四十步為一畝，重新設置阡陌。「陌道」設於百畝之內，畝與畝之間；「阡道」設於千畝之內，百畝與百畝之間；每頃田阡、陌的交界處，一一加築「封埒」以為標記。按：是年秦徙都咸陽。[253]遇，會見。彤，秦邑，在今陝西華縣西南。[254]無顓元年，死於西元前三四三年，均據陳夢家《六國紀年》考證。[255]在縣官之下，開始設置有定額俸祿的小吏，縣一級地方行政機構正式確立。或曰，上一年的「令」字，當在此「初為縣」下，作「初為縣令，有秩史」。又有曰，「有秩」為兩漢少吏之稱，當為一逗，「史」另為一逗。[256]梁玉繩、錢穆等以為悼公為晉君，是年韓姬弒晉悼公。[257]肅侯，成侯之子，名語。[258]初為賦，開始按戶口徵收軍賦。賦，指戶賦，戶口稅。雲夢出土秦律規定，男子成年必須分家另立戶口，繳納戶賦。[259]公子范，趙國公子，謀奪取政權。[260]大夫牟辛，徐廣、司馬貞以為「大夫」或作「夫人」，牟辛是其姓名。《紀年》有齊弒其君母，殺王后事。

	345	344	343	342	341	340
周	二十四	二十五 諸侯會[261]。	二十六 致伯秦[264]。	二十七	二十八	二十九
秦	十七	十八	十九 城武城。從東方牡丘來歸。天子致伯[265]。	二十 諸侯畢賀。會諸侯于澤。朝天子[267]。	二十一 馬生人。	二十二 封大良造商鞅[272]。
魏	二十六（二十五）	二十七（二十六） 丹封名會。丹，魏大臣[262]。	二十八（二十七）	二十九（二十八） 中山君為相[268]。	三十（二十九） 齊虜我太子申，殺將軍龐涓[270]。	三十一（三十） 秦商君伐我，虜我公子卬[273]。
韓	十四（十八）	十五（十九）	十六（二十）	十七（二十一）	十八（二十二）	十九（二十三）
趙	五	六	七	八	九	十
楚	二十五	二十六	二十七 魯景公偃元年[266]。	二十八	二十九	三十
燕	十七	十八	十九	二十	二十一	二十二
齊	三十四（十二）	三十五（十三） 田忌襲齊，不勝[263]。	三十六（十四）	齊宣王辟彊元年（威王十五）[269]	二（威王十六） 敗魏馬陵。田忌、田嬰、田盼將，孫子為師[271]。	三（威王十七） 與趙會，伐魏[274]。

339	
三十	
二十三	與晉戰岸門275。
三十二（三十一）	公子赫為太子276。
二十（二十四）	
十一	
	楚威王熊商元年277。
二十三	
四（威王十八）	

261梁惠王率領泗上十二諸侯朝周天子於孟津，以西謀秦，即《韓非子·說林上》所謂「魏惠王為臼里（在今河南偃師東南）之盟」。然此事引起秦的恐慌，衛鞅以為「以一秦而敵大魏，恐不如」，於是勸惠王稱王，「先行王服，然後圖齊楚」。於是有逢澤（在今河南開封西南）之會，惠王自稱王（見《戰國策·齊策五》）。〈周本紀〉曰：「秦會諸侯於周」，不確。實際情況是秦應魏之召，派公子少官會諸侯於逢澤，魏惠稱王。262丹封名會，丹因主持著名的逢澤之會而受封。丹，即白圭，名丹，曾相魏，為魏築堤防水，自謂「治水也愈於禹」。亦善經商。263田忌，齊威王時大將，桂陵之戰和馬陵之戰的主將。後受齊相鄒忌排擠，被誣謀反，一度出亡楚。宣王初年召還齊。田忌出亡必在馬陵之戰後，記於本年，誤。〈孟嘗君列傳〉亦言其「襲齊之邊邑」，學者多疑其事。264此為太史儋所說「合（七）十七歲而霸王出」之年。一說「秦」字當作「魏」。265從東方牡丘來歸，馬非百曰：「語不可通。疑是『宋太丘社來歸』之誤。惠文王二年有『宋太丘社亡』之文。當是來而復去，至惠文王時乃滅亡耳。『從』字衍文。」楊寬以為字有脫誤，馬說不可通。266景公，康公之子，名偃。其元年在何年，學者眾說不一，楊寬、郭克煜以為本表不誤。267澤，當作「逢澤」。按：會諸侯、朝天子在孝公十八年。268中山君為相，西元前四〇六年魏滅中山，後中山復國，時間約在西元前三八一至前三七八年間。此相魏之中山君為魏之宗親。事在上年。269依《紀年》，「齊幽公（當作『桓公』）之十八年而威王立」，「梁惠王後元十五年齊威王薨」。梁惠王後元十五年當西元前三二〇年，則齊宣王元年在西元前三一九年。平勢新表取消宣王一世，而稱威宣王、湣宣王並將宣王在位之年給與湣王，實為大謬。楊寬曰：「近人有主張齊亦用兩字為謚，並將齊威王、宣王、湣王三王混稱為齊威宣王和齊湣宣王兩王，並據以更改〈六國年表〉的，是毫無根據，不符合歷史事實的。」270太子申，魏惠王太子，名申。此曰「虜」太子申，而《孟子·梁惠王上》曰：「東敗於齊，長子死焉。」龐涓，魏將。桂陵之戰，中孫臏之計，龐涓被擒。馬陵之戰，再中孫臏之計，兵敗自殺。按：此處所說，即指齊魏馬陵之戰。起於西元前三四二年冬，決戰於西元前三四一年。271田嬰，齊臣，曾任齊相，封於薛，號靖郭君，又稱薛公，即孟嘗君之父。田肦，齊將，受威王信重，被視為「寶」。馬陵之戰，田忌為齊全軍統帥，田肦為前線作戰主將。孫子，孫臏，齊國阿人，孫武之後。曾與龐涓同學兵法，涓嫉其賢於己，誑其入魏，施以刖刑。後逃到齊國，被任為軍師，謀劃桂陵之戰、馬陵之戰，大敗魏師。有《孫臏兵法》。272本年商鞅率師攻魏，大破魏軍，虜公子卬。以功封以於商十五邑，號商君。其地在今陝西商州東南之商洛鎮。273公子卬，魏將，商鞅以欺詐手段俘虜了他，魏軍大敗。274與趙會，徐廣曰「會」下有「博望」二字，博望為齊邑，在今山東茌平西北。275岸門，魏邑，在今山西河津南，此戰結束於明年。276公子赫，當即後來之魏襄王，但《世本》曰襄王名嗣，與此不同。277威王，宣王之子，熊氏名商。金文「熊」字作「酓」。

	338	337	336	335	334
周	三十一	三十二	三十三 賀秦。	三十四	三十五
秦	二十四 大荔圍合陽[278]。孝公薨。商君反，死彤地[279]。	秦惠文王元年。楚、韓、趙、蜀人來[281]。	二 天子賀。行錢。宋太丘社亡[282]。	三 王冠[285]。拔韓宜陽。	四 天子致文武胙[286]。魏夫人來。
魏	三十三（三十二） 衛鞅亡歸我，我恐，弗內[280]。	三十四（三十三）	三十五（三十四） 孟子來，王問利國，對曰：「君不可言利。」[283]	三十六（三十五）	魏襄王元年[287]。（惠王後元元年）與諸侯會徐州，以相王[288]。
韓	二十一（二十五）	二十二（二十六） 申不害卒。	二十三（二十七）	二十四（二十八） 秦拔我宜陽。	二十五（二十九） 旱，作高門。屈宜臼曰：「昭侯不出此門。」[289]
趙	十二	十三	十四	十五	十六
楚	二	三	四	五	六
燕	二十四	二十五	二十六	二十七	二十八 蘇秦說燕[290]。
齊	五（威王十九）	六（威王二十）	七（威王二十一） 與魏會平阿南[284]。	八（威王二十二） 與魏會于甄。	九（威王二十三） 與魏會徐州，諸侯相王。

333	
三十六	
五	陰晉人犀首為大良造[291]。
二（惠王後元二）	秦敗我彫陰[292]。
二十六	高門成，昭侯卒，不出此門。
十七	
七	圍齊于徐州[293]。
二十九	
十（威王二十四）	楚圍我徐州。

[278]大荔圍，此上原有「秦」字。張文虎《札記》卷二：「『秦』字蓋衍。」今據刪。合陽，魏邑，在今陝西合陽東南。[279]彤地，或作「彭池」，〈商君列傳〉言「殺之於鄭黽池」，徐廣曰「黽」或作「彭」，《索隱》引《鹽鐵論》有所謂「商君困於彭池」。楊寬以為「彤地」不誤，鄭在今陝西華縣，彤為鄭附近小邑。「彭池」即「彤地」之形誤。[280]商鞅被誣告謀反，逃到魏國，〈商君列傳〉：「魏人怨其欺公子卬而破魏師，弗受。」恐，應是「怨」字之誤。內，即「納」。[281]惠文王，孝公之子，名駟。十三年改稱王。來，來秦國朝見。[282]行錢，秦開始使用銅貨幣，圓形圓孔。宋太丘社亡，〈封禪書〉：「或曰宋太丘社亡，而鼎沒于泗水彭城下。其後（太史儋見秦獻公後）百一十五年而秦并天下。」宋設太丘社於國都彭城之泗水旁，故太丘社淪亡，鼎沒於泗水彭城下。《爾雅・釋丘》：「右陵太丘」（今本「太」作「泰」）疏：「丘之西有大阜者名泰丘。」因為依丘作社，故稱太（泰）丘。社，祭地神之處。亡，一說丘崩塌，一說社主亡失。按：將社、鼎之存亡，與秦、周之盛衰相聯繫，當出於方士之附會，史公誤取之耳。[283]孟子至魏在梁惠王末年，當在惠王後元十五年（西元前三二〇年），故及見惠、襄二世。司馬遷以為惠王在位三十六年而卒，將惠王改元之年歸於襄王，誤以為孟子此時來魏。孟子，孟軻，鄒人，是儒家僅次於孔子的學者。曾遊魯、宋、魏、齊各國，與弟子合著《孟子》七篇。「王問利國」即《孟子・梁惠王》中的話。[284]平阿，楊寬曰：「〈孟嘗君列傳〉作『東阿』，〈田世家〉、〈六國年表〉誤作平阿，平阿在今安徽懷遠西南，並非齊邑。」東阿在今山東陽穀東北。時當馬陵之戰後，魏會齊於阿、於甄，都用朝禮。[285]冠，行冠禮，男子二十歲舉行冠禮，表示已經成人。《志疑》引《大事記》曰：「秦惠文王、昭襄王皆生十九年而立，若二十而冠，則當在元年，而〈本紀〉皆書於三年，兩書必有一誤也。」楊寬以為由此可知「秦之禮制，年二十二而舉行冠禮」，與《禮記》所說不同。[286]文武胙，祭祀周文王、武王的供肉。[287]襄王，惠王之子，名嗣。其元年在西元前三一八年。據《紀年》，梁惠王三十六年改元稱元年，又十六年而卒，並非三十六年卒。《史記》誤將襄王之世提前了十六年。又，陳夢家以為惠王三十六年之次年改元，據楊寬考證，三十六年當年改稱元年。今依楊說。[288]是年梁惠王、齊威王會徐州，相互尊對方為王，即「相王」。此事出於惠施謀劃，實為魏惠折節變服，尊齊威為王。梁惠王改元稱元年，即因本年齊、魏之會。此次會見，韓昭侯亦參與，故稱「與諸侯會」。徐州，即齊之薛邑，在今山東滕州南。[289]《集解》引許慎曰：「屈宜臼，楚大夫，在韓也。」「昭侯」當作「君侯」，此時昭侯尚無諡。按：屈宜臼之意為，天旱而作高門，不恤民之急而益奢，乃「時絀舉贏」，其壽命將不長久。[290]此乃誤說。蘇秦，東周洛陽人。與燕昭王、齊湣王同時，本表及〈蘇秦列傳〉誤把他的時代提前了。[291]陰晉，魏邑，在今陝西華陰東。犀首，即公孫衍。初仕秦，為大良造。後為魏將，主張合縱抗秦。曾發起「五國相王」。後為魏相，襄王元年（西元前三一八年）五國合縱攻秦，即出於他的發動。董說《七國考・魏官職》：「司馬彪曰：『犀首，魏官，若今虎牙將軍。』」[292]有人認為此即彫陰之戰，秦虜魏將龍賈，斬首四萬五千。〈秦本紀〉記於惠文王七年，〈魏世家〉記於襄王五年，均與此不同。梁玉繩曰當從〈魏

	332	331	330	329	328
周	三十七	三十八	三十九	四十	四十一
秦	六 魏以陰晉為和，命曰寧秦。[294]	七 義渠內亂，庶長操將兵定之。	八 魏入河西地于秦。[299]	九 度河，取汾陰、皮氏。圍焦，降之。與魏會應。[301]	十 張儀相。公子桑圍蒲陽，降之。魏納上郡。[303]
魏	三（惠王後元三）伐趙。衛平侯元年。[295]	四（惠王後元四）	五（惠王後元五）與秦河西地少梁。秦圍我焦、曲沃。[300]	六（惠王後元六）與秦會應。秦取汾陰、皮氏。	七（惠王後元七）入上郡于秦。
韓	韓宣惠王元年。[296]	二	三	四	五
趙	十八 齊、魏伐我，我決河水浸之。[297]	十九	二十	二十一	二十二
楚	八	九	十	十一 魏敗我陘山。[302]	楚懷王槐元年。[304]
燕	燕易王元年。[298]	二	三	四	五
齊	十一（威王二十五）與魏伐趙。	十二（威王二十六）	十三（威王二十七）	十四（威王二十八）	十五（威王二十九）宋君偃元年。[305]

	327	326	325
	四十二	四十三	四十四
	十一 義渠君為臣。歸魏焦、曲沃。	十二 初臘。會龍門[306]。	十三 四月戊午，君為王[307]。
	八（惠王後元八） 秦歸我焦、曲沃。	九（惠王後元九）	十（惠王後元十）
	六	七	八 魏敗我韓舉[308]。
	二十三	二十四	趙武靈王元年。魏敗我趙護[309]。
	二	三	四
	六	七	八
	十六（威王三十）	十七（威王三十一）	十八（威王三十二）

世家〉，在惠文王八年。楊寬以為這是秦惠王五年事，非秦虜龍賈之彫陰之戰。虜龍賈之戰，由秦惠七年延續至八年。這時秦分兵兩路，南路以樗里疾為主將，攻焦、曲沃。北路以公孫衍為主將，攻魏上郡之彫陰，虜龍賈。[293]楚威王不能容忍魏、齊「徐州相王」，親自率軍伐齊徐州，打敗齊將申縛。此時越王無彊在位，但不詳在位之起訖。[294]因上年秦以徐晉犀首為大良造，又敗魏彫陰，故魏獻徐晉。[295]平侯，成侯臣，公族子南勁，取代成侯而立，非成侯子。平侯元年有西元前三四六、三四二年二說。[296]宣惠王，昭侯之子，名不詳。《韓非子》《世本》均作「宣王」，《紀年》作「威侯」。宣惠王八年（西元前三一五年），與梁惠王會於巫沙，稱王。[297]楊寬以為事在魏徙大梁前。[298]易王，文公之子，名不詳。[299]「河西」上原有「少梁」二字。梁玉繩《史記志疑》卷九：「〈秦紀〉曰『魏納河西地』，〈魏世家〉曰『予秦河西地』，蓋孝公取河西地之時，尚有未得者，至是乃盡有之耳，而並不言少梁。前二十五年孝公已取少梁矣，何待是時乎？秦、魏兩表誤增，當衍『少梁』二字。」今據改。在秦國進逼下，魏將河西地全部獻給秦國。河西，黃河以西，合陽、大荔一帶地。[300]焦，魏邑，在今河南三門峽西。曲沃，魏邑，在今河南陝縣西南。按：依〈魏世家〉，秦圍焦、曲沃在前，與河西地在後。又「少梁」二字梁玉繩認為是衍文。上欄原作「少梁河西」，中華本已據梁說刪「少梁」二字。楊寬以為「少梁」非衍文，不當刪。[301]汾陰，魏邑，在今山西萬榮西南。皮氏，魏邑，在今山西河津。應，在河南魯山東北，此時當為魏邑。[302]陘山，山名，在今河南漯河東。[303]據〈張儀列傳〉，秦攻取蒲陽而復歸魏，魏以上郡為謝。張儀，魏國貴族後裔，仕秦為客卿，為相。公子桑，〈張儀列傳〉作「公子華」。蒲陽，魏邑，在今山西隰縣。上郡，轄今陝西洛河以東，黃梁河以北，東北到子長、延安一帶。[304]懷王，威王之子。[305]君偃，剔成之子，名偃。即宋康王。錢穆以為其元年在西元前三三七年，平勢定於西元前三三一年，楊寬定於本年或稍後。偃於西元前三一八年稱王，西元前二八六年被齊所滅。[306]臘，祭名，歲終獵取禽獸以祭，並舉行集會慶祝豐收。龍門，在陝西韓城東北和山西河津西北黃河上，這裡指龍門旁。[307]四月戊午，四月初四。君為王，惠文君開始稱王。[308]韓舉，韓國將領。是年韓始稱王。[309]武靈王，肅侯之

	324	323	322	321	320	319	318
周	四十五	四十六	四十七	四十八	慎靚王元年[322]。	二	三
秦	相張儀將兵取陝[310]。初更元年	二 相張儀與齊、楚會齧桑[313]。	三 張儀免相，相魏[318]。	四	五 王北遊戎地，至河上[323]。	六	七 五國共擊秦，不勝而還[328]。
魏	十一（惠王後元十一）衛嗣君元年[311]。	十二（惠王後元十二）	十三（惠王後元十三）秦取曲沃、平周。女化為丈夫[319]。	十四（惠王後元十四）	十五（惠王後元十五）	十六（惠王後元十六）	魏哀王元年。〔魏襄王元年〕[329] 擊秦不勝。
韓	九	十 君為王[314]。	十一	十二	十三	十四 秦來擊我，取鄢[326]。	十五 擊秦不勝。
趙	二 城鄗[312]。	三 [315]	四 與韓會區鼠[320]。	五 取韓女為夫人。	六	七	八 擊秦不勝。
楚	五	六 敗魏襄陵[316]。	七	八	九	十 城廣陵[327]。	十一 擊秦不勝。
燕	九	十 君為王。	十一	十二	燕王噲元年[324]	二	三 擊秦不勝。
齊	十九（威王三十三）	齊湣王地元年[317]（威王三十四）	二[321]（威王三十五）	三（威王三十六）封田嬰於薛。	四（威王三十七）迎婦于秦[325]。	五	六（宣王二）宋自立為王[330]。

317	316
四	五
八　與韓、趙戰，斬首八萬[331]。張儀復相。	九　擊蜀，滅之。取趙中都、西陽[334]。
二〔襄王二〕齊敗我觀澤[332]。	三〔襄王三〕
十六　秦敗我脩魚，得將軍申差。[333]	十七
九　與韓、魏擊秦。齊敗我觀澤。	十　秦取我中都、西陽。
十二	十三
四	五　君讓其臣子之國，顧為臣。[335]〔子之元年〕
七〔宣王三〕敗魏、趙觀澤。	八〔宣王四〕

子，名雍，西元前三二三年稱王。西元前三〇七年，改革軍事，實行胡服騎射。國事漸強，滅中山，拓地千里。傳位於少子何，自稱主父。趙護，趙國將領。[310]陜，魏邑，在今河南三門峽市西。[311]嗣君，平侯之子，名不詳。梁玉繩以為其元年在西元前三三八年，楊寬以為在西元前三三四年，平勢定於西元前三三五年。衛嗣君即《紀年》之孝襄侯。[312]〈趙世家〉在三年。[313]張儀與齊、楚大臣在齧桑相會，目的在拉攏齊、楚，防止公孫衍和齊、楚合縱。〈楚世家〉曰魏亦與齧桑之會，不確。齧桑，在今江蘇沛縣西南。[314]公孫衍於本年發起「五國相王」，以與秦對抗。即魏、韓、趙、燕、中山五國相王。[315]趙、燕、中山始為王，此失載。[316]大司馬昭陽敗魏師於襄陵。[317]湣王，宣王之子，名地。其元年在西元前三〇〇年，先後以田文、蘇秦為相，聯合韓、魏攻楚、攻秦。與秦稱東、西帝。滅宋。西元前二八四年燕將樂毅攻下齊七十餘城，齊湣王被淖齒所殺。[318]張儀相魏，乃為秦行連橫之策，實際兼相秦、魏兩國。[319]〈魏世家〉：「魏有女子化為丈夫。秦取我曲沃、平周。」舊本於此斷句作「秦取曲沃，平周女化為丈夫」，誤。平周，在今山西介休西。[320]區鼠，邑名，不詳所在。[321]據《紀年》，齊封田嬰在此年。[322]慎靚王，顯王之子，名定。[323]戎，指匈奴。至河上，〈秦本紀〉作「至北河」，北河指黃河流經今內蒙古烏拉特前旗、托克托等地的一段黃河，在秦之最北境。[324]燕王噲，易王之子，名噲。性節儉，好賢。用子之為相，大為寵信。禪讓君位給子之。將軍市被、太子平起兵攻子之。子之殺市被、太子平。齊宣王出兵攻破燕都，王噲、子之為齊兵所殺。[325]此為湣王時事。[326]鄢，韓邑，在今河南鄢陵西北。[327]廣陵，楚邑，在今江蘇揚州西北。[328]五國，魏、趙、韓、燕、楚。發起者為公孫衍。[329]魏哀王，《紀年》、《世本》均無哀王，繼惠王而立的是襄王。《史記》把惠王後元給襄王而多出哀王一代。[330]君偃稱王，以行「王政」相號召。[331]樗里疾率兵追擊三晉軍，大敗之於脩魚。[332]齊乘秦攻魏、趙之機，敗魏於觀澤。觀澤，魏邑，亦稱觀，在今河南清豐西南。[333]脩魚，韓邑，在今河南原陽西南。[334]司馬錯伐蜀，使之成為秦的屬地。中都西陽，當依〈趙世家〉作「西都、中陽」。中陽在今山西中陽，西都在今山西孝義。又「中都西陽」下原有「安邑」二字。梁玉繩《史記志疑》卷九：「安邑是魏非趙地也，〈秦紀〉、〈趙世家〉皆無之，此與趙表『安邑』二字並衍文。」今據刪，於下趙表亦同。[335]燕王噲把君位讓給子之，自己反而為臣。〈燕召

	315	314	313	312	311	310
周	六	周赧王元年。(337)	二	三	四	五
秦	十	十一 侵義渠，得二十五城。(338)	十二 樗里子擊藺陽，虜趙將。公子繇通封蜀。(344)	十三 庶長章擊楚，斬首八萬。(347)	十四 蜀相殺蜀侯。(352)	秦武王元年。誅蜀相壯。張儀、魏章皆出之魏。(356)
魏	四（襄王四）	五（襄王五）秦拔我曲沃，歸其人。走犀首岸門。(339)	六（襄王六）秦來立公子政為太子。與秦王會臨晉。(345)	七（襄王七）擊齊，虜聲子於濮。與秦擊燕。(348)	八（襄王八）圍衛。(353)	九（襄王九）與秦會臨晉。
韓	十八	十九 (340)	二十	二十一 秦助我攻楚，圍景座。(349)	韓襄王元年。(354)	二
趙	十一 秦敗我將軍英。(336)	十二 (341)	十三 秦拔我藺，虜將趙莊。	十四	十五	十六 吳廣入女，生子何，立為惠王后。(357)
楚	十四	十五 魯平公元年。(342)	十六 張儀來相。(346)	十七 秦敗我將屈匄。(350)	十八	十九
燕	六（子之二年）	七（子之三年）君噲及太子、相子之皆死。(343)	八	九 燕人共立公子平。(351)	燕昭王元年。(355)	二
齊	九（宣王五）	十（宣王六）	十一（宣王七）	十二（宣王八）	十三（宣王九）	十四（宣王十）

309	308
六	七
二　初置丞相，樗里子、甘茂為丞相[358]。	三
十（襄王十）　張儀死[359]。	十一（襄王十二）　與秦會應。
三	四　與秦會臨晉。秦擊我宜陽[360]。
十七	十八
二十	二十一
三	四
十五（宣王十一）	十六（宣王十二）

公世家〉記此事於燕噲三年。[336]將軍英，〈秦本紀〉作「趙將泥」。[337]赧王，慎靚王之子，名延，一作誕，也稱王赧。[338]前此以義渠君為臣，義渠君乘五國擊秦，敗秦於李伯。故秦伐義渠。[339]樗里疾拔魏曲沃，「走犀首岸門」當在下欄，時犀首為韓相，為秦敗岸門。[340]秦大破韓於岸門。[341]趙送公子職歸燕為王，因齊據燕而受阻。[342]平公，景公之子，名旅。錢穆、楊寬等定其元年在西元前三二二年。[343]齊伐燕，起上年，而取燕在此年。[344]樗里子，名疾，因居渭南陰鄉之樗里，故稱樗里子。秦惠王異母弟，滑稽多智，號智囊。以軍功，先後任右更、庶長、上郡守、右丞相，封嚴君。藺陽，即藺。趙將，指趙莊，「莊」字也作「壯」。公子繇通，亦作公子通、公子通國，蜀王之子。惠文王封其子為蜀侯。後為其相陳壯所殺。[345]臨晉，在今陝西大荔東南。[346]張儀入楚，破齊楚之交，但未相楚。[347]庶長章，即魏章，魏國人，初為魏將，後入秦，任左庶長。本年率兵與楚戰，敗楚軍於丹陽，再敗楚軍於藍田。秦武王立，被逐至魏。[348]聲子，又作贅子，齊將，被秦、魏聯軍所虜。濮，濮水，濮水流向大致與濟水相同，在今河南封丘從濟水分出，至山東長清又合於濟水。[349]景座，楚將。中華本改「秦助我」為「我助秦」，誤。[350]屈匄，楚將，丹陽之戰敗於秦，屈匄與部將七十多人被俘。[351]公子平，應作「公子職」。太子平已死於燕亂，此公子平與太子平相混誤。〈趙世家〉：「王召公子職於韓，立以為燕王。」趙〈表〉武靈王十二年《集解》引徐廣曰：「《紀年》云立燕公子職。」[352]指陳壯因與蜀侯公子繇通發生衝突將其殺死事。此事違背秦王意旨，秦王為安定蜀地，所以次年派甘茂等伐蜀，殺死了陳壯。[353]秦助魏攻衛。[354]襄王，宣王之子，名倉。一作襄哀王。[355]昭王，王噲之子，即公子職。[356]武王，惠文王之子，名蕩。「出之」原作「死于」。梁玉繩《史記志疑》卷九：「《史詮》曰『出之』作『死于』，誤。」今據改。[357]吳廣，趙臣，入其女孟姚於武靈王，生子何，即後來之趙惠文王。[358]秦國初設「相邦」在西元前三二八年，任張儀為「相邦」。至本年設丞相，以甘茂為左丞相，樗里子為右丞相。甘茂，下蔡（今安徽鳳台）人。入秦為將，曾率兵定蜀，攻取韓之宜陽。因與向壽等有隙，奔齊，卒於魏。[359]張儀死在上年，此誤後一年。[360]秦武王欲窺周室，故使甘茂伐宜陽。

	307	306	305	304	303	302
周	八[361]	九	十	十一	十二	十三
秦	四 拔宜陽城，斬首六萬。涉河，城武遂[362]。	秦昭襄王元年[364]。	二 彗星見。桑君為亂，誅[367]。	三	四 彗星見。	五 魏王來朝[372]。
魏	十二（襄王十二） 太子往朝秦。	十三（襄王十三） 秦擊皮氏，未拔而解[365]。	十四（襄王十四） 秦武王后來歸[368]。	十五（襄王十五）	十六（襄王十六） 秦拔我蒲坂、晉陽、封陵[370]。	十七（襄王十七） 與秦會臨晉，復歸我蒲坂[373]。
韓	五 秦拔我宜陽，斬首六萬。	六 秦復與我武遂。	七	八	九 秦取武遂。	十 太子嬰與秦王會臨晉，因至咸陽而歸[374]。
趙	十九 初胡服[363]。	二十	二十一	二十二	二十三	二十四
楚	二十二	二十三[366]	二十四 秦來迎婦。	二十五 與秦王會黃棘，秦復歸我上庸[369]。	二十六 太子質秦[371]。	二十七
燕	五	六	七	八	九	十
齊	十七（宣王十三）	十八（宣王十四）	十九（宣王十五）	二十（宣王十六）	二十一（宣王十七）	二十二（宣王十八）

301	十四	六 蜀反，司馬錯往誅蜀守煇[375]，定蜀。日蝕，晝晦[376]。伐楚[377]。	十八（襄王十八） 與秦擊楚[378]。	十一 秦取我穰。與秦擊楚[379]。	二十五 趙攻中山[380]。惠后卒。	二十八 秦、韓、魏、齊敗我將軍唐眛於重丘[381]。	十一	二十三（宣王十九） 與秦擊楚，使公子將，大有功[382]。

[361]赧王遷於西周，在其八年以後。[362]秦昭襄王，原作「秦襄王」。梁玉繩《史記志疑》卷九：「〈秦本紀〉及〈秦記〉並作『昭襄』，此失『襄』字。」今據補。武遂，邑名，在今山西垣曲東南，黃河之北。以河山為塞，乃貫通韓國南北之通道。[363]先推行胡服於家族和朝廷大臣，武靈王二十四年，又推行於將軍、大夫、嫡子、庶吏等。胡服，穿游牧民族的服裝，以便於騎射。這是武靈王向少數民族學習，改革軍事，發展騎兵的措施。漢族寬袍大袖不利於騎射，故改穿短衣，著褲，束皮帶，穿皮靴。[364]昭襄王，惠文王之子，武王異母弟，名稷，亦作側。在位五十餘年，先後任用司馬錯、白起、范雎等為將相，採取遠交近攻策略，攻取了大片土地，使秦國獨強，為秦統一六國奠定了基礎。[365]甘茂擊皮氏，因許歸韓武遂被讒而亡去。故皮氏未拔而解。[366]伐越，設郡江東。[367]桑君，當作季君。武王死後，惠文王后、武王后立公子壯為季君，羋八子與魏冉等立昭王而誅季君，逐武王后。「桑」為「季」字之訛。[368]秦武王后，魏女，無子，因昭襄王立而被逐歸魏。[369]黃棘，楚邑，在今河南南陽南。上庸，在今湖北竹山西南。[370]蒲坂，在今山西永濟西。晉陽，此晉陽又稱陽晉，在今山西永濟西南。封陵，在今風陵渡東，屬山西芮城。[371]楚倒向秦，孟嘗君率齊、韓、魏攻之。[372]朝於臨晉之應亭。[373]復歸我蒲坂，「歸」字原無。梁玉繩《史記志疑》卷九：「《史詮》謂『復』下缺『歸』字，是也。」今據補。[374]太子嬰，死於襄王十二年，未得為王。咸陽，秦都，在今陝西咸陽東北。[375]據《華陽國志》載，此次「蜀反」，乃是出於蜀侯煇後母的陷害，並非反。秦派司馬錯往蜀，迫使煇自殺。司馬錯，魏國少梁人，入秦為將，力主伐蜀。西元前三一六、前三〇一年兩次伐蜀。多次率兵攻魏、韓、楚。蜀守煇，當作「蜀侯煇」，煇為原蜀王之子弟。[376]據朱文鑫《歷代日食考》，本年七月二十六有日全蝕，秦都所見不及一分。昭王七年復有日全蝕，秦都可見七分。既云晝晦，當指七年之全蝕。[377]伐楚，〈秦本紀〉：「庶長奐伐楚，斬首二萬。」次年，「拔新城」，殺楚將景缺。[378]與秦擊楚，此說誤。魏、韓乃與齊擊楚，非與秦擊楚，本年秦伐楚是獨自進行的。韓、齊〈表〉同誤，楚〈表〉亦誤。[379]穰，原為楚邑，此時屬韓，即今河南鄧州。秦取穰後，封魏冉於穰，號穰侯。[380]中山君奔齊。[381]齊、韓、魏三國攻楚方城，與楚唐眛軍夾泚水對陣，齊軍夜襲破楚軍，殺楚將唐眛。地點在垂沙（今河南唐河境內）。同年秦庶長奐攻楚，斬首二萬，取楚重丘（今河南泌陽東北），《史記》將二事誤合為一。[382]此年攻楚，「齊使章子」為將，未聞「公子將」。章子即匡章，齊國名將，重丘之戰夜襲唐眛軍，功在章子。「公」為「章」字之誤。並非與秦擊楚，見前注。

	300	299	298	297	296	295
周	十五	十六	十七	十八	十九	二十
秦	七 樗里疾卒。擊楚，斬首三萬。魏冉為相[383]。	八 楚王來，因留之[386]。	九	十 楚懷王亡之趙，趙弗內。	十一 彗星見。復與魏封陵。	十二 樓緩免。穰侯魏冉為丞相[397]。
魏	十九（襄王十九）	二十（襄王二十） 與齊王會于韓。	二十一（襄王二十一） 與齊、韓共擊秦于函谷[389]。河、渭絕一日。	二十二（襄王二十二）	二十三[392]（襄王二十三）	魏昭王元年，秦尉錯來擊我襄[398]。
韓	十二	十三 齊、魏王來。立咎為太子[387]。	十四 與齊、魏共擊秦。	十五	十六 與齊、魏擊秦，秦與我武遂和[393]。	韓釐王咎元年[399]。
趙	二十六	二十七	趙惠文王元年，以公子勝為相，封平原君[390]。	二 楚懷王亡來，弗內。	三[394]	四 圍殺主父。與齊、燕共滅中山[400]。
楚	二十九 秦取我襄城，殺景缺[384]。	三十 王入秦。秦取我八城。	楚頃襄王元年[391]，秦取我十六城。	二	三 懷王卒于秦，來歸葬。	四 魯文公元年[401]。
燕	十二	十三	十四	十五	十六[395]	十七
齊	二十四 秦使涇陽君來為質[385]。	二十五（二） 涇陽君復歸秦。薛文入相秦[388]。	二十六（三） 與魏、韓共擊秦。孟嘗君歸相齊。	二十七（四）	二十八[396]（五）	二十九（六） 佐趙滅中山[402]。

	294	293
	二十一	二十二
	十三 任鄙為漢中守[403]。	十四 白起擊伊闕，斬首二十四萬[407]。
	二 與秦戰，我不利[404]。	三 佐韓擊秦，秦敗我兵伊闕。
	二[405]	三 秦敗我伊闕，斬首二十四萬，虜將喜[408]。
	五	六
	五	六
	十八	十九
	三十（七） 田甲劫王，相薛文走[406]。	三十一（八）

[383]魏冉，秦昭王母宣太后異父弟。昭王年少，宣太后執政，任魏冉為相。封於穰，號穰侯。後又加封陶邑。薦白起為將，與白起屢敗楚與三晉軍，向東方擴張。范雎入秦說秦王，冉被免相赴國，其富過於王室。梁玉繩以為此年魏冉為相當是孟嘗君來秦為相之誤，其說非是，孟嘗君來相在下年。[384]襄城，又稱新城，〈秦本紀〉、睡虎地秦簡《編年紀》並作「新城」，在今河南襄城。景缺，楚將。[385]涇陽君，秦昭王同母弟公子市，初封涇陽，今陝西涇陽西北；後封宛，今河南南陽。[386]秦王誘騙楚王入武關會盟，入而劫至咸陽，逼其割地，楚王不從，遂被扣留。[387]咎，即日後的韓釐王。[388]薛文即孟嘗君田文，繼承其父田嬰之封邑薛，故稱薛文，又稱薛公。本年入相秦。詳見〈孟嘗君列傳〉。[389]孟嘗君相秦後，秦聽從趙臣金投之說，欲殺害孟嘗君，孟嘗君逃歸齊，即發動齊、韓、魏共攻秦，攻入函谷關，迫使秦求和。函谷關，是秦國在東部邊境的險要關塞，在今河南靈寶東北。[390]惠文王，武靈王之子，名何。以公子勝為相，此說誤。公子勝即平原君，趙惠文王之同母弟。惠文王此時不過十三歲，其同母弟此時焉可為相？此時乃肥義為相。趙勝為相在惠文王晚年，封平原君蓋在本年。[391]頃襄王，懷王之子，名橫。[392]與齊、韓擊秦。[393]中華本刪前五字，誤。今復。[394]趙滅中山。趙、宋乘齊、魏、韓之勝，攻秦至鹽氏。[395]齊燕戰，齊大勝燕。[396]齊、魏、韓攻秦入函谷關，秦割封陵、武遂等三城予魏、韓。[397]樓緩，趙國人，曾仕趙，後入相秦。長平之戰後，為秦說趙割地，被虞卿識破，亡去。[398]昭王，襄王之子，名遬。尉錯，指司馬錯。尉，國尉，高級武官。楊寬以為「尉」字應作「將」。襄，〈魏世家〉作「襄城」。[399]釐王，襄王之子。[400]圍殺主父，指公子成、李兌因主父庇護公子章而圍主父（武靈王）宮三月，主父不得食，餓死。梁玉繩、瀧川稱主父死於惠文王二年，其說不可信。與齊燕共滅中山，趙滅中山在西元前二九六年，此表誤後一年。又齊、燕未參與滅中山。「共滅」原作「共伐」。張文虎《札記》卷二：「『伐』當作『滅』。」今據改。[401]「文公」原作「文侯」。梁玉繩《史記志疑》卷九：「『侯』乃『公』之誤，魯時雖弱，不貶其號，其子尚稱傾公，何以文公獨降稱為侯？〈世家〉及〈漢律曆志〉固稱公也。」今據改。文公，平公之子，名賈。《世本》作「湣公」。錢穆、楊寬定其元年為西元前三〇二年。[402]此說誤。[403]任鄙，秦武王時力士。因魏冉薦，任漢中郡守。漢中，郡名，治所在南鄭，今陝西漢中。[404]「我」，原作「解」。張文虎《札記》卷二：「《史詮》云『解』當作『我』。」今據改。[405]秦將白起始攻伊闕。[406]田甲，齊國貴族。受齊相孟嘗君指使，劫持湣王，失敗，孟嘗君出奔封邑薛。[407]上年，白起率師攻韓，取武始、新城（今河南伊川西南）。本年，魏佐韓在伊闕與秦大戰，秦大

	周	秦	魏	韓	趙	楚	燕	齊
292	二十三	十五 魏冉免相。	四	四	七	七 迎婦秦。	二十	三十二（九）
291	二十四	十六	五 [409]	五 秦拔我宛城[410]。	八	八	二十一	三十三（十）
290	二十五	十七 魏入河東四百里[411]。	六 芒卯以詐見重[412]。	六 與秦武遂地方二百里。	九	九	二十二	三十四（十一）
289	二十六	十八 客卿錯擊魏，至軹，取城大小六十一[413]。	七 秦擊我。取城大小六十一[414]。	七	十	十	二十三	三十五（十二）
288	二十七	十九 十月為帝，十二月復為王[415]。	八	八	十一 秦拔我桂陽[416]。	十一	二十四	三十六（十三） 為東帝二月，復為王[417]。
287	二十八	二十 [418]	九 秦拔我新垣、曲陽之城[419]。	九	十二	十二	二十五	三十七（十四）
286	二十九	二十一 魏納安邑及河內[420]。	十 宋王死我溫[421]。	十 秦敗我兵夏山[422]。	十三	十三	二十六	三十八（十五） 齊滅宋[423]。
285	三十	二十二 蒙武擊齊[424]。	十一	十一	十四 與秦會中陽[425]。	十四 與秦會宛。	二十七	三十九（十六） 秦拔我列城九[426]。

284	283
三十一	三十二
二十三 尉斯離與韓、魏、燕、趙共擊齊，破之[427]。	二十四 與楚會穰。
十二 與秦擊齊濟西。與秦王會西周[428]。	十三 秦拔我安城，兵至大梁而還[433]。
十二 與秦擊齊濟西。與秦王會西周。	十三
十五 取齊昔陽[429]。	十六
十五 取齊淮北[430]。	十六 與秦王會穰。
二十八 與秦、三晉擊齊，燕獨入至臨菑，取其寶器[431]。	二十九
四十（十七） 五國共擊湣王，王走莒[432]。	齊襄王法章元年[434]。

敗韓、魏，斬首二十四萬，虜韓將公孫喜。白起，秦大將。郿（今陝西眉縣）人。善用兵，先後任左更、國尉、大良造，攻韓、魏、楚、趙，俱獲大勝，以功封武安君。因與秦相范雎有隙，被迫自殺。伊闕，在今洛陽南之龍門山，伊水流經兩山間，望之若闕，故稱。[408]「二十四萬」上原無「斬首」二字。梁玉繩《史記志疑》卷九：「〈秦紀〉及〈穰侯傳〉並言『秦敗韓、魏伊闕，斬首二十四萬』。又《史詮》云缺『斬首』二字。」今據補。喜，公孫喜，魏將。又稱犀武或師武。[409]田文相魏。[410]宛城，即今河南南陽。〈秦本紀〉曰「攻楚取宛」在上年，《編年紀》在此年。[411]前已攻下魏之魏邑、鄧，此年又攻垣、皮氏，魏被迫獻地。[412]芒卯請秦昭王薦他任魏司徒，說魏割地獻秦。然後率秦、魏攻齊，得二十二縣與魏。以此見重於魏。[413]客卿錯，即司馬錯。軹，魏邑，在今河南濟源東南。[414]〈白起王翦列傳〉曰秦昭王十五年白起攻取，當誤。[415]秦昭王自稱西帝，尊齊湣王為東帝。相約滅趙。蘇秦以為稱帝不利於齊滅宋，勸齊王去帝號，秦亦遂去。[416]桂陽，〈趙世家〉作「梗陽」。梗陽在今山西清徐。[417]齊、趙會於阿，約攻秦去帝。李兌、蘇秦約五國合縱。[418]蘇秦、李兌、孟嘗君合縱齊、趙、魏、韓、燕五國攻秦。秦歸還趙、魏部分侵地，而五國之師疲於成皋。[419]事在五國疲於成皋之後。新垣，與曲陽相近。曲陽，在今河南濟源之西。[420]河內，地區名，此指黃河以北魏國除河東、共汲以外的土地，軹等數十城已經為秦攻占。[421]〈宋策〉曰「得而死」，即俘獲被殺。[422]夏山，未詳所在。[423]以秦取安邑為條件，換取秦同意滅宋。[424]蒙武，秦將，蒙驁之子，其生活時代在始皇之世。此當作蒙驁。驁為齊人，為秦將，官至上卿。率兵攻齊、韓、魏，秦三川郡、太原郡、東郡之地，多為其略定。[425]趙、秦會，謀破齊。中陽，原為趙邑，後為秦所有，在今山西中陽。[426]秦已得安邑，因以破宋為齊罪，攻齊河東。[427]此次五國攻齊，由秦約趙王主持，秦、趙、燕三國為主力。尉斯離，尉為秦武官名，斯離為名或姓名。[428]濟西，地區名，在濟水之西。濟水流經齊之西北境，其聊城、靈丘、高唐等地均在濟西。西周，周王室的一個小諸侯國，都河南，今洛陽。[429]昔陽，在今河北晉縣西，屬趙不屬齊。「昔陽」當作「陽晉」。〈廉頗藺相如列傳〉作「陽晉」，《索隱》本亦作「陽晉」。陽晉地處濟西，在今山東鄆城西，取陽晉在惠文王十六年（〈趙世家〉），〈表〉誤上一年。[430]楚將淖齒救齊，任齊相，取淮北。淮北，地區名，在淮水以北，原為楚地，為宋占有，宋亡歸齊。[431]臨菑，齊都城，在今山東淄博之臨淄北。[432]燕、趙共相樂毅，率師敗齊。淖齒殺湣王。[433]安城，在今河南原陽西南。大梁，

	282	281	280	279	278	277
周	三十三	三十四	三十五	三十六	三十七	三十八
秦	二十五	二十六 魏冉復為丞相[438]。	二十七 擊趙，斬首三萬。地動，壞城。	二十八[441]	二十九 白起擊楚，拔郢，更東至竟陵，以為南郡[445]。	三十 白起封為武安君[448]。
魏	十四 大水。衛懷君元年[435]。	十五	十六	十七	十八	十九
韓	十四 與秦會兩周間[436]。	十五	十六	十七	十八	十九
趙	十七 秦拔我兩城[437]。	十八 秦拔我石城[439]。	十九 秦敗我軍，斬首三萬[440]。	二十 與秦會黽池，藺相如從[442]。	二十一	二十二
楚	十七	十八	十九 秦擊我，與秦漢北及上庸地。	二十 秦拔鄢、西陵[443]。	二十一 秦拔我郢，燒夷陵，王亡走陳[446]。	二十二 秦拔我巫、黔中[449]。
燕	三十	三十一	三十二	三十三	燕惠王元年[447]。	二
齊	二	三	四	五 殺燕騎劫[444]。	六	七

274	275	276
四十一	四十	三十九
三十三	三十二 [452]	三十一
三 秦拔我四城，斬首四萬[454]。	二 秦拔我兩城，軍大梁下，韓來救，與秦溫以和。	魏安釐王元年，秦拔我兩城。封弟公子無忌為信陵君[450]。
二十二	二十一 暴鳶救魏，為秦所敗，走開封[453]。	二十
二十五	二十四	二十三
二十五	二十四	二十三 秦所拔我江旁反秦[451]。
五	四	三
十	九	八

魏都城，在今河南開封。[434]襄王，湣王之子，名法章。[435]衛懷君元年，梁玉繩曰在魏襄王二十三年，西元前二九六年；平勢隆郎以為在魏昭王二年，西元前二九四年。[436]兩周，指周王室的兩個小諸侯國西周和東周。[437]兩城，《編年紀》曰：「攻茲氏。」茲氏為趙邑，在今山西汾陽南。茲氏為「兩城」之一。[438]益封陶邑。[439]石城，即離石。《編年紀》於本年載：「攻離石。」離石即今山西離石。[440]秦取代、光狼。[441]白起攻楚。[442]黽池，即澠池，在今河南澠池西。藺相如，趙國人，初為趙宦者令繆賢舍人。因使秦不辱使命，完璧歸趙，拜上大夫。此次從趙王與秦王相會，使趙王不受辱，以功拜上卿。[443]鄢，楚國別都，在今湖北宜城東南。西陵，今湖北宜昌。[444]騎劫，燕將。本年燕昭王卒，燕惠王即位，中齊反間計，以騎劫代樂毅。騎劫庸碌無能，齊將田單設計破燕軍，殺騎劫於即墨城下，齊得以復國。[445]郢，楚都城，即今湖北江陵西北之紀南城。竟陵，在今湖北潛江西。南郡，秦攻取郢都及其周圍地區，設南郡，治所在郢。[446]夷陵，在今湖北宜昌東南，是楚王祖墳的所在地。陳，在今河南淮陽。[447]惠王，昭王之子，名不詳。[448]據〈秦本紀〉、〈白起王翦列傳〉，起封武安君在上年。[449]巫，巫郡，轄今重慶市東部和湖北清江中上游。黔中，黔中郡，轄今湖南西部及貴州東北部。按：上年攻楚者為白起，本年蜀守張若與白起共攻之。[450]安釐王，昭王之子，名圉。信陵君，昭王之子，安釐王之弟，名無忌。禮賢下士，急人之難。曾竊符救趙，合縱五國攻秦。詳見〈魏公子列傳〉。[451]指楚國調集軍隊，收復了沿江的十五邑，重新建立郡，抵抗秦國。[452]魏背秦親齊，使魏冉伐魏。[453]暴鳶，韓國將領。曾率韓軍參加垂沙之戰。[454]四城，〈秦本紀〉：「客卿胡陽攻魏卷、蔡陽、長社，取之。」

	273	272	271	270	269	268	267
周	四十二	四十三	四十四	四十五	四十六	四十七	四十八
秦	三十四 白起擊魏華陽軍，芒卯走，得三晉將，斬首十五萬[455]。	三十五[457]	三十六	三十七[464]	三十八	三十九	四十 太子質於魏者死，歸葬芷陽[471]。
魏	四 與秦南陽以和[456]。	五 擊燕[458]。	六	七	八	九 秦拔我懷城[469]。	十
韓	二十三	韓桓惠王元年[459]。	二	三 秦擊我閼與城，不拔[465]。	四	五[470]	六
趙	二十六	二十七[460]	二十八 藺相如攻齊，至平邑[462]。	二十九 秦攻韓閼與，趙奢將擊秦，大敗之，賜號曰馬服[466]。	三十[468]	三十一	三十二
楚	二十六	二十七 擊燕。魯頃公元年[461]。	二十八	二十九	三十	三十一	三十二
燕	六	七	燕武成王元年[463]。	二	三	四	五
齊	十一	十二	十三	十四 秦擊我剛、壽[467]。	十五	十六	十七

266	265
四十九	五十
四十一[472]	四十二 宣太后薨。安國君為太子[474]。
十一 秦拔我廩丘[473]。	十二
七	八
三十三	趙孝成王元年，秦拔我三城。平原君相[475]。
三十三	三十四
六	七 齊田單拔中陽[476]。
十八	十九

《編年紀》：「攻蔡、中陽。」依此則四城為卷（今河南原陽西）、蔡（今河南上蔡西南）、長社（今河南長葛東北）、中陽（今河南鄭州東）。[455]此即華陽之戰，魏聯合趙攻韓的華陽，秦應韓求，出兵攻魏、趙聯軍，斬首十三萬，魏將芒卯逃走。又追趙軍，沉殺趙將賈偃所部二萬人於黃河。又進圍魏都大梁，魏割南陽講和。華陽，韓邑，亦稱華、華下，在今河南新鄭北。〈魏世家〉曰：「秦破我及韓、趙」，誤，「韓」字為衍文。此時秦救韓，攻魏、趙。三晉將，「晉」字為衍文，《通鑑》作「三將」，當是。[456]南陽，地區名，在太行山之南，黃河之北，分屬韓、魏。魏之南陽在山陽、懷、寧，即今河南焦作、武陟、獲嘉一帶。[457]秦滅義渠。[458]〈秦本紀〉曰秦佐韓、魏、楚伐燕。[459]桓惠王，釐王之子，名不詳。此欄脫「擊燕」二字。[460]〈楚世家〉曰「助三晉」伐燕。[461]頃公，文公之子，名讎。梁玉繩定其元年為西元前二七三年，錢穆、楊寬定其元年為西元前二七九年。本年黃歇侍太子入質於秦。[462]平邑，在今河南南樂東北。[463]燕相公孫操弒惠王立武成。武成王，惠王之子，名不詳。[464]范雎獻遠交近攻之策。[465]閼與，邑名，在今山西和順。此曰韓邑，誤。閼與之戰起因於趙欲以焦、黎、牛狐易藺、離石、祁，既而失約背秦，引起秦攻趙閼與。秦攻趙，非攻韓；閼與屬趙，不屬韓。見〈趙策三〉。又，據〈秦本紀〉和《編年紀》，閼與之戰應在明年。[466]「攻韓」原作「拔我」。梁玉繩《史記志疑》卷九：「〈趙世家〉及〈趙奢傳〉乃秦圍韓閼與，而奢救之，大破秦軍也。『拔』當作『攻』，『我』當作『韓』。」今據改。趙奢，趙將。初為田部吏，以平原君薦，主治國賦。閼與之戰，大破秦軍，趙王賜號馬服君，與廉頗、藺相如同位。按：「韓」字應作「趙」。[467]舊本「秦」下原有「楚」字，為衍文，今刪。剛，在今山東寧陽北。壽，在今山東東平西南。[468]《編年紀》秦趙閼與之戰在本年。[469]懷城，在今河南武陟西南。[470]秦用范雎之計，攻韓滎陽、太行。[471]太子，〈秦本紀〉稱「悼太子」。芷陽，在今西安市東北。[472]四貴失勢，范雎相秦。[473]廩丘，徐廣曰：「或作『邢丘』。」按：《編年紀》正作「邢丘」。邢丘在今河南溫縣東。[474]宣太后，秦惠王妃，楚國人，姓羋氏，號羋八子。秦武王死後無子，諸弟爭立，羋氏異父弟魏冉恃兵擁立羋氏子公子稷即位，即秦昭王，尊稱羋氏為宣太后。太后及魏冉等專政。范雎入秦說昭王，上年奪太后之權，罷魏冉相，以范雎為相。安國君，即繼昭王即位的秦孝文王。[475]孝成王，惠文王之子，名丹。楊寬曰此時虞卿為趙相。[476]田單，齊王室旁支，初為臨淄市掾。樂毅破齊，退走即墨，被推為將軍，使用反間計，使燕以騎劫代樂毅，又以火牛陣大破燕師，殺騎劫，盡復失地，迎齊襄王即位，被封為安平君。後又任趙相。中陽，燕無中陽，當作「中人」，在今河北唐縣西南。

	264	263	262	261	260	259	258	257
周	五十一	五十二	五十三	五十四	五十五	五十六	五十七	五十八
秦	四十三	四十四 攻韓，取南陽[479]。	四十五 攻韓，取十城[481]。	四十六 王之南鄭。	四十七 白起破趙長平，殺卒四十五萬[484]。	四十八[485]	四十九[486]	五十 王齕、鄭安平圍邯鄲，及齕還軍，拔新中[487]。
魏	十三	十四	十五	十六	十七	十八	十九	二十 公子無忌救邯鄲，秦兵解去。
韓	九 秦拔我陘。城汾旁[477]。	十 秦擊我太行[480]。	十一	十二	十三	十四	十五	十六
趙	二	三	四	五 使廉頗拒秦於長平[483]。	六 使趙括代廉頗將，白起破括四十五萬。	七	八	九 秦圍我邯鄲，楚、魏救我。
楚	三十五	三十六	楚考烈王元年，秦取我州。黃歇為相[482]。	二	三	四	五	六 春申君救趙。
燕	八	九	十	十一	十二	十三	十四	燕孝王元年[488]。
齊	齊王建元年[478]。	二	三	四	五	六	七	八

256	255
五十九 赧王卒[489]。	
五十一 [490]	五十二 取西周。王稽棄市[493]。
二十一 韓、魏、楚救趙，新中，秦兵罷[491]。	二十二
十七 秦擊我陽城，救趙新中[492]。	十八
十	十一
七 救趙新中。	八 取魯，魯君封於莒[494]。
二	三
九	十

[477]陘，即陘城，在今山西曲沃東北。城汾旁，沿汾水修築防禦工事。[478]齊王建，襄王之子，名建。西元前二二一年降秦，齊亡。[479]「攻韓」上原有「秦」字。梁玉繩《史記志疑》卷九：「盧學士曰：秦攻韓，『秦』字不當有。下一年同。」今據刪，下一年亦同。南陽，地區名，屬韓，在今河南濟源、沁陽一帶，在太行之南。攻此以斷絕韓都與其上黨郡之路。[480]太行，指由今河南北部翻越太行山進入山西上黨地區之路。[481]取十城，據《編年紀》，秦攻取韓的野王，今河南沁陽，然則十城即指野王等十城。至此，韓之上黨郡與本土隔絕了。[482]考烈王，頃襄王之子，名元，金文作肯。州，當據徐廣說作夏州，在長江北岸的江、漢匯流一帶地區。黃歇，即春申君。楚人。錢穆、楊寬皆以為是楚頃襄王之弟。先後任左徒、令尹，初封於淮北，後改封吳。詳見〈春申君列傳〉。[483]廉頗，趙國名將，曾伐齊、禦秦、破燕，以勇氣聞於諸侯。詳見〈廉頗藺相如列傳〉。長平，在今山西高平西北。按：長平本不屬趙，秦發動了對韓的猛烈攻擊，切斷了上黨與韓本土的通道，韓被迫獻上黨給秦，但上黨郡守拒絕降秦，而獻上黨郡給趙，趙派廉頗駐守長平，秦派王齕率兵攻長平，事在西元前二六二年。[484]廉頗在長平築壘固守，以老敵鋒，秦、趙相持三年不分勝負。由於趙王中秦反間計，以趙括代廉頗，秦又暗中起用白起為上將軍，命王齕為尉裨將，終致趙師慘敗。〈白起王翦列傳〉〈秦本紀〉載秦敗趙軍在昭王四十七年（西元前二六○年），〈趙世家〉〈廉頗藺相如列傳〉等載此事於趙孝成王七年（西元前二五九年），當是秦決勝於昭王四十七年，戰爭結束在次年。趙括，趙奢之子，亦稱馬服子。善談兵事，不知變通。他代廉頗後，改變堅守戰略，大舉出擊，白起假裝敗退，派兵斷絕趙軍糧道四十餘日。趙括被射殺，四十餘萬趙卒降秦，被坑殺。[485]趙王朝秦，請割地求和。趙王還，不聽秦，秦使五大夫陵攻邯鄲。本年始皇生。[486]益發兵攻趙，王齕代陵將。[487]自西元前二五九年起，秦攻趙都邯鄲又已三年。因秦相范睢阻撓白起乘長平戰勝而滅趙的計畫，白起拒絕攻邯鄲，秦先後啟用王陵、王齕為將，又啟用范睢知交鄭安平為攻邯鄲主將。本年，魏信陵君竊符救趙，楚春申君也派景陽率師援救，終解邯鄲之圍。鄭安平降趙，被封為武陽君。王齕所部擔心魏軍包抄後路，攻下了魏的寧新中。王齕，又作王齮，秦將，曾任左庶長、尉裨將。鄭安平，魏國人。范睢為魏臣須賈陷害，被笞擊折脅，他助范睢隱匿。故范睢舉他為將。新中，即寧新中，魏邑，在今河南安陽。[488]孝王，武成王之子，名不詳。[489]西周亡於秦。[490]西周君與諸侯合縱，秦攻之，西周盡獻其邑三十六。[491]本年，韓參加合縱攻秦，韓與魏、楚聯軍攻到寧新中，均為救趙。[492]陽城，在今河南登封東南。[493]取西周，此下原有「王」字。梁玉繩《史記志疑》

	254	253	252	251	250	249	248
周						[503]	
秦	五十三[495]	五十四	五十五	五十六	秦孝文王元年[502]。	秦莊襄王楚元年。蒙驁取成皋、滎陽。初置三川郡。呂不韋相。取東周[504]。	二 蒙驁擊趙榆次、新城、狼孟[506]，得三十七城。日蝕。
魏	二十三	二十四	二十五 衛元君元年[498]。	二十六	二十七	二十八	二十九
韓	十九	二十	二十一	二十二	二十三	二十四 秦拔我成皋、滎陽。	二十五
趙	十二	十三	十四	十五 平原君卒[499]。	十六	十七	十八
楚	九	十 徙於鉅陽[497]。	十一	十二 柱國景伯死[500]。	十三	十四 楚滅魯，頃公遷卞，為家人，絕祀[505]。	十五 春申君徙封於吳[507]。
燕	燕王喜元年[496]。	二	三	四 伐趙，趙破我軍，殺栗腹[501]。	五	六	七
齊	十一	十二	十三	十四	十五	十六	十七

三	王齮擊上黨。初置太原郡。魏公子無忌率五國卻我軍河外，蒙驁解去[508]。
三十	無忌率五國兵敗秦軍河外。
二十六	秦拔我上黨。
十九	
十六	
八	
十八	

卷九：「『王』字羨文也。《史詮》謂『王』當作『君』。又西周在昭王五十一年，為赧王五十九年，周、秦二〈紀〉甚明，此誤在後一年。」今據刪。去年西周盡獻其邑，秦歸其君；本年秦取西周，遷西周君於𢠸狐。王稽，秦昭王時為謁者令，奉命使魏，私見范雎（當時正處於困境中），攜之入秦。范雎為秦相，薦稽為河東守，楚、魏救趙解邯鄲之圍，追秦軍至汾城（河東郡治，今山西新絳東北），王稽「與諸侯通，坐法誅」（〈范雎蔡澤列傳〉）。棄市，斬之於市街以示眾。[494]錢穆以為在上年，楊寬、郭克煜以為本表不誤。魯君卒於柯，在今山東東阿西南之阿城鎮。楊寬疑莒為柯之小邑。[495]取魏虞城，魏委國聽令。[496]王喜，孝王之子，名喜。亡於秦。[497]《通鑑》胡三省注：「赧王三十七年，楚自郢東北徙於陳，今自陳徙鉅陽。至始皇六年，春申君以朱英之言，自陳徙壽春。則此時雖徙鉅陽，未離陳地也。」楊寬曰：「楚臨時徙都到鉅陽。」梁玉繩以為楚無徙鉅陽之事，說誤。鉅陽，楚邑，在今安徽阜陽北。[498]元君，懷君之弟，魏婿，故魏立之。梁玉繩定其元年於西元前二六五年，平勢定於西元前二六四年，楊寬定於是年。[499]〈趙世家〉在十四年，司馬貞曰〈表〉與〈世家〉同，則其所見本與此異。[500]柱國，官名，亦稱上柱國，柱國原意為國都，後為楚國最高武官，位僅次於令尹。景伯，生平不詳，在《史記》中僅此一見。楊寬疑即景陽。[501]燕相栗腹乘趙於長平之戰後的虛弱，舉兵攻趙，廉頗敗之於鄗，殺栗腹，圍燕都，燕人求和。〈趙世家〉圍燕在次年。[502]孝文王，昭襄王之子，名柱。改元三日而亡。[503]東周亡於秦。[504]莊襄王，孝文王之子，初名異人，更名楚。成皋，韓邑，在今河南滎陽西北。滎陽，韓邑，在今河南滎陽東北。三川郡，在今黃河以南，河南靈寶以東，中牟以西及北汝河上游地區。因境內有黃河、洛水、伊水而得名。呂不韋，魏國濮陽人。本為陽翟大賈，以為秦在趙國的質子異人「奇貨可居」，入秦說安國君華陽夫人以異人為子。異人即位，即以呂不韋為相。秦王政即位，尊為仲父。因嫪毐案獲罪，免相，遷蜀途中飲酖死。取東周，東周君與諸侯謀秦，秦使相國呂不韋誅之，盡入東周地於秦。以陽人地賜周君奉其祭祀。[505]卞，〈魯周公世家〉作「下邑」，即都外小邑。「卞」為「下」字之訛。家人，平民。[506]榆次，在今山西榆次。新城，在今山西朔縣南。狼孟，在今山西陽曲。[507]吳，今江蘇蘇州。[508]上黨，韓國上黨郡，在今山西沁河以東一帶，北與趙的上黨郡相接。太原郡，轄境有今山西句注山以南，霍山以北，五台、陽泉以西，黃河以東地區。郡治在晉陽，在今太原市西南。五國，魏、趙、楚、韓、燕。河外，指今陝西華陰至河南陝縣一帶，在黃河之南。

	秦	魏	韓	趙	楚	燕	齊
246	始皇帝元年，擊取晉陽。作鄭國渠[509]。	三十一	二十七	二十 秦拔我晉陽[510]。	十七	九	十九
245	二	三十二	二十八	二十一	十八	十	二十
244	三 蒙驁擊韓，取十三城。王齮死。	三十三	二十九 秦拔我十三城。	趙悼襄王偃元年[511]。	十九	十一	二十一
243	四 七月，蝗蔽天下。百姓納粟千石，拜爵一級。	三十四 信陵君死。	三十	二 太子從質秦歸[512]。	二十	十二 趙拔我武遂、方城[513]。	二十二
242	五 蒙驁取魏酸棗二十城。初置東郡[514]。	魏景湣王元年[515]，秦拔我二十城。	三十一	三 趙相、魏相會魯柯盟[516]。	二十一	十三 劇辛死於趙[517]。	二十三
241	六 五國共擊秦[518]。	二 秦拔我朝歌。衛從濮陽徙野王[519]。	三十二	四	二十二 王東徙壽春，命曰郢[520]。	十四	二十四
240	七 彗星見北方、西方。夏太后薨。蒙驁死[521]。	三 秦拔我汲[522]。	三十三	五	二十三	十五	二十五
239	八 嫪毐封長信侯[523]。	四	三十四	六	二十四	十六	二十六

238	237
九　彗星見，竟天。嫪毐為亂，遷其舍人于蜀。彗星復見[524]。	十　相國呂不韋免。齊、趙來置酒。太后入咸陽。大索[528]。
五　秦拔我垣、蒲陽、衍[525]。	六
韓王安元年[526]。	二
七	八　入秦，置酒。
二十五　李園殺春申君[527]。	楚幽王悍元年[529]。
十七	十八
二十七	二十八　入秦，置酒。

[509]始皇帝，莊襄王之子，名正，或作政，二十六年稱始皇帝。鄭國渠，秦國水利工程。秦王採納韓國水工鄭國建議開鑿。此渠自瓠澤（今陝西涇陽西北）引涇水東流，經今三原、富平流入北洛水，全長三百餘里，「溉澤鹵之地四萬餘頃」，使關中「無凶年」（〈河渠書〉）。據〈秦始皇本紀〉、〈李斯列傳〉，鄭國渠之建在始皇十年，不在元年。[510]秦既先得晉陽而置太原郡，不久五國攻秦而「晉陽反」，復歸於趙。「蒙驁擊定之」。[511]悼襄王，孝成王之子，名偃。[512]楊寬疑「太子」為「公子」之誤。[513]武遂，在今河北徐水西。方城，在今河北固安西南。[514]「取魏」，原作「取燕」。本書〈秦始皇本紀〉：「將軍驁攻魏，定酸棗、燕、虛、長平、雍丘、山陽城，皆拔之，取二十城，初置東郡。」今據改。酸棗，在今河南延津西南。東郡，有今山東東阿、梁山以西，定陶、成武以北，河南延津以東，清豐以南，長垣以北地區。[515]景湣王，安釐王之子，名增，一說名午。[516]柯，邑名，即阿，在今山東東阿西南，楚曾遷魯頃公於此，故稱「魯柯」。中華本於此刪「魯」字，似不妥。[517]劇辛，趙人，與龐煖友善，後亡走燕。燕欲乘趙弊擊趙，劇辛以為「龐煖易與」，將兵擊之，龐煖敗燕殺劇辛，見〈燕召公世家〉。[518]趙將龐煖率趙、楚、魏、燕、韓五國聯軍擊秦，攻函谷關。這是東方各國最後一次合縱。[519]朝歌，在今河南淇縣。衛從濮陽徙野王，衛曾與秦連橫，被魏滅亡而成為魏的附庸，本年秦遷衛於野王而成為秦的附庸。濮陽，衛都，在今河南濮陽西南。野王，在今河南沁陽。[520]壽春，在今安徽壽縣。[521]齊藤國治、小澤賢二考證，是年五月二十五日哈雷彗星現於東方；六月三日現於北方，六月九日再現於西方。夏太后，秦莊襄王之生母。[522]汲，在今河南汲縣西。[523]嫪毐，趙國邯鄲人。初為呂不韋食客，後入宮為宦者，深得太后寵幸。權勢極大，有家僮數千人。封長信侯。後為人告發，實非宦者，與太后相亂。恐誅，發兵反，兵敗被殺。[524]竟天，滿天；遍天。秦平定政變後，夷嫪毐三族，遷其舍人四千餘家入蜀。舍人，私門之官，有職事的門客。[525]垣，即首垣，在今河南長垣東北。蒲陽，當作「蒲」或「蒲阪」，即今河南長垣。衍，在今河南鄭州北。[526]王安，桓惠王之子，名安。亡於秦。[527]李園，趙國人。初為春申君門客，後通過春申君進其妹於考烈王，考烈王卒，李園襲殺春申君，立幽王，專國政。《國策》《史記》皆曰楚幽王實為春申君之子，黃式三、錢穆、楊寬等均力辨其非是。[528]齊趙來二句，因免呂不韋相，秦王親自主持政權，齊王、趙王來致意，秦王置酒接待。對於秦，可以此壯大其親政之威勢；而齊、趙則謀與秦合作，以利其國。如趙正謀兼併燕之土地，欲求得秦國准許。太后入咸陽，因嫪毐事，上年遷太后於雍，今陝西鳳翔南，本年又納茅焦之諫，迎太后入都。大索，當嫪毐事發之後，又發覺來自韓國的水工鄭國建議修渠是特意為了消耗秦的國力，於是認為凡來自諸侯國的人都別有用心，遂大搜索，並下令逐客。李斯〈諫

	236	235	234	233	232	231	230
秦	十一 呂不韋之河南。王翦擊鄴、閼與，取九城[530]。	十二 發四郡兵助魏擊楚。呂不韋卒。復嫪毐舍人遷蜀者[531]。	十三 桓齮擊平陽，殺趙扈輒，斬首十萬，因東擊趙，王之河南[533]。彗星見。	十四 桓齮定平陽、武城、宜安。韓使非來，我殺非。韓王請為臣[534]。	十五 興軍至鄴，軍至太原。取狼孟[536]。	十六 置麗邑。發卒受韓南陽[538]。	十七 內史騰擊得韓王安，盡取其地，置潁川郡。華陽太后薨[539]。
魏	七	八 秦助我擊楚。	九	十	十一	十二 獻城秦。	十三
韓	三	四	五	六	七	八 秦來受地。	九 秦虜王安，秦滅韓。
趙	九 秦拔我閼與、鄴，取九城。	趙王遷元年[532]。	二 秦拔我平陽，敗扈輒，斬首十萬。	三 秦拔我宜安[535]。	四 秦拔我狼孟、鄱吾，軍鄴[537]。	五 地大動。	六
楚	二	三 秦、魏擊我。	四	五	六	七	八
燕	十九	二十	二十一	二十二	二十三 太子丹質於秦，亡來歸。	二十四	二十五
齊	二十九	三十	三十一	三十二	三十三	三十四	三十五

229	228	227
十八[540]	十九 王翦拔趙，虜王遷。之邯鄲。帝太后薨[543]。	二十 燕太子使荊軻刺王，覺之。王翦將擊燕[546]。
十四 衛君角元年[541]。	十五	魏王假元年[547]。
七[542]	八 秦王翦虜王遷邯鄲。公子嘉自立為代王[544]。	代王嘉元年。
九	十 幽王卒，弟郝立[545]，為哀王。三月，負芻殺哀王。	楚王負芻元年。負芻，哀王庶兄[548]。
二十六	二十七	二十八 太子丹使荊軻刺秦王，秦伐我。
三十六	三十七	三十八

逐客書〉即寫於此時。[529]幽王，考烈王之子，名悍，舊本原作「悼」，誤也，今正。[530]河南，今河南洛陽，呂不韋的封邑，食河南洛陽十萬戶。王翦，秦國頻陽（今陝西富平東北）人，秦將。攻破趙都邯鄲，拔燕薊城，滅楚，建有大功。是年王翦攻下閼與、橑陽，桓齮攻下鄴、安陽。鄴，趙邑，在今河北臨漳西南。[531]復，免除徭役。〈秦本紀〉《正義》曰：「毐舍人罪重者已刑戮，輕者罰徒役三歲。」[532]王遷，悼襄王之子，名遷。亡於秦。追謚幽湣王。[533]桓齮，秦將，西元前二三七—前二三三年，率兵攻取趙河間、漳水流域的土地，是年攻赤麗、宜安，趙大將李牧敗秦師於肥（今河北晉縣西），桓齮出奔燕。楊寬以為桓齮即後來借首級給荊軻的樊於期，音同通假，猶齊將田忌又稱田臣思。平陽，趙邑，在今河北臨漳西南。扈輒，趙將。王之河南，秦王到河南視察。[534]武城，趙邑，在今河北磁縣西南。宜安，趙邑，即今河北欒城。韓使非來二句，秦王政讀到韓非的文章，大為讚賞，發兵攻韓，欲得韓非。韓遣韓非使秦。韓非入秦，受到其同學李斯陷害，下獄死。詳見〈老子韓非列傳〉。[535]是年攻而未拔。[536]〈秦始皇本紀〉：「大興兵，一軍至鄴，一軍至太原。」[537]鄱吾，在今河北磁縣。「鄱」字也作「番」、「播」。是年秦敗於李牧軍，未取鄱吾。[538]麗邑，在今陝西臨潼東北，酈山之旁。[539]內史騰，秦官員，官內史，名騰。楊寬曰：「騰初為韓南陽守，因獻地於秦而升為內史，後為秦南郡守。」潁川郡，因潁水得名。轄境有今河南登封以東，尉氏以西，包括舞陽、臨潁等地。華陽太后，楚人，孝文王后，無子，以莊襄王為嗣。[540]大興兵攻趙。[541]衛君角，元君之子，名角。梁玉繩等認為其元年在西元前二四〇年。[542]李牧被讒殺。[543]之邯鄲，即〈秦始皇本紀〉之「秦王之邯鄲」，舊本於此刪「之」字，誤。帝太后，秦王政之母。[544]「邯鄲」上或脫「之」字，或「邯鄲」二字衍。公子嘉，悼襄王之子，名嘉。[545]郝，幽王同母弟。[546]荊軻，齊人，遷居於衛。遊燕，處士田光薦之於太子丹，丹尊為上卿，與謀刺秦王。帶樊於期首級與燕督亢地圖獻秦

	秦	魏	韓	趙	楚	燕	齊
226	二十一 王賁擊楚[549]。	二	[550]	二	二 秦大破我，取十城。	二十九 秦拔我薊，得太子丹。王徙遼東[551]。	三十九
225	二十二 王賁擊魏，得其王假，盡取其地[552]。	三 秦虜王假[553]。		三	三	三十	四十
224	二十三 王翦、蒙武擊破楚軍，殺其將項燕[554]。			四	四 秦破我將項燕[555]。	三十一	四十一
223	二十四 王翦、蒙武破楚，虜其王負芻。			五	五 秦虜王負芻，秦滅楚[556]。	三十二	四十二
222	二十五 王賁擊燕，虜王喜。又擊得代王嘉。五月，天下大酺[557]。			六 秦將王賁虜王嘉，秦滅趙。		三十三 秦虜王喜，拔遼東，秦滅燕。	四十三
221	二十六 王賁擊齊，虜王建。初并天下，立為皇帝。						四十四 秦虜王建，秦滅齊。
220	二十七 更命河為「德水」[558]。為金人十二[559]。命民曰「黔首」。同天下書[560]。分為三十六郡。						
219	二十八 為阿房宮[561]。之衡山。治馳道[562]。帝之琅邪，道[563]南郡入。為太極廟[564]。賜戶三十爵一級[565]。						
218	二十九 郡縣大索十日[566]。帝之琅邪，道上黨入。						

年	
217	三十
216	三十一 更命臘曰「嘉平」[567]。賜黔首里六石米、二羊，以嘉平。大索二十日[568]。
215	三十二 帝之碣石[569]，道上郡入。
214	三十三 遣諸逋亡及賈人、贅壻略取陸梁，為桂林、南海、象郡，以適戍[570]。西北取戎為三十四縣[571]。築長城河上，蒙恬將三十萬[572]。

王，刺王不中，被殺。[547]魏王假，景湣王之子，名假。亡於秦。[548]負芻，考烈王之子，名負芻，亡於秦。[549]王賁，秦將，王翦之子。[550]新鄭反，韓王死。[551]薊，燕國都城，在今北京市。遼東，燕郡名，因在遼水以東得名。轄境有今大淩河以東地區。[552]引河水灌大梁，城壞，王假降。[553]魏滅。[554]項燕，楚將，下相人。上年大破秦將李信軍，是年王翦率秦六十萬大軍至，項燕兵敗被殺，一說自殺。[555]項燕立昌平君為荊王，反秦於淮南。[556]馬非百以為有人託項燕之名立昌平君於負芻被虜之後。[557]天下大酺，朝廷讓天下歡慶，聚會飲酒。[558]更命河為德水，秦始皇採用陰陽家終始五德之說，以為周得火德，而能滅火者水，故以為秦得水德，而更名河為德水。以為水德之始，剛毅戾深。河，河水，即後代所稱之黃河，按：〈秦本紀〉記此與以下諸事於二十六年，與表不同。[559]為金人十二，收天下兵器，鑄成十二個用作鐘鐻的金人，置於宮門。[560]同天下書，六國使用的文字不統一，有不同的寫法，始皇命李斯以秦國文字為基礎，制定小篆，推行於全國。[561]阿房宮，宮殿名，始築於始皇三十五年，秦亡時尚未完工，後於動亂中被毀。遺址在今西安市西阿房村。[562]馳道，供天子車駕馳騁的大道，東通燕、齊，南達吳、楚。道寬五十步，每隔三丈植松樹一株。〈秦始皇本紀〉載治馳道於二十七年。[563]道，取道；經由。[564]為太極廟，「太」原作「天」。〈秦始皇本紀〉二十七年：「作信宮渭南，已更命信宮為極廟，象天極。」依此，「太」字應為衍文。[565]賜戶三十爵一級，「三十」衍文，〈秦始皇本紀〉作「賜戶爵一級」。[566]郡縣大索十日，始皇東遊至博浪沙（在今河南原陽東南），故韓相張平之子張良命人用鐵椎伏擊，誤中副車。始皇命天下大搜查十天。[567]更名臘曰嘉平，《索隱》：「夏曰清祀，殷曰嘉平，周曰大蠟，亦曰臘，秦更名曰嘉平。」臘，歲末祭名。《說文》：「冬至後三戌，臘祭百神。」[568]大索二十日，始皇微服出行，在蘭池（在咸陽）遇盜受窘，命天下大搜索二十日。[569]碣石，山名，在今河北昌黎西北。[570]遣諸逋亡三句，即徵發逃亡者、商人、贅壻為兵卒，攻伐南越。陸梁，秦稱五嶺以南地為陸梁。桂林，郡名，治所在今廣西桂平西南。南海，郡名，治所在番禺（今廣州市）。象郡，郡名，治所在臨塵（今廣西崇左）。以適戍，以之為謫戍之地。適，通「謫」。被罰流放或貶職。[571]三十四，原作「四十四」。張文虎《札記》卷二：「〈紀〉作『三十四縣』，表亦宜同，故徐廣引『一云四十四』，以著異文，今〈表〉蓋後人誤依《集解》改。」今據改。[572]築長城河上二句，梁玉繩以為當作「蒙恬將三十萬，築長城河上」。蒙恬，蒙驁之孫，蒙武之子，秦將，後為二世所逼，自殺。

年	紀年	事
213	三十四	適治獄不直者[573]築長城取南方越地覆獄故失[574]。
212	三十五	為直道，道九原，通甘泉[575]。
211	三十六	徙民於北河、榆中，耐徙三處[576]，拜爵一級。石[577]晝下[578]東郡，有文[579]言「地分」。
210	三十七	十月[580]，帝之會稽[581]、琅邪，還至沙丘[582]崩。子胡亥立，為二世皇帝。殺蒙恬。道九原入。復行錢[583]。
209	二世元年	十月戊寅，大赦罪人。十一月，為兔園[584]。十二月，就阿房宮[585]。其九月，郡縣皆反。楚兵至戲，章邯擊卻之[586]。出[587]衛君角為庶人。
208	二	將軍章邯、長史司馬欣、都尉董翳[588]追楚兵至河。誅丞相斯、去疾、將軍馮劫[589]。
207	三	趙高反，二世自殺，高立二世兄子嬰[590]。子嬰立，刺殺高，夷三族[591]。諸侯入秦，嬰降，為項羽所殺。尋誅羽，天下屬漢[592]。

河上，此指今內蒙古境內的黃河之濱。[573]適治獄不直者，適，通「讁」。治獄不直者，判官司不公正的官員。[574]取南方越地，「取」原作「及」字。《史記會注考證》：「『及』字當作『取』。」今據改。一說下文「覆獄故失」四字當是「治獄不直者」之注文，《通鑑》作「讁治獄吏不直及覆獄故失者」。覆獄，審理官司。故失，故意當罪不罪，不當罪而罪之。[575]為直道三句，命蒙恬從九原至甘泉修築直道，「塹山堙谷，千八百里」。道路直，故稱直道，此道具有國防意義，今尚有遺跡。道九原，由九原。九原，郡名，郡治在今內蒙古包頭西。甘泉，宮名，在雲陽（今陝西淳化西北）。[576]徙民於北河榆中二句，北河，流經今內蒙古杭錦後旗、烏拉特前旗和包頭市的那段黃河。此指北河流域。榆中，指今內蒙古杭錦旗、東勝、伊金霍洛旗至陝西神木一帶地區。耐徙三處，四字依〈秦始皇本紀〉當作「三萬家」。[577]石，即隕石。[578]下，徐廣引作「隕」，「下」亦「隕」義。[579]文，文字。[580]十月，按：秦以十月為歲首，故首書十月，未述九月。[581]會稽，山名，在今浙江紹興東南。[582]沙丘，在今河北平鄉東北，其地有趙國之沙丘宮。[583]復行錢，陳直曰：「此云二世復行錢，中間必脫有廢行錢之記載。」[584]兔園，園囿名。[585]十二月二句，梁玉繩曰：「〈紀〉言復作阿房宮，始於四月，非十二月。阿房終秦之世未就，不可言就也。」[586]楚兵至戲二句，陳勝起義後，遣義軍將領周文（即周章）率兵攻秦至戲，二世大驚，赦免驪山刑徒，發給武器，命少府章邯抵抗義軍，周文撤退到曹陽（今河南靈寶東）。戲，在今陝西臨潼東北。章邯，秦抗擊義軍的主將，後降項羽，

封雍王。劉邦定三秦，章邯兵敗自殺。587出，驅逐。588長史，秦官名，職任不詳，後世長史職任頗重，或為三公佐，或總理幕府。司馬欣，初為秦櫟陽獄掾，嘗有德於項梁（項羽叔父）。投降項羽後任上將軍，滅秦後封塞王。後降劉邦。都尉，武官名，位在將軍下。董翳，兵敗降項羽，秦滅，受封為翟王。劉邦定三秦，降漢。589斯，李斯，楚國上蔡人，荀子弟子。這時為秦左丞相。詳見〈李斯列傳〉。去疾，馮去疾，時任右丞相。按：馮去疾、馮劫以為將相不辱，自殺死，李斯囚禁，就五刑。590趙高，趙人，秦宦官。任中車府令，親近胡亥。始皇死，他主謀迫使公子扶蘇自殺，立胡亥為二世皇帝，自任郎中令，專朝政。殺李斯，任中丞相。又殺二世，立二世兄子子嬰。591刺殺高二句，子嬰即位後，與近臣騙趙高進宮，將其殺死，滅其三族。夷，平；滅。三族，有說指父母、兄弟、妻子；有說指父族、母族、妻族；也有說指父、子、孫，其他不錄。592尋誅羽二句，此述秦滅以後事。尋，不久。

【研析】〈六國年表〉以秦國為主。表序也主要是談論秦國統一的原因和秦王朝的歷史地位。講天助，講「收功實者常於西北」，當然不中肯。「然戰國之權變亦有可頗采者，何必上古。秦取天下多暴，然世異變，成功大。傳曰『法後王』，何也？以其近己而俗變相類，議卑而易行也。」這才是問題的關鍵。什麼叫「世異變」？當是說，這是「爭於氣力」的時代，是「務在彊兵」和謀詐、縱橫短長之說行用的時代，秦適應時代的變化，武力和謀詐並用，因而儘管它「取天下多暴」，終於取得成功，不僅成功，而且「成功大」。在這裡，司馬遷參酌荀子、韓非的論述，對秦做了實事求是的評價。在當時，作出這樣的評價，並且斥責「學者牽於所聞……不敢道，此與以耳食無異」，是非常大膽的，表現了司馬遷敢於反潮流的精神。「成功大」，指的什麼？「試問自漢以迄今日，郡縣、田制、官名、法律，何一不本於秦氏，所謂法後王者，不亦信歟！」（牛運震《史記評注》卷三）「不獨六國皆滅於秦，即後來世變雖多，其因革損益，恐亦不能出嬴氏之範圍也。」（李景星《四史評議·史記》）對於司馬遷給予秦的大膽評論，後儒予以高度評價。郝敬說，司馬遷之論秦「可謂達時變，不隨人唯諾者矣。……可謂推見終始矣。」（《史漢愚按》卷二）方苞說：「遷『近己而俗變相類，論卑而易行』，乃情之不謀而同，勢之往而不反者也。故遷之言，亦聖人所不易也。」（《望溪先生文集》卷二）

當然，司馬遷對秦的肯定不是無條件的，他明確批評秦「先暴戾，後仁義」。有人說：「秦人之毒天下，不得不為罪魁；其利後世，不得不為功首。」（蔣湘南《七經樓文鈔》卷三）所說或許大致不錯。

說到秦的成功，大概還應當提到六國之間的自相殘殺，它們的相互火併，為秦的統一創造了有利的條件。

卷十六

秦楚之際月表第四

【題解】本表譜列了上起秦二世元年（西元前二〇九年）七月下至漢高祖五年後九月，也就是大體從陳涉起義反秦，中經陳涉兵敗身死，項羽、劉邦繼起滅秦，劉邦、項羽楚漢戰爭，直至最後劉邦打敗項羽即皇帝位的前後共九十個月的重要事件。本表分作前後兩截，前半截從二世元年七月到子嬰元年十二月，譜列的是各路諸侯起義，以至劉邦、項羽入關滅秦的過程；後半截是從項羽分封諸侯開始，一直譜列到劉邦滅項羽即皇帝位。由於這段時間的變化太快、重大事件太多，所以司馬遷把它逐月地加以排列。該表的題目不稱「秦漢」而稱「秦楚」，突出的表現了司馬遷對陳涉、楚懷王、項羽這三代「楚王」的極大重視。

太史公讀秦、楚之際❶，曰：初作難，發於陳涉❷；虐戾滅秦，自項氏❸；撥亂誅暴❹，平定海內，卒踐帝祚❺，成於漢家。五年之間，號令三嬗❻，自生民以來❼，未始有受命若斯之亟❽也。

昔虞、夏之興❾，積善累功數十年，德洽百姓❿，攝行政事，考之于天，然後在位⑪。湯、武之王，乃由契、后稷脩仁行義十餘世，不期而會孟津八百諸侯，猶以為未可，其後乃放弒⑫。秦起襄公⑬，章於文、繆⑭，獻、孝⑮之後，稍以蠶食六國⑯，百有餘載，至始皇⑰乃能并冠帶之倫⑱。以德若彼⑲，用力如此⑳，蓋一統若斯之難也。

秦既稱帝，患兵革不休，以有諸侯也㉑，於是無尺土之封㉒，墮壞名城㉓，銷鋒鏑㉔，鉏豪桀㉕，維㉖萬世之安。然王跡㉗之興，起於閭巷㉘，合從討伐㉙，軼於三代㉚，鄉秦之禁㉛，適足以資賢者㉜為驅除難㉝耳。故憤發其所為天下雄㉞，安在無土不王㉟？此乃傳之所謂大聖乎㊱？豈非天哉！豈非天哉！非大聖孰能當此受命而帝者乎㊲？

【章旨】以上為〈秦楚之際月表〉之序，作者慨歎了秦楚之際的形勢變化之快，與劉邦取得帝位的輕而易舉。

【注釋】❶讀秦楚之際　梁玉繩曰：「文義未全，與〈高祖功臣表序〉云『余讀高祖功臣』同一語病。」按：「秦楚之際」指記載秦末、楚漢之際的歷史資料。秦，實指二世胡亥與秦王子嬰。楚，指陳涉、項梁、項羽。姚苧田以為即指〈秦紀〉，似略狹窄。❷初作難二句　陳涉於二世元年（西元前二〇九年）七月，起義於宿縣之大澤鄉，過程詳見〈陳涉世家〉。❸虐戾滅秦二句　實際率先入關滅秦，接受秦王子嬰投降的是劉邦，但司馬遷歸功於項氏，其原因在於是項羽在河北消滅了章邯、王離等所率領的秦國軍隊，是鉅鹿大捷引發了秦國的宮廷政變，並給劉邦奠定了入關破秦之機。在滅秦的過程中項氏一直是實際的諸侯盟主。虐戾，指項羽在破秦過程中的好屠戮，以及入關後的殺子嬰、燒咸陽等等。項氏，指項梁、項羽，叔姪二人相繼為諸侯盟主。秦朝滅亡在西元前二〇六年十月。

❹撥亂誅暴　廢除秦朝的亂政，削除秦朝與項羽的殘暴行為。

❺卒踐帝祚　最終登上皇帝之位。卒，終。祚，帝王之座位。

❻五年之間二句　梁玉繩曰：「自陳涉稱王至高祖五年即帝位凡八年，故〈序傳〉（即〈太史公自序〉）云『八年之間，天下三嬗』，此言『五年』非也。」按：梁說是。〈太史公自序〉云：「秦既暴虐，楚人發難。項氏遂亂，漢乃扶義征伐。八年之間，天下三嬗。」嬗，通「禪」。傳遞；轉交。「三嬗」指號令天下之權一由秦二世轉至陳涉；再由陳涉轉至項羽；三由項羽轉至劉邦。

❼自生民以來　自從有了人類以來。

❽受命若斯之亟　稟承天命即位為帝王像秦楚之際變得這樣快。亟，急促；快速。姚苧田曰：「此『受命』實兼說三家，所以《史記》於陳涉稱『世家』，於羽稱『本紀』。唯其五年之間而有三朝受命，所以為『亟』；俗解專指高祖，文理便碍。」

❾虞夏之興　虞舜、夏禹的興起為帝王。

❿德洽百姓　舜、禹的德行為百官群僚所公認、信服。百姓，百官。

⓫攝行政事三句　攝行，代行；代理執行。〈五帝本紀〉云：「舜年二十以孝聞，年三十堯舉之，年五十攝行天子事，年六十一代堯踐帝位。」又據〈夏本紀〉，禹為舜臣，治洪水十三年，有大功於天下，「舜荐禹于天，為嗣」。又十七年舜崩，喪畢，禹始踐帝位。

⓬湯武之王五句　湯的祖先曰契，在舜、禹時代佐禹治水，又為掌管教化的大臣，功業著於天下。後十三世至成湯，時夏桀暴虐，湯乃以兵伐之，桀敗，奔於鳴條，湯乃即位，國號曰商，事見〈殷本紀〉。周之祖先曰后稷，在舜、禹時代曾佐禹治水，又為發展農業做出了重要貢獻。後十五世至武王，時殷紂暴虐無道，武王引兵伐之。前進至孟津渡口，事先並未約定，各路諸侯率軍來會的居然有八百多位。但武王還以為時機不夠成熟，便引兵撤退了。又過了兩年，殷紂的殘暴越發厲害，於是武王再次起兵，敗殷紂於牧野，殷紂自焚而死。事見〈周本紀〉。不期，事先並未約定。孟津，也作「盟津」，黃河上的渡口名，在今河南孟津東北。放弒，「放」指夏桀的逃亡，「弒」指殷紂的身死。

⓭秦起襄公　秦國君主之成為諸侯自襄公開始。秦襄公，西元前七七七—前七六六年在位，原為西陲大夫。在周幽王被犬戎所殺，西周滅亡之際，秦襄公因抗擊犬戎，佐助周王室東遷有功，被封為諸侯，從此秦國日益強盛。事見〈秦本紀〉。

⓮章於文繆　至文公、繆公時代，秦國更在諸侯間顯露頭角。章，顯著。文，秦文公，西元前七六五—前七一六年在位。繆，秦繆公，春秋時代傑出的國君之一，西元前六五九—前六二一年在位。

⓯獻孝　秦獻公、秦孝公。秦獻公，戰國前期的秦國國君，西元前三八四—前三六二年在位。秦孝公，獻公之子，西元前三六一—前三三八年在位，任用商鞅實行變法，秦國自此強大。

⓰稍以蠶食六國　稍，逐漸。六國，指齊、楚、燕、韓、趙、魏。

⓱始皇　名政，西元前二四六年即位為秦王，至西元前二二一年統一六國，改號皇帝，是我國古代第一個統一中國、建立起中央

集權的帝王。⑱并冠帶之倫　指統一中原地區的各個諸侯國。冠帶，戴帽子、繫腰帶，與周邊民族的披髮椎結相對稱。⑲以德若彼　指舜、禹、湯、武的改朝稱帝。⑳用力如此　指秦始皇的滅六國稱帝。㉑以有諸侯也　以，因為。秦始皇認為春秋、戰國之所以戰亂不休，就是因為周王朝當初封建了許多諸侯國。於是吸取教訓，秦朝改行郡縣制，中央集權，不再實行分封制。㉒無尺土之封　意即不再分封任何諸侯，使尺寸之地皆為朝廷所有。㉓墮壞名城　意即將東方各地的都邑城郭都剷掉，以防止再有人據城造反。㉔銷鋒鏑　將消滅六國所收繳的兵器都集中起來予以銷毀，熔鑄成鐘虡銅人等等，使意欲圖謀不軌者無兵器可用。㉕鉏豪桀　將東方有威望、有號召力的人士通通誅滅。鉏，同「鋤」。剷除。㉖維　通「為」。目的就是。㉗王跡　王者的跡象，指劉邦的活動。㉘閭巷　里弄，指古代平民居住的地方。㉙合從討伐　聯合起來共同推翻秦王朝。合從，即「合縱」，聯合作戰。從，通「縱」。㉚軼於三代　比以往的夏、商、周任何一個時代都快。軼，快速；超越。㉛鄉秦之禁　當初秦朝所採取的那些防備措施。鄉，通「向」。過去。㉜以資賢者　給後來起義的聖賢幫忙。資，助；幫忙。㉝為驅除難　語氣不順，似應作「為驅除患難」，意即為劉邦、項羽等掃除障礙。㉞憤發其所為天下雄　讓劉邦得以發揮了他那種出人頭地的才能。㉟安在無土不王　哪裡有那種「沒有領地就不能稱王」的道理呢？按：《白虎通》曰：「聖人無土不王，使舜不遭堯，當如夫子老於闕里也。」這裡對過去流行傳統說法提出了質問。像劉邦這種由一個平頭百姓一下子造反做皇帝的先例，在夏、商、周三代以及春秋、戰國都是沒有的，這正是趙翼在《廿二史箚記》中所說的「秦漢間為天地一大變局」。㊱傳之所謂大聖乎　有些書上所說的「大聖人」。按：漢代對儒家「六經」以外的各家各派的著作都稱作「傳」，漢代初期有許多書把劉邦稱作「真人」、「聖人」。㊲豈非天哉三句　這裡前後的幾句話究竟是褒是諷，歷來理解不一。

【語　譯】太史公讀歷史資料，讀到秦楚之際的時候，說：首先發難的是陳涉；用暴力滅掉秦朝的是項羽；剷除禍亂，誅滅殘暴，平定天下，最後登上帝位，建立了漢王朝的是劉邦。僅僅五年的時間，發號施令的人就換了三次，自有人類以來，還沒有見過接受天命登上帝位像現在這麼快的。

當初虞舜和夏禹的興起，都是做好事做了幾十年，功德深入人心，又代替天子處理政事，接受了上天的考驗，而後才正式登上帝位的。商湯和周武王的獲得天下，更是早在十幾代之前，從契和后稷開始就已經修仁行義了，這樣當武王伐紂時，沒有預約而同時會師到孟津的就有八百多個諸侯，但武王還認為伐殷的時機不成熟，還回去修德。就這樣又過了好久，商湯才把夏桀放逐，武王才滅了殷紂。秦朝是從襄公開始興起的，到了文公、繆公的時代，開始在諸侯中間顯露頭角，獻公、孝公以後，逐漸蠶食東方各國，再經過一百多年，到了秦始皇的時代才統一了天下。舜禹湯武都有那麼高的道德，還用了那麼長的時間；秦國有那麼強的武力，也用了那麼長的時間，可見統一天下是多麼不容易啊！

秦始皇稱帝以後，他認為過去之所以戰亂不休，就是因為有諸侯割據。因此他廢除分封制，一點土地也不封給別人，而且把東方各地的城池全部鏟平，把收繳的東方各國的武器統統熔毀，把盤踞於各地的豪強通通除掉，想以此維持今後的長治久安。但是一代帝王卻從平民百姓中冒出來了，他們聯合起來討伐暴秦，成功的速度比夏商周三代都快。而秦朝所推行的種種禁令，反倒正好給討伐它的人掃除了障礙，所以漢高祖發憤而起，一下子就成了天下的主宰，哪裡像有些人所說的沒有封地就不能成王呢？這大概就是古書上所說的那種大聖人吧？這難道不是天意嗎！這難道不是天意嗎！如果不是大聖人又怎麼能夠在這種亂世中這麼快地就受命而成了帝王呢？

西元前 209 年

秦	二世❶元年。	七月。
楚		楚隱王陳涉起兵入秦❷。
項		
趙		
齊		
漢		
燕		
魏		
韓		

❶二世名胡亥，始皇帝之第十八子，篡改始皇遺詔，殺扶蘇自立為皇帝。❷陳涉等此年七月起義於大澤鄉，攻下陳郡後自立為王，國號張楚。隱，《謚法解》：「不顯尸國曰隱。」原注：「以間主國。」

208

秦	楚	項	趙	齊	漢	燕	魏	韓
八月。	二 葛嬰為涉徇九江，立襄彊為楚王❸。		武臣❹始至邯鄲，自立為趙王，始。					
九月，楚兵至戲❺。	三 周文兵至戲，敗。而陳嬰聞涉王，即殺彊❻。	項梁號武信君❼。	二	齊王田儋始。儋，狄人。諸田宗彊❽。從弟榮，榮弟橫。	沛公❾初起。	韓廣為趙略地至薊，自立為燕王，始❿。	魏王咎始。咎在陳，不得歸國⓫。	
二年，十月⓬。	四 誅葛嬰⓭。	二	三	二 儋之起，殺狄令自王⓮。	二 擊胡陵、方與，破秦監軍⓯。	二	二	
十一月。	五 周文死⓰。	三	四 李良殺武臣，張耳、陳餘走⓱。	三	三 殺泗水守。拔薛西。周市東略地豐沛間⓲。	三	三 齊、趙共立周市，市不肯，曰「必立魏咎」云⓳。	
十二月。	六 陳涉死⓴。	四		四	四 雍齒叛沛公，以豐降魏。沛公還攻豐，不能下㉑。	四	四 咎自陳歸，立㉒。	

端月。㉓
楚王景駒始，秦嘉立之。㉔
五 涉將召平矯拜項梁為楚柱國，急西擊秦㉕。
趙王歇始，張耳、陳餘立之。㉖
五 讓景駒以擅自王不請我㉗。
五 沛公聞景駒王在留，往從與擊秦軍碭西㉘。
五
五 章邯已破涉，圍咎臨濟㉙。

❸襄彊，事跡不詳，疑是六國時楚王之後代。九江，秦郡名，郡治壽春，今安徽壽縣。❹武臣是陳涉的部將，受陳王命略地河北，到邯鄲後自立為趙王。❺戲，水名，源於驪山，流經今西安市之臨潼區東，北流入渭水。梁玉繩曰：「此即周文至戲之兵也，當在二年冬十月。」周文，亦名周章，陳涉的部將。❻梁玉繩曰：「文至戲在二年十月。」❼項梁、項羽叔姪於此年九月起兵於會稽，十二月陳涉失敗始渡江而西。又過六個月立楚懷王後，項梁始號武信君。❽田儋是六國時齊國王室的同族。狄，秦縣名，縣治在今山東高青東南。田儋等於此年九月起兵，攻下狄縣後，自立為齊王。❾劉邦於此年九月起兵，攻下沛縣後，被擁立為沛縣縣令，故人們尊稱之曰「沛公」。❿韓廣原是武臣的部將，受武臣命略定燕地，攻下薊縣（今北京市）後自立為燕王。⓫魏咎是六國時魏國王室的後代，陳涉起義後，魏咎追隨陳涉而起。魏人擁立魏咎為魏王，陳涉阻之不使其赴魏就位。⓬二世二年之十月。秦朝曆法以十月為歲首。⓭因其擅自擁立襄彊為王。⓮梁玉繩曰：「儋自王事在二世元年九月，此誤後一月。」⓯胡陵、方與皆秦縣名，胡陵在今山東魚台東南；方與在今魚台西。秦監軍，秦朝泗水郡監郡平的軍隊。沛縣即屬泗水郡。按：秦朝郡裡的行政長官有三，即郡守、郡尉、郡監。郡監由朝廷派御史任之。⓰周文率軍抵達離咸陽不遠之戲水後，被秦將章邯打敗。周文潰敗出函谷關，又連續被打敗於曹陽、澠池，周文自殺。⓱李良是武臣的部將，受秦之反間，且不滿武臣姐之傲慢，襲殺武臣，張耳、陳餘得訊逃脫。後來李良被張耳、陳餘打敗，降秦。按：武臣為趙王前後共四個月。⓲劉邦軍破殺秦泗水郡郡守壯於薛縣，率兵繼續西進。薛，秦縣名，在今山東滕縣東南。魏咎的支持者周市奉陳涉之命率軍到豐沛一帶活動。在秦朝時豐是沛縣裡的一個鄉邑，劉邦建國後，將豐邑升格為縣。劉邦即沛縣豐邑人。⓳周市的來歷不詳，看情形是六國時魏國的大臣之後，故一心忠於魏咎。魏咎被陳涉留在陳郡時，各地曾共舉周市為魏王，周市不應，必空位以待魏咎。⓴章邯破殺周文後，進兵至陳，破陳涉於陳郡城西。陳涉敗逃，被車夫所殺。按：陳涉起義首尾共六個月，但跨著兩個年頭。起於二世元年七月，盡於二世二年十二月。秦曆以十月為歲首。㉑雍齒是劉邦的部將，為劉邦守豐。周市誘使雍齒率豐邑叛變劉邦，歸附於魏，劉邦失去根本，大為惱火，但攻之不勝。㉒魏人一再向陳涉請求放歸魏咎，陳涉無奈，五請而後使之赴魏為王。㉓梁玉繩曰：始皇名「正」，秦人諱之故改「正月」為「端月」。㉔景駒是六國時楚國王族的後裔，故秦嘉在陳涉敗死，群龍無首之時立以為王。㉕時項梁、項羽尚在江東，尚未確知陳涉已死。矯拜，假傳王命以任之。柱國，楚官名，僅次於令尹。㉖趙歇是六國時趙國王族的後代，武臣死後，被張耳、陳餘擁立為趙王。㉗秦嘉立景駒後，使公孫慶約齊國共同出兵擊秦，田儋責問公孫慶「秦嘉立景

秦	二月。	三月。	四月。	五月。	六月。
楚	二 嘉為上將軍[30]。	三	四[35]		楚懷王始，都盱台，故懷王孫梁立之[39]。
項	六 梁渡江，陳嬰、黥布皆屬[31]。	七	八 梁擊殺景駒、秦嘉，遂入薛，兵十餘萬眾[36]。	九	十 梁求楚懷王孫，得之民間，立為楚王[40]。
趙	二	三	四	五	六
齊	六 景駒使公孫慶讓齊，齊誅慶[32]。	七	八	九	十 儋救臨濟，章邯殺田儋。榮走東阿[41]。
漢	六 攻下碭，收得兵六千，與故凡[33]九千人。	七 攻拔下邑，遂擊豐，豐不拔。聞項梁兵眾，往請擊豐[34]。	八 沛公如薛，見項梁，梁益沛公卒五千，擊豐，拔之。雍齒奔魏[37]。	九	十 沛公如薛，共立楚懷王[42]。
燕	六	七	八	九	十
魏	六	七	八 臨濟急，周市如[38]齊、楚請救。	九	十 咎自殺，臨濟降秦[43]。
韓					韓王成始[44]。

七月。	八月。
二 陳嬰為柱國㊺。	三
十一 天大雨，三月不見星。	十二 救東阿，破秦軍，乘勝至定陶，項梁有驕色㊾。
七	八
齊立田假為王，秦急圍榮東阿㊻。	楚救榮，解歸，逐田假，立儋子市為齊王，始㊿。
十一 沛公與項羽北救東阿，破秦軍濮陽，東屠城陽㊼。	十二 沛公與項羽西略地，斬三川守李由於雍丘(51)。
十一	十二
咎弟豹走東阿㊽。	
二	三

駒為王緣何不向齊國請示」。㉘時劉邦因雍齒叛變，攻之不勝，左右無依，故往投景駒，與之聯合擊秦。留，秦縣名，在沛縣東南。碭，秦縣名，在今河南永城北。㉙臨濟，古邑名，在今河南封丘東。㉚景駒任以為上將軍。㉛陳嬰，原為東陽縣的小吏，陳涉起義後，嬰亦聚眾而起。黥布，先曾為驪山刑徒，後逃至江上為群盜。㉜公孫慶反問：「齊國立王緣何不向楚國請示？」齊人怒殺公孫慶。梁玉繩曰：「本一時事，不得分為兩月。」按：舊本「誅慶」上無「齊」字，今補。㉝凡，總共。㉞劉邦攻拔下邑後，回軍攻豐，不克。聞項梁屯駐於薛，遂往投之。下邑，秦縣名，縣治即今安徽碭山。㉟景駒、秦嘉被項梁所殺。按：景駒為楚王共四個月。㊱項梁欲立自己所欲立者，故連秦嘉、景駒並殺之，不欲受他人制也。㊲按：此項氏之第一次救助劉邦。又，雍齒之如此行為，遂使劉邦永遠記恨在心。㊳如，往。㊴此楚懷王名心，六國時的楚懷王之孫，項梁為號召群眾，立以為王。為鼓楚人亡國之痛，仍稱之曰「懷王」。盱台，秦縣名，在今江蘇盱眙東北。㊵求，訪察。楚懷王孫名心，時在民間為人牧羊。㊶田儋為救魏咎被章邯破殺於臨濟下，其弟田榮引兵東退至東阿。按：田儋為齊王共十個月。㊷劉邦與項梁等共同擁立楚懷王。㊸魏咎先與秦軍約降，而後自殺。按：魏咎為魏王共十個月。㊹韓成是六國時韓王的後裔。張良說項梁立之為韓王。㊺陳嬰始歸項梁，今則侍楚懷王，受懷王信任。㊻齊地聞田儋死，立六國時齊王之後田假為齊王。秦將章邯追圍田榮於東阿。原「秦急圍」下無「榮」字，今據景祐本、紹興本、耿本等本補。㊼濮陽，秦縣名，在今河南濮陽西南。城陽，在今山東鄄城東南。㊽梁玉繩曰：「應書『咎弟豹走楚』五字於咎之十月。」㊾時齊王田儋為救魏咎被章邯破殺於臨濟下，田榮被章邯圍困於東阿。項梁擊敗章邯救出田榮，追秦軍至定陶，有輕秦意。㊿項梁破章邯於東阿，追擊章邯至定陶。田榮回齊地驅逐田假，立田儋之子田市為王，自己為相，其弟田橫為將。(51)李由是秦丞相李斯之子，時為三川郡的郡守。三川郡

207

秦	九月。	後九月。[58]	三年，十月。[63]	十一月。
楚	四　徙都彭城。[52]	五　拜宋義為上將軍。[59]	六	七　拜籍上將軍。[68]
項	十三　章邯破殺項梁於定陶，項羽恐，還軍彭城。[53]	懷王封項羽於魯，為次將，屬宋義，北救趙。[60]	二	三　羽矯殺宋義，將其兵渡河救鉅鹿。[69]
趙	九	十　秦軍圍歇鉅鹿，陳餘出救兵。[61]	十一　章邯破邯鄲，徙其民於河內。[64]	十二
齊	二　田假走楚，楚趨齊救趙。田榮以假故，不肯，謂「楚殺假乃出兵」。項羽怒田榮。[54]	三	四　齊將田都叛榮，往助項羽救趙。[65]	五
漢	十三　沛公聞項梁死，還軍從懷王，軍於碭。[55]	十四　懷王封沛公為武安侯，將碭郡兵西，約先至咸陽王之。[62]	十五　攻破東郡尉及王離軍於成武南。[66]	十六
燕	十三	十四	十五　使將臧荼救趙。[67]	十六
魏	魏豹自立為魏王，都平陽，[56]始。	二	三	四
韓	四[57]	五	六	七

十二月。	
八	
四	大破秦軍鉅鹿下，諸侯將皆屬項羽(70)。
十三	楚救至，秦圍解(71)。
六	故齊王建孫田安下濟北(72)，從項羽救趙。
十七	救趙至栗，得皇訢、武蒲軍。與秦軍戰，破之(73)。
十七	
五	豹救趙(74)。
八	

的郡治即洛陽。雍丘，即今河南杞縣。(52)楚懷王見項梁敗死，自盱眙移都前進至彭城，並項羽、呂臣軍自將之，有不信任項氏意。(53)章邯破殺項梁於定陶，楚軍震驚，項羽、劉邦等皆引軍東退至彭城一線。定陶，今山東定陶西北。彭城，今江蘇徐州。按：項梁率軍反秦共歷時十三個月。(54)趣，催促。項羽催促田榮出兵共同救趙。田榮以田假逃於項羽處，要脅項羽殺田假，齊始出兵。項羽由此恨田榮。(55)時懷王封劉邦為武安侯，為碭郡長，統領碭郡兵。與項羽之受懷王疏斥形成反照。(56)碭，秦縣名，在今山西臨汾西南。(57)《史詮》曰：「缺『韓成奔懷王』。」(58)即閏九月。當時的曆法，閏月置於一年的最後。(59)宋義是楚懷王的部下，以預見項梁必敗受知，命以為上將軍率兵救趙。(60)懷王奪項羽之兵權，封之為魯公，使之為次將，隨宋義北救趙。(61)時趙王歇與其相張耳被圍城內，將軍陳餘駐兵城外，因力小無法解圍。(62)當懷王命宋義、項羽等北上救趙時，同時命劉邦率軍西進，並向眾人約定，先入關破秦者為關中王。(63)〈秦始皇本紀〉：「三年冬，趙高為丞相，竟按李斯殺之。」(64)邯鄲原是趙國的都城，章邯攻下邯鄲後，平其城，遷其民，邯鄲一時成為丘墟。河內，秦郡名，郡治懷縣，在今河南武陟西南。(65)田都原是田榮的部下，項羽在東阿解救田榮後，田榮不肯隨項羽北救趙，田都隨項羽前往。(66)據〈項羽本紀〉，圍趙王歇於鉅鹿者乃王離軍也，此表既繫秦軍圍趙歇於上月，而本月又說劉邦破「王離軍於成武南」，則王離此時究竟在河南還是在河北？郭嵩燾曰：「是時沛公自彭城受懷王命西入關，何由東至東郡？王離方圍趙，亦無由與沛公戰成武南，此必有誤。」東郡尉，東郡的郡尉。東郡的郡治即濮陽。王離，秦國名將王翦之子，此時正統秦軍與起義軍作戰。成武，即今山東成武。(67)臧荼，韓廣之將。(68)在北進途中，次將項羽殺宋義，奪其兵權，懷王只好命項羽為上將軍。懷王與項羽的矛盾愈演愈烈。(69)矯殺，假傳王命以殺之。鉅鹿，秦郡名，郡治在今河北平鄉西南，時趙王歇與其相張耳被秦軍圍困在城內。(70)項羽大破秦軍於鉅鹿城下，殺蘇角、虜王離，這是起義軍推翻秦王朝的關鍵一戰。從此奠定了項羽的諸侯盟主地位。(71)其功全在項羽率領的楚軍，其他各路來救者皆不敢出戰，但作壁上觀。(72)齊王建，戰國時齊國的末代君主，西元前二六四—前二二一年在位。濟北，秦郡名，郡治博陽，在今山東泰安東南。(73)栗，秦縣名，即今河南夏邑。皇訢，魏國的將領。武蒲，魏國的司徒。二人率軍歸依劉邦，與劉邦共同打敗秦軍。按：〈高祖本紀〉於此作「并攻昌邑，昌邑未拔」。(74)魏豹親自率軍往救。

秦	端月。	二月。	三月。	四月。
楚	九	十	十一	十二
項	五 虜秦將王離[75]。	六 攻破章邯，章邯軍卻[77]。	七	八 楚急攻章邯，章邯恐，使長史欣歸秦請兵，趙高讓之[80]。
趙	十四 張耳怒陳餘，餘棄將印去[76]。	十五	十六	十七
齊	七	八	九	十
漢	十八	十九 得彭越軍昌邑，襲陳留，用酈食其策，軍得積粟[78]。	二十 攻開封，破秦將楊熊，熊走滎陽，秦斬熊以徇[79]。	二十一 攻潁陽，略韓地，北絕河津[81]。
燕	十八	十九	二十	二十一
魏	六	七	八	九
韓	九	十	十一	十二

五月。	二年，一月。82	九 趙高欲誅欣，欣恐亡走告章邯，謀叛秦83。	十八	十一	二十二	二十二	十	十三
六月。	二	十 章邯與楚約降，未定，項羽許而擊之84。	十九	十二	二十三 攻南陽守齮，破之陽城郭東85。	二十三	十一	十四
七月。	三	十一 項羽與章邯期殷虛，章邯等已降，與盟，以邯為雍王86。	二十	十三	二十四 降下南陽，封其守齮87。	二十四	十二	十五 申陽下河南，降楚88。

75守甬道與圍鉅鹿者為王離軍，亦即鉅鹿之戰被項羽所破者。梁玉繩曰：「虜王離當移前一月，誤在此月也。」76張耳怒陳餘二句，舊本「棄」上無「餘」字，主語不明。依前例「景駒使公孫慶讓齊，(齊)誅慶」句之補「齊」字，此句亦補「餘」字。張耳怒陳餘當初不救鉅鹿，且懷疑陳餘殺出城求救者，陳餘怒棄印出，張耳遂收其印，從此二人成仇。77〈項羽本紀〉作「相持未戰，秦軍數卻」。78彭越，原在巨野作群盜。昌邑，秦縣名，在今山東金鄉西北。陳留，秦縣名，在今開封東南。酈食其，以謀略見稱，剛剛歸於劉邦，建議劉邦取陳留。79開封，秦縣名，即今河南開封。滎陽，秦縣名，在今河南滎陽東北。徇，巡行示眾。80長史欣，長史司馬欣，章邯的部屬。長史，官名，丞相與大將軍的屬官，為諸史之長。讓，責備。81潁陽，秦縣名，在今河南許昌西南。絕河津，斷絕黃河上的渡口，不使河北的義軍南下與之爭功。82項羽之二年一月。梁玉繩曰：「此既稱『月表』，皆當紀月，而忽紀以年，是自亂其例矣。」83司馬欣從別路逃回，勸章邯叛秦。陳餘亦致書章邯，招之使叛。章邯動搖。84章邯與項羽約降，心尚猶豫，項羽起兵擊之，大破秦兵汙水上。85南陽守齮，南陽郡守名齮，史失其姓。陽城，秦縣名，即今河南方城，在南陽郡城東北。郭，外城。按：〈高祖本紀〉作「戰于犨東，破之」，非「陽城郭東」。86期殷虛，約好在殷虛會見。殷虛，殷朝的故都之墟，在今河南安陽小屯村。雍王，都廢丘，

206

秦	八月，趙高殺二世[89]。	九月，子嬰為王[93]。	十月。[95]	十一月。[100]
楚	四	五	六	七
項	十二 以秦降都尉翳、長史欣為上將，將秦降軍[90]。	十三	十四 項羽將諸侯兵四十餘萬，行略地，西至於河南[96]。	十五 羽詐阬殺秦降卒二十萬人於新安[101]。
趙	二十一 趙王歇留國。陳餘亡居南皮[91]。	二十二	二十三 張耳從楚西入秦[97]。	二十四
齊	十四	十五	十六	十七
漢	二十五 攻武關[92]，破之。	二十六 攻下嶢關及藍田。以留侯策，不戰皆降[94]。	二十七 漢元年，秦王子嬰降。沛公入破咸陽，平秦，還軍霸上，待諸侯約[98]。	二十八 沛公出令三章，秦民大悅[102]。
燕	二十五	二十六	二十七	二十八
魏	十三	十四	十五 從項羽略地，遂入關[99]。	十六
韓	十六	十七	十八	十九

十二月。(103)	八 分楚為四。(104)	十六 至關中，誅秦王子嬰，屠燒咸陽。分天下，立諸侯。(105)	二十五 分趙為代國。(106)	十八 項羽怨榮，分齊為三國。(107)	二十九 與項羽有郄，見之戲下，講解。羽倍約，分關中為四國。(108)	二十九 臧荼從入，分燕為二國。(109)	十七 分魏為殷國。(110)	二十 分韓為河南國。(111)

今陝西興平東南。(87)劉邦聽陳恢建議，接受南陽守齮投降，封之為殷侯，令之為守南陽。劉邦引兵西，諸城無不下者。(88)申陽是張耳的嬖人，率眾攻下了洛陽一帶地區，迎接項羽渡河，助項羽入關有大功。(89)趙高害怕二世追究秦軍失敗的責任，令閻樂殺二世。(90)都尉翳，董翳，章邯的屬下，任都尉之職。(91)陳餘亡居南皮，梁玉繩引《大事記》曰：「邯鄲圍解，陳餘與張耳初相見，即棄將印亡去。〈月表〉所以八月書『趙王歇留國，陳餘亡居南皮』，特欲見二人俱不從楚入關，故并書耳，非餘至八月始『亡』也。」留國，留在趙國。南皮，秦縣名。在今河北南皮北。〈張耳陳餘列傳〉稱其「與麾下所善數百人之河上澤中漁獵」。南皮即在當時黃河之東側。(92)在今陝西丹鳳東南，是秦國東南部的重要門戶。(93)趙高殺二世後，先欲自立，群臣不服，乃立子嬰，子嬰退帝號而稱秦王。子嬰，或謂「始皇弟」，或謂「二世兄子」，即始皇之孫。(94)攻下嶢關及藍田，按：舊本「嶢」下無「關」字，《史詮》曰：「缺『關』字。」今據補。不戰皆降，據〈留侯世家〉：劉邦用張良策，先以重金收買嶢關守將，秦將叛秦與劉邦議和，劉邦「乃引兵擊秦軍，大破之。逐北至藍田，再戰，秦兵竟敗。」是一路連戰，非「不戰皆降」也。嶢關，在今陝西藍田東南。藍田，秦縣名，在今藍田縣西。(95)梁玉繩曰：「此漢元年十月也，時秦已亡矣，為誰之十月乎？此與下『十一月』、『十二月』皆當衍之。」(96)有張耳之嬖臣申陽迎接之也。(97)張耳與陳餘分道揚鑣後，遂投靠項羽，跟隨項羽入關。(98)霸上，古地名，在今西安市城東霸水西側的白鹿原上。劉邦始欲入居秦宮，後經樊噲、張良等規勸，始回軍霸上。(99)魏豹原在今山西省一帶地區活動，鉅鹿戰後隨項羽入關。(100)三字應刪。(101)章邯之降卒不滿東方士兵之虐待，又擔心攻秦不勝，秦人殺其家小，有疑慮埋怨之言，項羽令黥布等擊坑之於新安城南。(102)三章的內容是：「殺人者死，傷人及盜抵罪。」按：此僅當時一說而已，劉邦建國後基本是實行秦法。(103)三字應刪。(104)梁玉繩引《續古今考》曰：「當書『分楚為五』，蓋義帝之長沙郴亦楚地也。」(105)項羽入關後，先有所謂「鴻門宴」欲殺劉邦，結果被劉邦所化解；於是項羽殺子嬰，燒咸陽，火三月不熄；而後項羽主持分封諸侯為王。(106)將趙國分為兩塊，南部為趙，北部為代。(107)「項羽怨榮」金陵本下有「殺之」二字。《漢書》卷二上〈高帝紀〉及本書卷七〈項羽本紀〉均記殺榮在三年春正月，今據刪。將原來的齊國分為臨菑、濟北、膠東三國。(108)郄，通「隙」。仇怨；矛盾。戲下，戲水邊上的鴻門，在今西安市臨潼區之新豐鎮東。講解，講和。以上即所謂「鴻門宴」之事。倍，通「背」。「背約」指不使劉邦當關中王，將關中分成雍、塞、翟、漢四國。(109)臧荼從入，梁玉繩曰：「此應書於燕二十七月，誤在是月也。」按：

楚	九 義帝元年，諸侯尊懷王為義帝。[112]	二 徙都江南郴。[130]	三
	十七 項籍自立為西楚霸王。[113]	西楚主伯，項籍始，為天下主命，立十八王。[131]	二 都彭城。[146]
	分為衡山。[114]	王吳芮始，故番君。[132]	二 都邾。[147]
項	分為臨江。[115]	王共敖始，故楚柱國。[133]	二 都江陵。[148]
	分為九江。[116]	王英布始，[134]故楚將。	二 都六。[149]
趙	二十六 更名為常山。[117]	王張耳始，故楚將。[135]	二 都襄國。[150]
	分為代。[118]	二十七 王趙歇始，故趙王。[136]	二十八 都代。[151]
齊	十九 更名為臨菑。[119]	王田都始，故齊將。[137]	二 都臨菑。[152]
	分為濟北。[120]	王田安始，故齊將。[138]	二 都博陽。[153]
	分為膠東。[121]	二十 王田市始，故齊王。[139]	二十一 都即墨。[154]
漢	正月，分關中為漢。[122]	二月，漢王始，故沛公。[140]	三月，都南鄭。[155]
	分關中為雍。[123]	王章邯始，故秦將。	二 都廢丘。[156]
	分關中為塞。[124]	王司馬欣始，故秦將。[141]	二 都櫟陽。[157]
	分關中為翟。[125]	王董翳始，故秦將。	二 都高奴。[158]
燕	三十 燕	王臧荼始，故燕將。[142]	二 都薊。[159]
	分為遼東。[126]	三十一 王韓廣始，故燕王。	三十二 都無終。[160]
魏	十八 更為西魏。[127]	十九 王魏豹始，故魏王。	二十 都平陽。[161]
	分為殷。[128]	王司馬卬始，故趙將。[143]	二 都朝歌。[162]
韓	二十一 韓	二十二 王韓成始，故韓將。[144]	二十三 都陽翟。[163]
	分為河南。[129]	王申陽始，故楚將。[145]	二 都洛陽。[164]

楚	四
西楚	三　諸侯罷戲下兵，皆之國。[165]
衡山	三
臨江	三
九江	三
常山	三
代	二十九
臨菑	三
濟北	三
膠東	二十二
漢	四月。[166]
雍	三
塞	三
翟	三
燕	三
遼東	三十三
西魏	二十一
殷	三
韓	二十四
河南	三

梁說是，改後與「趙」、「魏」國一例。分燕為二國，將燕地分成燕與遼東。梁玉繩曰：「『臧荼從入』應書於燕二十七月。」[110]將故魏地分成西魏與殷二國。[111]將故韓地分成韓與河南二國。梁玉繩曰：「河南，周之舊，非韓所分，豈韓成初封兼有河南乎？」全祖望曰：「秦滅韓，置潁川郡，先已置三川郡矣。然二周之地亦入三川，不得專指韓分為河南，即韓成之起亦未嘗以兵下河南也。此語疑誤。」[112]按：懷王稱王共二十個月，至此改稱帝。[113]項籍自立為西楚霸王，梁玉繩曰：「建立諸王是一時事，〈表〉於漢正月書分更國名，於二月書諸王姓名，於三月書所都地名，以一月中之事離而為三，殊不可曉。」按：分析史公表意，知項羽之分封諸王乃一至三月間事也，故史公將拉開書寫。《集解》引孟康曰：「舊名江陵為南楚，吳為東楚，彭城為西楚。」[114]分故楚地建立衡山國。[115]分故楚地建立臨江國。[116]分故楚地建立九江國。[117]將趙國的南部地區改稱常山國。[118]分趙國的北部地區，建立代國。[119]將齊國改名臨菑。[120]分齊國之西北部地區建立濟北國。[121]分齊國之東部建立膠東國。[122]分關中的秦嶺以南地區為漢國。[123]分關中的西部地區為雍國。[124]分關中地區的東部為塞國。[125]分關中地區之北部為翟國。[126]分燕國的遼東地區另建遼東國。[127]戰國之魏本都大梁，今項羽封魏豹於山西，故稱西魏。[128]分魏國之上黨與舊殷之都城一帶建立殷國。[129]劃三川郡建立河南國。[130]江南郴，即今湖南郴縣。梁玉繩曰：「羽徙義帝在四月，此誤書於二月。」[131]主伯，霸主，諸侯之盟主。主命，主持分封諸侯之事。[132]吳芮原是秦朝的番縣縣令，隨諸侯起義反秦，且派將領梅鋗隨項羽入關。番，即今江西鄱陽。[133]共敖原為懷王柱國，且以兵取南郡。[134]即黥布，項羽的部將。[135]張耳自與陳餘分手後，一直追隨項羽，故稱楚將。[136]因趙歇未隨項羽入關，故將其移於代。[137]因田都隨項羽北救趙、西入關。[138]田安是六國時齊王建的後裔，曾攻下濟北郡，率兵投項羽。[139]因不隨項羽入關，故將其東移。[140]劉邦在稱漢王前一直被稱作沛公。[141]司馬欣在秦時即對項氏有恩，又隨章邯降楚。[142]臧荼原是韓廣的部將，隨項羽救趙並入關。[143]司馬卬率軍定河內，又隨項羽入關。[144]應曰「故韓王」。[145]張耳的嬖人，攻下河南以迎項羽。[146]今江蘇徐州。[147]秦縣名，在今湖北黃岡西北。[148]今江陵西北紀南城。[149]今安徽六安城東北。[150]即今河北邢台。[151]秦縣名，在今河北蔚縣東北。[152]今淄博市臨淄西北。[153]在今泰安東南。[154]在今山東平度東南。[155]即今陝西漢中。[156]今興平東南。[157]西安臨潼區櫟陽鎮。[158]今延安之城東北。[159]今北京。[160]今天津薊縣。[161]今臨汾西南。[162]今河南淇縣。[163]今河南禹縣。[164]今洛陽城東北。[165]戲下，戲水邊上。之國，到各自的封國上任。[166]劉邦赴漢中，途中得韓信。

楚	五	六	七	八	九
西楚	四	五	六	七	八
衡山	四	五	六	七	八
臨江	四	五	六	七	八
九江	四	五	六	七	八
常山	四	五	六	七	八
代	三十	三十一	三十二	三十三	三十四
齊	四 田榮擊都，都降楚。[167]	齊王田榮始，故齊相。[169]	二[171]	三	四
濟北	四	五	六 田榮擊殺安。[172]	屬齊。[175]	
	二十三	二十四 田榮擊殺市。[170]	屬齊。[173]		
漢	五月。[168]	六月。	七月。	八月。[176]	九月。
雍	四	五	六	七 邯守廢丘，漢圍之。[177]	八
塞	四	五	六	七 欣降漢，國除。[178]	屬漢，為渭南、河上郡。[182]
翟	四	五	六	七 翳降漢，國除。[179]	屬漢，為上郡。[183]
燕	四	五	六	七	八
遼東	三十四	三十五	三十六	三十七 臧荼擊廣無終，滅之。[180]	屬燕。[184]
西魏	二十二	二十三	二十四	二十五	二十六
殷	四	五	六	七	八
韓	二十五	二十六	二十七 項羽誅成。[174]	韓王鄭昌始，項羽立之。[181]	二
河南	四	五	六	七	八

205

十 項羽滅義帝。185	
九	十
九	十
九	十
九	十
九 耳降漢。186	
三十五 歇復王趙。187	三十六
五	六
十月，188王至陝。189	十一月。
九	十 漢拔我隴西。192
九	十
二十七	二十八
九	十
三190	韓王信始，漢立之。193
九191 屬漢，為河南郡。194	

西楚	十二
衡山	十二
臨江	十二
九江	十二
代	歇以陳餘為代王195，故成安君。196
趙	三十七
齊	七
漢	十二月。
雍	十二
燕	十二
西魏	二十九
殷	十二
韓	二

167田都到臨菑上任，田榮將其擊回，田都往投項羽。168劉邦拜韓信為大將。169田榮擊走田都後，田市偷去膠東上任，被田榮追殺，榮自立為齊王。170「田榮」原作「田榮」，各本皆作「田榮」，今據改。田市懼怕項羽，偷去膠東上任，被田榮追殺。171田榮統一全齊。172田榮擊殺田安，統一齊地。173膠東國地屬齊。按：田市為齊王共二十四個月，被田榮所殺。174項羽封韓成為韓王，不令其赴任，至此遂殺之。按：梁玉繩以為項羽殺韓成當在下月劉邦殺回關中時。175濟北國地被田榮所併。176劉邦用韓信計策由漢中殺回關中，迅速滅掉雍、塞、翟三國。177章邯自此堅守孤城長達十一個月。178司馬欣降漢，塞國滅亡。179董翳降漢，翟國滅亡。180臧荼逐韓廣去遼東，韓廣不從，臧荼擊殺韓廣於無終，遂併全燕。無終，即今天津薊縣。181項羽立吳縣縣令鄭昌為韓王，以拒劉邦。182渭南，漢郡名，在今西安東北。河上郡，在今西安北。183郡治膚施，今陝西榆林東南。184遼東國遂被臧荼所滅。185項羽遷義帝於郴縣，途中令黥布等擊殺之於江中。按：懷王稱義帝共十個月。186張耳到常山上任，被陳餘擊敗，張耳往投劉邦。時劉邦已定三秦。187陳餘擊走張耳，將趙歇從代國接回。趙歇仍為趙王，令陳餘為代王，陳餘仍留佐趙歇。188漢二年十月。189劉邦大體平定關中，於是引兵東出。陝，今河南陝縣。190梁玉繩曰：「是月當有『漢擊昌破之』五字，史缺也。」191梁玉繩曰：「此當有『申陽降漢』四字，史缺。」192劉邦攻得雍國的隴西郡，約當今之甘肅東南部。梁玉繩曰：「按〈高紀〉，隴西、北地已於漢元年八月先拔之矣，當雍之七月。乃表於雍之十月書『漢拔隴西』；於雍之十二月書『漢拔北地』，俱誤也。」193韓王信是六國時韓國的後代，先隨劉邦破秦，現又擊虜鄭昌，被劉邦立為韓王。194申陽降漢，漢以河南國為河南郡。195歇以陳餘為代王，梁玉繩曰：「餘為代王與歇復王趙同時，在漢二年十月，此誤書於後兩月也。」

西楚	十二	二年，一月[199]。	二	三 項羽以兵三萬破漢兵五十六萬[209]。	四
衡山	十二	二年，一月[200]。	二	三	四
臨江	十二	十三	十四	十五	十六
九江	十二	二年，一月[201]。	二	三	四
代	二	三	四	五	六
趙	三十八	三十九	四十	四十一	四十二
齊	八 項籍擊榮，榮走平原，平原民殺之[197]。	項籍立故齊王田假為齊王[202]。	二 田榮弟橫反成陽，擊假，假走楚，楚殺假[205]。	齊王田廣始。廣，榮子，橫立之[210]。	二
漢	正月。	二月。	三月，王擊殷[206]。	四月，王伐楚至彭城，壞走[211]。	五月，王走滎陽[215]。
雍	十二 漢拔我北地[198]。	二年，一月[203]。	二	三	四
燕	十二	二年，一月[204]。	二	三	四
魏	三十	三十一	三十二 降漢[207]。	三十三 從漢伐楚[212]。	三十四 豹歸，叛漢[216]。
殷	十二	十三	十四 降漢。卬廢[208]。	為河內郡，屬漢[213]。	
韓	三	四	五	六 從漢伐楚[214]。	七

五	六
五	六
十七	十八
五	六
七	八
四十三	四十四
三	四
六月，王入關，立太子。復如滎陽[217]。	七月。
漢殺邯廢丘[218]。	屬漢，為隴西、北地、中地郡[219]。
五	六
三十五	三十六
八	九

西楚	七	八
衡山	七	八
臨江	十九	二十
九江	七	八
代	九	十
趙	四十五	四十六
齊	五	六
漢	八月。	九月。[220]
燕	七	八
魏	三十七	三十八 漢將信虜豹[221]。
韓	十	十一

陳餘命夏說為代相守代，自己留趙佐趙歇。[196]「故」原作「號」，梁玉繩《史記志疑》卷十：「『號』字乃『故』字之誤。」今據改。[197]田榮首倡反項羽，故項羽往擊之。平原，齊縣名，在今山東平原西南。按：田榮為齊王共八個月。[198]劉邦攻取雍國的北地郡。北地郡的郡治義渠，在今甘肅慶陽西南。梁玉繩曰：「在邯之七月。」[199]項羽之二年一月。[200]吳芮之二年一月。[201]黥布之二年一月。[202]前被田榮打敗逃歸項羽者。[203]章邯為雍王之二年一月。[204]臧荼為燕王之二年一月。[205]成陽，也作城陽，今山東鄄城東南。按：田假為齊王不到兩個月。[206]劉邦擊滅殷，虜殷王司馬卬。[207]「降漢」，原下有「為廢王」三字，梁玉繩《史記志疑》卷十：「豹降漢王，未嘗為廢王，疑衍『為廢王』三字。」今據刪。劉邦定三秦後渡河入魏，魏豹不戰而降。[208]劉邦虜司馬卬而廢之，設其地為河內郡。[209]項羽聞知劉邦攻入彭城，率三萬騎兵馳回，大破劉邦軍五十六萬。[210]田橫驅逐田假後，立田榮子田廣為齊王。[211]劉邦乘項羽北擊田榮之機，率軍五十六萬攻入彭城，置酒高會，項羽率騎兵三萬馳襲劉邦，劉邦潰敗而逃。[212]魏豹降漢後，隨劉邦攻入彭城。[213]漢在殷地設立河內郡。[214]韓王信隨同劉邦攻入彭城。[215]劉邦西逃至滎陽，在滎陽構築防線，從此形成楚漢對峙。滎陽，秦縣名，在今河南滎陽東北。[216]劉邦自彭城潰敗後，魏豹又叛離劉邦，回國堅守。[217]劉邦於潰退中遇到兩個兒女，於是將兒子劉盈送入關中立為太子。而後返回前線。[218]章邯堅守孤城十一個月，至此城破被殺，雍國滅亡。章邯為雍王共十七個月。[219]隴西、北地皆前已設郡，此時所設只有中地郡。中地郡約當後來之右扶風，在今西安之西北部。[220]將軍韓信滅魏，虜魏豹。[221]韓信自夏陽渡黃河襲魏，虜魏豹，西魏滅。魏豹為魏王共三十

204

九	十	十一
九	十	十一
二十一	二十二	二十三
九	十	十一
十一[222]	十二 漢將韓信斬陳餘。[225]	屬漢，為太原郡。[229]
四十七	四十八 漢滅歇。[226]	屬漢，為郡。[230]
七	八	九
後九月。[223]	三年，十月。[227]	十一月。
九	十	十一
屬漢，為河東、上黨郡。[224]		
十二	二年，一月。[228]	二

西楚	十二	[232] 三年一月	二	三	四	五	六
衡山	十二	三年一月	二	三	四	五	六
臨江	二十四	二十五	二十六	二十七	二十八	二十九	三十
九江	十二 布身降漢，地屬項籍。[231]						
趙							
齊	十	十一	十二	十三	十四	十五	十六
漢	十二月。	正月。	二月。	三月。	四月，楚圍王滎陽。[234]	五月。	六月。
燕	十二	[233] 三年，一月。	二	三	四	五	六
韓	三	四	五	六	七	八	九

203

西楚	衡山	臨江	趙	齊	漢	燕	韓
七	七	三十一 王敖薨[235]。		十七	七月，王出滎陽[236]。	七	十
八	八	臨江王驩始，敖子[237]。		十八	八月，周苛、樅公殺魏豹[238]。	八	十一
九	九	二		十九	九月。	九	十二
十	十	三		二十	四年，十月。[239]	十	三年，一月。[240]
十一 漢將韓信破殺龍且[241]。	十一	四	趙王張耳始，漢立之[242]。	二十一 漢將韓信擊殺廣[243]。	十一月。	十一	二
十二	十二	五	二	屬漢，為郡[244]。	十二月。	十二	三

八個月。[222]韓信破代，擒夏說於閼與。[223]將軍韓信滅代，虜夏說。[224]漢滅魏，在魏地設河東、上黨二郡。河東郡郡治安邑，上黨郡郡治長子。[225]韓信破趙於井陘，斬陳餘，虜趙王歇。按：陳餘為代王共十二個月。[226]韓信破趙兵於井陘，斬陳餘，虜趙王歇，趙國滅亡。趙歇為趙王共四十八個月。[227]將軍韓信滅趙，斬陳餘，虜趙王歇。[228]韓王信之二年一月。[229]屬漢二句，梁玉繩曰：「趙歇滅於漢三年十月，此書屬郡在漢十一月，誤，宜移前一月也。但陳餘之所王者代，屬漢則為代郡；趙歇之所王者趙，屬漢則為太原郡。表誤列陳餘居趙表，趙歇居代表，遂若餘滅置太原，歇滅置代矣。舛甚。」按：據《漢書・高祖紀》，韓信破魏豹後，「置河東、太原、上黨郡」；破趙後，「置常山、代郡」。太原郡似不屬代、趙。太原郡，郡治晉陽，在今太原市西南。[230]據《漢書・高帝紀》，漢滅趙設常山、代郡。[231]布身降漢二句，據《黥布列傳》，劉邦令隨何說黥布反楚，乃在漢二年四月劉邦自彭城潰向滎陽之際，今乃列於漢三年十二月，乃黥布往投劉邦之時也。劉邦令陸賈說黥布反楚，黥布單身投劉邦。[232]項羽之三年一月。[233]燕王臧荼之三年一月。[234]項羽圍劉邦於滎陽。[235]共敖為臨江王三十一個月，卒。[236]王出滎陽，梁玉繩曰：「楚以四月圍滎陽甚急，不能遲至七月，而六月漢王且出成皋矣，尚何有滎陽哉？」用陳平之謀，紀信扮作劉邦出東門降楚，劉邦與陳平等從西門逃出。[237]共敖的兒子共驩繼位為王。梁玉繩曰：「『驩』當作『尉』。」[238]周苛樅公殺魏豹，梁玉繩曰：「按《漢紀》，豹之見殺在五月，與項王殺紀信并時，此誤書於八月也。」劉邦留魏豹與周苛等共守滎陽，周苛等罵魏豹是「反復之臣」，故殺之。[239]劉邦為漢王之第四年。[240]韓王信之三年一月。[241]龍且率兵救齊，被韓信破殺於濰水。[242]張耳隨韓信滅趙後，韓信請劉邦封張耳為趙王。[243]韓信破齊楚聯軍於濰水，殺田廣、龍且，齊國滅亡。田廣為齊王共二十一個月。[244]

四年，一月。[245]	二	三 漢御史周苛入楚[249]，死。	四	五	六
四年，一月。[246]	二	三	四	五	六
六	七	八	九	十	十一
三	四	五	六	七	八
	齊王韓信始，漢立之[248]。	二	三	四	五
正月。	二月，立信王齊。	三月，周苛入楚[250]。	四月，王出滎陽。豹死[251]。	五月。	六月。
四年，一月。[247]	二	三	四	五	六
四	五	六	七	八	九

202

西楚	七	八	九	十	十一
衡山	七	八	九	十	十一
臨江	十二	十三	十四	十五	十六
淮南	淮南王英布始，漢立之[252]。	二	三	四	五
趙	九	十	十一	十二	二年，一月。[257]
齊	六	七	八	九	十
漢	七月，立布為淮南王[253]。	八月	九月，太公、呂后歸自楚[254]。	五年，十月。[255]	十一月。
燕	七	八	九	十	十一
韓	十	十一	十二	四年，一月。[256]	二

十二 誅籍[258]。	十二	十七 漢虜驩[259]。	六	二	十一	十二月。[260]	十二	三

楚	齊王韓信徙楚王[261]。
衡山	十三 徙王長沙[262]。
臨江	屬漢，為南郡[263]。
淮南	七 淮南國[264]。
趙	三 趙國[265]。
齊	十二 徙王楚，屬漢，為四郡[266]。
漢	正月 殺項籍，天下平，諸侯臣屬漢[267]。
燕	五年，一月。燕國[268]。
梁	復置梁國[269]。
韓	四 韓王信徙王代，都馬邑[270]。
長沙	分臨江為長沙國[271]。

屬漢二句　梁玉繩曰：「田廣死，田橫自立為王；迨韓信使灌嬰擊走田橫，而韓信遂為齊王。非但橫之為王表不應沒，而橫滅信立，齊實未嘗為郡也。」按：韓信定齊在未稱齊王前的短暫時間，齊地究竟設為幾個郡，史無明載。[245]項羽之四年一月。[246]吳芮之四年一月。[247]燕王臧荼之四年一月。[248]韓信定齊後，先自立為齊王，而後請劉邦加封之。[249]漢御史周苛入楚　張文虎《札記》卷二引《史記志疑》云：「〈高紀〉徐廣引表作『周苛死』。孫侍御云今本『入楚』下脫『死』字。」今據補。梁玉繩曰：「苛罵楚而死，漢忠義之臣也，乃表不書其死節，而曰『入楚』，若降項氏者，然豈史筆哉？且何以不書偕死之樅公也？」周苛、樅公堅守滎陽，項羽拔滎陽，周苛等被俘，罵項羽，被項羽所殺。[250]周苛入楚　情況與注[248]同。周苛守滎陽，城破被俘，罵項羽被殺。[251]梁玉繩曰：「事在三年五月，且表已書之，此六字為誤重，當衍。」[252]黥布投劉邦後，至此封為淮南王。[253]黥布投劉邦後，至此封為淮南王。[254]劉邦、項羽訂鴻溝之約後，項羽放回已被俘兩年零五個月的劉邦之父與呂后。[255]劉邦為漢王之第五年十月。[256]韓王信之四年一月。[257]張耳為趙王之二年一月。[258]韓信等破項羽於垓下，項羽自刎於烏江。[259]驩應作「尉」。漢將劉賈、盧綰攻共尉，虜之。臨江國滅。共尉為臨江王十七個月。[260]漢滅項羽。[261]垓下之戰一過，劉邦立刻剝奪了韓信的軍權，並將韓信由齊王改封為楚王，都下邳。[262]吳芮由衡山王改封為長沙王。國都臨湘，即今長沙市。梁玉繩曰：「衡山表已紀年，當書『五年一月』。」[263]滅掉臨江國，在其地設立南郡。[264]前封黥布為淮南王時，其地尚被項羽所占，此時始實際建立淮南國，黥布始實有封地。[265]張耳雖已為趙王多時，現在劉邦稱帝，故對過去所封再確認一次。王元啟以為「趙國」二字衍文。[266]徙王楚三句，原齊王韓信改封為楚王，原來的齊國分為齊郡、千乘郡、東萊郡、平原郡。[267]梁玉繩曰：「『殺項籍』三字當書於十二月。」[268]臧荼雖已為燕王四年多，現在劉邦稱帝，故對過去所封再確認一次。王元啟以為「燕國」二字衍文。[269]都定陶。[270]韓王信之韓國改都馬邑，非「徙王代」。馬邑，今山西朔縣。[271]在原臨江國所轄的國土中分出

二	三	四	五	六
屬淮南國。[272]				
八	九	十	十一	十二
四	五	六	七	八
二月甲午，王更號，即皇帝位於定陶。[273]	三月。	四月。	五月。	六月，帝入關。[277]
二	三	四	五	六
梁王彭越始。[274]	二	三	四	五
五 [275]	六	七	八	九
衡山王吳芮為長沙王。[276]	二	三	四	五

楚	七	八	九 王得故項羽將鍾離眛，斬之以聞。[285]
淮南	二年，一月。[278]	二	三
趙	九 耳薨，諡景王。[279]	趙王張敖始，耳子。[282]	二
齊			
漢	七月。	八月，帝自將誅燕。[283]	九月。[286]
燕	七 [280]	八	九 反漢，虜荼。[287]
梁	六	七	八
韓	十	十一	十二
長沙	六 薨，諡文王。[281]	長沙成王臣始，芮子。[284]	二

十	四	三	後九月。	燕王盧綰始，漢太尉。288	九	五年，一月。289	三

臨湘一帶設立長沙國。272原來的衡山國地盤劃歸淮南王黥布。273甲午，陰曆二月初三。定陶，今山東定陶城西北。劉邦從此稱皇帝。274梁玉繩曰：「越之王在漢正月，此誤後一月。」275該欄原有「徒王代都馬邑」六字。張文虎《札記》卷二云六字各本誤入本月，凌本不誤。今據刪。276為長沙王，「為」字原重。今據景祐、紹興等本刪一重字。都臨湘，即今長沙市。277指劉邦接受婁敬的建議，遷都到關中。開始在櫟陽，後來遷入長安城。278黥布為淮南王之二年一月。279張耳卒。按：張耳為趙王共三十一個月。280燕王臧荼起兵反漢。281梁玉繩曰：「『薨』上缺『王芮』二字。」282「始」原作「立」。梁玉繩《史記志疑》卷十：「《史詮》云『始』作『立』誤。」今據改。張耳子張敖繼其父位為趙王。張敖是劉邦女魯元公主之夫。283劉邦率軍討伐臧荼。梁玉繩曰：「『誅』字乃『擊』字之誤。而擊燕是七月，蓋臧荼以七月反，即以七月擊之。此書於八月，與燕表書『反漢虜荼』於九月，同誤。〈高紀〉作十月，尤誤。」284吳芮之子吳臣繼其父位為長沙王。285項羽的故將鍾離眛乃韓信之友，項羽滅亡後逃匿於韓信處，劉邦令韓信交出鍾離眛，韓信遲遲不奉詔。此謂「斬之以聞」，大誤。286劉邦討滅臧荼。287臧荼反漢與漢虜臧荼，皆在此年之七月。此書於九月，誤。288盧綰是劉邦兒時的伙伴，也是劉邦的親信將領。劉邦討滅臧荼後，立盧綰為燕王。289韓王信為韓王之五年一月。

【研析】秦楚之際諸事紛繁，且又變化極快，史公以「月表」紀序其事，可謂十分必要。至於為何稱「秦楚」而不稱「秦漢」，我想主要原因在於突出肯定陳勝、楚懷王、項梁、項羽這一群「楚人」的滅秦之功。如果讓班固寫這段歷史，我想他是會寫成「秦漢之際」的，試看其《漢書》對劉邦與陳勝、項羽的安置可以得知。

此表既稱「月表」，則紀述各國諸侯自應通通按「月」；即使想突出懷王、項羽、劉邦三個人的特殊地位，對之兼書「年」「月」，而對於吳芮、黥布、章邯、臧荼、張耳、韓王信諸人的「年」「月」兼書也似乎無其必要，梁玉繩的批評似乎有理。

表序的中心在於感慨六國以來，尤其是感慨陳勝起義以來到劉邦稱帝的八年之間的時局變化之快，與劉邦取得帝位的輕而易舉。作者注意到了當時的客觀形勢給劉邦提供的有利條件，也看到了劉邦所採取的種種政策、措施、戰略、戰術正好適應了當時客觀形勢的要求。從這個意義上講，劉邦的確是天才、是英雄、是聖人，項羽在劉邦面前是注定要失敗的，這並不是說誰有德、誰無德；誰淳厚、誰狡猾，而關鍵在於看清形勢，把握時機，有效地採取順應人心、順應社會潮流的決策，而且要有心胸、有手段地把一切人才都團聚在自己身邊，從而組成浩浩蕩蕩的改造現實社會的大軍。機遇對任何人都是平等的，關鍵就看你的行動如何。劉邦能從千百支起義隊伍中脫穎而出，終於打敗群雄一統天下，他不是「天才」「聖人」是什麼？司馬遷所不同於其他歷史家的地方在於，他對劉邦並不迷信、並不神化、並不是一味痴迷的為劉邦唱讚歌，而是他清醒的看清了當時的那種特定的客觀歷史形勢。劉邦因為能順應、能駕御這種形勢，因此他成功、他是「聖人」，你說這是「天命」也可以；但劉邦還是劉邦，一個政治加流氓的泗上亭長。你說「德」麼，他無法與商湯、周武王相比（至於商湯、周武王究竟有什麼「德」，也只是相沿都這麼說）；你說「力」麼，他也無法與秦朝的歷代先公先王比，但是他比過去那些用「德」、用「力」的一切人們所取得的成功更輝煌，而時間、手段卻又極其短暫、極其簡便。對一切世俗人說，這簡直就無法理解了，只能說這是「受命」，是「天所助」。司馬遷在這裡用的辭語是「鄉秦之禁，適足以資賢者為驅除難耳。故憤發其所為天下雄，安在無土不王？此乃傳之所謂大聖乎！豈非天哉？豈非天哉？非大聖孰能當此受命而帝者乎？」含蓄悠游的唱歎較多，對於客觀形勢的作用明確標舉不夠。百年之後班固寫作《漢書・異姓諸侯王表序》時幾乎全部襲用了司馬遷的〈秦楚之際月表序〉，只在說明劉邦取天下為何如此之迅捷時加進了兩句話，他說：「鐫金石者難為功，摧枯朽者易為力。」於是意思一下子豁然明朗。班固所補充的這兩句，大概也正是司馬遷當時想說但出於種種原因而還不便於這麼說的話吧？又過了一百七八十年，晉朝的阮籍在登廣武山觀看劉、項古戰場的時候口吐狂言說：「時無英雄，（遂）使豎子成名。」我不是說司馬遷、班固在寫作他們的文章時一定也有阮籍那樣的瞧不起劉邦的思想，我只是說阮籍這種「狂言」正是從〈秦楚之際月表序〉與《漢書・異姓諸侯王表序》中進一步推導出來的。

卷十七

漢興以來諸侯王年表第五

【題　解】本表譜列了高祖元年（西元前二〇六年）至武帝太初四年（西元前一〇一年）一百零五年間漢王朝國內的諸侯王國的發展變化情況。劉邦時期封建了十個王國，呂后時增至十四個，景帝時多達二十三個，武帝時又多達二十五個。數字只是表面現象。漢初的一個諸侯國地連數郡，權勢過大，對中央構成威脅，故劉邦在位時就已經幾乎全部誅滅了異姓王，改建自己的兄弟子姪為王；到文帝、景帝時又感到了同姓王的威脅，於是一方面對他們進行大規模的裁抑，將他們化整為零；另一方面則是趁著他們「造反」或是「陰謀造反」的時候將其大量消滅。到武帝時又將這兩種手段進一步發揮，於是國內的割據問題遂告徹底解決。聽起來數目雖多，但實際只是些吃稅養閒的地主了。

太史公曰：殷以前尚矣❶。周封五等❷：公、侯、伯、子、男。然封伯禽❸、康叔❹於魯、衛，地各四百里❺，親親❻之義，褒有德❼也；太公❽於齊，兼五侯地❾，尊勤勞❿也。武王⓫、成⓬、康⓭所封數百⓮，而同姓五十五⓯，地上不過百里，下三十里[16]，以輔衛王室。管、蔡、康叔、曹、鄭[17]，或過或損[18]。厲、幽之後[19]，王室缺[20]，侯伯彊國[21]興焉，天子微，弗能正。非德不純，形勢弱也[22]。

漢興，序二等[23]。高祖末年，非劉氏而王者，若無功上所不置而侯者，天下共誅之[24]。高祖子弟同姓為王者九國[25]，唯獨長沙異姓[26]，而功臣侯者百有餘人[27]。自鴈門、太原[28]以東至遼陽[29]，為燕、代國[30]；常山[31]以南，大行左轉[32]，度河、濟[33]，阿、甄[34]以東薄海[35]，為齊、趙國[36]；自陳[37]以西，南至九疑[38]，東帶江、淮、穀、泗[39]，薄會稽[40]，為梁、楚、淮南、長沙國[41]：皆外接於胡、越[42]。而內地北距山以東[43]盡諸侯地，大者或五六郡，連城數十，置百官宮觀，僭於天子[44]。漢獨有三河、東郡、潁川、南陽[45]，自江陵[46]以西至蜀[47]，北自雲中[48]至隴西[49]，與內史[50]凡十五郡[51]，而公主列侯頗食邑其中[52]。何者？天下初定，骨肉同姓少，故廣彊庶孽[53]，以鎮撫四海，用承衛[54]天子也。

漢定百年之間[55]，親屬益疏[56]，諸侯或驕奢，忕邪臣計謀為淫亂[57]，大者叛逆[58]，小者不軌于法[59]，以危其命，殞身[60]亡國。天子觀於上古[61]，然後加惠[62]，使諸侯得推恩分子弟國邑[63]，故齊分為七[64]，趙分為六[65]，梁分為五[66]，淮南分三[67]，及天子支庶子[68]為王，王子支庶為侯[69]，百有餘焉。吳、楚時[70]，前後諸侯或以適削地[71]，是以燕、代無北邊郡，吳、淮南、長沙無南邊郡[72]，齊、趙、梁、楚支郡[73]名山陂海咸納於漢[74]。諸侯稍微，大國不過十餘城，小侯不過數十里，上足以奉貢職[75]，下足以供養祭祀[76]，以蕃輔京師[77]。而漢郡八九十[78]，形錯諸侯間[79]，犬牙相臨，秉其阸塞地利[80]，彊本幹[81]、弱枝葉[82]之勢，尊卑明[83]而萬事各得其所矣。

臣遷謹記高祖以來至太初諸侯[84]，譜其下益損之時[85]，令後世得覽。形勢雖彊，要之以仁義為本[86]。

【章　旨】以上為本表的序，作者比較了漢代分封與周代分封的不同，總結了漢王朝由於開始分封不當，致使諸侯叛亂，朝廷鎮壓；後來採取「眾建諸侯而少其力」，將其化整為零，這才穩定了國內秩序的經驗。作者強調了客觀形勢的作用，但更認為朝廷與諸侯雙方都講德、講仁義才是處好關係的根本。

【注　釋】❶尚矣　年代很久遠。尚，通「上」。這裡是久遠的意思。❷周封五等　周朝建國後分封諸侯按五個等級，即下述的公、侯、伯、子、男。❸伯禽　周公之子，因周公輔佐武王滅殷建周功大，被封為魯國的開國之君；又因為周公須要留在京師繼續輔佐天子，故封伯禽為魯公，到魯國就任，因此魯國實際的首封之君是伯禽。❹康叔　名封，武王的小弟，是衛國的首封之君。❺地各四百里　古代封國之大小各處說法不一，《左傳》襄公六年有所謂「昔者天子之地一圻，列國一同」。注：「一圻方千里，一同方百里。」❻親親　對血緣關係近的要表現出親近。❼褒有德　對德行高的要進行褒獎。周公與康叔在武王的兄弟中都是道德高尚的。因為以上兩條，所以才特地封給他們「四百里」的領土。❽太公　姜尚，也稱「呂尚」、「呂望」。輔佐武王滅殷的開國功臣，被封在齊國，國都營丘，在今山東淄博之臨淄城西北側。❾兼五侯地　占有五個侯爵的領地。按：《孟子·告子下》云：「太公之封於齊，為方百里。」❿尊勤勞　這是為了特別褒獎太公佐周的功勞。⓫武王　名發，於西元前一〇四六年滅殷建周，西元前一〇四六—前一〇四三年為天子。⓬成　周成王，名誦，武王之子，西元前一

○四二—前一○二一年在位。⓭康　周康王，名釗，成王之子，西元前一○二○—前九九六年在位。⓮所封數百　據《呂氏春秋·觀世》，周朝建國後「封國四百餘，服者八百餘」。⓯同姓五十五　《左傳》昭公二十八年有所謂「武王克商，光有天下，其兄弟之國十有五人，姬姓之國四十人」，正合此「同姓五十五」之數。⓰上不過百里二句　瀧川引岡白駒曰：「魯、衛與齊皆有故而大，其他上不過百里。」⓱管蔡康叔曹鄭　「康叔」二字衍文。管蔡，管叔鮮、蔡叔度，都是周武王之弟，前者名鮮，因被封於管，故稱管叔；後者名度，因被封於蔡，故稱蔡叔。曹，曹叔，名振鐸，也是周武王之弟，因被封於曹，故稱曹叔。鄭，鄭桓公，名友，周宣王之弟，被封於鄭（今陝西華縣城東）。⓲或過或損　有的超過百里，有的不夠三十里。⓳厲幽之後　意即自西周腐敗、衰落以來。厲，周厲王，西元前八七七—前八四一年在位。最後因殘暴且實行高壓政策而引發國人暴動，周厲王逃死於外。幽，周幽王，西元前七八一—前七七一年在位，因荒淫腐敗，被犬戎攻殺，西周從此滅亡。⓴王室缺　周天子道德虧缺，權威下降。㉑侯伯彊國　諸侯霸主一類的強大之國，如齊、晉、楚等是。伯，方伯，一方的諸侯之長。又「伯」字也通「霸」，即霸主。㉒非德不純二句　這裡強調了客觀形勢的作用，與某些儒家分子單純鼓吹有「德」者即能稱「王」的老生常談有所不同。㉓漢興二句　漢朝建國後的分封功臣與子弟只分王、侯兩個等級。王者的封土略當於一個郡，侯者的封土略當於一個縣。㉔非劉氏而王者三句　前「者」字應削。若，或。按：劉邦在稱帝前與剛剛稱帝之後，曾封過幾個異姓功臣為王，如韓信、彭越以及稍晚的盧綰等是。但這幾個異姓王除了偏遠而又很弱的長沙王吳芮外，其他韓信、彭越、黥布、韓王信、盧綰等很快就都相繼被消滅了。而且劉邦還從此總結出異姓人靠不住，規定今後「非劉氏不得封王，非有功者不得封侯」。〈呂太后本紀〉王陵有所謂「高帝刑白馬盟曰：『非劉氏而王，天下共誅之。』」㉕同姓為王者九國　劉邦之弟劉交被封為楚王；劉邦的庶長子劉肥被封為齊王；劉邦之兄劉仲先被封為代王，後來劉仲在匈奴的進攻下棄土逃回被罷黜，劉邦改封自己的兒子劉恆為代王；又封兒子劉長為淮南王、劉如意為趙王、劉建為燕王、劉恢為梁王、劉友為淮陽王，姪子劉濞為吳王。㉖唯獨長沙異姓　長沙王吳芮，在秦末天下反秦時，吳芮也是起兵反秦的勢力之一，因派將梅鋗隨項羽入關，故吳芮被項羽封為衡山王；楚漢戰爭中吳芮較早地倒向劉邦，故劉邦稱帝後改封吳芮為長沙王。又因為吳芮及其子孫一貫忠於漢王朝，故當其他異姓王相繼被劉邦消滅後，長沙吳氏獨一直傳國至文帝末，無子國除，可謂善始善終。㉗功臣侯者百有餘人　劉邦在位期間封功臣與其他少量各色人為侯者共一百四十三人。㉘鴈門太原　漢之二郡名，鴈門郡的郡治善無，在今山西左雲東；太原郡的郡治晉陽，在今山西太原西南。㉙遼陽　漢縣名，縣治在今遼寧遼中城東，當時屬遼東郡。㉚燕代國　漢代的二諸侯國名，燕國的國都薊縣，在今北京市區之西南部；代國的國都通常在今河北蔚縣東北，但劉恆為代王時，其國都乃在中都（今山西平遙西南）。㉛常山　即今之恆山，界於今河北與山西中北部之間的大山。漢人為避文帝劉恆之諱，故稱「常山」。㉜大行左轉　意即太行山往東。太行山盤踞於今河北、山西、河南三省交界處。㉝河濟　黃河、濟水。當時的黃河自河南洛陽、滎陽流來，至南樂縣北折，東北流經山東之德州，到河北滄州東北入海。濟水在滎陽市北由黃河分出，流經原陽縣南、封丘縣北，經山東定陶西，東北流入巨野澤，又東北經梁山縣東、平陰縣西，大致沿今之黃河河道入海。㉞阿甄　漢代二縣名，阿縣也稱東阿，縣治在今山東東阿城西南。甄，通「鄄」。縣治在今山東鄄城城北。㉟薄海　直到海邊。薄，迫；挨近。㊱齊趙國　漢之二諸侯國名。劉邦最初封韓信於齊，韓信被改封楚國後，劉邦遂封其庶長子劉肥於齊，國都臨淄，轄有七個郡，是諸侯國中疆域最大的。趙國的都城即今河北邯鄲，劉邦最初封張耳為趙王，張耳死，其子張敖因罪被廢，劉邦改封自己的兒子劉如意為趙王，轄有三郡。㊲陳　漢縣名，縣治即今河南淮陽。㊳九疑　山名，在今湖南寧遠南。㊴江淮穀泗　長江、淮河、穀水、泗水。㊵會稽　山名，在今浙江紹興東南。㊶梁楚淮南長沙國　漢代的四個諸侯國名，梁國的都城定陶，在今山東定陶城北。劉邦原封彭越為梁王，彭越被殺後，劉邦改封自己的兒子劉恢為梁王；楚國原是韓信的封國，韓信被襲捕後，劉邦改封其弟劉交為楚王，都彭城，即今徐州市；淮南原是黥布的封國，黥布被滅後，劉邦改封自己的兒子劉長為淮南王，都壽春，即今安徽壽縣；長沙是吳芮的封國，都臨湘，即今長沙市。㊷外接於胡越　與南北方的少數民族相鄰，如長沙國南與南越相連，淮南國南與東越、閩越相連，代國、燕國北與匈奴、烏桓相連。㊸北距山以東　詞語不順，意即北自太行山與其向東的延長線以南，西起漢王朝直轄的三川郡以東地區。「北距山以東」與前「大行左轉」相呼應。《漢書・諸侯王表》敘述此時形勢云：「自鴈門以東盡遼陽為燕、代；常山以南，太行左轉，度河濟，漸於海為齊、趙；穀、泗以往，奄有龜蒙為梁、楚；東帶江湖，薄會稽為荊、吳；北界淮瀕，略廬、衡為淮南；波漢之陽，亘九疑為長沙。諸侯比境，周帀三垂，外接胡越。」較此明晰簡潔。㊹置百官宮觀二句　諸侯王們各種排場，都和中央天子差不多。僭，越分。按：漢代建國初期，各諸侯王國的百官設置與名稱都與中央皇帝一樣，其各自的宮殿建築也沒有明確的差別規定。㊺三河東郡潁川南陽　皆漢郡名，「三河」指河東、河內、河南三郡。東郡的郡治濮陽，在今河南濮陽西南；潁川郡的郡治陽翟，即今河南禹縣；南陽郡的郡治宛縣，即今南陽市。㊻江陵　漢縣名，縣治即今湖北江陵城西北之紀南城，此地也是當時南郡之郡治所在地。㊼蜀　漢郡名，郡治即今成都市。㊽雲中　漢郡名，郡治在今呼和浩特市西南。㊾隴西　漢郡名，郡治狄道，即今甘肅臨洮。㊿內史　後來改稱京兆尹，即首都所在的郡。(51)凡十五郡　漢朝建國之初總共有六十二個郡，諸侯們所占有的共四十七郡，朝廷所有只十五郡，即上述的河東、河內、河南、東郡、潁川、南陽、南郡、漢中、巴郡、蜀郡、隴西、北地、上郡、雲中、內史。52公主列侯頗食邑其中　在這僅有的十五個郡的地面上，還有許多公主與列侯的食邑。這些食邑有的為一個縣，有的為一個鄉，各自上屬於所在的郡縣管轄。53庶孽　大量的封建了一些原本無資格受封的非嫡長子弟。庶孽，非正妻所生的子孫。54承衛　扶持、拱衛。55漢定百年之間　自劉邦分封這些子弟為王到司馬遷寫《史記》的百多年來。按：由劉邦建國（西元前二〇六年）到《史記》記事終止的武帝太初四年（西元前一〇一年）共一百零七年。56親屬益疏　當時受封的那些人與劉邦都是兄弟、父子，關係很近；可是到百年之後的今天，那些受封者的子孫與漢武帝的關係可就相當疏遠了。益疏，越來越疏遠。57怵邪臣計謀為淫亂　諸侯們聽信邪佞之臣的慫恿而胡作非為。怵，習；慣於聽從。58大者叛逆　如吳王劉濞、楚王劉戊等。59不軌于法　不遵守朝廷法度。60殞身　喪身。殞，落；失去。61觀於上古　吸取古代分封諸侯的經驗，即減少其領地，使其無力造反。62加惠　猶言「推恩」，對諸侯王的子孫普施恩惠，即實行「推恩法」。63推恩分子弟國邑　過去封某人為王，不論國大國小，此人死後總是由其嫡長子一人繼承，其他兒子一概無分。武帝接受主父偃的主意，令老王死後，有幾個兒子就將其國土分成幾份，給每個兒子都分一份。這就是當年賈誼曾向漢文帝建議的「眾建諸侯而少其力」，將他們化整為零，越分越小，有人犯罪或沒有繼承人的就將其國土收歸朝廷。文帝、景帝先已部分實行，至武帝元朔二年遂下詔曰：「梁王、城陽王，親慈同生，願以邑分弟，其許之。諸侯王請與子弟邑者，朕將親覽使有列位焉。」於是藩國始分而子弟畢侯矣。64齊分為七　文帝十六年（西元前一六四年），立悼惠王劉肥的六個兒子和一個孫子都為王：劉將閭為齊王，劉志為濟北王，劉辟光為濟南王，劉賢為菑川王，劉卬為膠西王，劉雄渠為膠東王，劉肥之孫，劉章之子為城陽王。65趙分為六　趙國在文帝、景帝時期先後被分成河間、廣川、中山、常山、清河，連同趙國為六國。66梁分為五　景帝中六年分梁地立梁孝王子劉明為濟川王，劉彭離為濟東王，劉定為山陽王，劉不識為濟陰王，連同舊有的孝王嫡子劉買的梁國共五國。67淮南分三　文帝十六年將老淮南王劉長的國土分為三份，封劉長的三個兒子劉安為淮南王，劉賜為廬江王，劉勃為衡山王。68天子支庶子　皇太子以外的其他皇子，如文帝有三王、景帝有十三王等是。69王子支庶為侯　王的嫡子繼位為王，其他王子則一例封侯。70吳楚時　吳楚七國對中央發動叛亂時，事在景帝三年（西元前一五四年）。71或以適削地　因與吳楚七國有牽連而被削減封地。適，通「讁」。72燕代無北邊郡二句　因鑒於諸侯王謀反往往與境外敵國相勾結，故平定七國之亂後，朝廷遂將沿邊諸郡都收歸朝廷管轄，使諸侯國不再與境外民族相鄰。73支郡　國都所在郡以外的其他郡，如齊國的都城臨淄在齊郡，齊國所屬的其他郡就是支郡。74名山陂海咸納於漢　各山林湖海的資源開採權都歸朝廷。陂，堤岸，這裡即指湖泊。75奉貢職　按時給朝廷進貢。職，也是貢的意思。76供養祭祀　供養指受封者家族的衣食所需，祭祀指其自家的祭祀與對朝廷宗廟的祭祀。[77]蕃輔京師　意即拱衛朝廷。蕃，蕃籬；屏障。輔，護持。[78]漢郡八九十　至武帝時一方面由開邊四夷，獲得了大片領土；另一方面也從各諸侯王手裡收回了大片領土。當時全國總共有一百零三個郡，歸朝廷管轄的八十三個，歸諸侯王管轄的二十個。[79]形錯諸侯間　各諸侯國都處於朝廷各郡的交錯包圍之中。[80]秉其阸塞地利　從地理形勢上各諸侯國都處於朝廷各郡的監控之下。秉，持；控制。阸塞，險要關塞。[81]本幹　以喻朝廷。[82]枝葉　以喻各諸侯國。[83]尊卑明　朝廷與蕃國的尊卑不同在各方面都得到了明確的體現。[84]臣遷謹記高祖以來至太初諸侯　從此司馬遷自述語，可以明確得知《史記》記事的下限是至太初而迄。[85]其下益損之時　各個諸侯後代削弱或隆盛的情景。或謂「益損」乃指所封諸侯的總體而言，意即或增或減、或多或少的變化。[86]形勢雖彊二句　當前朝廷與眾諸侯這種尊卑分明、秩序穩定的局面的形成並得以維持，一方面是客觀形勢有利於朝廷，但更重要的還是由於朝廷的做法合乎仁義之道。吳汝綸曰：「此文以末二語為主，此非真頌美也，探其削弱諸侯之意而為之耳。」

【語　譯】太史公說：殷代以前的事太遙遠了。周代的封爵分為公、侯、伯、子、男五等。當時封伯禽於魯，封康叔於衛，每人的領地都是四百里見方，這一方面是由於親緣關係緊密，同時也是為了表揚有德的人；當時又封姜太公於齊，讓他享有五個侯爵那麼多的土地，這是為了對勞苦功高的人表示尊重。除此之外，在武王、成王、康王時代，受封的諸侯有好幾百個，而其中姬姓的諸侯共有五十五個，這些國家最大的也不過百里見方，小國才只有三十里，封他們是為了讓他們拱衛周天子。管、蔡、曹、鄭這幾個國家的封地，有的超過了規定數，有的則還不足。等到厲王、幽王以後，王室逐漸衰落，諸侯中的一些霸主相繼出現了，這時周天子自己的力量單薄，已經沒有辦法再控制他們。這並不是周天子的德義不純厚，而是形勢對周天子越來越不利了。

漢朝建國以後，把功臣封為王、侯兩個等級。到了高祖晚年更明確地規定出，不是劉姓的如果做了王，或者沒有軍功未經皇帝特別允許的如果做了侯，那麼普天下的人就都應該起來討伐他。當時高祖的子姪兄弟被封為王的一共九個人，異姓人被封為王的只有長沙王吳芮一個，大臣們因有軍功而被封侯的共一百多人。當時的國土，西起鴈門、太原，東到遼陽，是燕國、代國的封地；常山以南，太行山以東，以及黃河、濟水、阿縣、甄縣，一直到海邊，是齊國、趙國的封地；從陳縣往西，南到九疑山，東到長江、淮水、穀水、泗水，一直到會稽，是梁國、楚國、淮南國和長沙國的封地；這些封地的疆界都與北方的匈奴和南方的越國相連接。至於內地，從北部的太行山以東全是諸侯的封地，其中大的國家有的竟占據著五、六個郡，幾十座城池，他們那裡的政府建制以及宮殿的規模，有的比皇帝還要排場。而漢王朝直接控制的地盤，只有三河、東郡、潁川、南陽等郡，以及從江陵以西到巴蜀，北邊從雲中到隴西，連同京城郊區的內史一共才十五個郡，而且還有許多公主、列侯的領地在這裡面。為什麼當時弄成這個樣子呢？這是因為當時天下剛剛平定，皇帝的同胞兄弟又少，所以只好又封了一些非嫡表的子弟們為王，靠他們去幫著鎮撫四方，拱衛王室。

經過了百多年後，開始時那些還算親近的關係現在已經越來越遠了，而且有的諸侯還特別驕橫奢侈，他們手下的一些奸邪之徒，一個心地幫著他們胡作非為，嚴重的發展到了造反，輕一點的也不遵紀守法，結果鬧得自己喪了命，封國也被撤銷了。當今的皇帝參照了古代的制度，對諸侯們加施恩惠，讓他們推恩把國土普遍地分封給自己的子弟，因而齊國分成了七國，趙國分成了六國，梁國分成了五國，淮南分成了三國，再加上皇帝的庶子被封為王的，和諸王的庶子被封為侯的，總共就有一百多個了。早從吳楚作亂時，有的諸侯國就因為犯罪而被割掉了土地。從那時起，北部的燕國、代國就不再與北方的少數民族接壤，南部的吳國、淮南、長沙也不再和南方的少數民族接壤了。而齊國、趙國、梁國、楚國之內的名山大湖又都全部收歸朝廷管轄。這樣一來，諸侯們的勢力就漸漸地弱了下去，大國不超過十多個城邑，小國只剩有幾十里的地盤。這以後就只要求他們對上足以給中央進貢，對下足以維持自己的生活和祭祀祖先，能盡到衛護京師的責任就行了。而這時漢王朝直接控制的地方已經有八、九十個郡，這些郡與諸侯們的封國犬牙交錯，把全國險要的軍事重地都控制了起來，從而形成了一種強本弱枝的形勢，於是尊卑的等級鮮明，國家的萬事也各得其所了。

我這裡記載了從高祖以來到太初年間的各個封國，用表格的形式排出了他們各自興衰變化的時間，以供後代的人們參考借鑒。總之，這些問題所以能解決得好，朝廷的勢力強大固然是重要的一面，但歸根結底還是要靠著施行仁義才行。

前206年	205	204	203
高祖元年❶	二❸	三⓮	四⓰
楚	都彭城。❹		
齊	都臨菑。❺		初王信元年。故相國。⓱
荊	都吳。❻		
淮南	都壽春。❼		七月乙丑⓲，初王英布元年。
燕	都薊。❽		
趙	都邯鄲。❾		初王張耳元年。薨⓳。
梁	都淮陽。❿		
淮陽	都陳。⓫		
代	十一月，初王韓信元年。都馬邑。⓬	二	三
長沙❷	⓭	⓯	⑳

❶是年十月，劉邦入關滅秦，鴻門宴後被項羽封為漢王。❷此年一月項羽封吳芮為衡山王，都邾。❸劉邦為漢王之二年。❹項羽為西楚霸王都彭城；後來之劉交為楚王亦都彭城。彭城，即今徐州市，然韓信之為楚王乃都下邳，非彭城也。❺臨菑舊城在今山東淄博之臨淄西北。❻「吳」即今蘇州市。然劉賈為荊王，與後來劉濞為吳王皆都廣陵，即今揚州市，非蘇州。❼按：英布為淮南王乃都六縣，即今安徽六安。英布滅後劉長為淮南王始都壽春，「壽春」即今安徽壽縣。又英布之前為九江王與今之為淮南王皆都於六縣，非壽春。❽今北京市。❾今河北邯鄲。❿按：「淮陽」二字定誤。彭越為梁王乃都定陶，日後之梁孝王都睢陽，亦非淮陽。⓫陳即今河南淮陽。⓬按：韓王信於高祖二年被劉邦封為韓王，都陽翟。至高祖六年，劉邦將韓王信之韓國北移太原，韓王信乃自請北都馬邑，非謂劉邦將其改封「代王」也，此處說法有誤。馬邑，今山西朔縣。⓭吳芮為衡山王之第二年。⓮劉邦為漢王之三年。⓯吳芮為衡山王之第三年。⓰劉邦為漢王之四年。⓱此年之十一月韓信滅齊王田廣，同年之二月，被劉邦封為齊王。按：所謂「相國」只是劉邦給韓信的虛銜，並無實際，劉邦的相國始終是蕭何。⓲七月乙丑，即夏曆七月初一。舊本原作「十月乙丑」，梁玉繩曰：「『十月』乃『七月』之誤。」按：梁氏說與〈秦楚之際月表〉、〈黥布列傳〉同，今據改。⓳張耳隨韓信於漢三年十月滅趙後，於本年十一月被劉邦立為趙王。張耳之死在高祖五年，今乃書於四年，誤。按：張耳死的時間，〈張耳陳餘列傳〉繫之於「漢五年」，〈秦楚之際月表〉繫之於漢五年九月，《漢書‧異姓諸侯王表》繫之於漢五年十月，月分不同皆在「五年」，今表乃繫之「四年」，顯然有誤，故改繫於「五年」，而張敖之「元

202	201	200	199	198	197	196
五㉑	六㉚	七	八	九	十	十一㊽
齊王信徙為楚王元年。反，廢㉒。	正月丙午，初王交元年。交，高祖弟㉛。	二	三	四 來朝㊷。	五 來朝。	六
二㉓ 徙楚㉔。	正月甲子，初王悼惠王肥元年。肥，高祖子㉜。	二	三	四 來朝。	五 來朝。	六
	正月丙午，初王劉賈元年㉝。	二	三	四	五 來朝。	六 為英布所殺，國
二	三	四	五	六 來朝。	七 來朝。反，誅㊺。	七月庚午，厲王長元年。
後九月壬子，初王盧綰元年㉕。	二	三	四	五	六 來朝。	七
王敖元年。敖，耳子㉖。	二㉞	三㊲	四㊴ 廢㊵。	初王隱王如意元年。如意，高祖子㊸。	二	三
初王彭越元年㉗	二	三	四	五 來朝。	六 來朝。反，誅㊻。	二月丙午，初王恢元年。
						三月丙寅，初王友元年。
四 降匈奴，國除為郡㉘。	㉟	㊳	㊶	㊹	復置代，都中都㊼。	正月丙子，初王元年㊾。
二月乙未，初王文王吳芮元年㉙。薨。	成王臣元年㊱。	二	三	四	五 來朝。	六

除為郡㊿。

長，高祖子(51)。

恢，高祖子(52)。

友，高祖子(53)。

年」、「二年」依次後移。⑳吳芮為衡山王之第四年。㉑劉邦為漢王之五年十二月，漢滅項羽，同年之二月，劉邦稱皇帝。五月，入都關中。按：當時漢用秦曆，以十月為歲首。㉒韓信於此年十二月，協助劉邦滅掉項羽，於此年之一月，被徙為楚王。韓信被廢乃次年事。梁玉繩曰：「《漢書·高帝紀》『漢六年十月，人告信反；十二月，執信廢之。』《史記·高祖本紀》以告反亦書於十二月，已屬誤端；而此又書『反廢』於五年，尤誤。」㉓韓信為齊王的第二年。㉔此年之十二月，韓信助劉邦滅項羽，滅項後，韓信迅即被劉邦奪去兵權，並將其由齊王改封楚王，都下邳。韓信為齊王共十個月。㉕後九月，「後」字本無，梁玉繩《史記志疑》：「封綰在後九月，非九月也。」今據改。後九月壬子即閏九月之二十五。時初滅燕王臧荼，即封盧綰為燕王。㉖張耳之子張敖為劉邦女魯元公主之夫。張耳死於此年之七月，其子張敖之元年乃在高祖六年，此年應作「張耳二年」。㉗彭越為梁王，都定陶。㉘降匈奴二句，韓王信之北移都馬邑，與降匈奴皆高祖六年事，此誤。梁玉繩曰：「信降匈奴在五年，漢之六年九月也，此誤書於信之四年。」㉙劉邦稱帝後，將吳芮改封長沙王，都臨湘，今長沙市。二月乙未，二月初四。㉚劉邦於此年十二月襲捕韓信，降以為淮陰侯。㉛此年之十二月楚王韓信被劉邦以「謀反」的罪名所襲捕，帶回長安，降以為淮陰侯。轉月乃封其弟劉交為楚王，都彭城。正月丙午，正月二十一。㉜正月甲子，正月無「甲子」日，此必有誤。《漢書》作「壬子」。「正月壬子」為正月二十七。劉肥是劉邦的私生子，為惠帝之兄。於本年正月被封為齊王。㉝劉賈是劉邦的本村同族，隨劉邦起義，為劉邦的部將。劉邦因親屬稀少，故遂封之為荊王，都廣陵。㉞去年張耳死，今年是張敖之元年。㉟此年韓王信北都馬邑，秋，馬邑被匈奴所圍，信遂降匈奴，引匈奴攻漢。又，此格舊本失書「代初王喜元年」，意即劉邦封其次兄劉喜為代王之元年。劉喜亦即「劉仲」。代初王喜元年，梁玉繩曰：「按《漢書·高帝紀》，韓王信所封者太原郡；代王劉喜所封者雲中、雁門、代三郡，其地兩不相涉。表中失列『韓國』，謬與『代』共一格，故是年以喜繼信，竟若信降匈奴，喜因王其地者。不知喜封代之時信尚為韓王如故也。欲救其誤，當改前所書『代』字作『韓』，此處補『初置代國』四字，庶為得之。」㊱吳芮子吳臣之元年。「成」字是吳臣的謚。㊲應是張敖之二年。㊳劉喜王代之第二年，匈奴攻代，劉喜棄其國逃歸漢。劉邦不誅，廢以合陽侯。改立戚姬子如意為代王。㊴應是張敖之三年。㊵高祖八年，趙相貫高等謀殺高祖未遂，九年其事始洩，此年書張敖「廢」者，誤。梁玉繩曰：「張敖以高祖九年廢，史、漢紀、表、傳甚明，此與〈異姓表〉誤在八年。」㊶劉如意為代王之第二年。㊷進京朝見皇帝。㊸高祖九年，貫高謀刺高祖之事洩，張敖牽連被廢為宣平侯，劉邦改立戚夫人所生子劉如意為趙王。「隱」字是劉如意的謚。梁玉繩曰：「考《漢書·高帝紀》，高祖七年十二月，代王喜棄國自歸，即於是月辛卯立如意為代王。至九年正月趙王張敖廢，乃徙代王如意為趙王。此表於代王格內既不書如意王代，而如意之王趙亦不言自代徙，豈非疏乎？」㊹劉如意改封趙王。㊺英布「反，誅」在下年，書於此年誤。㊻彭越之「反，誅」在下年，此誤。㊼中都，漢縣名，縣治在今山西平遙西南。㊽此年正月，劉邦殺韓信；三月，殺彭越；七月，破殺英布。㊾劉邦於其十一年正月復置代國，立其子劉恆為代王，領太原、雁門、定襄、代郡四郡之地。正月丙子，

	195	194	193	192	191	190	189
漢	十二[54]	孝惠元年[58]	二	三	四	五	六
楚	七	八	九 來朝。	十	十一 來朝。	十二	十三
齊	七	八	九 來朝。	十	十一 來朝。	十二	十三 薨[63]。
吳	更為吳國。十月辛丑，初王濞元年。濞，高祖兄仲子，故沛侯[55]。	二	三	四	五	六 來朝。	七
淮南	二	三	四	五	六 來朝。	七	八
燕	二月甲午，初王靈王建元年。建，高祖子[56]。	二	三	四	五	六 來朝。	七
趙	四 死[57]。	淮陽王徙於趙，名友，元年。是為幽王[59]。	二	三	四 來朝。	五	六
梁	二	三	四	五	六	七	八
淮陽	二	為郡[60]。					
代	二	三	四	五	六	七	八
長沙	七	八[61]	哀王回元年[62]	二	三	四	五

漢 楚 魯 齊 吳 淮南 燕 趙 常山 梁 呂 淮陽 代 長沙

188	187
七[64]	高后元年[70]
十四 來朝。	十五
初置魯國。[65]	四月初王張偃元年。偃，高后外孫，故趙王敖子。[71]
哀王襄元年[66]	二
八 來朝。	九
九 來朝。	十
八 來朝。	九
七 來朝。	八
初置常山國。[67]	四月辛卯，哀王不疑元年。薨。[72]
九 來朝。	十
初置呂國。[68]	四月辛卯，呂王台元年。薨。[73]
復置淮陽國。[69]	四月辛卯，初王懷王強元年。強，惠帝子。[74]
九	十
六	七[75]

正月二十。[50]英布起兵後，先東進破殺劉賈，滅荊。[51]此年春劉邦殺韓信，夏殺彭越，英布恐懼於七月造反，被劉邦破殺。劉邦遂即立其子劉長為淮南王，改都壽春。「厲」字是劉長的謚。七月庚午，七月十七。舊本原作「十二月庚午」，梁玉繩曰：「『十二月』當作『七月』，英布以『七月』反，厲王即以『七月』封，史、漢〈淮南王傳〉甚明，《通鑑》從之是已，此作『十二月』，與史〈淮南王傳〉《漢書‧諸侯王表》作『十月』并誤。」按：「十二月」亦無「庚午」日。[52]此年之三月，彭越被呂后強加罪名殺害。劉邦乃封其子劉恢為梁王。「二月丙午」四字必有誤，劉恢受封不應在彭越被殺前。梁玉繩以為劉恢受封的時間應與劉友受封的時間相同，皆為「三月丙寅」，其說可從。[53]初置淮陽國，劉邦封其子劉友為淮陽王，都陳縣，今河南淮陽。「高祖子」原本其下有「徙趙」二字，梁玉繩《史記志疑》卷十：「『徙趙』二字衍。」，今據刪。[54]此年之四月二十五，劉邦卒。[55]劉邦於十一年底破殺英布，十二年初，立劉仲子劉濞為吳王，仍都廣陵。劉仲即劉喜。十月辛丑，十月二十五。[56]高祖十二年十二月，燕王盧綰因遭懷疑害怕被誅逃入匈奴。劉邦遂於二月立其子劉建為燕王。二月甲午，二月十四。「二月甲午」，原本作「三月甲午」，梁玉繩《史記志疑》、張文虎《札記》均指出「三月」乃「二月」之誤。今據改。[57]按：此年劉如意未死，此誤書。[58]孝惠，名盈，劉邦之子，呂后所生，西元前一九四－前一八八年在位。[59]孝惠元年，趙王劉如意被呂后所殺，呂后移原淮陽王劉友為趙王，「幽」字是劉友日後的謚。[60]原淮陽王劉友移封趙王，淮陽國廢除，遂設為郡。[61]長沙王吳臣卒。[62]吳臣之子吳回之元年。「哀」字是謚。[63]齊悼惠王劉肥卒。[64]此年之八月孝惠帝卒。孝惠帝之子繼位，只是傀儡，呂后自己執政。[65]國都魯縣，即今山東曲阜。[66]劉肥之子劉襄繼位為齊王。「哀」字是劉襄日後的謚。[67]國都元氏，今河北元氏西北。[68]割齊國之濟南郡以建立呂國。國都燕平陵，今山東章丘西北。[69]都城陳縣，即今河南淮陽。[70]高后，呂雉，

	184	185	186
漢	四[81]	三	二
楚	十八	十七	十六
魯	四	三	二
齊	五	四 來朝。	三
琅琊			
吳	十二	十一	十
淮南	十三	十二	十一
燕	十二	十一	十
趙	十一	十	九
常山	五月丙辰，初王朝元年。朝，惠帝子，故軹侯。[82]	二	七月癸巳，初王義元年。哀王弟。義，孝惠子，故襄城侯，後立為帝。[76]
梁[79]	十三	十二	十一
呂[80]	三	二	十一月癸亥，王呂嘉元年。嘉，肅王子。[77]
淮陽	四	三	二
代	十三	十二	十一
長沙	三	二 來朝。	恭王右元年[78]

183	182
五	六
十九	二十
五	六
六	七
	初置琅邪國。84
十三	十四
十四　來朝。	十五
十三	十四
十二	十三
二	三
十四	十五
四	嘉廢。七月丙辰，呂產元年。產，肅王弟，故洨侯。85
五　無嗣。83	初王武元年。武，孝惠帝子，故壺關侯。
十四	十五
四	五

惠帝之母，西元前一八八—前一八〇年在位。71 四月初王張偃，「初王」，原本作「元王」，梁玉繩《史記志疑》卷十：「『元王』乃『初王』之誤。」今據改。張敖因貫高謀刺劉邦被降為宣平侯，今呂后當權，遂封張敖子，魯元公主所生者張偃為魯王。72 呂后為封諸呂作鋪墊，先封惠帝諸子為王，故封劉不疑為常山王。「哀」字是劉不疑的諡。劉不疑之卒在下年，今書「薨」於此，誤。梁玉繩曰：「『哀王』上缺『初王』二字，『元年』下缺『不疑，惠帝子』五字，又不疑以二年薨，史〈呂后紀〉及漢表可証。」73 呂台是呂后長兄呂澤之子，呂澤先死事，呂台被封酈侯，今被呂后封為呂王。呂台死在下年，今書「薨」於此，誤。梁玉繩曰：「此既缺書『初王』，又缺書諡，而『呂』字復訛在『王』上。當云『初王肅王呂台元年』。但呂台之薨，〈呂后紀〉在二年十一月，〈將相表〉在二年十二月，漢表亦在二年，此誤書於元年也。」74 惠帝子劉強為淮陽王。75 此年哀王吳回卒。76 梁玉繩曰：「此『七月』乃『十月』之誤，但是年十月辛酉朔，無『癸巳』，或云是『癸亥』之誤。」哀王劉不疑此年死，呂后復立哀王之弟劉義為常山王。「哀王弟」，原本其上有「皇子」二字，梁玉繩《史記志疑》卷十：「『皇子』二字衍」。今據刪。劉義，原名劉山，此前為襄城侯，後來又被立為皇帝。77 此年之十一月呂台死，呂台之子呂嘉繼其父位為呂王。「肅王」為呂台之諡。王呂嘉元年，梁玉繩曰：「呂台以十一月薨，嘉即以十一月嗣，猶常山王不疑以十月薨，其弟義即以十月封也。當年改元，削父兄之末年以為元年，此牝朝之亂政，無責耳矣。是年十一月庚寅朔，無癸亥日，十二月乃有之，疑『癸亥』乃『癸巳』之誤。」78 吳回之子吳右繼位為長沙王。「右」《漢書》年表作「若」。79 改稱呂。80 改稱濟川。81 呂后於此年五月幽殺傀儡皇帝，改立惠帝子常山王劉義為帝。82 此年五月呂后殺了原來的傀儡皇帝，另立常山王劉義為傀儡，故又立惠帝子劉朝為常山王。83 惠帝子劉強無子絕嗣，呂后改封惠帝子劉武為淮陽王。梁玉繩曰：「淮陽王強以五年八月薨，無嗣，其弟以是月續封，逾年改元，故表不著月日也。」84 割齊國之琅邪郡設立琅邪國，都城東武，即今山東諸城。85 呂台之子呂嘉因驕恣

	180
漢	八[92]
楚	二十二
魯	八[93]
齊	九[94]
城陽	
濟北	
琅琊	二[95]
吳	十六
淮南	十七
燕	十月辛丑，初王呂通元年。肅王子，故東平侯。九月誅，國除[96]。
趙	初王呂祿元年[97]。呂后兄子，胡陵侯。誅，國除[98]。
河間	
常山 太原	五 非子，誅，國除為郡[99]。
梁	二 有罪，誅，為郡[100]。
呂	二[101]
淮陽	三 武誅，國除[102]。
代	十七[103]
長沙	七

181
七[86]
二十一
七
八
王澤元年。故營陵侯[87]。
十五
十六
十五 絕[88]。
十四 幽死[89]。
四
徙王趙，自殺。王呂產元年[90]。
呂產徙王梁。二月丁巳，王太元年。惠帝子[91]。
二
十六
六

孝文前元年[104]。
二十三 [105]
九　廢為侯[106]。
十　薨[107]。
初置城陽國[108]。
初置濟北國[109]。
三　徙燕[110]。
十七
十八
十月庚戌，琅邪王澤徙燕元年。是為敬王[111]。
十月庚戌，趙王遂元年。幽王子[112]。
分為河間國，都樂成[113]。
初置太原國，都晉陽[114]。
復置梁國[115]。
十八　為文帝[116]。
八

不法被呂后所廢，改立呂台之弟呂產為呂王。七月應作「十月」。[86]呂后於此年正月餓死劉邦子趙王劉友，改封劉邦子梁王劉恢為趙王，劉恢不堪忍受而自殺，於是呂后遂封呂祿為趙王。[87]呂后為封諸呂，故封一個劉姓人為陪襯。劉澤是劉邦的族人，原為營陵侯，今呂后封之為琅邪王。[88]此年劉邦子燕王劉建卒，呂后鴆殺其庶子，謊稱劉建無子，因以燕國封呂通。[89]「幽死」，原本作「楚呂產徙梁元年」，梁玉繩《志疑》卷十：「《史詮》曰湖本缺『幽死』二字，誤刻『楚呂產徙梁元年』七字，削之。」今據改。此年梁王劉恢移封趙王，劉恢不堪忍受，自殺，呂后遂封呂祿為趙王。[90]呂后殺死趙王劉友後，遷劉恢為趙王，劉恢至趙後，不堪忍受而自殺。呂后遂立呂產為梁王，並改梁國曰「呂國」，都睢陽，今河南商丘。[91]梁王劉恢遷趙自殺，呂后封呂產為梁王，故又封惠帝子劉太為呂王，並改呂國曰「濟川」。「二月丁巳」，原本作「七月丁巳」，據《顓頊日曆表》，高后七年七月戊午朔，無丁巳，二月庚寅朔，丁巳為二十八日。今據改。陳仁錫曰：「『王』上缺『初』字；『年』下缺『太』字；『子』下缺『故平昌侯』四字。」梁玉繩以為「太」字應作「大」。[92]呂后於此年之七月辛巳卒，齊王劉襄起兵，朝內大臣誅諸呂，擁立代王劉恆於是年閏九月為帝。[93]此年之九月，大臣廢魯王張偃。[94]齊王劉襄於是年七月呂后死後起兵討諸呂，朝內大臣始得從中起事誅諸呂。[95]劉澤原是親呂勢力，齊王劉襄起兵討諸呂，劉澤之國被劉襄所併。劉澤哄騙劉襄得脫入朝廷，參與立孝文帝，遂得改封燕王。[96]此年九月大臣誅諸呂，呂后所封之燕王呂通被殺。[97]梁玉繩曰：「〈呂后紀〉及《漢書》紀、表皆書呂祿為趙王於呂后七年，此與史、漢〈功臣表〉書於八年，殊誤。趙王恢以七年六月自殺，祿之王趙必在七月，此不書月，亦疏。」[98]此年九月大臣誅諸呂，呂后所封之趙王呂祿被殺。[99]大臣滅諸呂罷，誣衊惠帝的所有兒子都不姓劉，通通予以誅戮。廢常山國，設立常山郡。[100]呂后封呂產為梁王，改國號曰「呂」。大臣滅諸呂，呂產被殺。[101]梁玉繩曰：「失書『非子誅，國除為郡』。」情況同常山王。[102]情況同常山王、呂王。[103]此年之九月大臣滅諸呂，迎立代王劉恆為皇帝。[104]孝文，名恆，劉邦之子，薄后所生，西元前一七九—前一五七年在位。[105]是年三月劉邦弟楚元王劉交卒，其子劉郢襲其父位為楚王。[106]梁玉繩曰：「偃無九年，已於前年九月廢矣。此宜移『廢為侯』三字於前年，而衍去『九』字。」[107]朝內大臣誅諸呂罷，畏惡劉襄之強，暗中立

國	177	176
漢	三	四
楚	二	三
齊	二	三
城陽	二[126]	共王[132]喜元年
濟北	為郡[127]。	
吳	十九 來朝。	二十
淮南	二十 來朝。	二十一
燕	康王嘉元年[128]	二
趙	三	四
河間	二	三
太原	二	三 更為代王[133]。
梁	二	三
淮陽	復置淮陽國[129]。	代王武徙淮陽三年[134]。
代	二 徙淮陽[130]。	三 太原王參更號為代王三年，實居太原，是為孝王[135]。
長沙	靖王著元年[131]	二

178
二
夷王郢元年[117]
文王則元年
二月乙卯，景王章元年。章，悼惠王子，故朱虛侯[118]。
二月乙卯，王興居元年。興居，悼惠王子，故東牟侯[119]。
國除，為郡[120]。
十八
十九
二 薨[121]。
二
二月乙卯，初王文王辟強元年[122]。辟強，趙幽王子。
二月乙卯，初王參元年。參，文帝子[123]。
二月乙卯，初王懷王勝元年。勝，文帝子[124]。
二月乙卯，初王武元年。武，文帝子[125]。
九

172	173	174	175
八	七	六	五
三	二	王戊元年[137]	四 薨[136]。
七 來朝。	六	五	四
五	四	三	二
二十四	二十三	二十二	二十一
		二十三 王無道，遷蜀，死雍，為郡[138]。	二十二
六 來朝。	五	四	三
八	七 來朝。	六	五
七 來朝。	六	五	四
七	六 來朝。	五	四
七	六 來朝。	五	四
七	六 來朝。	五	四
六	五	四	三

代王劉恆，劉襄有討呂大功，不僅未蒙封賞，反而遭到壓抑，故鬱鬱死。其子劉則襲位為齊王。[108]割齊之城陽郡立以為城陽國，以封劉章。都莒，即今山東莒縣。按：「國」字舊本原作「郡」，梁玉繩曰：「『國』訛作『郡』。」今據改。[109]割齊國之濟北郡立以為濟北國，以封劉興居。都盧縣，今山東長清西南。舊本原文無「國」字，今依陳仁錫說補「國」字。[110]文帝即位後，改封劉澤為燕王，都薊，今北京市。[111]劉澤於文帝元年十月被改封燕王。[112]大臣滅諸呂罷，立原趙王劉友之子劉遂為趙王。[113]割趙國之河間郡立為河間國，以封劉辟強。都樂成，今河北獻縣東南。舊本原無「國」字，依梁玉繩說補。[114]新設太原國，以封文帝之子劉參。國都晉陽，在今太原市西南。舊本原無「國」字，依梁玉繩說補。[115]重設梁國，以封文帝之子劉揖，都睢陽，今河南商丘南。[116]梁玉繩曰：「衍『十八』二字，『文帝』宜作『為皇帝』而移於上年。」[117]夷王名「郢客」，此與〈楚元王世家〉、〈孝文本紀〉皆脫「客」字。[118]劉章是齊悼惠王劉肥之子，齊哀王劉襄之弟，在誅滅諸呂中有大功，原說封之為趙王，後加裁抑封之為城陽王。劉章此前為朱虛侯，「景」字是其日後之諡。[119]劉興居是齊悼惠王劉肥之子，齊哀王劉襄之弟，滅諸呂罷，原說封之為梁王，後加裁抑封以為濟北王。此前劉興居為東牟侯。[120]琅邪國被廢除，設琅邪郡，屬齊。[121]劉澤死，其子劉嘉襲其父位為燕王。[122]分趙王劉遂之地立其弟辟強為河間王。[123]文帝子劉參為太原王。[124]按：此「勝」字應作「揖」。[125]文帝子劉武封代王。[126]是年中月城陽景王劉章卒，其子喜襲位為王。[127]是年七月劉興居乘匈奴入侵起兵反漢，八月兵敗自殺。國除為郡。[128]劉澤之子劉嘉之元年。[129]國都陳縣，今河南淮陽。[130]代王劉武改封淮陽王。[131]吳右子吳著之元年。[132]「共」字是諡。[133]劉參改封代王。但都城仍在太原，即將太原與代國合而有之。太原國號取消。[134]劉武改封淮陽王。年數通前計算。[135]太原王劉參改封代王，兼有太原地。是為代孝王。[136]楚夷王劉郢客卒，其子劉戊襲位為楚王。[137]劉戊為楚王之元年。[138]是年之十一月淮南王劉長因謀反遷蜀，途中自殺於雍，國除為郡。

	166	165
漢	十四	十五
楚	九	十
衡山		初置衡山
齊	十三	十四 薨。無
城陽		復置城陽
濟北		復置濟北
濟南		分為濟南
菑川		分為菑川
膠西		分為膠西
膠東		分為膠東
吳	三十	三十一
淮南	三	四 徙城陽
燕	十二 來朝。	十三 來朝。
趙	十四	十五
河間	十三 薨[144]。	哀王福元
廬江		初置廬江
梁	十三	十四 來朝。
代	十三	十四
長沙	十二	十三

	171	170	169	168	167
漢	九	十	十一	十二	十三
楚	四	五	六	七	八 來朝。
齊	八	九	十	十一 來朝。	十二
城陽	六 來朝。	七	八 徙淮南。為郡，屬齊[139]。		
吳	二十五	二十六	二十七	二十八	二十九
淮南				城陽王喜徙淮南元年[142]	二
燕	七	八	九	十	十一
趙	九	十	十一	十二 來朝。	十三
河間	八	九	十	十一 來朝。	十二
梁	八	九	十 來朝。薨，無後[140]。	十一 淮陽王武徙梁年，是為孝王[143]。	十二
淮陽	八 來朝。	九	十 來朝。徙梁。為郡[141]。		
代	八	九	十 來朝。	十一	十二
長沙	七	八 來朝。	九	十	十一

164	
十六	
十一	
四月丙寅，王勃	國[145]。
四月丙寅，孝王	後[146]。
淮南王喜徙城陽	國[147]。
四月丙寅，初王	國[148]。
四月丙寅，初王	國[149]。
四月丙寅，初王	國，都劇[150]。
四月丙寅，初王	國，都宛[151]。
四月丙寅，初王	國，都即墨[152]。
三十二	
四月丙寅，王安	[153]。
十四	
十六	
	年。薨，無後，國除為郡[154]。
四月丙寅，王賜	國[155]。
十五	
十五	
十四	

[139]城陽王劉喜改封淮南王，原城陽國地還齊為城陽郡。[140]文帝子梁王劉揖卒。[141]淮陽王劉武改為梁王。[142]劉章子劉喜遷此為淮南王之元年。[143]淮陽王劉武遷此為梁王，即梁孝王。[144]河間王劉辟強卒，其子劉福襲位為河間王。[145]都郴，今湖北黃岡北。「衡山」後原無「國」字，依梁玉繩引《史詮》補。[146]此年齊文王劉則死，無子，國除為郡。[147]因復立劉安為淮南王，故令劉喜仍回任城陽王。[148]都盧縣，今長清縣西南。[149]國都東平陵，今章丘西北。[150]劇，漢縣名，今昌樂縣西北。[151]宛，疑是「密」字之誤，即今高密縣。[152]「膠東」後原無「國」字，依梁玉繩引《史詮》補。即墨，在今平度縣東南。[153]為將淮南封劉安，故令劉喜改王城陽。[154]此年劉福死，無子國除為郡。[155]都舒縣，今盧江縣西南。

		163	162
漢		後元年[166]	二
楚		十二	十三
衡山	元年。淮南厲王子，故安陽侯。[156]	二	三
齊	將閭元年。齊悼惠王子，故陽虛侯。[157]	二	三
城陽	十三年。[158]	十四	十五
濟北	志元年。齊悼惠王子，故安都侯。[159]	二	三
濟南	辟光元年。齊悼惠王子，故扐侯。[160]	二	三
菑川	賢元年。齊悼惠王子，故武城侯。[161]	二	三
膠西	卬元年。齊悼惠王子，故平昌侯。[162]	二	三
膠東	雄渠元年。齊悼惠王子，故白石侯。[163]	二	三
吳		三十三	三十四
淮南	元年。淮南厲王子，故阜陵侯。[164]	二	三
燕		十五	十六
趙		十七	十八
廬江	元年。淮南厲王子，故陽周侯。[165]	二	三
梁		十六	十七
代		十六	十七 薨。[167]
長沙		十五	十六

161	160	159
三	四	五
十四	十五	十六來朝。
四	五	六
四來朝。	五	六
十六	十七	十八來朝。
四來朝。	五來朝。	六
四來朝。	五	六來朝。
四	五	六
四	五	六來朝。
四	五	六
三十五	三十六	三十七
四	五	六
十七	十八來朝。	十九
十九	二十來朝。	二十一
四	五	六
十八來朝。	十九	二十
恭王登元年[168]	二	三
十七	十八	十九

[156]此年之四月文帝將故淮南王劉長之地分為三，立其三子劉安為淮南王，劉賜為廬江王，劉勃為衡山王。劉勃此前為安陽侯。[157]文帝將齊國故地分為七，以封劉肥餘子，即劉襄之諸弟七人皆為王。封劉將閭為齊王。劉將閭此前為陽虛侯。[158]劉喜兩次移動，至此通計已十三年。[159]文帝將齊國故地分為七，以封劉肥餘子，即劉襄之諸弟七人皆為王。封劉志為濟北王。劉志此前為安都侯。[160]文帝將齊國故地分為七，以封劉肥餘子，即劉襄之諸弟七人皆為王。封劉辟光為濟南王。劉辟光此前為扐侯。[161]文帝將齊國故地分為七，以封劉肥餘子，即劉襄之諸弟七人皆為王。封劉賢為菑川王。劉賢此前為武城侯。[162]文帝將齊國故地分為七，以封劉肥餘子，即劉襄之諸弟七人皆為王。封劉卬為膠西王。劉卬此前為平昌侯。[163]文帝將齊國故地分為七，以封劉肥餘子，即劉襄之諸弟七人皆為王。封劉雄渠為膠東王。劉雄渠此前為白石侯。[164]此年之四月文帝將故淮南王劉長之地分為三，立其三子劉賜為廬江王，劉勃為衡山王，劉安為淮南王，劉安此前為阜陵侯。[165]此年之四月文帝將故淮南王劉長之地分為三，立其三子劉勃為衡山王，劉安為淮南王，劉賜為廬江王，劉賜此前為陽周侯。[166]文帝後元年。[167]代王劉參卒。劉參子劉登襲父位為代王。[168]代王劉登元年。

158	157
六	七
十七	十八
七	八
七	八
十九	二十
七	八
七	八
七	八
七	八
七	八
三十八	三十九
七 來朝。	八
二十	二十一
二十二	二十三
七	八
二十一 來朝。	二十二
四	五
二十 來朝。	二十一 來朝。薨，無後，國除[169]。

	156
漢	孝景元年[170]
楚	十九
魯	
衡山	九
齊	九
城陽	二十一
濟北	九
濟南	九
菑川	九
膠西	九
膠東	九
吳	四十
淮南	九
燕	二十二
趙	二十四
河間	復置河間國[171]。
廣川	初置廣川，都信
中山	
廬江	九
梁	二十三
臨江	初置臨江，都江
汝南	初置汝南國[172]。
淮陽	復置淮陽國[173]。
代	六
長沙	復置長沙國。

155

	二
	二十 來朝。
	分楚復置魯國[176]。
	十
	十
	二十二
	十 來朝。
	十
	十
	十
	十
	四十一
	十
	二十三
	二十五 來朝。
	三月甲寅，初王獻王德元年。景帝子[177]。
都[174]。	三月甲寅，王彭祖元年。景帝子[178]。
	初置中山，都盧奴[179]。
	十
	二十四 來朝。
陵[175]。	三月甲寅，初王閼于[180]元年。景帝子。
	三月甲寅，初王非[181]元年。景帝子。
	三月甲寅，初王餘[182]元年。景帝子。
	七
	三月甲寅，定王發[183]元年。景帝子。

[169]長沙王吳著卒，國除為郡。[170]孝景，文帝子，名啟，西元前一五六—前一四一年在位。[171]都樂成，今河北獻縣東南。[172]都平輿，今河南上蔡東南。[173]復置淮陽國，「復」字原作「初」字。梁玉繩《史記志疑》卷十：「《史詮》曰『復』作『初』，誤。」今據改。都城即今河南淮陽。[174]信都，即今河北冀縣。[175]「江陵」，原作「江都」。依梁玉繩引《史詮》改。江陵，今湖北江陵城西北之紀南城。[176]都曲阜。[177]三月甲寅，三月二十七。初王，首封之王。河間獻王劉德，栗姬所生。[178]廣川王劉彭祖，賈夫人所生。[179]盧奴，今河北定縣。[180]臨江王劉閼于，栗姬所生。[181]汝南王劉非，程姬所生。[182]淮陽王劉餘，程姬所生。[183]長沙王劉發，唐姬所生。

漢
楚
魯
衡山
齊
城陽
濟北
菑川
膠西
膠東
江都
淮南
燕
趙
河間
廣川
中山
廬江
梁
臨江
汝南
代
長沙

154
三
二十一 反，誅[184]。
六月乙亥，淮陽王徙魯元年。是為恭王[185]。
十一
十一
二十三
十一 徙菑川[186]。
十一 反，誅[187]。為郡。
十一 反，誅。濟北王志徙菑川十一年。是為懿王[188]。
十一 反，誅。六月乙亥，于王端元年。景帝子[189]。
十一 反，誅[190]。
四十二 反，誅[191]。
十一
二十四
二十六 反，誅。為郡[192]。
二 來朝。
二 來朝。
六月乙亥，靖王勝[193]元年。景帝子。
十一
二十五 來朝。
二
二
徙魯。為郡[194]。
八
二

四	四月己巳，立太子195。
	文王禮元年。元王子，故平陸侯196。
二	來朝。
十二	徙濟北。廬江王賜徙衡山元年197。
	懿王壽198元年
二十四	
	衡山王勃徙濟北十二年。是為貞王199。
十二	
二	
	四月己巳，初王元年。是為孝武帝200。
	初置江都。六月乙亥，汝南王非為江都王元年201。
十二	
二十五	
三	
三	
二	
十二	徙衡山，國除為郡202。
二十六	
三	薨，無後，國除為郡203。
三	徙江都204。
九	
三	

184楚王劉戊是七國之亂的重要發起者，首先是劉濞，其次就是劉戊。185六月乙亥，六月二十五。魯恭王，名餘，景帝之子，程姬所生。恭，也寫作「共」。186濟北王劉志改封菑川王。187濟南王劉辟光反，被誅。188菑川王劉賢反，被誅。劉志改封菑川，連前濟北統計為第十一年。189膠西王劉卬反，被誅。景帝封其子劉端為膠西王。《諡法》：「能優其德曰于。」190膠東王劉雄渠反，誅。191吳王劉濞反，誅。192趙王劉遂反，誅。趙國改為郡。193中山靖王劉勝，賈夫人所生。194劉餘改封魯王，淮陽改為郡。195此太子為劉榮，栗姬所生。

	152
	五
	二
	三
	二
	二 來朝。
	二十五
	十三 薨。
	十三
	三
	二
是為易王。	二
	十三 來朝。
	二十六 薨。
	廣川王彭祖徙趙四年。205 是為敬肅王。
	四
	四 徙趙，國除為信都郡。
	三
	二十七
	十
	四

	150
漢	七 十一月乙丑，太子廢[208]。
楚	安王道[209]元年
魯	五
衡山	四
齊	四
城陽	二十七
濟北	二
菑川	十五
膠西	五
膠東	四 四月丁巳，為太子[210]。
江都	四
淮南	十五
燕	二
趙	六
河間	六
廣川	
中山	五 來朝。
清河	
梁	二十九 來朝。
臨江	十一月乙丑，初王閔王榮元年
代	十二
長沙	六 來朝。

151
六
三 來朝。薨。
四
三
三
二十六
武王胡[206]元年
十四
四
三
三
十四
王定國[207]元年
五
五
四
二十八
復置臨江國。
十一
五 來朝。

[196]劉戊被殺，朝廷改立元王子劉禮為楚王。劉禮原為平陸侯。[197]「衡山」，原本下有「王」字，梁玉繩《史記志疑》卷十：「『六年』上『王』字，依表例當衍。」今據刪。衡山王劉勃遷為濟北王，廬江王劉賜遷為衡山王。[198]懿王劉壽，孝王劉將閭之子。[199]衡山王劉勃是淮南厲王劉長之子。以其忠於朝廷，故徙為濟北王。[200]四月己巳，四月二十三。未來的武帝劉徹此時被封為膠東王。[201]汝南王劉非於此年遷為江都王。江都國的都城在今江蘇揚州東南。[202]廬江王劉勃改封濟北王，廬江改為郡。[203]哀王劉閼于死，臨江改為郡。[204]汝南王劉非遷為江都王。[205]劉彭祖由廣川王遷為趙王。[206]武王劉胡是貞王劉勃之子。[207]燕王劉定國，劉嘉之子，劉澤之孫。[208]太子廢，太子

149	
中元年	
二 來朝。	
六 來朝。	
五	
五	
二十八	
三	
十六 來朝。	
六 來朝。	
復置膠東國。	
五	
十六	
三	
七	
七	
復置廣川國。	
六	
三十	
二	年。景帝太子，廢[211]。
十三	
七	

二
三
七
六
六
二十九 來朝。
四
十七 來朝。
七
四月乙巳，初王康王寄[212]元年。景帝子。
六
十七
四
八 來朝。
八 來朝。
四月乙巳，惠王越[213]元年。景帝子。
七
初置清河，都清陽[214]。
三十一 來朝。
三
十四
八

劉榮被大長公主與武帝母王夫人所讒毀傾害。按：各處書月不一，梁玉繩以為應作「三月」。[209]安王道，劉道，文王劉禮之子。[210]四月二十九，膠東王劉徹被立為太子。[211]太子劉榮被廢，貶為臨江王，謚曰「閔」。梁玉繩曰：「十一月」當作「三月」。[212]膠東康王劉寄，王夫人所生。[213]廣川惠王劉越，王夫人所生。[214]清陽，今河北清河城東南。

146

漢	四
楚	五
魯	九
衡山	八
齊	八
城陽	三十一
濟北	六
菑川	十九
膠西	九
膠東	三
江都	八
淮南	十九　來朝。
燕	六
趙	十
河間	十
廣川	三
中山	九　來朝。
清河	二
常山	復置常山國
梁	三十三
濟川	
濟東	
山陽	
濟陰	
代	十六
長沙	十　來朝。

147

三
四
八
七　來朝。
七
三十
五
十八
八
二
七
十八
五　來朝。
九
九
二
八
三月丁巳，哀王乘[215]元年。景帝子。
三十二
四　坐侵廟壖垣為宮[216]，自殺。國除為南郡。
十五　來朝。
九

145	
五	
六 來朝。	
十	
九	
九	
三十二	
七	
二十	
十	
四 來朝。	
九	
二十	
七	
十一	
十一	
四	
十	
三	
四月丁巳，初王憲王舜元年。孝景子。[218]	[217]。
三十四	
分為濟川國。[219]	
分為濟東國。[220]	
分為山陽國。[221]	
分為濟陰國。[222]	
十七	
十二 來朝。	

[215] 清河哀王劉乘，王夫人所生。[216] 壖垣，大牆外面的小牆。當時各郡國都立有劉邦廟，劉榮因在劉邦廟外與小牆之內的閒地上蓋房子，被逮捕入京，自殺。「侵廟壖」是當時懲治諸侯大臣的常用藉口之一。按：《史記・五宗世家》書臨江王自殺在四年，〈孝景本紀〉與《漢書・景帝紀》皆作中二年三月，《漢書・景十三王傳》曰「為臨江王三歲」，梁玉繩以為應在中三年。[217] 國都元氏，今河北元氏城西北。[218] 四月丁巳，原作「三月丁巳」。梁玉繩《史記志疑》卷十：「是年三月無丁巳，此與〈漢表〉同誤，當作『四月』，故《史》、《漢・本記》書曰夏。」四月丁巳，四月二十八。常山王劉舜，王夫人所生。[219] 國都博縣，今山東泰安東南。[220] 國都無鹽，今山東東平東。[221] 國都昌邑，今山東巨野城南。[222] 國都定陶，今山東定陶城西北。

143	144
後元年	六
八	七
十二	十一
十一	十
十一	十
頃王延元年[226]	三十三薨[223]。
九	八
二十二來朝。	二十一
十二	十一
六	五
十一	十
二十二	二十一
九來朝。	八
十三來朝。	十二
十三來朝。	十二
六	五
十二	十一
五	四
三	二
恭王買[227]元年。孝王	三十五來朝。薨[224]。
二	五月丙戌[225]，初王明元年。梁孝王子。
二	五月丙戌，初王彭離元年。梁孝王子。
二	五月丙戌，初王定元年。梁孝王子。
二薨[228]，無後，國除	五月丙戌，初王不識元年。梁孝王子。
十九	十八
十三	十二

	142	141	140	139	
漢	二	三	孝武建元元年229	二	
楚	九	十	十一	十二 來朝。	
魯	十三	十四	十五	十六 來朝。	
衡山	十二	十三	十四	十五	
齊	十二 來朝。	十三	十四	十五	
城陽	二	三	四	五	
濟北	十 來朝。	十一	十二	十三	
菑川	二十三	二十四	二十五	二十六	
膠西	十三	十四	十五	十六	
膠東	七	八 來朝。	九	十	
江都	十二	十三	十四	十五	
淮南	二十三	二十四	二十五	二十六 來朝。	
燕	十 來朝。	十一	十二	十三	
趙	十四	十五	十六	十七	
河間	十四	十五	十六	十七	
廣川	七	八	九	十	
中山	十三	十四	十五	十六	
清河	六	七	八	九 來朝。	
常山	四	五	六	七	子。
梁	二	三	四	五	
濟川	三	四	五	六	
濟東	三	四	五	六	
山陽	三	四	五	六	。
代	二十	二十一	二十二	二十三	
長沙	十四	十五	十六	十七	

223城陽王劉喜卒。喜，劉章子。224梁孝王劉武卒。225五月丙戌，五月初三。226劉延襲父位為王。227劉買襲父位為梁王。228劉不識卒。229武帝名徹，景帝子，西元前一四〇—前八七年在位。「孝武」二字應作「今上」。

138	137
三	四
十三	十四
十七	十八
十六	十七
十六	十七
六	七
十四	十五
二十七	二十八
十七	十八
十一	十二
十六	十七來朝。
二十七	二十八
十四	十五
十八	十九
十八	十九
十一	十二[231]
十七來朝。	十八
十	十一
八	九來朝。
六	七薨[232]。
七明殺中傅。廢遷房陵[230]。	為郡。
七	八
七	八
二十四來朝。	二十五
十八來朝。	十九

	136
漢	五
楚	十五
魯	十九
衡山	十八
齊	十八
城陽	八
濟北	十六
菑川	二十九
膠西	十九
膠東	十三
江都	十八
淮南	二十九
燕	十六
趙	二十
河間	二十
廣川	繆王[233]元年
中山	十九
清河	十二薨[234]，無後，
常山	十
梁	平王襄[235]元年
濟東	九
山陽	九薨[236]，無後，
代	二十六
長沙	二十

132	133	134	135	
三	二	元光元年	六	
十九來朝。	十八來朝。	十七	十六	
二十三	二十二	二十一	二十	
二十二	二十一	二十	十九	
二十二卒[238]。	二十一	二十	十九	
十二	十一	十來朝。	九	
二十	十九	十八	十七	
三十三	三十二	三十一	三十	
二十三	二十二	二十一	二十來朝。	
十七	十六	十五來朝。	十四	
二十二	二十一	二十	十九	
三十三	三十二	三十一	三十	
二十	十九	十八來朝。	十七	
二十四	二十三	二十二	二十一來朝。	
二十四	二十三	二十二	二十一	
五	四	三	二	
二十三來朝。	二十二來朝。	二十一	二十	
				國除為郡。
十四	十三	十二	十一	
五	四	三	二	
十三	十二	十一	十	
				國除為郡。
王義[239]元年	二十九[237]	二十八	二十七	
二十四來朝。	二十三來朝。	二十二	二十一	

[230]劉明因殺命官被流放。中傅，應依〈梁孝王世家〉作「中尉」，中尉在諸侯國掌管武事，職同郡尉。房陵，今湖北房縣。[231]劉越卒。[232]梁王劉買卒。[233]繆王名齊，劉越之子。[234]清河王劉乘卒。[235]平王劉襄，劉買之子。[236]劉定卒。[237]恭王劉登卒。[238]懿王劉壽卒。[239]劉義，劉登之子。

128	129	130	131	
元朔元年	六	五	四	漢
襄王注[248]	二十二 薨[243]。	二十一	二十	楚
安王光[249]	二十六 薨[244]。	二十五	二十四	魯
二十六	二十五	二十四	二十三	衡山
四	三	二	厲王次昌[240]元年	齊
十六	十五	十四 來朝。	十三	城陽
二十四 來朝。	二十三	二十二	二十一	濟北
二	靖王建[245]元年	三十五 薨[241]。	三十四	菑川
二十七	二十六	二十五	二十四	膠西
二十一	二十	十九	十八	膠東
二十六[250]	二十五	二十四	二十三	江都
三十七	三十六	三十五	三十四	淮南
二十四 坐禽獸	二十三	二十二	二十一	燕
二十八	二十七 來朝。	二十六	二十五	趙
二	恭王不害[246]元年	二十六[242] 來朝。	二十五	河間
九	八	七	六	廣川
二十七	二十六	二十五	二十四	中山
十八	十七	十六	十五	常山
九	八	七	六	梁
十七	十六	十五	十四 來朝。	濟東
五	四	三	二	代
康王庸[251]	二十七[247]	二十六	二十五	長沙

127

	二
元年	二
元年	二
	二十七
	五 薨[253]，無後，國除為郡。
	十七
	二十五
	三
	二十八 來朝。
	二十二
	王建[254]元年
	三十八
行自殺[252]。國除為郡。	
	二十九
	三
	十
	二十八
	十九
	十 來朝。
	十八
	六
元年	二

[240]劉次昌，劉壽之子。[241]懿王劉志卒。[242]獻王劉德卒。[243]安王劉道卒。[244]共王劉餘卒。[245]劉建，劉志之子。[246]劉不害，劉德之子。[247]定王劉發卒。[248]襄王注，劉道之子。[249]劉光，劉餘之子。[250]易王劉非卒。[251]劉庸，劉發子。[252]劉定國與父姬及子女姦，自殺。[253]劉次昌卒。[254]劉建，劉非之子。

	126	125	124	123
漢	三	四	五	六
楚	三	四 來朝。	五	六
魯	三	四	五	六
衡山	二十八	二十九	三十	三十一
城陽	十八	十九	二十	二十一 來朝。
濟北	二十六	二十七	二十八	二十九
菑川	四	五	六	七
膠西	二十九	三十	三十一	三十二
膠東	二十三	二十四	二十五 來朝。	二十六
江都	二	三	四	五
淮南 六安	三十九	四十	四十一 安有罪，削國二縣。	四十二
趙	三十	三十一	三十二	三十三
河間	四 薨。[255]	剛王堪[256]元年	二	三
廣川	十一	十二	十三	十四 來朝。
中山	二十九 來朝。	三十	三十一	三十二
常山	二十	二十一	二十二 來朝。	二十三
梁	十一	十二	十三	十四
濟東	十九	二十 來朝。	二十一	二十二
代	七	八	九	十
長沙	三	四	五	六

121	122
二	元狩元年
八	七
八 來朝。	七
	三十二 反，自殺，[257] 國除。
二十三	二十二
三十一	三十
九	八
三十四	三十三
二十八 [259]	二十七
七 [260] 反，自殺，國除為廣陵郡。	六
置六安國，以故陳為都。[261] 七月丙	四十三 反，自殺。[258]
三十五	三十四 來朝。
五	四
十六	十五
三十四	三十三
二十五	二十四
十六	十五
二十四	二十三
十二 來朝。	十一
八 來朝。	七

[255] 共王劉不害卒。[256]〈五宗世家〉作「剛王基」，劉不害之子。[257] 劉賜反，自殺。[258] 淮南王劉安謀反，自殺。[259] 康王劉寄卒。[260] 劉建罪

	120	
漢	三	
楚	九	
魯	九	
齊		
城陽	二十四	
濟北	二十三。來朝。	
菑川	十	
膠西	三十五	
膠東	哀王賢元年。262	
廣陵		
六安	二	子。初王恭王慶元年。膠東王子。
燕		
趙	三十六	
河間	六	
廣川	十七	
中山	三十五。來朝。	
常山	二十六	
梁	十七	
濟東	二十五	
代	十三	
長沙	九	

119	118
四	五
十 來朝。	十一
十	十一
	復置齊國。
二十五	二十六 來朝。薨。263
三十三	三十四
十一	十二 來朝。
三十六	三十七
二	三
	更為廣陵國。
三	四
	復置燕國。
三十七	三十八
七	八
十八	十九
三十六	三十七
二十七	二十八
十八	十九
二十六 來朝。	二十七
十四	十五
十	十一

過頗多，但反跡不明。261梁玉繩曰：「六安即衡山故地，則置六安事應在衡山國除之後，不應在淮南格中。今當於淮南格補書曰『國除為九江郡』，於衡山格更書曰『初置六安國』。」周振鶴《西漢諸侯王封域變遷考》以為「六安國為九江郡所分置，其地故屬劉安之淮南國。」劉慶以膠東王劉寄子，被封為六安王，國都六縣，即今安徽六安。此句似有誤，陳在淮南國，不可能為六安國之都城；六安國的都城六縣，即今安徽六安。262劉賢，劉寄之子。263頃王劉延卒。

116

漢	元鼎元
楚	十三
魯	十三
泗水	
齊	二
城陽	二
濟北	三十六
菑川	十四
膠西	三十九
膠東	五
廣陵	二
六安	六
燕	二
趙	四十
河間	十
廣川	二十一 來
中山	三十九
清河	
常山(真定)	三十
梁	二十一
濟東	二十九 剽
代	十七
長沙	十三

117

六
十二
十二
四月乙巳，初王懷王閎[264]元年。武帝子。
敬王義[265]元年
三十五
十三
三十八
四
四月乙巳，初王胥[266]元年。武帝子。
五
四月乙巳，初王剌王旦[267]元年。武帝子。
三十九
九，來朝。
二十
三十八
二十九，來朝。
二十
二十八
十六
十二

115

二	年
十四 薨[269]。	
十四 來朝。	
三	
三	
三十七	
十五	
四十	
六	
三	
七	
三	
四十一	
十一	
二十二	朝。
四十	
三十一	
二十二	
	攻殺人，遷上庸[268]，國為大河郡。
十八 來朝。	
十四	

[264] 四月乙巳，四月二十九。劉閎，王夫人所生。[265] 劉義，劉延之子。[266] 劉胥，母氏不詳。[267] 劉旦，母氏不詳。[268] 劉彭離因肆意殺人被發配上庸，今湖北竹山西南。[269] 襄王劉注卒。

114	113
三	四
節王純[270]元年	二
十五	十六
初置泗水，都郯[271]。	思王商元年。商，常山憲王子[275]。
四	五
四	五
三十八	三十九
十六	十七
四十一	四十二
七	八
四	五
八	九
四	五
四十二	四十三
十二薨[272]。	頃王授[276]元年
二十三	二十四
四十一來朝。	四十二薨[277]。
復置清河國。	二十代王義徙清河年[278]。是為剛王。
二十三薨，子為王[273]。	更為真定國[279]。頃王平元年。常山
二十三	二十四
十九徙清河[274]。為太原郡。	
十五來朝。	十六

		112	111
	漢	五	六
	楚	三	四
	魯	十七	十八
	泗水	二	三
	齊	六	七
	城陽	六	七
	濟北	四十	四十一 來朝。
	菑川	十八	十九
	膠西	四十三	四十四
	膠東	九	十
	廣陵	六	七
	六安	十	十一 來朝。
	燕	六	七
	趙	四十四	四十五
	河間	二	三
	廣川	二十五 來朝。	二十六
	中山	哀王昌元年。即年薨[280]。	康王昆侈[281]
	清河	二十一	二十二
憲王子。	真定	二	三
	梁	二十五	二十六
	—		
	—		
	長沙	十七	十八

[270]劉純，劉注之子。[271]郯，應作淩，在今江蘇泗陽西北。[272]剛王劉基卒。[273]常山王劉舜卒，子劉勃襲王數月，因罪徙房陵。[274]劉義徙為清河王。[275]劉商，常山王劉舜之子。[276]劉授，劉基之子。[277]靖王劉勝卒。[278]劉義為代王十九年，今徙清河，通前而計，故稱二十。[279]因劉勃被廢，改封劉舜餘子劉商為泗水王，劉平為真定王。真定國，都城在今石家莊市東北。[280]劉勝之子劉昌為中山王，一年卒。[281]劉

	108
漢	三
楚	七
魯	二十一 來朝
泗水	六
城陽	慧王武
濟北	四十四
菑川	二
膠西	四十七 薨287
膠東	十三
廣陵	十
六安	十四
燕	十
趙	四十八
河間	六
廣川	二十九
中山	四
清河	二十五 來朝
真定	六
梁	二十九
長沙	二十一

109	110	
二	元封元年	
六	五	
二十	十九	
五	四	
	八 薨282，無後，國除為郡。	
九 薨284。	八 來朝。	
四十三	四十二	
頃王遺285元年	二十283	
四十六	四十五	
十二	十一	
九	八	
十三	十二	
九	八	
四十七	四十六	
五	四	
二十八	二十七	
三	二	元年
二十四	二十三	
五	四 來朝。	
二十八	二十七	
二十	十九	

	107	106	105
	四	五	六
	八	九	十
。	二十二	二十三朝泰山[289]。	二十四
	七	八	九
[286]元年	二	三	四
	四十五	四十六朝泰山[290]。	四十七
	三	四	五
，無後，國除。			
	十四[288]	戴王通平[291]元年	二
	十一	十二	十三
	十五	十六	十七
	十一	十二	十三
	四十九	五十	五十一
	七	八	九
	三十	三十一	三十二
	五	六	七
。	二十六	二十七	二十八
	七	八	九來朝。
	三十	三十一	三十二
	二十二	二十三	二十四

昆侈，劉昌之子。[282]齊王劉閎卒。[283]靖王劉建卒。[284]敬王劉義卒。[285]劉遺，劉建子。[286]劉武為劉義之子。[287]于王劉端卒。[288]哀王劉賢卒。

[289]時武帝封泰山，魯王劉光朝武帝於泰山。[290]濟北王劉胡朝武帝於泰山。[291]劉通平，劉賢之子。按：〈五宗世家〉作「慶」，與其叔同名，蓋誤。

	104	103
漢	太初元年	二
楚	十一	十二
魯	二十五	二十六
泗水	十 薨。❷❾❷	哀王安世元年，即戴王賀元年。安世子。❷❾❸
城陽	五	六
濟北	四十八	四十九
菑川	六	七
膠東	三	四
廣陵	十四	十五
六安	十八 來朝。	十九
燕	十四	十五
趙	五十二	五十三
河間	十	十一
廣川	三十三	三十四
中山	八	九 來朝。
清河	二十九	三十
真定	十	十一
梁	三十三	三十四
長沙	二十五	二十六

102	101	
三	四	
十三	十四	
二十　七	二十　八	
二 294	三 296	
七 295	297	
五十	五十　一	
八	九	
五	六	
十六	十七	
二十	二十　一	
十六	十七	
五十　四	五十　五	
十二	十三	
三十　五	三十　六	
十	十一	
三十　一	三十　二	
十二	十三	
三十　五	三十　六	來朝。
二十　七	二十　八	來朝。

292思王劉商卒。按：〈五宗世家〉曰十一年卒。293劉安世，劉商之子。在位一年死。劉賀，劉商之弟，其元年應在下一年。梁玉繩曰：「賀是安世之弟，〈五宗世家〉及〈十三王傳〉甚明，此曰『安世子』誤已。且思王以太初元年薨，太初二年，哀王安世嗣位，一年薨，無後，武帝以戴王賀紹封，在太初三年，〈漢表〉可據。此并書於太初二年，謂二王改元在同一年，不更誤耶？」294戴王賀元年。295七下原有「薨」字。梁玉繩《史記志疑》卷十：「『薨』字衍，慧王在位十一年也。」今據刪。296戴王賀二年。297據〈漢表〉惠王劉武在位十一年，此處應有「八」字。此處原有「荒王賀元年」五字。《漢書．諸侯王表》荒王名順，天漢四年嗣，四十六年薨，《史》表無由稱荒王之謚。今據刪。

【研　析】本表譜列了高祖元年（西元前二〇六年）至武帝太初四年（西元前一〇一年）之間一百零五年的諸侯王國的發展變化情況。秦朝看到了春秋、戰國諸侯割據，周天子無法控制的慘象，於是改封建制為郡縣制，不再分封功臣、子弟為王侯。劉邦在與項羽作戰的時候本來也不打算分封諸將為王侯，但諸將在當時都極熱衷於這一項，劉邦為換取各路將領共同消滅項羽，於是只好分封了韓信、彭越、黥布、韓王信等為王。但在滅掉項羽後，劉邦就很快的找藉口迅即將他們逐個消滅了。大概還是受傳統習慣的影響和接受秦朝迅即滅亡的教訓吧，劉邦還是決定要實行一部分封建制，外姓人既然不可靠，那就只封自己的兄弟子姪，於是來了個「非劉氏者不得王」，外姓人只留著一個吳芮當作點綴。劉邦死後，呂后執政，劉邦既然能封劉氏為王，呂后怎麼就不能封呂氏為王呢？只是由於呂后在殺害劉邦諸子與誅滅劉邦功臣上作孽過多，故而呂后一死，呂氏諸王以及牽連惠帝諸子便都被通通殺光了。從文帝時開始，這些與皇帝逐漸疏遠的劉氏諸王便也開始造反了，文帝時有劉興居、劉長，景帝時有劉濞、劉戊等一大群，武帝時更有劉安、劉賜等等。漢代建國初期所封的諸侯王勢力很大，領土多達幾個郡，他們有的是兵權、政權、財權，賈誼早就看到了這種局勢的危險，他建議文帝「眾建諸侯而少其力」，也就是把這些強大的諸侯國化整為零。文帝接受了，於是齊國被一分為七，淮南國被一分為三。景帝平息七國之亂後，趙國被一分為六，許多舊有的叔、伯、兄弟被誅滅，改封了自己的十三個兒子出去為王。到這時，諸侯王們不僅領土大大縮小，而且兵權、政權、財權也通通被朝廷派去的命官所掌握。至武帝時，諸侯王主動造反的局勢早已經不存在了，但武帝仍不滿足，他接受主父偃的建議實行「推恩法」，讓各諸侯王分割自己的領土以分封自己的各個兒子為侯；與此同時武帝隨時採取嚴厲手段，以各種藉口如「酎金」問題、「侵壖垣」問題等等，有的一次就處置幾十個、百多個，因為武帝有自己的許多兄弟、兒子要封王，有許多自己的功臣、親信要封侯，舊的不去，新的怎麼能上得來呢？這是歷史之必然，不用問是非長短。本篇表序的最後說：「謹記高祖以來至太初諸侯，譜其下益損之時，令後世得覽。形勢雖彊，要之以仁義為本。」這是與開頭說周王朝的制服不了諸侯是「非德不純，形勢弱也」相呼應的。所謂「形勢」是客觀的，但其本身也包含著人的主觀能動作用在內。司馬遷「通古今之變」，特別注意到了這一點，非常正確。至於他說周王朝的後期「非德不純」，說漢代統治者對付諸侯的手段是以「仁義為本」，這就未必出自真心，而是抑揚其辭的語中含諷了。司馬遷在〈太史公自序〉中說：「桀紂失其道而湯武作，周失其道而《春秋》作。」「失其道」了還能說是「德純」麼？至於漢代建國以來歷朝皇帝對付功臣諸王、諸列侯的殘酷手段，我們可以從韓信、彭越、黥布、周亞夫等人的傳記中讀到；漢武帝故意製造罪名大規模消滅諸侯王、諸列侯的事實，我們更可以從〈高祖功臣侯者年表〉、〈惠景間侯者年表〉、〈建元已來王子侯者年表〉等篇中看出，這難道還能說得上是「不失仁義」麼？比較之下，司馬遷對功臣、對諸侯王、諸列侯的同情，與對最高統治者的批評是顯而易見的，但我們似乎也還不能由此就推衍說司馬遷是喜歡分封制而反對郡縣制。

卷十八

高祖功臣侯者年表第六

【題解】本表譜列了劉邦的開國功臣一百四十三人從劉邦在位期間被封為列侯，中經惠帝、呂后、文帝、景帝，到武帝太初年間，共歷時一百年，這一百四十三個列侯的後裔就只剩下五個，其他都被逐步取消建制，世系斷絕了。這些列侯或在自身、或在二世、三世、四世、五世逐步被淘汰、滅絕的原因，有的是因為「無子國除」，這無須討論；但絕大多數是在不同時期由於各式各樣的「犯罪」而被誅滅或被貶為了平民。劉邦在當初分封他這些肱股輔弼、功人功狗的時候，原是相互盟誓要「使河如帶，泰山若厲。國以永寧，爰及苗裔」的，怎麼幾年、幾十年就變成這種樣子了呢？司馬遷一方面批評這些被封的諸侯或是他們的子孫「驕溢」、「淫嬖」、「不奉上法」；另一方面則是指出歷代皇帝對待這些列侯或是對待這些列侯的後裔「罔亦少密」，也就是過於殘酷無情了。看似責任平分，但司馬遷的感情是惋惜前者、批評後者，這與《史記》的總體思想是一致的。

太史公曰：古者人臣功有五品❶：以德立宗廟❷、定社稷❸曰勳；以言曰勞❹；用力曰功❺；明其等曰伐❻；積日曰閱❼。封爵之誓❽曰：「使河如帶，泰山若厲[9]。國以永寧，爰及苗裔[10]。」始未嘗不欲固其根本，而枝葉稍陵夷[11]衰微也。

余讀高祖侯功臣[12]，察其首封，所以失之者[13]，曰：異哉所聞[14]！書[15]曰「協和萬國[16]」，遷于夏商，或數千歲[17]。蓋周封八百[18]，幽厲[19]之後，見於春秋[20]。尚書[21]有唐虞之侯伯[22]，歷三代千有餘載[23]，自全[24]以蕃衛天子[25]，豈非篤於仁義[26]，奉上法[27]哉？漢興，功臣受封者百有餘人[28]。天下初定，故大城名都散亡，戶口可得而數者十二三[29]，是以大侯不過萬家[30]，小者五六百戶。後數世[31]，民咸歸鄉里，戶益息[32]，蕭、曹、絳、灌[33]之屬或至四萬，小侯自倍[34]，富厚如之[35]。子孫驕溢，忘其先[36]，淫嬖[37]。至太初[38]百年之間[39]，見侯五[40]，餘皆坐法[41]隕命亡國[42]，秏矣[43]。罔亦少密焉[44]，然皆身無兢兢於當世之禁云[45]。

居今之世，志古之道[46]，所以自鏡[47]也，未必盡同[48]。帝王者各殊禮而異務[49]，要以成功為統紀[50]，豈可緄乎[51]？觀所以得尊寵及所以廢辱，亦當世得失之林也[52]，何必舊聞[53]？於是謹其終始[54]，表其文[55]，頗有所不盡本末[56]；著其明，疑者闕之[57]。後有君子，欲推而列之[58]，得以覽焉[59]。

【章　旨】以上為本表的序，作者感慨了漢代功臣列侯的滅亡之快，從皇帝與功臣兩方面分析了問題產生的原因，而主要方面是譴責漢朝皇帝的苛薄寡恩。

【注　釋】❶五品　五個等級，即下文所說的勳、勞、功、伐、閱。❷宗廟　這裡指帝王家的祖廟，故通常也用以代指國家。宗廟也稱「太廟」，通常修築於皇宮的左側，如北京故宮東側的勞動人民文化宮就是當年清王朝的「太廟」，裡面供奉著自開國以來的清朝歷代帝王。❸社稷　古代帝王祭祀土神與農神的壇臺，其上以黃、青、紅、白、黑五種顏色的土壤砌成，黃色居中，青、紅、白、黑分別代表東、南、西、北四個方位。因為社稷壇只有帝王才有資格祭祀，故通常也用以代指國家。社稷壇通常修築於皇宮的右側，今北京故宮西側的中山公園裡就保留著清王朝的社稷壇。按：以德立宗廟、定社稷云云，如周公是也。❹以言曰勞　言，指給最高統治者出謀劃策或折衝樽俎，如張良、陸賈等是也。❺用力曰功　用力，靠著戰場上的敢衝敢拼，如樊噲、周勃等是也。❻明其等曰伐　明其等，指為國家建立秩序。❼積日曰閱　積日，單靠效力的時間長，即通常所說的沒有功勞也有苦勞。按：《漢書．車千秋傳》師古注曰：「伐，積功也；閱，經歷也。」如〈張丞相列傳〉所寫的那些平庸宰相就多屬這後兩類。❽封爵之誓　分封諸功臣為列侯時的誓辭。沈欽韓曰：「今俗語有『丹書鐵券』，然則此約誓之詞刻在鐵券也。」❾使河如帶二句　即使有朝一日黃河變得像一條帶子那樣窄，泰山變得像一塊磨刀石那樣小。使，即使。厲，磨。這裡指磨刀石。❿國以永寧二句　你的封國也仍是平安的，一直給你的後代子孫傳下去。以，通「亦」。爰，因；以；於是。苗裔，以稱後代子孫。按：漢代民歌〈上邪〉云：「上邪，我欲與君相知，長命無絕衰。山無陵，江河為竭，冬雷震震夏雨雪，天地合，乃敢與君絕。」此誓辭襲用其意。梁玉繩曰：「《史》、《漢》表序所載誓詞相同，《困學紀聞》十二引《楚漢春秋》云：『高祖封侯，賜丹書鐵券曰：「使黃河如帶，太山如礪，漢有宗廟，爾無絕世。」』下二語迥異。陸賈在高帝時親見，必得其實。《史》、《漢》所載，蓋呂后更之。」瀧川曰：「《御覽》兩引《楚漢春秋》，與《困學紀聞》合。」⓫枝葉稍陵夷　枝葉，以喻後代、後來。稍，逐漸。陵夷，如丘陵之被風雨沖刷，越來越低平下去。夷，平。吳汝綸曰：「根本，謂封國之功臣為後世祖者；枝葉，指其子孫也。」⓬余讀高祖侯功臣　意即閱讀高祖當年分封功臣的有關文獻資料。梁玉繩曰：「『讀』者，讀侯籍也。然文義未全。」⓭察其首封二句　意即考察其當初受封時的情景與其後來所以將侯國丟掉的原因。⓮異哉所聞　這和我們所聽說的遠古帝王傳國久遠的情景真是不同啊。吳汝綸曰：「此言異於《春秋》、《尚書》千載之封也。」按：方苞有所謂「異於古『河山帶厲，爰及苗裔』之意也」，似與文意不合。⓯書　指《尚書》，有關堯、舜以及夏、商、周時代的一些歷史資料彙編，被儒家用為教育弟子的教材，後代稱之為儒家的經典之一。⑯協和萬國　《尚書‧堯典》中的句子，原作「協和萬邦」，漢代為劉邦避諱改作「協和萬國」。意思是堯能把成千上萬的國家團聚在自己的領導之下，大家和睦相處。⑰遷于夏商二句　意即唐堯時的有些國家，經歷了夏朝、商朝還在向下傳，有的已經傳了幾千年。⑱周封八百　周武王起兵伐紂第一次到達孟津時，「不期而會」者就有八百諸侯；滅殷後究竟封了多少國家，〈周本紀〉未載，肯定比四方來會的那「八百」還要多。「周封八百」的「八百」二字，大概就來自孟津相會的國數，此處極言周初的封國之多。⑲幽厲　周幽王、周厲王。周厲王，西元前八七七—前八四一年在位。周幽王，西元前七八一—前七七一年在位。⑳春秋　相傳是孔子依據《魯春秋》編寫的一部以魯國諸侯為綱領的春秋時代的大事綱要。上起魯隱公元年（西元前七二二年），下止於魯哀公十四年（西元前四八一年）。被後代稱為儒家的經典之一。以上三句是說，周初所封的那些國家，經歷了周厲王、周幽王的兩次動亂，還被孔子寫在春秋時代的歷史上，也都有四五百年了。㉑尚書　前稱《書》，這裡又稱《尚書》，理應統一稱呼。㉒唐虞之侯伯　堯、舜時代的封國。侯伯，封國的等級爵號名，當時的封國分公、侯、伯、子、男五等。㉓歷三代千有餘載　據〈三代世表〉，夏朝為西元前二〇七〇—前一六〇〇年；商朝為西元前一六〇〇—前一〇四六年；西周為西元前一〇四六—前七七一年。也就是說，堯舜時代的封國到春秋時代就已有一千三百多年以上了。㉔自全　使自己的封國得到保全。㉕蕃衛天子　拱衛中央，為中央作藩籬屏障。蕃，通「藩」。這裡用如動詞。柯維騏曰：「虞舜之子商均，禹封之於虞，少康時有虞思；至殷封遂，周封滿，並於陳，其後也。皋陶之後為英、六，二國至周尚存。伯夷之後為申呂，至周復封於齊。柏翳與禹平水土，舜賜姓曰嬴秦。此所謂『唐虞之侯伯』也，歷三代，或絕或續，其世足徵矣。」㉖篤於仁義　認真地體仁行義。篤，厚；認真的身體力行。㉗奉上法　奉行中央天子之法制。瀧川曰：「與『子孫驕溢，忘其先，淫辟，身無兢兢於當世之禁』者異。」㉘百有餘人　《索隱》曰：「按下文，高祖功臣百三十七人，兼外戚及王子，凡一百四十三人。」㉙十二三　只有原來戶口的十分之二三。㉚大侯不過萬家　梁玉繩曰：「表載，曹參封一萬六千戶，劉澤封一萬二千戶，蕭何封一萬五千戶，則『不過萬家』之說不可信。」瀧川曰：「表曰『萬五千』、『萬六千』，依籍言之；此曰『不過萬家』，以實言之。」㉛數世　幾代。古稱三十年為「一世」。㉜戶益息　人口越來越多。益，漸；越來越。息，生；繁衍。㉝蕭曹絳灌　蕭何、曹參、周勃、灌嬰。瀧川曰：「蕭何、曹參、灌嬰皆稱其姓，而絳侯周勃獨以封土者，蓋當時有此稱，以與周昌、周竈諸人別耳。」㉞自倍　《索隱》曰：「倍其初封時戶數也。」㉟富厚如之　財富的收入大體也和這種人口的發展成比例。㊱忘其先　忘掉了其先人當年艱苦創業的情景。㊲淫嬖　荒淫邪惡。嬖，邪。㊳太初　武帝的第七個年號，西元前一〇四—前一〇一年。司馬遷的統計之所以截止於「太初」，是因為他寫《史記》的時間下限是武帝太初年間。㊴百年之間　自高祖六年（西元前二〇一年）開始分封功臣為侯，到武帝太初四年（西元前一〇一年），正好一百年。㊵見侯五　高祖時所封的列侯能傳到今天的只還有五個。見，通「現」。現存。《正義》曰：「謂平陽侯曹宗、曲周侯酈終根、陽阿侯齊仁、戴侯祕蒙、谷陵侯馮偃也。」梁玉繩曰：「『五』當作『六』。太初見侯乃平陽侯曹宗、繆侯酈終根、埤山侯卞仁、江鄒侯靳石、戴侯祕蒙、谷陵侯馮偃也。」錢大昕曰：「史公作表終於太初，平陽、曲周、陽阿、戴四侯之免皆在太初以後，故尚在『見侯』之數也。江鄒侯靳石以改封不與五人之數，然曲周侯終根其時已改封繆，陽阿侯仁其時亦改封埤山矣，是太初之世，不止見侯五也。」㊶坐法　犯法。㊷亡國　封土與爵號被取消。按：漢代的封爵有「王」與「列侯」二等，王國與列侯封地的被取消都稱「亡國」，也就是表中經常出現的「國除」。㊸秏矣　喪亡殆盡。秏，通「耗」。衰損。㊹罔亦少密焉　國家的法網，也就是皇帝對列侯們的制裁，也的確是稍微嚴厲了點。這句話是對皇帝強加罪名，蓄意消滅諸王、消滅列侯的含蓄指責，如元鼎五年的「坐酎金國除」就是最明顯的一例。罔，通「網」。法網。少，通「稍」。中井積德曰：「是時四方征伐，有功者不得不封，而天下無地可封焉，故不得不減舊封，是事所必至，雖孝武之殘忍寡恩，亦少有可恕者，要之處之之道失宜耳。」㊺然皆身無兢兢於當世之禁云　兢兢，小心謹慎的樣子。禁，制度；法規。瀧川曰：「與『奉上法』者異。」按：「身無兢兢於當世之禁」，也就是上文所說的「驕溢」、「淫嬖」云云，這種人固然有，但也有相當一部分是被強加罪名廢掉的，史公在當時只好這麼說。㊻志古之道　研究、學習古代那些傳國久長的諸侯們的為人處世的道理。志，記；汲取。㊼自鏡　給自己作鏡子，讓自己從中學習成功的經驗與失敗的教訓。㊽未必盡同　各個時代的具體情況、具體辦法不一定相同，如有的時代統治者寬仁，有的時代統治者酷暴等等。㊾殊禮而異務　〈劉敬叔孫通列傳〉有所謂「三王不同禮」；〈太史公自序〉有所謂「三代之禮，所損益各殊務」。〈商君列傳〉有所謂「三代不同禮而王，五伯不同法而霸」。《韓非子・五蠹》有所謂「時移則事異」，「事異則備變」。㊿統紀　綱領；原則。(51)豈可緄乎　怎麼能死守教條，一成不變呢？緄，縫合，這裡即「拘泥」、「死抱某種教條不放」的意思。司馬遷儘管自己有理想、有追求，但這裡也還是只能這樣說。徐孚遠曰：「此數語蓋不敢斥漢家少恩，故為隱語也。」(52)亦當世得失之林也　也可以給我們提供許多成功的經驗與失敗的教訓。按：此語也有很大程度的言不由衷。「為善的受貧窮更命短，造惡的享富貴又壽延」，在一種「糊塗了盜跖顏淵」的社會裡，又能學得什麼「成功」的經驗與「失敗」的教訓呢？(53)何必舊聞　現時的成敗妙理自可學習，何必求之遠古。(54)謹其終始　謹慎地弄清他們的來龍去脈。(55)表其文　用表格的形式把他們的過程譜列出來。(56)頗有所不盡本末　有個別人的始末根由不太清楚。頗，少許。(57)著其明二句　把事實清楚的都表述明白，對個別有疑問的就暫時空著。58欲推而列之　想更進一步地發揮它，譜列它。59得以覽焉　可以把我寫的這些東西作為參考。

【語譯】太史公說：古代把人臣的功勞分為五等：能靠著道德高尚而建立國家、挽救局勢的叫做「勳」；能靠著高明的言論解決上述問題的叫做「勞」；能憑藉武力取勝的叫做「功」；能為國建立秩序的叫做「伐」；光靠著熬日子熬上來的叫做「閱」。高祖分封功臣時的誓辭說：「即使黃河乾枯得只有衣帶那樣窄，即使泰山小得成了磨刀石，你們的封國也永遠是安寧的，並一代一代地給你們子孫傳下去。」說明當初分封的時候，並不是不想把這些諸侯國穩固下來，只是由於他們的子孫們越來越不行，以至於使這些封國都逐漸衰敗下去了。

我曾經讀過高祖分封功臣時的檔案材料，考察了這些諸侯們當初之所以能夠受封，以及他們後來之所以失掉封國的原因，我覺得，實際情況和我過去聽說的情況不完全一樣。早在《尚書・堯典》上就有所謂「普天下的國家都和睦相處」的說法，這些國家一直延續到夏朝、商朝，有的竟然存在了幾千年。周朝建國後，分封了八百個諸侯，到周厲王、周幽王以後，他們在《春秋》上還都有記載。《尚書》上記載的唐堯、虞舜時所封的侯、伯，經歷了夏、商、周三代約一千多年，有的還保持著封爵，繼續作天子的屏藩。這些不就是由於他們能堅守仁義，謹遵天子的法度嗎？漢朝建立後，受到分封的功臣有一百多人。當時天下剛剛安定，大城市裡的人口逃亡嚴重，國家所掌握的戶口數字只有十分之二三，因此當時一個大侯的封地也不超過萬家，一個小侯也就只有五六百戶了。過了幾十年以後，逃散的人口都漸漸回到了故土，戶口越來越多，像蕭何、曹參、周勃、灌嬰等人的封地上有的已達到了四萬戶，那些小侯們的封地的戶數也比初封時增加了一倍，財富的增加和這種人口增長的比例大致相等。但是他們的後代子孫卻越來越驕奢，忘記了其祖先創業的艱難，只管自己的吃喝玩樂，為非作歹。所以到太初年間，總共才過了一百來年，漢初的封侯就只剩下五個，其餘的都因為犯法而喪身亡國，全完蛋了。當然，現在的法律也是比過去更嚴了，但是也怪這些諸侯們自己沒能老老實實地遵守國家的法令。

生活在今天的人們，應該學習古人留下的道理，用來作為自己的借鑒，但不能要求今天的做法都和古代一模一樣。不同時代的帝王儘管他們各自制訂的禮法和所面對的主要問題有所不同，但他們總是以獲得成功為目的，哪能一成不變呢？我們今天來考察一下漢代的這些諸侯們當初之所以受寵，和後來之所以受辱的原因，可以從中得到極其豐富的經驗教訓，我們怎麼能夠拋開這些現實的問題不管，而單純地去鑽故紙堆呢？於是我很謹慎地記錄了他們的興廢始末，用表格的形式把他們譜列出來，的確也還有一些不夠完整的地方，但我的做法是凡確定無誤的都寫明白，凡是我還不清楚的就暫時讓它空著。後人如果想要繼續研究、繼續發展補充的話，可以用我這個表作為參考。

國名❶	侯功❷	高祖十二❸	孝惠七❹	高后八❺	孝文二十三❻	孝景十六❼	建元至元封六年三十六❽，太初元年盡後元二年十八❾。	侯第❿

❶封地名稱。漢初列侯的封地多數為一個縣，少者為一個鄉。❷受封者所立的主要功勳。梁玉繩曰：「《史》、《漢》所書諸侯功狀，蓋本於高后二年陳平所錄侯籍刪節以入表也，故皆大同小異。然頗有誤處，未必盡仍其舊文，當分別觀之。」❸劉邦先為漢王、後稱帝，共在位十二年，西元前二〇六—前一九五年。❹孝惠帝在位共七年，西元前一九四—前一八八年。❺呂后執政共八年，西元前一八七—前一八〇年。❻文帝在位共二十三年，西元前一七九—前一五七年。❼景帝在位共十六年，西元前一五六—前一四一年。❽即西元前一四〇—前一〇五年。❾即西元前一〇四—前八七年。❿所處的位次。《索隱》引姚氏曰：「蕭何第一，曹參二，張敖三，周勃四，樊噲五，酈商六，奚涓七，夏侯嬰八，灌嬰九，傅寬十，靳歙十一，王陵十二，陳武十三，王吸十四，薛歐十五，周昌十六，丁復十七，蟲逢十八。《史記》與漢表同，而《楚漢春秋》則不同者，陸賈記事在高祖惠帝時，《漢書》是后定功臣等列，及陳平受呂后命而定，或已改邑號，故人名亦別。且高祖初定唯十八侯，呂后令陳平終竟以下列侯第錄，凡一百四十三人也。」梁玉繩曰：「官僚有一定之班，王侯無異守之職，故但因其功之隆卑以分先後，「侯第」之所由設也。〈漢表序〉云：『漢王即皇帝位，論功封侯者百四十三人，又作十八侯位次。高后二年，復詔丞相陳平盡差列傳之功，錄第下竟。』余竊疑當時何以諸王無位次，而諸侯有位次？就以侯位論，功臣百數十人，何以高祖只作十八人位次不及其餘？均所難曉。而十八侯位唯蕭、曹可信，語見世家中；其十六位傳聞殊別，莫識準

平陽[11]	以中涓[12]從起沛至霸上[13]，侯。以將軍入漢[14]，以左丞相出征齊、魏[15]，以右丞相[16]為平陽侯，萬六百戶。	七[17] 六年，十二月甲申，懿侯曹參元年[18]。	五[19] 其二年為相國[20]。 二 六年，十月，靖侯窋元年[21]。	八[22]	十九[23] 四 後四年，簡侯奇元年[24]。	三[25] 十三 四年，夷侯時[26]元年。	十[27] 十六 元光五年，恭侯襄[28]元年。元鼎三年，今侯宗[29]元年。	二[30]
信武[31]	以中涓從起宛、朐[32]，入漢，以騎都尉定三秦[33]，擊項羽，別定江陵[34]，侯，五千三百戶。以車騎將軍攻黥布、陳豨[35]。	七 六年，十二月甲申，肅侯靳歙元年[36]。	七[37]	五[38] 三 六年，夷侯亭元年[39]。	十八[40] 後三年，侯亭坐事國人過律，奪侯，國除[41]。			十一[42]
清陽[43]	以中涓從起豐，至霸上，為騎郎將，入漢，以將軍擊項羽功[44]，侯，三千一百戶。	七[45] 六年，十二月甲申，定侯王吸元年[46]。	七[47]	八[48]	七 元年，哀侯彊元年[49]。 十六 八年，孝侯伉元年[50]。	四[51] 十二 五年，哀侯不害元年[52]。	七[53] 元光二年，侯不害薨，無後，國除[54]。	十四[55]

裁。(《索隱》言十八侯位次，《楚漢春秋》與史、漢異。班固《蘭臺集・十八侯銘》敘次人名又不同。)是知高祖之作亦為呂后改易，罔仍舊章，如良、平俱大功臣，不在十八侯內；張敖未有大功，儼居第三，豈非呂后升降之乎？」⑪漢縣名，在今山西臨汾西南。⑫官名，為帝王主管內務，如清潔灑掃等。⑬入關破秦，到達霸上。⑭隨劉邦赴南鄭就漢王任。⑮應作魏、齊，韓信滅魏在漢王二年，滅齊在漢王四年。⑯此處僅是虛銜，如後世之「加官」。⑰在高祖時代共為侯七年。⑱曹參在劉邦稱帝後的第二年（西元前二〇一年）十二月二十八受封。「懿」字是諡。⑲在惠帝時代又為侯五年。⑳曹參於惠帝二年繼蕭何為相國，卒於惠帝五年。㉑其子曹窋襲其父位為侯，孝惠六年為曹窋襲侯之元年。在惠帝時共為侯二年。「靖」字是諡。㉒在呂后執政的八年裡，曹窋一直為平陽侯。㉓在文帝時期曹窋又繼續為侯十九年，卒於文帝後三年。㉔曹窋之子曹奇於文帝後四年襲其父位為侯，在文帝時代共為侯四年。「簡」字是諡。㉕曹奇在景帝時期又為侯三年，於景帝三年卒。㉖梁玉繩曰：「此表及世家皆作『時』，而《漢書・衛青傳》作『壽』，《索隱》本作『疇』、作『時』俱非也。蓋文字殘缺，俱以偏旁形似而差。」曹奇之子曹時於景帝四年襲其父位為侯，在景帝朝為侯十三年。「夷」字是諡。按：曹時即娶陽信公主為妻者。㉗曹時在武帝初期又為侯十年，於武帝元光四年卒。㉘曹時之子曹襄於元光五年襲其父位為侯，在武帝中期為侯十六年。元鼎二年卒，諡曰「恭」。㉙曹襄之子曹宗於元鼎三年襲其父位為侯。今侯，今天尚在之侯，司馬遷寫《史記》止於太初，凡在世者稱「今上」、「今王」、「今侯」。㉚曹參的功勞在諸功臣中名列第二。《漢書音義》曰：「曹參功第二，而表在首；蕭何功第一，而表在十三者，以封有先後故也。」《索隱》曰：「封參在六年十二月，封何在六年正月，高祖十月因秦曆改元，故十二月在正前也。」㉛封地不詳，《索隱》以為其縣後廢，梁玉繩以為名號侯。㉜漢縣名，在今山東菏澤西南。㉝指消滅章邯、董翳、司馬欣。㉞指消滅臨江王共敖。㉟淮南王黥布反漢在高祖十一年秋，陳豨反漢在漢十年九月。㊱靳歙在劉邦稱帝的第二年十二月二十八受封，「肅」字是諡。㊲靳歙在惠帝在位期間一直為侯。㊳靳歙在呂后執政的前五年繼續為侯，靳歙卒於呂后五年。㊴呂后六年為靳歙子靳亭襲其父位為侯之元年。㊵靳亭在文帝時期又繼續為侯十八年。㊶於文帝後三年因奴役領地上的人力過度，被剝奪侯爵，取消封地。㊷靳歙的功勞在諸功臣中名列第十一。㊸漢縣名，縣治在今河北清河東南。㊹王吸隨劉邦從豐邑起事，跟劉邦破秦入關，又跟劉邦到過漢中，而後一直到打敗項羽。㊺王吸在劉邦稱帝的後七年一直為侯。㊻王吸於劉邦稱帝後的第二年十二月二十八被封為清陽侯。「定」字是諡。㊼王吸在惠帝在位的七年裡一直繼續為侯。㊽王吸在呂后執政的八年裡仍一直為侯。呂后八年王吸卒。㊾文帝元年為王吸子王彊襲其父位為侯之元年，文帝七年王彊卒，「哀」是諡。㊿文帝八年是王彊之子王伉襲其父位為侯之元年，王伉在文帝在位的後十六年一直為侯。(51)景帝四年，王伉卒。(52)景帝五年是王伉子王不害襲其父位為侯之元年。在景帝在位的後十二年一直為侯。(53)王不害在武帝即位後的前七年繼續為侯。(54)元光二年王不害卒，因無子，封地被取消。(55)王吸的功勞在諸功臣中名列第十四。

國名	侯功	高祖十二	孝惠七	高后八	孝文二十三	孝景十六	建元至元封六年三十六。太初元年盡後元二年十八。	侯第
汝陰[56]	以令史從降沛，為太僕，常奉車為滕公，竟定天下，入漢中，全孝惠、魯元，侯，六千九百戶。常為太僕[57]。	七 六年十二月甲申，文侯夏侯嬰元年[58]。	七[59]	八[60]	八[61] 七 九年，夷侯竈元年[62]。 八 十六年，恭侯賜元年[63]。	十六[64]	七[65] 十九 元光二年，侯頗元年[66]。 元鼎二年，侯頗坐尚公主，與父御婢姦罪自殺，國除[67]。	八[68]
陽陵[69]	以舍人[70]從起橫陽[71]，至霸上，為騎將，入漢，定三秦，屬淮陰，定齊，為齊丞相[72]，侯，二千六百戶。	七 六年十二月甲申，景侯傅寬元年[73]。	五[74] 二 六年，頃侯靖元年[75]。	八[76]	十四[77] 九 十五年，恭侯則元年[78]。	三[79] 十三 前四年，侯偃元年[80]。	十八[81] 元狩元年，偃坐與淮南王謀反，國除[82]。	十

廣嚴[83]	以中涓從起沛，至霸上，為連敖[84]，入漢，以騎將定燕、趙，得將軍[85]，侯，二千二百戶。	七 六年，十二月甲申，壯侯召歐元年[86]。	七[87]	八[88]	一[89] 九 二年，戴侯勝[90]元年。 十三 十一年，恭侯嘉[91]元年。至後七年，嘉薨，無後，國除。				二十八

[56]漢縣名，縣治即今安徽阜陽。[57]夏侯嬰以縣小吏的身分跟隨劉邦攻下沛縣，從此一直為劉邦趕車，任太僕。又曾被任為滕縣縣令。在彭城兵敗潰退中救起並保全了孝惠帝與魯元公主。在惠帝、呂后乃至文帝初，一直任太僕官。[58]夏侯嬰於劉邦稱帝後的第二年十二月二十八被封為汝陰侯。「文」字是謚。[59]夏侯嬰在惠帝在位的七年裡一直為汝陰侯。[60]夏侯嬰在呂后執政的八年裡一直為汝陰侯。[61]夏侯嬰卒於文帝八年。[62]夏侯嬰子夏侯竈於文帝九年襲其父位為侯，在位七年，於文帝十五年卒。[63]文帝十六年，夏侯竈子夏侯賜襲父位為侯。[64]夏侯賜在景帝在位的十六年間一直為侯。[65]夏侯賜卒於武帝即位的第七年，即元光元年。[66]元光二年，夏侯賜子夏侯頗襲其父位為侯。[67]夏侯頗娶公主為妻，因姦淫其父寵愛過的婢女，有罪自殺，封地被取消。[68]夏侯嬰的功勞在諸功臣中名列第八。[69]梁玉繩以為應從《楚漢春秋》作陰陵，陰陵的縣治在今安徽定遠西北。[70]一種賓客兼僕役的腳色。[71]在今河南商丘西南。[72]為騎將，原作「為魏將」。據景祐本改。《漢書》亦作「騎將」。傅寬曾跟隨韓信破齊，任齊國丞相。[73]傅寬於劉邦稱帝後的第二年十二月二十八被封為陽陵侯。「景」字是謚。[74]傅寬卒於惠帝五年。[75]「頃侯」二字上原有「隨」字。梁玉繩《志疑》卷十一曰：「『隨』字衍。」《漢書》無，據刪。惠帝六年傅寬子傅靖襲其父位為侯。「頃」字是謚。[76]傅靖在呂后執政的八年裡一直為侯。[77]文帝十四年，傅靖卒。[78]文帝十五年傅靖子傅則襲其父位為侯。[79]景帝三年傅則卒。[80]景帝四年，傅則子傅偃襲其父位為侯。[81]在武帝即位的前十八年傅偃一直繼續為侯。[82]傅偃勾結淮南王謀反，被殺，國除。淮南王，名安，劉長之子，劉邦之孫。元狩元年因謀反被殺。[83]梁玉繩以為「嚴」字衍文。廣，漢縣名，縣治在今山東青州南側。[84]官名，主管糧秣。[85]俘獲過敵方將領。[86]召歐於劉邦稱帝後的第二年十二月二十八被封為廣侯。「壯」字是謚。[87]召歐在惠帝在位的七年間一直為侯。[88]召歐在呂后執政的八年間一直為侯。[89]召歐薨於孝文元年。[90]文帝二年召歐子召勝襲其父位為侯，在位九年，於文帝十年卒。[91]文帝十一年，召嘉襲其父位為侯，在位十三年，於文帝後元七年卒，因無子，封地被取消。

國名	侯功	高祖十二	孝惠七	高后八	孝文二十三	孝景十六	建元至元封六年三十六，太初元年盡後元二年十八。	侯第
廣平[92]	以舍人從起豐，至霸上，為郎中[93]，入漢，以將軍擊項羽、鍾離眛[94]，功，侯，四千五百戶。	七 六年十二月甲申，敬侯薛歐元年[95]。	七[96]	八 元年，靖侯山元年[97]。	十八[98] 五 後三年，侯澤元年[99]。	八 中二年，有罪，絕[100]。 平棘[101] 五 中五年，復封節侯澤元年[102]。	十五 其十年，為丞相[103]。 三 元朔四年，侯穰元年[104]。元狩元年，穰受淮南王財物，稱臣，在赦前，詔問謾罪，國除。	十五
博陽[105]	以舍人從起碭[106]，以刺客將，入漢，以都尉擊項羽滎陽[107]，絕甬道，擊殺追卒[108]，功，侯。	七 六年十二月甲申，壯侯陳濞元年[109]。	七[110]	八[111]	十八[112] 五 後三年，侯始元年[113]。	四 前五年，侯始有罪，國除[114]。 塞 二 中五年，復封始。後元年，始有罪，國除[115]。		十九

曲逆[116]
以故楚都尉，漢王二年初從修武為都尉，遷為護軍中尉[117]；出六奇計，定天下[118]，侯，五千戶。
七 六年十二月甲申，獻侯陳平元年[119]。
七 其五年，為左丞相[120]。
八 其元年，徙為右丞相；後專為丞相，相孝文二年[121]。
二[122] 二 三年，恭侯買[123]元年。 十九 五年，簡侯悝元年[124]。
四[125] 十二 五年，侯何元年[126]。
十 元光五年，侯何坐略[127]人妻，棄市，國除。
四十七

[92]漢縣名，縣治在今河北雞澤東南。[93]帝王的侍衛人員。[94]梁玉繩以為「項羽」下應有「將」字。[95]薛歐於劉邦稱帝後的第二年十二月二十八被封為廣平侯。「敬」字是諡。[96]薛歐卒於惠帝七年。[97]呂后元年，薛歐之子薛山襲其父位為侯。[98]文帝十八年，薛山卒。[99]文帝十九年，也就是後三年薛山子薛澤襲其父位為侯。[100]景帝中二年薛澤有罪被廢，封地被取消。[101]漢縣名，縣治在今河北趙縣東南。[102]景帝中五年，薛澤被改封為平棘侯。[103]武帝十年，即元光四年薛澤任丞相。至武帝十五年，即元朔三年薛澤卒。[104]薛穰於元朔四年襲爵為侯，三年後因接受叛王的饋贈，對之稱臣，事發後又不如實認罪，因而被廢。[105]漢縣名，縣治在今河南周口東南。[106]縣治在今河南夏邑東南。[107]秦縣名，在今河南滎陽東北，當時楚漢戰爭的主戰場。[108]兩側築有防禦工事的通道。[109]陳濞於劉邦稱帝後的第二年十二月二十八被封為廣侯。「壯」字是諡。[110]陳濞在惠帝在位的七年間一直為侯。[111]陳濞在呂后執政的八年間一直為侯。[112]文帝十八年，亦即後元二年，陳濞卒。[113]文帝後三年，陳濞子陳始襲其父位為侯。[114]景帝前五年，陳始有罪被廢，封地被取消。[115]景帝中五年，陳始被改封塞侯。二年後有罪被廢，封地被取消。[116]漢縣名，縣治在今河北完縣東南。[117]陳平原為項羽之都尉，後在修武歸了劉邦，初為都尉，又升護軍中尉，監察劉邦諸將。修武，秦縣名，即今河南獲嘉。[118]具體所指不詳。王先謙引錢大昭曰：「間疏楚君臣，一奇計也；夜出女子二千人滎陽東門，二奇計也；躡漢王立信為齊王，三奇計也；偽游雲夢縛信，四奇計也；解平城圍，五奇計也；其六當在從擊臧荼、陳豨、黥布時，史傳無文。」淩稚隆曰：「平出奇計不只六也，嗣後因噲致上，使上自誅，一；帝崩，馳至宮，哭甚哀，二；佯不治宰相事，飲酒戲婦女，三；呂后欲王諸呂，平偽聽之，四；呂后崩，平與勃合謀卒誅諸呂，五；既誅諸呂，以右丞相讓勃，不居功，六。前六計者佐高帝定天下，而後六計則事太后以自全耳。總之了結魏無知稱『奇謀之士』一句案。」[119]陳平於劉邦稱帝後的第二年十二月二十八被封為曲逆侯。「獻」字是諡。[120]陳平在惠帝在位的七年間一直為侯，且在惠帝五年開始任左丞相。梁玉繩曰：「平為左丞相在惠帝六年，此言五年誤。」[121]陳平在呂后執政的八年間一直為侯。呂后元年代王陵為右丞相，後又獨自為相，以其親媚呂后故也。大臣誅諸呂立文帝，陳平又在文帝朝為丞相二年。[122]陳平卒於文帝二年。[123]文帝三年，陳平子陳買襲父位為侯，卒於文帝四年。[124]文帝五年，陳買子陳悝襲父位為侯。按：世家「悝」字作「恢」。[125]景帝四年，陳悝卒。[126]景帝五年陳悝子陳何襲父

國名	侯功	高祖十二	孝惠七	高后八	孝文二十三	孝景十六	建元至元封六年三十六，太初元年盡後元二年十八。	侯第
堂邑[128]	以自定東陽[129]，為將，屬項梁，為楚柱國[130]。四歲，項羽死，屬漢，定豫章、浙江，都浙，自立為王壯息[131]，侯，千八百戶。復相楚元王十一年。	七 六年，十二月甲申，安侯陳嬰元年[132]。	七[133]	四[134] 四 五年，恭侯祿元年[135]。	二[136] 二十一 三年，夷侯午元年[137]。	十六[138]	十二[139] 十三 元光六年，季須[140]元年。元鼎元年，侯須坐母長公主卒，未除服姦，兄弟爭財，當死[141]，自殺，國除。	八十六
周呂[142]	以呂后兄初起以客從，入漢為侯。還定三秦，將兵先入碭[143]。漢王之解彭城[144]，往從之，復發兵佐高祖定天下，功侯。	三 六年，正月丙戌，令武侯呂澤元年[145]。 四 九年，子台封酈侯元年[146]。	七[147]					

建成[148]	以呂后兄初起以客從，擊三秦。漢王入漢，而釋之還豐、沛，奉衛呂宣王、太上皇[149]。天下已平，封釋之為建成侯。	七 六年，正月丙戌[150]，康侯釋之元年。	二[151] 三年，侯則[152]元年。 五 有罪。	胡陵 七 元年，五月丙寅，封則弟大中大夫呂祿元年[153]。七年，祿為趙王，國除[154]。追尊康侯為昭王。祿以趙王謀為不善，大臣誅祿，遂滅呂[155]。				

位為侯。[127]通「掠」。[128]漢縣名，縣治在今安徽六合城北。[129]秦縣名，縣治在今江蘇盱眙城東南。[130]陳嬰歸項梁後，為楚懷王之柱國，「柱國」是國家的最高武官名。[131]詞語不順，大意為陳嬰平定了豫章、浙江一帶，消滅了在浙江稱王的壯息集團。按：此役不見於《史記》之其他諸篇。[132]陳嬰於劉邦稱帝後的第二年十二月二十八被封為堂邑侯。「安」字是諡。[133]陳嬰在惠帝在位的七年間一直為侯。[134]呂后四年，陳嬰卒。[135]呂后五年，陳嬰子陳祿襲父位為侯。[136]文帝二年，陳祿卒。[137]文帝三年陳祿子陳午襲父位為侯。按：陳午娶文帝女為妻，即武帝朝通常所說的「大長公主」。[138]陳午在景帝在位的十六年間一直為侯。[139]武帝十一年即元光五年陳午卒。[140]元光六年陳午子陳季須襲父位為侯。陳季須即大長公主所生。陳季須為侯十三年，在為其母守喪期間姦淫婦女，被判死罪，自殺國除。[141]被判死刑。[142]梁玉繩曰：「周呂是號，非地名。師古《高祖紀》注云：『封名是也，蓋呂為姜姓。姜姓之先封於呂，子孫從其封姓，至周益顯。』意謂呂澤佐漢定天下猶周有呂尚，故曰周呂。其後改封呂王亦以此，而澤之食邑恐非南陽宛西之呂城、濟陰之呂都、汝南新蔡之呂亭，當在彭城呂縣矣。」呂縣，在今徐州東南。[143]指漢二年四月劉邦東攻彭城時事。[144]指劉邦在彭城被項羽打得慘敗，倉惶向西潰逃。[145]正月丙戌，正月初一。「令武」是諡。按：當時用秦曆，以十月為歲首，故正月在十二月之後。呂澤為侯只三年，高祖八年卒。[146]高祖九年，呂澤子呂台被封為酈侯。[147]呂台在惠帝在位的七年間一直為侯。呂后元年呂台被封為呂王，當年卒。參見〈漢興以來諸侯王年表〉。[148]漢縣名，縣治在今河南永城東南。[149]呂宣王，呂后之父。太上皇，劉邦之父。[150]正月初一。[151]惠帝二年，呂釋之卒。[152]惠帝三年，呂釋之子呂則襲父位為侯，至惠帝七年，因犯罪被廢。[153]呂后元年，封呂則之弟呂祿為胡陵侯。胡陵，漢縣名，在今山東魚台東南。大中大夫，帝王的侍從官名，掌參謀議論。[154]呂后七年，呂祿被封為趙王，「胡陵侯」取消。七年，原作「八年」。梁玉繩

國名	留[156]	射陽[172]	鄼[177]
侯功	以廄將[157]從起下邳，以韓申徒[158]下韓國，言上張旗志[159]，秦王[160]恐，降，解上與項羽之郄[161]，為漢王請漢中地[162]，常計謀平天下，侯，萬戶。	兵初起，與諸侯共擊秦，為楚左令尹[173]，漢王與項羽有郄於鴻門，項伯纏解難，以破羽纏嘗有功[174]，封射陽侯。	以客初起從入漢，為丞相，
高祖十二	七 六年，正月丙午[163]，文成侯張良元年[164]。	七 六年，正月丙午，侯項纏元年。賜姓劉氏[175]。	七 六年，正月丙
孝惠七	七[165]	二 三年，侯纏卒。嗣子睢有罪，國除[176]。	二[178]
高后八	二[166] 六 三年，不疑元年[167]。		一[179]
孝文二十三	四 五年，侯不疑坐與門大夫[168]謀殺故楚內史[169]，當死[170]，贖為城旦[171]，國除。		筑陽十九 元年，同有罪，
孝景十六			一 有罪[180]。
建元至元封六年三十六，太初元年盡後元二年十八。			十三 元朔二年，侯勝
侯第	六十二		一[181]

備守蜀及關中，給軍食，佐上定諸侯，為法令，立宗廟，侯，八千戶[182]。
午[183]，文終侯[184]蕭何元年。元年，為丞相；九年，為相國[185]。
五 三年，哀侯祿元年[186]。
七 二年，懿侯同元年[187]。同，祿弟。
封何小子延元年[188]。 一 後四年，煬侯遺[189]元年。 三 後五年，侯則元年[190]。
武陽七 前二年，封煬侯弟幽侯嘉[191]元年。 八 中二年，侯勝元年[192]。
坐不敬，絕[193]。 酇三 元狩三年，封何曾孫恭侯慶元年[194]。 十 元狩六年，侯壽成元年。 元封四年，壽成為太常，犧牲不如令，國除[195]。

《志疑》卷十一曰：「『八年』乃『七年』之誤。祿為趙王在高后七年。」據改。[155]呂后八年，呂祿被周勃等所殺，諸呂被滅。[156]漢縣名，縣治在今江蘇沛縣東南。[157]管馬的官。[158]即司徒，官名，職同丞相。[159]通「旗幟」。[160]似應作「秦將」，取嶢關時事。[161]即張良在鴻門宴上之種種活動。[162]項羽起初封劉邦於巴、蜀，張良又讓劉邦通過項伯要得漢中。[163]正月二十一。[164]「文成」是諡。[165]張良在惠帝在位的七年間一直為侯。[166]呂后二年張良卒。[167]呂后三年，張良子張不疑襲其父位為侯。[168]官名，此人名吉。[169]楚元王封國的民政長官。張不疑謀殺楚內史的細情不詳。[170]被判死刑。[171]贖成了苦役犯，白天修長城，夜間打更巡邏。[172]漢縣名，縣治在今江蘇寶應城東。[173]如同左丞相。[174]項伯吃裡扒外的事情一是在鴻門宴救了劉邦；二是幫劉邦要了漢中地；三是保護了被項羽所囚的太公與呂后。[175]劉邦為感謝項伯，給項伯賜姓劉。[176]項伯在惠帝時又繼續為侯二年，惠帝三年項伯卒，其子項睢犯罪被廢，封地被取消。[177]《索隱》曰：「音贊，縣名，在沛。」梁玉繩曰：「高帝封蕭何在沛之酇縣，呂后封何夫人、文帝封蕭延、武帝封蕭慶、宣帝封蕭建世、成帝封蕭喜是南陽酇縣。《通典．州郡七》注及《索隱》并言之。古借酇為䣜字，遂致混亂。小司馬於〈將相表〉〈蕭世家〉據鄒氏謂屬沛音『嵯』，南陽音『贊』，其音不謬；而於〈功臣表〉〈三王世家〉不但二音互易，復以劉氏伯莊謂何封沛，後封南陽為非，奚自歧別乎？」考證甚詳，見《史記志疑》。酇縣縣治在今河南永城西北。[178]惠帝二年蕭何卒。[179]呂后元年蕭祿卒。[180]景帝元年，蕭則犯罪被廢。[181]蕭何的功勞在諸功臣中名列第一。[182]梁玉繩曰：「按世家，封八千戶之後，兩次益封共七千戶，并初封為萬七千戶，乃史、漢兩表皆言八千，蓋只就初封說也。然獨怪曹參一萬六百戶，劉澤一萬二千戶，而張良且欲以三萬戶封之，不應功居第一之蕭相國其戶數尚較少於曹參，

國名	曲周[196]	絳[210]
侯功	以將軍從起岐[197]，攻長社[198]以南，別[199]定漢中及蜀，定三秦，擊項羽，侯，四千八百戶。	以中涓從起沛，至霸上，為侯。定三秦，食邑，為將軍。入漢，定隴西[211]，擊項羽，守嶢關[212]，定泗水
高祖十二	七 六年，正月丙午，景侯[200]酈商元年。	七 六年，正月丙午，武侯[213]周勃元年。
孝惠七	七[201]	七[214]
高后八	八[202]	八[215] 其四年，為太尉[216]。
孝文二十三	二十三 元年，侯寄元年[203]。	十一 元年，為右丞相，三年，免。復為丞相[217]。 六 十二年，侯勝之[218]元年。
孝景十六	九 有罪，絕[204]。 繆七 中三年，封商他子靖侯堅元年[205]。	十三[219] 其三年，為太尉；七，為丞相。有罪，國除。 平曲[220]三 後元年，封勃
建元至元封六年三十六，太初元年盡後元二年十八。	九[206] 五 元光四年，康侯遂[207]元年。 十一 元朔三年，侯宗[208]元年。 二十八 元鼎二年，侯終根元年。後元二年，侯終根坐咒詛誅，國除[209]。	十六[221] 十二 元朔五年，侯建德元年。元鼎五年，侯建德坐酎金[222]，國除。
侯第	六	四

[223]、東海[224]。八千一百戶。

條六

後二年，封勃子亞夫元年[225]。

子恭侯堅元年。

則安得曰『何功最盛』『所食邑獨多』乎？是知表序謂『大侯不過萬家』元未足信，而何食八千戶之言亦恐有誤耳。」按：劉邦嘗稱頌蕭何之功曰「鎮國家，撫百姓，給饋饗，不絕糧道，吾不如蕭何」；鄂君又有「漢與楚相守滎陽數年，軍無見糧，蕭何轉漕關中給食不乏；陛下雖數亡山東，蕭何常全關中以待陛下，此萬世之功也」云云，與此意同。[183]正月二十一。[184]「文終」是謚。[185]蕭何自劉邦為漢王起任丞相，後又任相國至死，梁玉繩曰：「高帝十一年始更名『丞相』曰『相國』。此與〈公卿表〉及〈百官表〉皆誤作九年。」[186]惠帝三年，蕭何子蕭祿襲父位為侯。[187]呂后二年，封「同」為侯。按：名「同」者非蕭祿之弟，乃蕭祿之母，蕭何之妻。[188]文帝元年蕭何妻被罷，改封蕭何少子蕭延為筑陽侯。蕭延為侯十九年，於文帝後元三年卒。筑陽，即今湖北穀城。梁玉繩曰：「按《漢書》表、傳，高后二年封何夫人同為酇侯，何少子延為筑陽侯。文帝元年罷同，更封延為酇侯。此表不書延封筑陽與何夫人并時，而書筑陽於孝文格內，反失書更封之酇，又不言延謚，蓋脫誤也。同以妻嗣夫爵，有乖禮制，故文帝即以元年罷之。其卒謚『懿』，則不得云『有罪』矣。」[189]蕭延子蕭遺襲父位為侯，當年死。[190]文帝後五年，蕭遺子蕭則襲父位為侯。[191]景帝前二年，改封蕭遺之弟蕭嘉為武陽侯，景帝中元元年蕭嘉卒。[192]景帝中元二年蕭嘉子蕭勝襲父位為侯。[193]武帝即位後之前十三年蕭勝一直為侯，至元朔二年，蕭勝犯不敬罪被廢。[194]元狩三年改封蕭何的曾孫蕭慶為酇侯。此「酇」在今湖北丹江口東南。蕭慶於元狩五年卒。曾孫，原作「孫」。梁玉繩《志疑》卷十一曰：「《史詮》曰『曾孫』，缺『曾』字。」《漢書》作「曾孫」。據補。[195]元狩六年，蕭慶子蕭壽成襲父位為侯，在位十年。至元封四年，蕭壽成任太常，因使用犧牲不合規定，犯罪被廢。[196]漢縣名，縣治在今河北曲周城東北。梁玉繩曰：「《史》、《漢》皆云商以高帝六年封，然考〈列傳〉，商之封曲周在擊陳豨、英布之後，則六年商尚為涿侯也。當書國名曰『涿』，而以『曲周』為改封，橫書於高祖格中始得。」[197]方位不詳，《正義》以為應離陳留不遠。[198]秦縣名，在今河南長葛東北。[199]謂單獨率一軍而出，獨當一面。[200]「景」字是謚。[201]酈商在惠帝在位的七年間一直為侯。[202]酈商在呂后執政的八年內一直為侯。呂后八年，呂后死，大臣誅諸呂，周勃劫持酈商，令其子酈寄哄騙呂祿，使呂祿交出北軍將印，諸呂遂被誅滅。不久酈商死。[203]文帝元年，酈寄襲其父位為侯。[204]景帝九年即中二年，酈寄想娶景帝的岳母為妻，被景帝所廢。「絕」字原無。依前後文例補。[205]景帝中三年，改封酈堅為繆侯。[206]武帝即位之第九年，即元光三年酈堅卒。[207]酈堅子遂襲侯，酈遂卒於元朔二年。按：此人應名「遂成」。[208]元朔三年，酈宗襲其父位為侯。按：此人應名「世宗」。酈世宗卒於元鼎元年。[209]元鼎二年，酈終根襲其父位為侯。二十八年後，於後元二年因詛咒皇帝被殺。按：此數語非史公所能見，乃後人加寫。[210]漢縣名，縣治在今山西侯馬東。[211]秦郡名，郡治在今甘肅臨洮。[212]在今陝西藍田東南。[213]「武」字是謚。[214]

國名		舞陽[226]	潁陰[236]
侯功		以舍人起沛，從至霸上，為侯。入漢，定三秦，為將軍，擊項籍，再益封。從破燕[227]，執韓信[228]，侯，五千戶。	以中涓從起碭，至霸上，為昌文君。入漢，定三秦，食邑。以車騎將軍屬淮陰，定齊、淮南及下邑，殺項籍，侯，五千戶[237]。
高祖十二		七 六年，正月丙午，武侯樊噲元年。其七年為將軍、相國三月[229]。	七 六年，正月丙午，懿侯灌嬰元年[238]。
孝惠七		六[230] 一 七年，侯伉元年。呂須子[231]。	七[239]
高后八		八 坐呂氏誅[232]，族。	八[240]
孝文二十三		二十三 元年，封樊噲子荒侯市人元年[233]。	四 其一，為太尉；三，為丞相[241]。 十九 五年，平侯何元年[242]。
孝景十六		六[234] 六 七年，侯它廣元年。中六年，侯它廣非市人子，國除[235]。	九[243] 七 中三年，侯彊元年[244]。
建元至元封六年三十六，太初元年盡後元二年十八。			六 有罪，絕[245]。 九 元光二年，封嬰孫賢為臨汝侯。侯賢元年。元朔五年，侯賢行賕罪，國除[246]。
侯第		五	九

汾陰[247]	初起以職志擊破秦，入漢，出關，以內史堅守敖倉，以御史大夫定諸侯，比清陽侯，二千八百戶[248]。	七 六年，正月丙午，悼侯周昌元年[249]。	三[250] 建平四 四年，哀侯開方元年[251]。	八[252]	四 前五年，侯意元年[253]。 十三 有罪，絕[254]。	安陽八 中二年，封昌孫左車[255]。	建元元年，有罪，國除[256]。	十六

周勃在惠帝在位的七年間一直為侯。[215]周勃在呂后執政的八年間一直為侯。呂后一死，周勃等立即發動政變誅滅呂氏，擁立代王劉恆為皇帝。[216]梁玉繩曰：「周勃為太尉在惠六年，非高后四年也。」[217]周勃因擁立之功被升任右相，不久請免；陳平死，又任丞相；不久被免，文帝十一年死於家。梁玉繩曰：「『免』字衍，『三』當作『二』，勃以文帝二年十一月乙亥復為丞相也。」[218]周勝之襲侯六年，因殺人被廢。[219]周亞夫於景帝三年為太尉，平七國之亂；景帝七年為丞相，因功高震主，中五年被下獄自殺。「十三」應作「十二」。[220]周堅被改封平曲侯。[221]武帝十六年，即元朔四年周堅卒。[222]「酎金」是受封諸王、諸侯在皇帝祭天祭祖時所交的一種分子錢。武帝為消滅諸侯，便以所交金銀的「成色不好」或「分量不足」而將諸侯廢掉。[223]秦郡名，郡治相縣。[224]郡治郯縣。[225]文帝後二年改封周亞夫為條侯。[226]漢縣名，縣治在今河南舞陽城西北。[227]滅燕王臧荼。[228]此指韓王信，反漢於代者。[229]此處之「為將軍」指高祖七年樊噲統兵討伐韓王信。「相國」只是虛銜，非實任。[230]惠帝六年樊噲卒。[231]惠帝七年，呂須所生之樊噲子襲爵為侯。呂須是呂后之妹。[232]呂后八年，呂后死，大臣政變誅呂氏，呂須、樊伉皆牽連被殺。[233]文帝即位後，因樊噲有功而無過，重封樊市人為侯。[234]景帝六年樊市人卒。[235]景帝七年，它廣襲父位為侯。後發覺樊市人無生育能力，樊它廣不可能是市人所生，於是它廣被廢。中六年，原作「中五年」。張文虎《札記》卷二曰：「它廣以孝景七年嗣位，至中五年凡六年，與表端『六』字合，則作『中六年』是。」今據改。[236]漢縣名，縣治即今河南許昌。[237]昌文君，封號名，無封地。車騎將軍，時灌嬰為「騎將」，非「車騎將軍」。「下邑」二字不知何指。有誤。[238]正月丙午，正月二十一。「懿」字是諡。[239]灌嬰在惠帝在位的七年間一直為侯。[240]灌嬰在呂后執政的八年間一直為侯。呂后死，大臣誅諸呂，灌嬰又有大功。[241]灌嬰以擁立之功，文帝元年升任太尉，三年接周勃為丞相，四年卒。[242]文帝五年，灌何襲父位為侯。[243]景帝九年即中二年灌何卒。[244]灌彊襲父位為侯。[245]武帝六年灌彊犯罪被廢。[246]灌賢被改封臨汝侯。按：「九」字前應有「臨汝」二字。行賕，即行賄。[247]漢縣名，縣治在今山西萬榮西南。[248]職志，掌旗幟之官。內史，首都的行政長官，後來改為京兆尹。敖倉，秦朝的糧倉，在當時滎陽城北的黃河邊上，今已被河水沖刷掉。御史大夫，國家的三公之一，主管監察彈劾。[249]正月丙午，正月二十一。「悼」字是諡。[250]周昌於惠帝三年卒。[251]惠帝四年周昌子開方被改封為建平侯。[252]周開方在呂后執政的八年間一直為侯。[253]周開方於文帝四年卒，文帝五年，

國名	侯功	高祖十二	孝惠七	高后八	孝文二十三	孝景十六	建元至元封六年三十六，太初元年盡後元二年十八。	侯第
梁鄒[257]	兵初起，以謁者從擊破秦，入漢，以將軍擊定諸侯。功，比博陽侯，二千八百戶[258]。	七 六年，正月丙午，孝侯武儒元年[259]。	四[260] 三 五年，侯最元年[261]。	八[262]	二十三[263]	十六[264]	六[265] 三 元光元年，頃侯嬰齊元年[266]。 二十 元光四年，侯山柎元年。 元鼎五年，侯山柎坐酎金，國除[267]。	二十
成[268]	兵初起，以舍人從擊秦，為都尉[269]；入漢，定三秦。出關，以將軍定諸侯，功比厭次侯，二千八百戶。	七 六年，正月丙午，敬侯董渫元年[270]。	七 元年，康侯赤元年[271]。	八[272]	二十三[273]	六 有罪絕[274]。 五 中五年，復封節氏康侯赤元年[275]。	三[276] 五 建元四年，恭侯罷軍元年[277]。 十二 元光三年，侯朝元年。 元狩三年，侯朝為濟南太守，與成陽王女通，不	二十五

	蓼[279]
	以執盾前元年從起碭，以左司馬入漢，為將軍，三以都尉擊項羽，屬韓信，功侯。[280]
	七 六年，正月丙午，侯孔藂[281]元年。
	七[282]
	八[283]
	八[284] 十五 九年，侯臧元年。[285]
	十六[286]
敬，國除。[278]	十四 元朔三年，侯臧坐為太常，南陵橋壞，衣冠車不得度，國除。[287]
	三十

周開方子周意襲父位為侯。[254]梁玉繩曰：「三字衍。昌子開方嗣侯，在位十六年，不聞『有罪絕』也。」[255]景帝中二年，改封周昌孫周左車為安陽侯。[256]武帝建元元年，周左車因罪被廢。[257]漢縣名，縣治在今山東鄒平東北。[258]功比博陽侯，功勞與博陽侯不相上下。[259]按：此人姓武名儒。[260]武儒卒於惠帝四年。[261]惠帝五年，武儒子武最襲侯。[262]在呂后執政的八年內，武最一直為侯。[263]在文帝在位的二十三年內，武最仍一直為侯。[264]在景帝在位的十六年內武最仍一直為侯。[265]武帝建元六年武最卒，武最為侯共五十六年。[266]元光元年武最子嬰齊襲侯，元光三年卒。[267]元光四年嬰齊子山柎襲侯，共為侯二十三年，元鼎五年因所交酎金不夠標準被廢。[268]漢縣名，方位不詳，《索隱》說屬涿郡，梁玉繩以為在泰山郡。[269]軍官名，級別在將軍下，略同於校尉。[270]董渫為侯七年，卒於高祖十二年。[271]惠帝元年，董渫子董赤襲其父位為侯。按：梁玉繩以為「赤」字應作「赫」，誤脫其半也。[272]在呂后執政的八年內，董赤一直為侯。[273]在文帝在位的二十三年內，董赤仍一直為侯。[274]景帝六年，董赤因犯罪被廢。[275]景帝中五年，又改封被廢的董赤為節氏侯。節氏，漢縣名，方位不詳。[276]建元二年董赤卒，董赤前後為侯共五十一年。[277]董赤子罷軍於建元四年襲侯，元光二年卒。[278]元光三年董罷軍子董朝襲侯，董朝於元狩三年被廢。成陽王，此指劉延，劉章之孫。「成陽」也寫作「城陽」，國都莒縣。[279]漢縣名，縣治在今安徽固始城東北。[280]瀧川曰：「前元年、二年、三年者，高帝自稱沛公之年也；入關王漢以後始稱漢元年。」左司馬，軍中執法的官。屬韓信，即垓下之戰所謂「孔將軍居左，費將軍居右」者也。[281]「藂」也寫作「聚」、「最」。孔藂字「子產」，諡「夷」。[282]孔藂在惠帝在位的七年間一直為侯。[283]孔藂在呂后執政的八年間一直為侯。[284]孔藂卒於文帝八年。[285]文帝九年孔臧襲其父位為侯。[286]孔臧在景帝在位十六年間一直為侯。[287]孔臧於武帝十五年即元朔三年，因失職被廢。太常，主管宗廟祭祀。衣冠車，每月將劉邦的衣冠從長陵寢廟請出到城裡高廟巡遊的車子。事詳〈劉敬叔孫通列傳〉。

國名	費[288]	陽夏[297]
侯功	以舍人前元年從起碭,以左司馬入漢,用都尉屬韓信,擊項羽有功,為將軍,定會稽、浙江、湖陽,侯[289]。	以特將將卒五百人,前元年從起宛、朐,至霸上,為侯,以游擊將軍別定代,已破臧荼,封豨為陽夏侯[298]。
高祖十二	七 六年,正月丙午,圉侯[290]陳賀元年。	五 六年,正月丙午,侯陳豨元年[299]。十年,八月,豨以趙相國將兵守代。漢使召豨,豨反,以其兵與王黃等略代,自立為王。漢殺豨靈丘[300]。
孝惠七	七[291]	
高后八	八[292]	
孝文二十三	二十三 元年[293],共侯常元年。	
孝景十六	一[294] 八 二年,侯偃元年。中二年,有罪,絕[295]。 巢 四 中六年,封賀子侯最元年。後三年,最薨,無後,國除[296]。	
建元至元封六年三十六,太初元年盡後元二年十八。		
侯第		

隆慮[301]	以卒從起碭，以連敖入漢，以長鈹都尉擊項羽，有功，侯[302]。	七 六年，正月丁未[303]，哀侯周竈元年。	七[304]	八[305]	十七[306] 六 後二年，侯通元年[307]。	七 中元年，侯通有罪，國除[308]。		三十四
陽都[309]	以趙將從起鄴，至霸上，為樓煩將，入漢，定三秦，別降翟王，屬悼武王，殺龍且彭城，為大司馬；破羽軍葉，拜為將軍，忠臣，侯，七千八百戶[310]。	七 六年，正月戊申[311]，敬侯丁復元年。	七[312]	五[313] 三 六年，趮侯甯元年[314]。	九[315] 十四 十年，侯安成元年[316]。	一 二年，侯安成有罪，國除[317]。		十七

[288]漢縣名，縣治在今山東費縣城北。[289]屬韓信，即垓下之戰所謂「孔將軍居左，費將軍居右」者。湖陽，王國維以為應作「湖陵」，在今浙江蕭山之西興鎮。[290]「圉」也作「幽」。[291]陳賀在惠帝在位的七年間一直為侯。[292]陳賀在呂后執政的八年間一直為侯，最後即卒於呂后八年。[293]文帝元年陳常襲父位為侯。[294]景帝元年陳常卒。[295]景帝二年，陳偃襲父位為侯，中二年因犯罪被廢。[296]中六年，改封陳賀子陳最為巢侯，為侯四年死，無子國除。[297]漢縣名，縣治即今河南太康。[298]宛朐，也作「冤朐」，秦縣名，縣治在今山東菏澤西南。別定代，指討伐韓王信。臧荼，項羽所封的燕王，韓信滅趙後，臧荼曾一度降漢，高祖五年又反漢，被消滅。按：陳豨之被封侯，非因破燕有功，此處所說不確，詳豨傳。[299]此與陳豨傳所說不同。[300]陳豨受命為「代相國，監趙代邊兵」，陳豨因趙相周昌向劉邦進讒而反。王黃是韓王信的部將。破殺陳豨者，或說是樊噲，或說是周勃。自立為王，「王」原作「燕」。梁玉繩《志疑》卷二曰：「『燕』字誤，當作『王』。」《漢書》亦作「自為王」。據改。[301]漢縣名，縣治即今河南林縣。[302]連敖，主管糧秣的小官。長鈹都尉，軍官名。長鈹，長劍。[303]正月二十二。[304]周竈在惠帝在位的七年間一直為侯。[305]周竈在呂后執政的八年間一直為侯。[306]周竈卒於文帝十七年，即後元元年。[307]文帝後二年周通襲父位為侯。[308]景帝中元年，周通因犯罪被廢。[309]漢縣名，縣治在今山東沂南城南。[310]鄴，秦縣名，在今河北臨

國名	侯功	高祖十二	孝惠七	高后八	孝文二十三	孝景十六	建元至元封六年三十六，太初元年盡後元二年十八。	侯第
新陽[318]	以漢五年用左令尹初從，功比堂邑侯，千戶[319]。	七 六年，正月壬子，胡侯呂清元年[320]。	三[321] 四 四年，頃侯臣元年[322]。	八[323]	六[324] 二 七年，懷侯義元年[325]。 十五 九年，惠侯它元年[326]。	四[327] 五 五年，恭侯善元年[328]。 七 中三年，侯譚元年。	二十八 元鼎五年，侯譚坐酎金，國除[329]。	八十一
東武[330]	以戶衛起薛，屬悼武王，破秦軍杠里，楊熊軍曲遇，入漢為越將軍，定三秦，以都尉堅守敖倉，為將軍，破籍軍，功侯，二千戶[331]。	七 六年，正月戊午，貞侯郭蒙元年[332]。	七[333]	五[334] 三 六年，侯它元年[335]。	二十三[336]	五 六年，侯它弃市，國除[337]。		四十一[338]

汁方[339]	以趙將前三年從定諸侯，侯二千五百戶，功比平定侯[340]。齒故沛豪，有力，與上有郄，故晚從。	七 六年三月戊子[341]，肅侯雍齒元年。	二[342] 五 三年，荒侯巨元年[343]。	八[344]	二十三[345]	二[346] 十 三年，侯野元年[347]。 四 中六年，終侯桓元年[348]。	二十八 元鼎五年，終侯桓坐酎金，國除[349]。	五十七

漳西南。樓煩將，統率騎射之士的將領。翟王，董翳，項羽所封，都高奴。悼武王，呂后之兄呂澤。龍且，項羽的部將。忠臣，朝中的親幸之臣。「忠」通「中」。[311]正月二十三。[312]丁復在惠帝在位的七年間一直為侯。[313]丁復卒於呂后五年。[314]呂后六年丁甯襲其父位為侯。[315]丁甯卒於文帝九年。[316]文帝十年丁安成襲其父位為侯。[317]景帝二年丁安成因犯罪被廢。[318]漢縣名，縣治在今安徽界首城北。[319]用，以。左令尹，相當於左丞相。功比堂邑侯，與陳嬰的功勞相似。二人原來都跟從楚懷王，項羽死後歸劉邦。[320]正月二十七。「胡」字是諡。[321]呂清卒於惠帝三年。[322]惠帝四年，呂臣襲其父位為侯。[323]呂臣在呂后執政的八年內一直為侯。[324]呂臣卒於文帝六年。[325]文帝七年，呂義襲其父位為侯，次年死。[326]文帝九年，呂它襲其父位為侯。[327]景帝四年呂它卒。[328]呂善於景帝五年襲侯，中二年卒。[329]元鼎五年即武帝二十九年。[330]漢縣名，縣治在今山東諸城。[331]杠里，古邑名，在今山東菏澤東北。楊熊，秦將名。曲遇，在今河南中牟城東。越將軍，《漢》表作「城將帥」，師古曰：「將築城之兵也。」[332]按：此年正月無「戊午」，梁玉繩以為應與後一人同作「三月戊子」。[333]郭蒙在惠帝在位的七年間一直為侯。[334]郭蒙卒於呂后五年。[335]呂后六年郭它襲其父位為侯。[336]郭它在文帝在位的二十三年間一直為侯。[337]郭它於景帝六年因犯罪被殺，國除。[338]梁玉繩曰：「當是『二十一』。若在『四十一』，則與高苑同位矣，此誤。」[339]也作「什邡」，漢縣名，縣治在今四川什邡城南。[340]趙將，似應作魏將，見〈高祖本紀〉。平定侯，齊昌。[341]三月初四。[342]雍齒卒於惠帝二年。[343]惠帝三年，雍巨襲父位為侯。[344]雍巨在呂后執政的八年內一直為侯。[345]雍巨在文帝在位的二十三年間一直為侯。[346]雍巨卒於景帝二年。[347]景帝三年雍野襲其父位為侯，景帝十二年即中五年卒。[348]景帝中六年，雍桓襲父位為侯。[349]梁玉繩曰：「桓坐酎金失國不應有諡，《史詮》謂後人誤加，是也。」

國名	侯功	高祖十二	孝惠七	高后八	孝文二十三	孝景十六	建元至元封六年三十六，太初元年盡後元二年十八。	侯第
棘蒲[350]	以將軍前元年率將二千五百人起薛，別救東阿，至霸上，二歲十月入漢，擊齊歷下軍田既，功侯[351]。	七 六年，三月丙申[352]，剛侯陳武元年。	七[353]	八[354]	十六 後元年，侯武薨。嗣子奇反，不得置後，國除[355]。			十三
都昌[356]	以舍人前元年從起沛，以騎隊率先降翟王，虜章邯，功侯[357]。	七 六年，三月庚子[358]，莊侯朱軫元年。	七[359]	八 元年，剛侯率元年[360]。	七[361] 十六 八年，夷侯詘元年[362]。	二 元年，恭侯偃元年[363]。 五 三年，侯辟彊元年。 中元年，辟彊薨，無後，國除。		二十三

武彊[364]	以舍人從至霸上，以騎將入漢。還擊項羽，屬丞相甯，功侯，用將軍擊黥布，侯[365]。	七　六年，三月庚子[366]，莊侯莊不識元年。	七[367]	六[368]　二　七年，簡侯嬰元年。	十七[369]　六　後二年，侯青翟元年。	十六[370]	二十五　元鼎二年，侯青翟坐為丞相與長史朱買臣等逮御史大夫湯不直，國除[371]。	三十三
貰[372]	以越戶將從破秦，入漢，定三秦，以都尉擊項羽，千六百戶，功比臺侯[373]。	二　六年，三月庚子，齊侯呂元年[374]。　五　八年，恭侯方山元年[375]。	七[376]	八[377]	十一　元年，煬侯赤元年[378]。　十二　十二年，康侯遺元年[379]。	十六[380]	十六[381]　八　元朔五年，侯倩元年。　元鼎元年，侯倩坐殺人弃市，國除。	三十六

[350]漢邑名，在今河北魏縣南。[351]率將，應依《漢書》作「將卒」。救東阿，指救被章邯圍困的田榮。擊齊歷下軍田既，隨韓信往滅齊也。「田既」似應作「田解」，見〈田儋列傳〉。[352]三月十二。[353]陳武在惠帝在位的七年間一直為侯。[354]陳武在呂后執政的八年內一直為侯。[355]陳武卒於文帝後元年。其子陳奇已於文帝六年勾結淮南王謀反被殺，不再立後，故而國除。[356]漢縣名，縣治即今山東昌邑。[357]騎隊率，騎兵頭領。率，原作「卒」。梁玉繩《志疑》卷十一曰：「『卒』字誤，《漢》表作『帥』是。」據改。翟王，董翳，項羽所封，都高奴。章邯，原秦將，後被項羽封為雍王，都廢丘。[358]三月十六。[359]朱軫卒於惠帝七年。[360]呂后元年，朱率襲其父位為侯。[361]文帝七年朱率卒。[362]文帝八年，朱詘襲父位為侯，文帝二十三年即後元七年，朱詘卒。[363]景帝元年朱偃襲父位為侯，景帝二年卒。[364]梁玉繩以為即河南陽武之武彊鄉。[365]梁玉繩曰：「『侯』字衍。」丞相甯，其人不詳，陳直以為「甯」為「陵」字之誤，乃指王陵，王陵後為右丞相。[366]三月十六。[367]莊不識在惠帝在位的七年間一直為侯。[368]莊不識卒於呂后六年。[369]莊嬰卒於文帝後元年。[370]莊青翟在景帝在位的十六年內一直為侯。[371]元鼎二年，丞相莊青翟和御史大夫張湯有矛盾，與長史朱買臣等誣害張湯至死，結果三長史被誅，莊青翟自殺國除。長史，丞相屬下的高級僚屬，為諸史之長。[372]漢縣名，縣治在今河北束鹿西南。[373]按：「千」上應有「侯」字。臺侯，戴野，見後。[374]梁玉繩以為此人應作「呂博國」。呂博國卒於高祖七年。[375]高祖八年，呂方山襲父位為侯。[376]呂方山在惠帝在位的七年間一直為侯。[377]呂方山卒於呂后八年。[378]呂赤於文帝元年襲侯，文帝十一年卒。按：舊本「十一」原作「二」，據《漢書》改。[379]文帝十二年，呂遺襲侯。[380]

國名	侯功	高祖十二	孝惠七	高后八	孝文二十三	孝景十六	建元至元封六年三十六，太初元年盡後元二年十八。	侯第
海陽[382]	以越隊將[383]從破秦，入漢，定三秦，以都尉擊項羽，侯，千八百戶。	七 六年，三月庚子，齊信侯搖毋餘[384]元年。	二[385] 五 三年，哀侯招攘元年。	四[386] 四 五年，康侯建元年[387]。	二十三[388]	三[389] 十 四年，哀侯省元年。中六年，侯省薨，無後，國除。		三十七
南安[390]	以河南將軍漢王三年降晉陽，以亞將破臧荼，侯，九百戶[391]。	七 六年，三月庚子[392]，莊侯宣虎元年。	七[393]	八[394]	八[395] 十一 九年，共侯戎元年[396]。 四 後四年，侯千秋元年。	七 中元年，千秋坐傷人免[397]。		六十三
肥如[398]	以魏太僕三年初從，以車騎都尉破龍且及彭城，侯，千戶[399]。	七 六年，三月庚子[400]，敬侯蔡寅元年。	七[401]	八[402]	二[403] 十四 三年，莊侯成元年[404]。 七 後元年，侯奴	元年，侯奴薨，無後，國除。		六十六

元年[405]。

曲城[406]	以曲城戶將卒三十七人初從起碭至霸上，為執珪，為二隊將，屬悼武王，入漢，定三秦，以都尉破項羽軍陳下，功侯，四千戶。為將軍，擊燕、代，拔之[407]。	七 六年，三月庚子，圉侯蟲逢元年[408]。	七[409]	八[410]	八[411] 元年，侯捷元年。有罪，絕。 五 後三年，復封恭侯捷元年。	十一 有罪，絕[412]。 垣五 中五年，復封恭侯捷元年[413]。	一[414] 二十五 建元二年，侯皋柔元年。元鼎三年，侯皋柔坐為汝南太守知民不用赤側錢為賦，國除[415]。	十八

呂遺在景帝在位的十六年內一直為侯。[381]武帝十六年即元朔四年呂遺卒。[382]梁玉繩以為應是揚州海陵縣，即今江蘇泰州。[383]按：右格「越戶將」，本格「越隊將」，疑所率皆越人。[384]姓搖，名毋餘。[385]搖毋餘卒於惠帝二年。[386]呂后四年，搖招攘卒。[387]呂后五年，搖建襲其父位為侯。[388]搖建在文帝在位的二十三年間一直為侯。[389]搖建卒於景帝三年。[390]梁玉繩以為即豫章之南埜縣，三國時分其縣為「南安」，後人妄改。[391]降晉陽，隨韓信於破魏豹之後。晉陽，即今太原市。臧荼，項羽所封之燕王，漢五年被劉邦所滅。[392]三月十六。[393]宣虎在惠帝在位的七年間一直為侯。[394]宣虎在呂后執政的八年內一直為侯。[395]文帝八年，宣虎卒。[396]文帝九年，宣戎襲父位為侯，文帝十九年即後三年卒。[397]景帝八年即中元年，宣千秋因傷人被廢。[398]漢縣名，縣治在今河北遷安東北。[399]魏太僕，魏王豹的太僕。太僕，帝王的車夫。破龍且及彭城，先隨韓信破殺龍且於齊，又率軍抵達項羽之彭城下。[400]三月十六。[401]蔡寅在惠帝在位的七年間一直為侯。[402]蔡寅在呂后執政的八年內一直為侯。[403]蔡寅卒於文帝二年。[404]文帝三年蔡成襲父位為侯，卒於文帝十六年。[405]文帝後元年，蔡奴襲父位為侯。[406]漢縣名，縣治在今山東招遠西北。[407]按：「卒」上應重出「將」字。破項羽軍陳下，即垓下之戰的前奏。陳，今河南淮陽。[408]三月庚子，三月十六。蟲逢，《索隱》引《楚漢春秋》作「蟲達」，陳直以為應作「蟲達」。[409]蟲逢在惠帝在位的七年間一直為侯。[410]蟲逢卒於呂后八年。[411]文帝元年，蟲捷襲其父位為侯，文帝八年因犯罪被廢。[412]景帝十一年，蟲捷二次被廢。「十一」原作「十三」。張文虎《札記》卷二曰：「孝景止十六年，去垣五年，餘十一年，此『十三』字有誤。」據改。[413]景帝中五年又改封蟲捷為垣侯。[414]建元元年蟲捷卒。[415]建元二年蟲皋柔襲父位為侯，至武帝二十六年即元鼎三年，蟲皋柔因任汝南太守而不執行朝廷法令被罷官廢侯。知民不用赤

國名	侯功	高祖十二	孝惠七	高后八	孝文二十三	孝景十六	建元至元封六年三十六，太初元年盡後元二年十八。	侯第
河陽[416]	以卒前元年起碭從，以二隊將入漢，擊項羽，身得郎將處，功侯。以丞相定齊地[417]。	七 六年，三月庚子[418]，莊侯陳涓元年。	七[419]	八[420]	三 元年，侯信元年。四年，侯信坐不償人責過六月，奪侯國，除[421]。			二十九
淮陰[422]	兵初起，以卒從項梁，梁死屬項羽，為郎中，至咸陽，亡從入漢，為連敖典客，蕭何言為大將軍，別定魏、齊，為王，徙楚，坐擅發兵，廢為淮陰侯[423]。	五 六年，四月，侯韓信元年[424]。十一年，信謀反關中，呂后誅信，夷三族，國除[425]。						

芒[426]	故市[431]
以門尉前元年初起碭，至霸上，為武定君，入漢，還定三秦，以都尉擊項羽，侯。	以執盾初起，入漢，為河上守，遷為假相，擊項羽，侯，千戶，功比平定侯[432]。
三 六年，侯昭元年[427]。九年，侯昭有罪，國除[428]。	三 六年，四月癸未，侯閻澤赤元年。 四 九年，夷侯毋害元年[433]。
	七[434]
	八[435]
	十九[436] 四 後四年，戴侯續元年。
張 十一 孝景三年，昭以故芒侯將兵從太尉亞夫擊吳楚有功，復侯[429]。 三 後元年，三月，侯申元年。	四[437] 十二 孝景五年，侯穀嗣。
十七 元朔六年，侯申坐尚南宮公主不敬，國除[430]。	二十八 元鼎五年，侯穀坐酎金，國除。
	五十五

側錢為賦，當時朝廷強制全國使用赤側錢，而汝南之民不用赤側錢交納稅賦，蟲皋柔不予懲治，故免其職，廢其侯。[416]漢縣名，縣治在今河南孟縣西。[417]起碭從，應作「從起碭」。郎將處，郎將名處。郎將是帝王的侍衛官。此處的「丞相」只是虛銜，非實職。[418]三月十六。[419]陳涓在惠帝在位的七年間一直為侯。[420]陳涓卒於呂后八年。[421]文帝元年陳信襲父位為侯，文帝四年陳信因欠債不還被廢。[422]漢縣名，縣治即今江蘇淮安之淮陰區。[423]郎中，帝王的侍從人員。連敖典客，本傳作「治粟都尉」。連敖，或說主管糧秣，或說為帝王迎送賓客。擅發兵，強加罪名，無其事也。[424]按：韓信於漢四年滅齊，為齊王；又於漢五年滅項羽，改為楚王。六年，以「莫須有」罪名被襲捕，廢為淮陰侯。[425]謀反關中，強加罪名。夷，滅；殺光。[426]漢縣名，縣治在今河南永城北。[427]按：《漢書》此人作「耏跖」，且謂耏跖卒於高祖九年。[428]《漢書》作跖薨無後，高祖九年昭嗣。在位四年有罪免。與此出入較大。[429]景帝三年，耏昭以參加平吳楚七國之亂有功，又被封為張侯。景帝十六年卒。疑此格之記事有誤。[430]南宮公主，景帝之女，先嫁南宮侯張坐，後改嫁張侯耏申。[431]漢縣名，縣治在今河南滎陽城東。[432]河上守，河上郡的郡守，河上郡相當於後來的左馮翊，即漢代國都與其郊區的東北部。[433]高祖八

國名	侯功	高祖十二	孝惠七	高后八	孝文二十三	孝景十六	建元至元封六年三十六，太初元年盡後元二年十八。	侯第
柳丘(438)	以連敖從起薛，以二隊將入漢，定三秦，以都尉破項籍軍，為將軍，侯，千戶。	七 六年，六月丁亥(439)，齊侯戎賜元年。	七(440)	四(441) 四 五年，定侯安國元年。	二十三(442)	三(443) 十 四年，敬侯嘉成元年(444)。後元年，侯角嗣，有罪，國除。		二十六(445)
魏其(446)	以舍人從沛，以郎中入漢，為周信侯，定三秦，遷為郎中騎將，破籍東城，侯，千戶(447)。	七 六年，六月丁亥(448)，莊侯周定元年。	七(449)	四(450) 四 五年，侯間元年(451)。	二十三(452)	二 前三年，侯間反，國除。		四十四
祁(453)	以執盾漢王三年初起從晉陽，以連敖擊項籍，漢王敗走，賀方將軍擊楚，追騎以故不得進。漢王顧謂賀：	七 六年，六月丁亥，穀侯繒賀元年(454)。	七(455)	八(456)	十一(457) 十二 十二年，頃侯湖元年。	五(458) 十一 六年，侯它元年。	八 元光二年，侯它坐從射擅罷，不敬，國除(459)。	五十一

	平[461]
「子留彭城，用執圭東擊羽，急絕其近壁。」侯，千四百戶[460]。	兵初起，以舍人從擊秦，以郎中入漢，以將軍定諸侯，守洛陽，功侯，比費侯賀[462]，千三百戶。
	六 六年，六月丁亥，悼侯沛嘉元年[463]。 一 十二年，靖侯奴元年[464]。
	七[465]
	八[466]
	十五[467] 八 十六年，侯執元年。
	十一 中五年，侯執有罪，國除。
	三十二

年閻澤赤卒，次年其子毋害襲侯。[434]閻毋害在惠帝在位的七年間一直為侯。[435]閻毋害在呂后執政的八年內一直為侯。[436]閻毋害卒於文帝十九年即後元三年。[437]景帝四年閻續卒。[438]方位不詳，《索隱》以為在北海，北海有柳縣，無柳丘。[439]按此年六月無「丁亥」，記載有誤。[440]戎賜在惠帝在位的七年間一直為侯。[441]戎賜卒於呂后四年。[442]戎安國在文帝在位的二十三年內一直為侯。[443]景帝三年戎安國卒。[444]景帝四年戎嘉成襲侯。戎嘉成卒於中元六年。[445]按：此處應據《漢書》作「三十九」，否則與故城侯尹恢同。[446]漢縣名，縣治在今山東臨沂東南。[447]「從」下應有「起」字。破籍東城，項羽敗於垓下後，漢軍追擊之也。東城，秦縣名，縣治在今安徽滁州西北。[448]按此年六月無「丁亥」，記載有誤。[449]周定在惠帝在位的七年內一直為侯。[450]周定卒於呂后四年。[451]「間」字《漢書》作「簡」。[452]周間在文帝在位的二十三年內一直為侯。[453]漢縣名，縣治在今山西祁縣縣城東南。[454]六月丁亥，按此年六月無「丁亥」，記載有誤。「穀」字是謚。《謚法解》：「行見中外曰穀。」[455]繒賀在惠帝在位的七年間一直為侯。[456]繒賀在呂后執政的八年內一直為侯。[457]繒賀卒於文帝十一年。[458]繒湖卒於景帝五年。[459]從射擅罷，陪著皇帝射箭，中途擅自溜走了。[460]賀，原作「賀祁」。梁玉繩以為「祁」是衍字，據刪。用，原作「軍」。依張文虎《札記》改。[461]漢縣名，縣治在今河南洛陽城北。[462]與費侯賀的功勞不相上下。[463]沛嘉，《漢書》作「工師喜」。沛嘉卒於高祖十一年。[464]高祖十二年其子沛奴襲侯。[465]沛奴在惠帝在位的七年間一直為侯。[466]沛奴在呂后執政的八年內一直為侯。[467]沛奴卒於文帝十五年。

國名	侯功	高祖十二	孝惠七	高后八	孝文二十三	孝景十六	建元至元封六年三十六，太初元年盡後元二年十八。	侯第
魯[468]	以舍人從起沛，至咸陽為郎中，入漢，以將軍從定諸侯，侯，四千八百戶，功比舞陽侯。死事，母代侯[469]。	七 六年中，母侯疵元年[470]。	七[471]	四 五年，母侯疵薨，無後，國除。				七
故城[472]	兵初起，以謁者從，入漢，以將軍擊諸侯，以右丞相備守淮陽，功比厭次侯，二千戶[473]。	七 六年中，莊侯尹恢元年。	二[474] 五 三年，侯開方元年。	二 三年，侯開方奪侯，為關內侯[475]。				二十六
任[476]	以騎都尉漢五年從起東垣，擊燕、代，屬雍齒，有功，侯。為車騎將軍[477]。	七 六年，侯張越元年。	七[478]	二 三年，侯越坐匿死罪[479]，免為庶人，國除。				

棘丘[480]	以執盾隊史前元年從起碭，破秦，以治粟內史入漢，以上郡守擊定西魏地，功侯[481]。	七 六年，侯襄元年[482]。	七[483]	四 四年，侯襄奪侯，為士伍，國除[484]。				

[468]漢縣名，縣治即今山東曲阜。[469]舞陽侯，樊噲。死事，為劉邦的事業戰死。母代侯，其母代之為侯。[470]按：據《漢書》此人姓奚名涓。其母曰「疵」，史失其姓。梁玉繩曰：「魯侯奚涓死事，無子，故封其母代子為侯也。《史》不書奚涓姓氏，殊屬疏略，若非《漢》表，幾不知為何人之母矣。婦人封侯，千古僅事，蓋自高祖封「魯侯」及「鳴雌侯」許負始。其後如蕭何、霍光之妻並封「酇侯」，樊噲妻封「林光侯」，劉伯妻丘嫂封「陰安侯」，後漢東海王強為女求侯，封拜濫矣。」[471]奚涓母在惠帝在位的七年間一直為侯。[472]應作「城父」，漢縣名，縣治在今安徽渦陽西北。[473]右丞相，此處是虛銜。淮陽，當時的陳郡郡治，即今河南淮陽。厭次侯，元慎，其人見後。[474]尹恢卒於惠帝二年。[475]呂后三年，尹開方因罪被降為關內侯。關內侯，有侯爵而無封地，較列侯低一級。[476]漢縣名，縣治在今河北任縣城東。[477]東垣，漢縣名，縣治在今石家莊城東北。擊燕代，擊項羽所封的燕王成都臧荼。[478]張越在惠帝在位的七年間一直為侯。[479]因窩藏犯了死罪的逃犯而被懲處。[480]方位不詳，梁玉繩以為即當時陽翟西北的上棘。[481]治粟內史，主管籌集糧秣的中級官吏。上郡守，上郡的郡治膚施，在今陝西橫山東。西魏地，項羽所封的魏豹的封地，即今山西南部。[482]陳仁錫曰：「芒、魯、故城、任、棘丘五侯俱六年中封，表不得其月，當次於「北平」之後，與「高胡」、「厭次」二侯相從，今本亂其次矣。」按：此人名「襄」，史失其姓。[483]侯襄在惠帝在位的七年間一直為侯。[484]奪侯，被剝奪侯位。為士伍，下降為一般士兵。

國名	阿陵[485]	昌武[495]
侯功	以連敖前元年從起單父,以塞疏入漢[486]。	初起以舍人從,以郎中入漢,定三秦,以郎中將擊諸侯,侯,九百八十戶,比魏其侯[496]。
高祖十二	七 六年,七月庚寅[487],頃侯郭亭元年。	七 六年,七月庚寅[497],靖信侯單甯元年。
孝惠七	七[488]	五[498] 二 六年,夷侯如意元年。
高后八	八[489]	八[499]
孝文二十三	二[490] 二十一 三年,惠侯歐元年[491]。	二十三[500]
孝景十六	一[492] 八 前二年,侯勝客元年。有罪,絕。 南 四 中六年,靖侯延居元年[493]。	十[501] 六 中四年,康侯賈成元年。
建元至元封六年三十六,太初元年盡後元二年十八。	十一 十七 元光六年,侯則元年[494]。元鼎五年,侯則坐酎金,國除。	十[502] 四 元光五年,侯得元年。元朔三年,侯得坐傷人二旬內死,弃市,國除。
侯第	二十七	四十五

國名	高苑503	宣曲511
侯功	初起以舍人從，入漢，定三秦，以中尉破籍，侯，千六百戶，比斥丘侯504。	以卒從起留，以騎將入漢，定三秦，破籍軍滎陽，為郎騎將，破鍾離眛軍固陵，侯，六百七十戶512。
高祖	七 六年，七月戊戌，制侯丙倩元年505。	七 六年，七月戊戌，齊侯丁義元年513。
孝惠	七 元年，簡侯得元年506。	七514
高后	八507	八515
孝文	十五508 八 十六年，孝侯武元年。	十516 十三 十一年，侯通元年517。
孝景	十六509	四 有罪，除518。 發婁 中五年，復封侯通元年。 中六年，侯通有罪，國除519。
建元至元封	二 建元元年，侯信元年。 建元三年，侯信坐出入屬車間510，奪侯，國除。	
侯第	四十一	四十三

485漢縣名，縣治在今河北任丘城東北。486「起」字原缺，依梁玉繩說和《漢》表補。單父，秦縣名，即今山東單縣。塞疏，應依《漢書》作「塞路」，劉邦入漢中時，郭亭為之斷後，堵塞道路。487七月初八。488郭亭在惠帝在位的七年間一直為侯。489郭亭在呂后執政的八年內一直為侯。490郭亭卒於文帝二年。491文帝三年郭歐襲侯。492景帝元年郭歐卒。493中五年郭勝客有罪被廢。次年郭延居改封南侯。南，漢縣名。494武帝十一年即元光五年，郭延居卒，次年郭則襲父位為侯。495漢縣名，縣治在今山東青島附近。496周定，見前。497七月初八。498惠帝五年單甯卒。499單如意在呂后執政的八年內一直為侯。500單如意於文帝在位的二十三年內一直為侯。501單如意卒於景帝十年即中三年。502武帝十年即元光四年單賈成卒。503漢縣名，縣治即今山東鄒平東北之苑城鎮。504中尉，主管首都治安的長官。斥丘侯，唐厲，見後。505七月戊戌，七月十六。丙倩卒於高祖十二年。506按：「得」字《漢書》作「德」。507丙得在呂后執政的八年內一直為侯。508丙得卒於文帝十五年。509丙武卒於景帝十六年即後元三年。510在皇帝的副車之間穿行。511具體方位不詳，大抵在京輔一帶。陳直以為是鄉名，漢初屬於長安，後在杜陵境內，今在西安南郊，與牛首山相近。512留，秦縣名，在今江蘇沛縣東南。郎騎將，原作「郎騎」。依梁玉繩說和《漢》表補。鍾離眛，項羽的部將。固陵，秦縣名，縣治在今河南太康南。513七月戊戌，七月十六。「齊」字是謚。514丁義在惠帝在位的七年間一直為侯。515丁義在呂后執政的八年內一直為侯。516丁義卒於文帝十年。517文帝十一年，丁通襲父位為侯。518景帝四年丁通被廢。519景帝中五年丁通被改封發婁侯，次年又被廢。發婁，漢縣名，方位不詳。「發婁」應有「一」字，丁通為發婁侯一

國名	絳陽[520]	東茅[528]	
侯功	以越將從起，留入漢，定三秦，擊臧荼，侯，七百四十戶。從攻馬邑及布[521]。	以舍人從起碭，至霸上，以二隊入漢，定三秦，以都尉擊項羽，破臧荼，侯。捕韓信，為將軍，益邑千戶[529]。	
高祖十二	七 六年，七月戊戌，齊侯華無害元年[522]。	七 六年，八月丙辰[530]，敬侯劉釗元年。	
孝惠七	七[523]	七[531]	
高后八	八[524]	八[532]	
孝文二十三	三[525] 十六 四年，恭侯勃齊元年[526]。 四 後四年，侯祿元年。	二[533] 三年，侯吉元年。 十三 十六年，侯吉奪爵，國除。	
孝景十六	三 前四年，侯祿坐出界，有罪，國除[527]。		
建元至元封六年三十六，太初元年盡後元二年十八。			
侯第	四十六	四十八	

斥丘[534]	以舍人從起豐，以左司馬入漢，以亞將攻籍，剋敵，為東郡都尉，擊破籍武城，侯，為漢中尉，擊布，為斥丘侯，千戶[535]。	七 六年，八月丙辰[536]，懿侯唐厲元年。	七[537]	八[538]	八[539] 十三 九年，恭侯鼂元年[540]。 二 後六年，侯賢元年。	十六[541]	二十五[542] 三 元鼎二年，侯尊元年。元鼎五年，侯尊坐酎金，國除。	四十
臺[543]	以舍人從起碭，用隊率入漢，以都尉擊籍，籍死，轉擊臨江，屬將軍賈，功侯。以將軍擊燕[544]。	七 六年，八月甲子[545]，定侯戴野元年。	七[546]	八[547]	三[548] 二十 四年，侯才元年。	二 三年，侯才反，國除。		三十五

年。[520]漢縣名，方位不詳。《漢書》作「終陵」，陳直以為應作「絳陵」，《齊魯封泥集存》有「絳陵邑丞」封泥。[521]臧荼，項羽所封的燕王，漢五年反漢，被滅。攻馬邑及布，謂攻反漢的韓王信於馬邑，及攻黥布於淮南。馬邑，今山西朔縣。[522]七月戊戌，七月十六。「齊」字是謚。[523]華無害在惠帝在位的七年間一直為侯。[524]華無害在呂后執政的八年內一直為侯。[525]華無害卒於文帝三年。[526]華勃齊於文帝四年襲侯，後三年卒。[527]景帝四年華祿被廢。出界，離開自己的封地。[528]漢縣名，方位不詳。[529]二隊，前文「柳丘侯」有所謂「二隊將」，疑即此也。捕韓信，捕韓王信。按：捕韓王信者，有地方說是樊噲，有地方說是周勃，此又說是劉釗。[530]八月初四。[531]劉釗在惠帝在位的七年間一直為侯。[532]劉釗在呂后執政的八年內一直為侯。[533]劉釗卒於文帝二年。[534]漢縣名，縣治在今河北成安東南。[535]《索隱》曰：「破籍武城，初為武城侯；後擊布，改封斥丘。」東郡，郡治濮陽。武城，應作「成武」，即今山東成武。《漢》表此處即作「破籍，侯成武」，梁玉繩以為當依《漢》表。[536]八月初四。[537]唐厲在惠帝在位的七年間一直為侯。[538]唐厲在呂后執政的八年內一直為侯。[539]唐厲卒於文帝八年。[540]文帝九年唐鼂襲侯，文帝後五年唐鼂卒。[541]唐賢於景帝在位的十六年內一直為侯。[542]武帝二十五年即元鼎元年唐賢卒。[543]漢縣名，縣治在今山東濟陽東南。[544]用，以。隊率，隊長。臨江，項羽所封的臨江王共敖，漢五年被劉邦所滅。將軍

國名	安國[549]	樂成[557]
侯功	以客從起豐，以廄將別定東郡、南陽，從至霸上。入漢，守豐。上東，因從戰不利，奉孝惠、魯元出睢水中，及堅守豐，于雍，侯五千戶[550]。	以中涓騎從起碭中，為騎將，入漢，定三秦，侯。以都尉擊籍，屬灌嬰，殺龍且，更為樂成侯，千戶[558]。
高祖十二	七 六年，八月甲子，武侯王陵元年。定侯安國[551]。	七 六年，八月甲子[559]，節侯丁禮元年。
孝惠七	七 其六年，為右丞相[552]。	七[560]
高后八	七[553] 一 八年，哀侯忌元年[554]。	八[561]
孝文二十三	二十三 元年，終侯游元年。	四[562] 十八 五年，夷侯馬從元年[563]。 一 後七年，武侯客元年。
孝景十六	十六[555]	十六[564]
建元至元封六年三十六，太初元年盡後元二年十八。	二十 建元元年，三月，安侯辟方元年[556]。 八 元狩三年，侯定元年。元鼎五年，侯定坐酎金，國除。	二十五[565] 三 元鼎二年，侯義元年。元鼎五年，侯義坐言五利侯不道，弃市，國除[566]。
侯第	十二	四十二

辟陽[567]	以舍人初起，侍呂后、孝惠沛三歲十月，呂后入楚，食其從一歲，侯[568]。	七 六年，八月甲子，幽侯審食其元年[569]。	七[570]	八[571]	三[572] 二十 四年，侯平元年。	二 三年，平坐反，國除[573]。
						五十九

賈，劉賈，劉邦的同族部將，後被封為荊王。[545]八月十二。[546]戴野在惠帝在位的七年間一直為侯。[547]戴野在呂后執政的八年內一直為侯。[548]文帝三年戴野卒。[549]漢縣名，縣治在今河北安國東南。[550]東郡，郡治濮陽。南陽，郡治即今南陽。守豐，守衛劉邦的老家，今江蘇豐縣。漢二年，劉邦襲據彭城，項羽馳回，大破劉邦於彭城下，大批漢軍被擠入睢水。孝惠、魯元亦逃散，後被夏侯嬰所救。睢水，原作「淮水」。據張文虎《札記》改。「于雍，侯五千戶」，張文虎《札記》以為當作「封雍侯，五千戶」；梁玉繩以為「于雍」應作「平雍」。似應從梁說，王陵未嘗「封雍侯」。梁玉繩曰：「安國侯王陵之功狀，不但《漢》表與《史》表異，即《史》表與〈陳平世家〉亦異，余以為俱誤也。《漢》表云：『以自聚黨定南陽，漢王還擊項籍，以兵屬，從定天下』；世家云：『陵自聚黨居南陽，不肯從沛公；及漢王還攻項籍，乃以兵屬漢，卒從漢王定天下。以善高帝之仇雍齒，而陵本無意從高帝，故晚封為安國侯。』考〈張丞相傳〉，陵救張蒼在沛公初定南陽，未入武關之前，而陵之封侯同在六年，又位居十八人中，安得謂陵『不肯從』及『攻羽時始從，以故晚封』邪？善乎〈經史問答〉之說曰：『王陵自是聚黨南陽者，未嘗從起豐，未嘗從至霸上，未嘗為漢守豐；但陵自定南陽，歸漢甚早；而不從入關，蓋高祖留以為外援耳。陵不屬漢，何以能免張蒼於死？而次年高祖即用其兵以迎太公，非陵屬漢之明文乎？且陵母之賢，一死以堅陵之從漢矣，則謂陵不肯屬漢，高帝恨之，其封獨晚，非也。』」[551]八月甲子，八月十二。梁玉繩曰：「『定侯安國』四字衍。」[552]惠帝六年，王陵與陳平接替曹參為右、左丞相。[553]呂后七年王陵卒。[554]王忌於呂后八年襲侯，同年死。[555]王游卒於景帝十六年。[556]王辟方於建元元年襲侯，為侯二十年，於元狩二年卒。[557]漢縣名，縣治在今河南鄧州西南。[558]以中涓騎從起碭中之「騎」字、「中」字疑衍。灌嬰，劉邦的騎將，隨韓信破齊、破項。[559]八月十二。[560]丁禮在惠帝在位的七年間一直為侯。[561]丁禮在呂后執政的八年內一直為侯。[562]丁禮卒於文帝四年。[563]文帝五年，丁馬從襲侯，文帝後六年丁馬從卒。[564]丁客於景帝在位的十六年內一直為侯。[565]丁客卒於武帝二十五年即元鼎元年。[566]丁義因對武帝寵信方士欒大有非議，被武帝所殺。五利，即五利將軍。武帝為尋不死之藥，封方士欒大為「五利將軍」，事見〈封禪書〉。[567]漢縣名，縣治在今河北棗強西南。[568]審食其在劉邦滅秦的三年裡，一直在劉邦故鄉護從劉邦的家屬，漢二年劉邦敗於彭城，審食其又與呂后、太公等一起被項羽所俘。其間，一直護衛太公與呂后。[569]漢初有審食其、酈食其、趙食其。[570]審食其於惠帝在位的七年間一直為侯。[571]審食其在呂后執政的八年內一直為侯。[572]文帝三年，審食其被劉邦子淮南王劉長所殺。[573]景帝三年，審平因謀反被殺，國除。

國名	侯功	高祖十二	孝惠七	高后八	孝文二十三	孝景十六	建元至元封六年三十六，太初元年盡後元二年十八。	侯第
安平[574]	以謁者漢王三年初從，定諸侯有功，秩舉蕭何功侯，二千戶[575]。	七 六年，八月甲子[576]，敬侯諤千秋元年。	二[577] 五 孝惠三年，簡侯嘉元年。	七[578] 一 八年，頃侯應元年[579]。	十三[580] 十 十四年，煬侯寄元年。	十五[581] 一 後三年，侯但元年。	十八 元狩元年，坐與淮南王女陵通，遺淮南書稱臣盡力，弃市，國除[582]。	六十一
蒯成[583]	以舍人從起沛，至霸上，侯[584]。入漢，定三秦，食邑池陽。擊項羽軍滎陽，絕甬道，從出度平陰，遇淮陰侯軍襄國。楚漢約分鴻溝，以緤為信，戰不利，不敢離上，侯，三千三百戶[585]。	七 六年，八月甲子，尊侯周緤元年[586]。十二年，十月乙未，定蒯成[587]。	七[588]	八[589]	五 緤薨，子昌代。有罪，絕，國除。	鄲一 中元年，封緤子康侯應元年[590]。 八 中二年，侯中居元年。	二十六 元鼎三年，居坐為太常有罪，國除[591]。	二十一

北平[592]	以客從起陽武，至霸上，為常山守，得陳餘，為代相，徙趙相，侯。為計相四歲，淮南相十四歲。千三百戶[593]。	七 六年，八月丁丑，文侯張蒼元年[594]。	七[595]	八[596]	二十三[597] 其四為丞相。五歲，罷[598]。	五[599] 八 六年，康侯奉元年[600]。 三 後元年，侯預元年[601]。	四 建元五年，侯預坐臨諸侯喪後，不敬，國除[602]。	六十五

[574]漢縣名，縣治即今河北安平。[575]舉蕭何，劉邦封功臣時，諸功臣皆推曹參為第一，謂千秋則順著劉邦的心思盛推蕭何為第一，事詳〈蕭相國世家〉。[576]八月十二。[577]謂千秋死於惠帝二年，惠帝三年謂嘉襲其父位為侯。[578]謂嘉卒於呂后七年。[579]呂后八年，謂應襲其父位為侯。[580]謂應卒於文帝十三年。[581]謂寄卒於景帝十五年即後元二年。[582]武帝十九年即元狩元年，謂但因與淮南王女通姦，又向淮南王寫信表忠心被武帝所殺。淮南王，劉安，劉邦孫，劉長之子。淮南王女名陵。[583]梁玉繩以為「蒯」字應作「鄘」，並以為其地應在扶風，即今西安市西。[584]「侯」字衍，應削。[585]池陽，漢縣名，在今陝西涇陽西北。度平陰，劉邦敗於滎陽，乃北渡平陰，找韓信調兵。平陰，黃河渡口名，在今河南孟津東北。襄國，即今河北邢台。以緤為信，應作「以緤為信武侯」。[586]八月甲子，八月十二。「尊侯」應作「貞侯」。[587]周緤開始被封為「信武侯」，至十二年的十月十九，被改封為蒯成侯。[588]周緤於惠帝在位的七年間一直為侯。[589]周緤在呂后執政的八年內一直為侯。[590]景帝中元年，改封周緤子周應為鄲侯，同年周應卒。鄲，漢縣名，在今安徽渦陽東北。[591]武帝二十七年即元鼎三年，周中居為官犯罪被廢。太常，主管宗廟祭祀。[592]漢縣名，在今河北滿城城北。[593]陽武，秦縣名，在今河南原陽東南。常山，漢郡名，郡治在今河北元氏西北。陳餘，代王並任趙王歇之相，漢三年被韓信所滅。趙相，趙王張耳之相。代相，代王劉喜之相。計相，在相國蕭何手下分管財會。淮南相，劉邦子淮南王劉長之相。[594]八月丁丑，八月二十五。張蒼，原作「張倉」。依本傳改。[595]張蒼於惠帝在位的七年間一直為侯。[596]張蒼在呂后執政的八年內一直為侯。[597]張蒼於文帝在位的二十三年間一直為侯。[598]梁玉繩曰：「『四』下缺『年』字。『五』上缺『十』字，孝文四年張蒼為丞相，凡十五年而免也。」[599]張蒼卒於景帝五年。[600]景帝六年，張奉襲侯，中元六年張奉卒。[601]據〈張丞相列傳〉「預」字作「類」。[602]臨諸侯喪不敬，〈張丞相列傳〉作「臨諸侯喪後就位」，意即過早的就坐下來了。

國名	侯功	高祖十二	孝惠七	高后八	孝文二十三	孝景十六	建元至元封六年三十六,太初元年盡後元二年十八。	侯第
高胡[603]	以卒從起杠里,入漢,以都尉擊籍,以都尉定燕,侯,千戶[604]。	七 六年中,侯陳夫乞元年。	七[605]	八[606]	四[607] 五年,殤侯程嗣。薨,無後,國除。			八十二
厭次[608]	以慎將前元年從起留,入漢,以都尉守廣武,功侯[609]。	七 六年中,侯元頃元年[610]。	七[611]	八[612]	五 元年,侯賀元年。六年,侯賀謀反,國除。			二十四
平皋[613]	項它,漢六年以碭郡長初從[614],賜姓為劉氏;功比戴侯彭祖,五百八十戶。	六 七年,十月癸亥[615],煬侯劉它元年。	四[616] 三 五年,恭侯遠元年。	八[617]	二十三[618]	十六 元年,節侯光元年[619]。	二十八 建元元年,侯勝元年。元鼎五年,侯勝坐酎金國除。	百二十一
復陽[620]	以卒從起薛,以將軍入漢,以右司馬擊項籍,侯,千戶[621]。	六 七年,十月甲子[622],剛侯陳胥元年。	七[623]	八[624]	十[625] 十三 十一年,恭侯嘉元年。	五[626] 十一 六年,康侯拾元年。	十二[627] 七 元朔元年,侯彊元年。元狩二年,坐父	四十九

拾非嘉子，國除[628]。

陽河[629]

以中謁者從入漢，以郎中騎從定諸侯，侯，五百戶，功比高胡侯[630]。

三　七年十月甲子，齊哀侯元年[631]。
三　十年，侯安國元年。

七[632]

八[633]

一十三[634]

十[635]
六　中四年，侯午元年。中絕[636]。

二十七[637]
埤山三　元鼎四年，恭侯章元年[638]。
二十　元封元年，侯仁元年。征和三年，十月，仁與母坐祝詛，大逆無道，國除[639]。

八十三

[603]漢縣名，方位不詳。[604]杠里，秦縣名，在今山東菏澤東北。定燕，消滅項羽所封的燕王臧荼。[605]陳夫乞於惠帝在位的七年間一直為侯。[606]陳夫乞在呂后執政的八年內一直為侯。[607]文帝四年陳夫乞卒。[608]即富平縣，在今山東惠民東北。[609]慎將，師古曰：「以謹慎為將也。」廣武，山名，在今河南滎陽北。其山中斷為東、西兩部，隔有鴻溝；其上各有城，曰「二王城」，東曰「霸王城」，西曰「漢王城」，即當年劉邦、項羽對峙之處。[610]此人姓元名頃，《漢書》作「爰類」。[611]元頃於惠帝在位的七年間一直為侯。[612]元頃卒於呂后八年。[613]漢縣名，縣治在今河南溫縣東北。[614]陳直曰：「必在滅項羽以後，則它之為碭郡長，為仕項羽時之官號。」按：項它封平皋侯事見〈項羽本紀〉。[615]十月十二。當時以「十月」為歲首。[616]劉它卒於惠帝四年。[617]劉遠在呂后執政的八年內一直為侯。[618]劉遠卒於文帝二十三年。[619]景帝元年劉光襲父位為侯，景帝十六年劉光卒。[620]漢縣名，縣治在今河南桐柏東北。[621]薛，秦縣名，在今山東滕縣東南。[622]十月十三。[623]陳胥於惠帝在位的七年間一直為侯。[624]陳胥於呂后執政的八年間一直為侯。[625]陳胥卒於文帝十年。[626]陳嘉卒於景帝五年。[627]陳拾卒於武帝十二年即元光六年。[628]其父不是其祖父陳嘉所生。[629]應作「陽阿」，漢縣名，在今山西陽城西北。[630]中謁者，即通常所謂「謁者」，為帝王掌收發傳達以及贊禮等。高胡侯，陳夫乞，見前。[631]十月甲子，十月十三。「齊」字是諡，「哀」字衍文。「侯」下應有「丌訢」二字，即此人之姓名。也有人認為此人叫「卞訢」。丌訢卒於高祖九年。[632]丌安國於惠帝在位的七年間一直為侯。[633]丌安國於呂后執政

國名	侯功	高祖十二	孝惠七	高后八	孝文二十三	孝景十六	建元至元封六年三十六，太初元年盡後元二年十八。	侯第
朝陽[640]	以舍人從起薛，以連敖入漢，以都尉擊項羽，後攻韓王信，侯，千戶[641]。	六 七年三月壬寅[642]，齊侯華寄元年。	七[643]	八 元年，文侯要元年。	十三[644] 十 十四年，侯當元年。	十六[645]	十三 元朔二年，侯當坐教人上書枉法罪，國除[646]。	六十九
棘陽[647]	以卒從起胡陵，入漢，以郎將迎左丞相軍以擊項籍，侯，千戶[648]。	六 七年七月丙申[649]，莊侯杜得臣元年。	七[650]	八[651]	五[652] 十八 六年，質侯但元年。	十六[653]	九[654] 七 元光四年，懷侯武元年。元朔五年，侯武薨，無後，國除。	八十一
涅陽[655]	以騎士漢王二年從出關，以郎將擊斬項羽，侯，千五百戶，比杜衍侯[656]。	六 七年中，莊侯呂勝元年。	七[657]	八[658]	四[659] 五年，莊侯子成實非子[660]，不當為侯，國除。			百四

平棘[661]	以客從起亢父，斬章邯所署蜀守，用燕相侯，千戶[662]。	六 七年中，懿侯執元年[663]。	七[664]	七[665] 一 八年，侯辟彊元年。	五 六年，侯辟彊有罪，為鬼薪[666]，國除。			六十四
羹頡[667]	以高祖兄子從軍，擊反韓王信，為郎中將。信母嘗有罪高祖微時，太上憐之[668]，故封為羹頡侯。	六 七年中，侯劉信元年[669]。	七[670]	元年，信有罪，削爵一級，為關內侯[671]。				

的八年間一直為侯。[634]丌安國於文帝在位的二十三年內一直為侯。[635]丌安國卒於景帝十年即中三年。[636]梁玉繩曰：「『中絕』二字衍，侯午未嘗中絕。」[637]丌午卒於武帝二十七年即元鼎三年。[638]丌章於元鼎四年襲侯，元鼎六年卒。[639]丌仁於元封元年被改封為埤山侯，為侯二十年，在巫蠱之難中被殺。祝詛，以迷信手段詛咒皇帝快死。[640]漢縣名，縣治在今山東濟陽東北。[641]韓王信，劉邦部將，被封韓王，原都陽翟，後改都今山西朔縣，因勾結匈奴反漢，高祖十一年被破殺。[642]三月二十三。[643]華寄卒於惠帝七年。[644]華要卒於文帝十三年。[645]華當於景帝在位的十六年內一直為侯。[646]華當於武帝十四年即元朔二年因教人上書違法被廢。[647]漢縣名，縣治在今河南南陽城南。[648]胡陵，秦縣名，縣治在今山東魚台東南。郎將，統領帝王的侍從。左丞相，此指曹參，時帶「左丞相」的虛銜。擊項籍，原作「擊諸侯」。據梁玉繩說及《漢》表改。[649]七月丙申，七月十九。原作「七月丙辰」。據張文虎說及《漢》表改。[650]杜得臣於惠帝在位的七年間一直為侯。[651]杜得臣於呂后執政的八年間一直為侯。[652]杜得臣卒於文帝五年。[653]杜但於景帝在位的十六年內一直為侯。[654]杜但卒於武帝九年即元光三年。[655]漢縣名，縣治在今河南南陽西南。[656]出關，出函谷關，東討項羽。斬項羽，劉邦破項羽於垓下後，項羽南逃，劉邦懸賞千金、萬戶侯以募人殺之。項羽自刎烏江後，呂勝、王翳等五人分得其屍，故五人皆為侯。[657]呂勝於惠帝在位的七年間一直為侯。[658]呂勝於呂后執政的八年間一直為侯。[659]呂勝卒於文帝四年。[660]呂勝的兒子呂成不是呂勝所生。[661]漢縣名，縣治在今河北趙縣城東南。[662]亢父，秦邑名，在今山東濟寧南。章邯，秦將，曾破殺陳涉、項梁，後降項羽。蜀守，蜀郡郡守。用燕相侯，因林摯曾為燕相，故得封侯。用，以。[663]梁玉繩曰：「此侯是『林摯』，傳寫失其姓，而『摯』字又脫其半也。」[664]林摯於惠帝在位的七年間一直為侯。[665]林摯卒於呂后七年。[666]因犯罪被判勞役。鬼薪，採伐薪柴以供祭祀宗廟之用。意即為鬼採薪。「為」字原缺。據梁玉繩說及《漢》表補。[667]有說是封號名，無實地；有說今河北涿鹿有羹頡山，劉邦取以為號；也有說今安徽舒城西北有羹頡城，為劉信所築，不知孰

國名	深澤[672]	柏至[682]
侯功	以趙將漢王三年降，屬淮陰侯，定趙、齊、楚，以擊平城，侯，七百戶[673]。	以駢憐從起昌邑，以說衛入漢，以中尉擊籍，侯，千戶[683]。
高祖十二	五 八年，十月癸丑[674]，齊侯趙將夜元年。	六 七年，十月戊辰[684]，靖侯許溫元年。
孝惠七	七[675]	七[685]
高后八	一 奪，絕[676]。三年復封，一年絕[677]。	一 二年，有罪，絕[686]。六 三年，復封溫如故[687]。
孝文二十三	四 十四年，復封將夜元年[678]。六 後二年，戴侯頭元年。	十四 元年，簡侯祿元年[688]。九 十五年，哀侯昌元年。
孝景十六	二[679] 七[680] 三年，侯循元年。罪，絕[681]。更五 中五年，封頭子夷侯胡元年。	十六[689]
建元至元封六年三十六，太初元年盡後元二年十八。	十六 元朔五年，夷侯胡薨，無後，國除。	七[690] 十三 元光二年，共侯安如元年[691]。五 元狩三年，侯福元年。元鼎二年，侯福有罪，國除。
侯第	九十八	五十八

中水 692	
以郎中騎將漢王元年從起好時，以司馬擊龍且，復共斬項羽，侯，千五百戶693。	
六	七年正月己酉694，莊侯呂馬童元年。
七 695	
八 696	
九 697	二　十年，夷侯假元年698。 十一　十三年，共侯青肩元年。
十六 699	
五 700	一　建元六年，靖侯德元年701。 二十三　元光元年，侯宜成元年。 元鼎五年，宜成坐酎金，國除。
百一	

是。668劉邦少時家貧，常到其大嫂家裡蹭飯吃，大嫂討厭劉邦，故意撓得鍋響，示意劉邦鍋裡已經沒有粥了。669劉信是劉邦之姪，其父是劉邦的長兄，早逝。670劉信於惠帝在位的七年間一直為侯。671呂后元年，劉信的封地被取消。關內侯，只有侯爵，沒有封地，比列侯低一等。因其住在關中，故稱「關內侯」。672漢縣名，即今河北深澤。673三年降，謂韓信滅趙後，此人遂降韓信。擊平城，指漢七年劉邦討伐韓王信被匈奴人圍困於平城事。平城，在今山西大同城東北。674十月初八。675趙將夜於惠帝在位的七年間一直為侯。676呂后元年，趙將夜被奪爵，國除。677呂后三年，趙將夜又被封為侯，呂后四年，又被廢除。678趙將夜於文帝十四年第三次被封為侯，於文帝後元元年卒。679景帝二年趙頭卒。680似應作「九」。681景帝三年趙循襲父位，至景帝中四年卒。682漢縣名，方位不詳。683駢憐，師古曰：「二馬曰『駢憐』，謂駢兩騎為軍翼也。」《漢書》於此作「駢鄰」。《索隱》曰：「『駢鄰』猶『比鄰』也，」昌邑，秦縣名，在今山東金鄉西北。說衛，應作「稅衛」，《索隱》曰：「軍行初稅之時，主為衛也。」684十月十七。685許溫於惠帝在位的七年間一直為侯。686呂后二年，許溫因犯罪被廢。687至呂后八年，許溫卒。688許祿於文帝元年襲侯，於文帝十四年卒。689許昌於景帝在位的十六年間一直為侯。690許昌卒於武帝七年即元光元年。691元光二年許安如襲侯，為侯十三年，卒於元狩二年。692漢縣名，縣治在今河北獻縣西北。693好時，秦縣名，縣治在今陝西乾縣東。共斬項羽，項羽自殺後，呂馬童與呂勝、王翳等五人共分其屍。694正月二十九。695呂馬童於惠帝在位的七年間一直為侯。696呂馬童於呂后執政的八年間一直為侯。697呂馬童卒於文帝九年。698呂假於文帝十年襲侯，文帝十二年卒。699呂青肩於景帝在位的十六年內一直為侯。700呂青肩卒於武帝建元五年。701呂德於建元六年襲侯，同年死。

國名	侯功	高祖十二	孝惠七	高后八	孝文二十三	孝景十六	建元至元封六年三十六，太初元年盡後元二年十八。	侯第
杜衍[702]	以郎中騎漢王三年從起下邳[703]，屬淮陰，從灌嬰共斬項羽，侯，千七百戶。	六 七年，正月己酉[704]，莊侯王翳元年。	七[705]	五[706] 三 六年，共侯福元年。	四[707] 七 五年，侯市臣元年[708]。 十二 十二年，侯翕元年。	十二 有罪，絕[709]。 三 後元年，復封翳子彊侯郢人元年。	九[710] 十二 元光四年，侯定國元年。 元狩四年，侯定國有罪，國除。	百二
赤泉[711]	以郎中騎漢王二年從起杜[712]，屬淮陰，後從灌嬰共斬項羽，侯，千九百戶。	六 七年，正月己酉[713]，莊侯楊喜元年。	七[714]	元年，奪，絕[715]。 七 二年，復封。	十一[716] 十二 十二年，定侯殷元年。	三[717] 四年，侯無害元年。 六 有罪，絕[718]。 臨汝 五 中五年，復封侯無害元年[719]。	七 元光二年，侯無害有罪，國除。	百三

栒[720]	以燕將軍漢王四年從曹咎軍，為燕相，告燕王荼反，侯，以燕相國定盧奴，千九百戶[721]。	五 八年十月丙辰[722]，頃侯溫疥元年。	七[723]	八[724]	五[725] 十七 六年，文侯仁元年[726]。 一 後七年，侯河元年。	十 中四年，侯河有罪，國除[727]。			九十一
武原[728]	漢七年，以梁將軍初從擊韓信、陳豨、黥布功，侯，二千八百戶，功比高陵[729]。	五 八年十二月丁未[730]，靖侯衛胠元年。	三[731] 四 四年，共侯寄元年。	八[732]	二十三[733]	三[734] 十三 四年，侯不害元年。 後二年，侯不害坐葬過律，國除[735]。			九十三

[702]漢縣名，縣治在今河南南陽西南。[703]秦縣名，縣治在今江蘇邳縣西南。[704]正月二十九。[705]王翳於惠帝在位的七年間一直為侯。[706]王翳卒於呂后五年。[707]王福卒於文帝四年。[708]文帝五年，王市臣襲侯，文帝十一年王市臣卒。[709]景帝十二年，王翕犯罪被廢。[710]武帝九年即元光三年王郢人卒。[711]方位不詳，或謂在今河南魯山東北。《齊魯封泥集存》有「赤泉邑丞」封泥。陳仁錫曰：「『柏至』至『中水』、『杜衍』、『赤泉』四侯，封年月本次『陽阿』之後，《漢》表同；今本亂其次矣。」[712]秦縣名，縣治在今陝西西安西南。[713]正月二十九。[714]楊喜於惠帝在位的七年間一直為侯。[715]楊喜於呂后元年因犯罪被廢。[716]楊喜卒於文帝十一年。[717]楊殷卒於景帝三年。[718]楊無害於景帝四年襲侯，中三年因犯罪被廢。[719]景帝中五年，復封楊無害為臨汝侯。臨汝，漢縣名。[720]漢縣名，縣治在今陝西旬邑東北。[721]曹咎，項羽的部將。為燕相，受項羽任命為燕王臧荼之相。臧荼於漢三年投降劉邦，項羽死後又反劉邦，溫疥向劉邦告密，臧荼被消滅。後溫疥為盧綰之相國。盧奴，今河北定縣。[722]十月十一。[723]溫疥於惠帝在位的七年間一直為侯。[724]溫疥於呂后執政的八年間一直為侯。[725]文帝五年溫疥卒。[726]溫仁於文帝六年襲侯，於文帝後六年卒。[727]景帝十一年即中元四年，溫河因犯罪被廢。[728]漢縣名，縣治在今江蘇邳縣西北。[729]梁將軍，劉邦所封梁王彭越的部下。韓信，韓王信，於高祖七年勾結匈奴反漢。陳豨，為代相，於高祖十年反漢。黥布，劉

國名	侯功	高祖十二	孝惠七	高后八	孝文二十三	孝景十六	建元至元封六年三十六，太初元年盡後元二年十八。	侯第
磨[736]	以趙衛將軍漢王三年從起盧奴，擊項羽敖倉下，為將軍，攻臧荼有功，侯，千戶[737]。	五 八年七月癸酉[738]，簡侯程黑元年。	七[739]	二[740] 六 三年，孝侯釐元年。	十六[741] 七 後元年，侯竈元年。	七 中元年，竈有罪，國除。		九十二
稾[742]	高帝七年，為將軍，從擊代、陳豨有功[743]，侯，六百戶。	五 八年十二月丁未，祗侯陳錯元年[744]。	二[745] 五 三年，懷侯嬰元年。	八[746]	六[747] 十四 七年，共侯應元年[748]。 三 後五年，侯安元年。	十六[749]	十二[750] 七 不得，千秋父[751]。 九 元狩二年，侯千秋元年。 元鼎五年，侯千秋坐酎金，國除。	百二十四

宋子752	以漢三年以趙羽林將初從，擊定諸侯，功比磨侯，五百四十戶753。	四 八年十二月丁卯，惠侯許瘛元年754。 一 十二年，共侯不疑元年。	七755	八756	九757 十四 十年，侯九元年。	八 中二年，侯九坐買塞外禁物758，罪，國除。		九十九
猗氏759	以舍人從起豐，入漢，以都尉擊項羽，侯，二千四百戶。	五 八年，三月丙戌760，敬侯陳遫元年。	六761 一 七年，靖侯交元年。	八762	二十三763	二764 三年，頃侯差元年。薨，無後，國除。		五十

邦的功臣，封淮南王，高祖十一年，見韓信、彭越相繼被殺而起兵反漢。高陵，高陵侯王周，見後。730十二月初一。731惠帝三年衛胠卒。732衛寄於呂后執政的八年間一直為侯。733衛寄於文帝在位的二十三年內一直為侯。734景帝三年衛寄卒。735十三，應作「十二」。葬過律，辦喪事超出規格。736應作「曆」，通「曆」。方位說法不一。《齊魯封泥集存》有「磿城之印」封泥。737趙衛將軍，趙王歇的護衛將領，蓋歸降韓信者。盧奴，今河北定縣。敖倉，秦朝的糧倉，原在滎陽北的敖山上，今已被黃河水沖刷掉。738七月初二。739程黑於惠帝在位的七年間一直為侯。740程黑卒於呂后二年。741程釐卒於文帝十六年。742王念孫以為應作「橐」，在今山東鄒縣西南。743擊代，擊韓王信，在七年；擊陳豨在十年。744十二月丁未，十二月初二。陳鍇，《漢書》作「陳鍇」。745陳鍇卒於惠帝二年。746陳嬰於呂后執政的八年間繼續為侯。747陳嬰卒於文帝六年。748陳應於文帝七年襲侯，後元四年卒。749陳安於景帝在位的十六年內繼續為侯。750陳安卒於武帝十二年，即元光六年。751陳不得於元朔元年襲侯，於元狩元年卒。按：此上應有「元朔元年，侯不得元年」九字。752漢縣名，縣治在今河北束鹿西南。753以趙羽林將初從，蓋亦韓信破趙後趙將之降韓信者。磨侯，程黑，見前。754十二月丁卯，十二月二十二。許瘛於高祖八年封侯，十一年卒。755許不疑於惠帝在位的七年間繼續為侯。756許不疑於呂后執政的八年間繼續為侯。757許不疑卒於文帝九年。758購買國境以外的犯禁物資。759漢縣名，縣治在今山西臨猗城南。760三月十三。761陳遫卒於惠帝六年。762陳交在呂后執政的八年間繼續為侯。763陳交於文帝在位的二十三年內繼續為侯。764陳交卒於景帝二年。

國名	侯功	高祖十二	孝惠七	高后八	孝文二十三	孝景十六	建元至元封六年三十六，太初元年盡後元二年十八。	侯第
清[765]	以弩將初起，從入漢，以都尉擊項羽、代，侯，比彭侯，千戶。[766]	五 八年，三月丙戌，簡侯空中元年。[767]	七 元年，頃侯聖元年。	八[768]	七[769] 十六 八年，康侯鮒元年。	十六[770]	二十[771] 七 元狩三年，恭侯石元年。[772] 一 元鼎四年，侯生元年。元鼎五年，侯生坐酎金，國除。	七十一
彊[773]	以客吏初起，從入漢，以都尉擊項羽、代，侯，比彭侯，千戶。	三 八年，三月丙戌，簡侯留勝元年。[774] 二 十一年，戴侯章元年。	七[775]	八[776]	十二[777] 二 十三年，侯服元年。十五年，侯服有罪，國除。			七十二

國名	侯功	高祖十二	孝惠七	高后八	孝文二十三	孝景十六	建元至元封六年三十六	侯第
彭[778]	以卒從起薛，以弩將入漢，以都尉擊項羽、代，侯，千戶。	五 八年三月丙戌[779]，簡侯秦同元年。	七[780]	八[781]	二[782] 二十一 三年，戴侯執元年。	二[783] 十一 三年，侯武元年。 後元年，侯武有罪，國除。		七十
吳房[784]	以郎中騎將漢王元年從起下邽、擊陽夏，以都尉斬項羽，有功，侯，七百戶。[785]	五 八年三月辛卯[786]，莊侯楊武元年。	七[787]	八[788]	十二[789] 十一 十三年，侯去疾元年。	十四 後元年，去疾有罪，國除。		九十四
甯[790]	以舍人從起碭，入漢，以都尉擊臧荼功，侯，千戶。	五 八年，四月辛酉[791]，莊侯魏選元年。	七[792]	八[793]	十五[794] 八 十六年，恭侯連元年[795]。	三 元年，侯指元年。 四年，侯指坐出國界[796]，有罪，國除。		七十八

[765]漢縣名，縣治在今山東聊城城西。[766]擊項羽代，先擊項羽，後又擊韓王信於代。陳仁錫以為「代」上缺「定」字。彭侯，秦同，見後。[767]空中，梁玉繩以為應作「窒中同」。「窒中」是姓，名「同」。此人卒於高祖十二年。[768]窒中聖在呂后執政的八年間繼續為侯。[769]窒中聖卒於文帝七年。[770]窒中鮒於景帝在位的十六年內繼續為侯。[771]窒中鮒卒於武帝二十年，即元狩二年。[772]窒中石元狩三年襲侯，卒於元鼎三年。[773]方位不詳，《齊魯封泥集存》有「彊侯邑丞」封泥。[774]留勝卒於高祖十年。[775]留章於惠帝在位的七年內繼續為侯。[776]留章在呂后執政的八年間繼續為侯。[777]留章卒於文帝十二年。[778]方位不詳，《齊魯封泥集存》有「彭侯邑丞」封泥。[779]三月十三。[780]秦同於惠帝在位的七年內繼續為侯。[781]秦同在呂后執政的八年間繼續為侯。[782]秦同卒於文帝二年。[783]秦執卒於景帝二年。[784]漢縣名，即今河南遂平。[785]下邽，秦縣名，在今陝西渭南東北。陽夏，秦縣名，即今河南太康，劉邦追擊項羽於此。「起」字原缺。據梁玉繩說及《漢》表補。[786]三月十八。[787]楊武於惠帝在位的七年內繼續為侯。[788]楊武在呂后執政的八年間繼續為侯。[789]楊武卒於文帝十二年。[790]梁玉繩以

國名	昌[797]	共[803]
侯功	以齊將漢王四年從淮陰侯起無鹽，定齊，擊籍及韓王信於代，侯，千戶[798]。	以齊將漢王四年從淮陰侯起臨淄，擊籍及韓王信於平城[804]，有功，侯，千二百戶。
高祖十二	五 八年，六月戊申[799]，圉侯盧卿元年。	五 八年，六月壬子[805]，莊侯盧罷師元年。
孝惠七	七[800]	七[806]
高后八	八[801]	八[807]
孝文二十三	十四[802] 九 十五年，侯通元年。	六[808] 八 七年，惠侯黨元年[809]。 五 十五年，懷侯商元年。後四年，侯商薨，無後，國除。
孝景十六	二 三年，侯通反，國除。	
建元至元封六年三十六，太初元年盡後元二年十八。		
侯第	百九	百十四

閼氏[810]	安丘[815]
以代太尉[811]漢王三年降，為鴈門守，以特將平代反寇，侯，千戶。	以卒從起方與，屬魏豹，二歲五月，以執鈹入漢，以司馬擊籍，以將軍定代，侯，三千戶[816]。
四 八年，六月壬子，節侯馮解敢元年[812]。 一 十二年，恭侯它元年。	五 八年，七月癸酉[817]，懿侯張說元年。
薨，無後，絕。	七[818]
	八[819]
十四 二年，封恭侯遺腹子文侯遺元年[813]。 八 十六年，恭侯勝之元年。	十二[820] 十一 十三年，恭侯奴元年。
五[814] 十一 前六年，侯平元年。	二[821] 一 三年，敬侯執元年[822]。 十三 四年，康侯訢元年。
二十八 元鼎五年，侯平坐酎金，國除。	十八[823] 九 元狩元年，侯指元年。 元鼎四年，侯指坐入上林謀盜鹿，國除。
百	六十七

為即當時之修武，亦即今河南之獲嘉。[791]四月辛酉，四月十八。原作「四月辛卯」。據梁玉繩說及《漢》表改。[792]魏選於惠帝在位的七年內繼續為侯。[793]魏選在呂后執政的八年間繼續為侯。[794]魏選卒於文帝十五年。[795]魏連卒於文帝後元七年。[796]離開自己的封地。[797]漢縣名，縣治在今山東諸城東南。[798]從淮陰侯起無鹽，在無鹽由齊將歸降韓信。無鹽，秦縣名，縣治即今山東東平城東南之無鹽村。[799]六月初六。[800]盧卿於惠帝在位的七年內繼續為侯。[801]盧卿在呂后執政的八年間繼續為侯。[802]盧卿卒於文帝十四年。[803]漢縣名，即今河南輝縣。[804]漢縣名，縣治在今山西大同東北，劉邦攻韓王信，曾被匈奴圍困於此。[805]六月初十。[806]盧罷師於惠帝在位的七年內繼續為侯。[807]盧罷師在呂后執政的八年間繼續為侯。[808]盧罷師卒於文帝六年。[809]盧黨於文帝七年襲侯，十四年卒。[810]梁玉繩以為應作「閼與」，即今山西和順。[811]代王陳餘的部屬，韓信破代後降韓信。[812]馮解敢卒於高祖十一年。[813]馮遺於文帝二年受封，卒於文帝十五年。[814]馮勝之卒於景帝五年。[815]漢縣名，縣治在今山東安丘城西南。[816]方與，秦縣名，縣治在今山東金鄉東南。魏豹，戰國魏國的後裔，被項羽封為魏王，後來投降劉邦。二歲五月，劉邦剛被項羽大破於彭城時。[817]七月初二。[818]張說於惠帝在位的七年內繼續為侯。[819]張說在呂后執政的八年間繼續為侯。[820]張說卒於文帝十二年。[821]張奴卒於景帝二年。[822]張執襲侯的同年死。[823]張訢卒於武帝十八年，即元朔六年。

國名	侯功	高祖十二	孝惠七	高后八	孝文二十三	孝景十六	建元至元封六年三十六，太初元年盡後元二年十八。	侯第
合陽[824]	高祖兄。兵初起，侍太公守豐，天下已平，以六年正月立仲為代王。高祖八年[825]，匈奴攻代，王弃國亡，廢為合陽侯。	五 八年，九月丙子，侯劉仲元年[826]。	二[827] 仲子濞，為吳王。以子吳王故，尊仲謚為代頃侯[828]。					
襄平[829]	兵初起，紀成以將軍從擊破秦，入漢，定三秦，功比平定侯。戰好時，死事。子通襲成功，侯[830]。	五 八年，後九月丙午[831]，侯紀通元年。	七[832]	八[833]	二十三[834]	九[835] 七 中三年，康侯相夫元年。	十二[836] 十九 元朔元年，侯夷吾元年。元封元年，夷吾薨，無後，國除。	
龍[837]	以卒從漢王元年起霸上，以謁者擊籍，斬曹咎，侯，千戶[838]。	五 八年，後九月己未[839]，敬侯陳署元年。	七[840]	六[841] 二 七年，侯堅元年。	十六 後元年，侯堅奪侯，國除。			八十四

國名	繁[842]	陸梁[851]
侯功	以趙騎將從，漢三年[843]，從擊諸侯，侯，比吳房侯，千五百戶。	詔以為列侯，自置吏，受令長沙王[852]。
高祖	四 九年十一月壬寅，莊侯彊瞻元年[844]。	三 九年三月丙辰，侯須毋元年[853]。 一 十二年，共侯桑元年。
孝惠	四[845] 三 五年，康侯昫獨元年[846]。	七[854]
高后	八[847]	八[855]
孝文	二十三[848]	十八[856] 五 後三年，康侯慶忌元年[857]。
孝景	三[849] 六 四年，侯寄元年[850]。 七 中三年，侯安國元年。	十六 元年，侯冉元年。
建元至元封	十八 元狩元年，安國為人所殺，國除。	二十八 元鼎五年，侯冉坐酎金，國除。
侯第	九十五	百三十七

[824]也作「部陽」，縣治在今陝西合陽城東南。[825]梁玉繩曰：「『八』當作『七』。」[826]九月丙子，九月初六。按：劉仲是劉邦的二哥。[827]惠帝二年劉仲卒。[828]按：劉濞被封吳王在高祖十二年十月。[829]漢縣名，縣治即今遼寧遼陽。[830]好時，秦縣名，縣治在今陝西乾縣城東。[831]後九月丙午，閏九月初六。當時的曆法是將閏月都放在歲末。「後」字原缺，據梁玉繩說補。[832]紀通於惠帝在位的七年間繼續為侯。[833]紀通於呂后執政的八年間繼續為侯。[834]紀通於文帝在位的二十三年間繼續為侯。[835]紀通卒於景帝九年。[836]紀相夫卒於武帝十二年，即元光六年。[837]漢邑名，在今山東泰安東南。[838]斬曹咎，曹咎是項羽的部將，漢四年項羽東擊彭越時，為項羽守成皋，被劉邦所破殺。[839]閏九月十九。[840]陳署於惠帝在位的七年間繼續為侯。[841]陳署卒於呂后六年。[842]漢縣名，縣治在今四川彭縣西北。[843]詞語不順，實即「漢三年，以趙騎將從漢」也。韓信破趙時，彊瞻以騎將降韓信。[844]十一月壬寅，十一月初三。梁玉繩以為「彊瞻」應作「張瞻師」。[845]彊瞻卒於惠帝四年。[846]梁玉繩以為「昫」字就作「惸」，通「煢」。[847]昫獨於呂后執政的八年間繼續為侯。[848]昫獨於文帝在位的二十三年間繼續為侯。[849]昫獨卒於景帝三年。[850]侯寄卒於景帝中二年。[851]漢縣名，其地不詳，應離今湖南不遠。[852]歸長沙王吳芮領導。[853]三月丙辰，三月十九。按：須毋卒於高祖十一年。

國名	侯功	高祖十二	孝惠七	高后八	孝文二十三	孝景十六	建元至元封六年三十六，太初元年盡後元二年十八。	侯第
高京[858]	周苛起兵，以內史從，擊破秦，為御史大夫[859]，入漢，圍取諸侯，堅守滎陽，功比辟陽[860]。苛以御史大夫死事[861]。子成為後，襲侯。	四 九年，四月戊寅[862]，侯周成元年。	七[863]	八[864]	二十 後五年，坐謀反，繫死[865]，國除，絕。	繩 中元年，封成孫應元年[866]。侯平嗣，不得元[867]。	元狩四年，平坐為太常不繕治園陵[868]，不敬，國除。	六十
離[869]	失此侯始所起及所絕[870]。	九年，四月戊寅[871]，鄧弱元年。						
義陵[872]	以長沙柱國侯，千五百戶[873]。	四 九年，九月丙子[874]，侯吳程元年。	三[875] 四 四年，侯種元年。	六 七年，侯種薨，無後，國除。皆失謚。				百三十四

宣平[876]

兵初起，張耳誅秦，為相，合諸侯兵鉅鹿，破秦定趙，為常山王。陳餘反，襲耳，弃國，與大臣歸漢，漢定趙，為王。卒，子敖嗣。其臣貫高不善，廢為侯[877]。

四
九年，四月，武侯張敖[878]元年。

七[879]

六
信平，薨，子偃為魯王，國除[880]。

十五
元年，以故魯王為南宮侯[881]。
八
十六年，哀侯歐元年。

九[882]
七
中三年，侯生元年。

七
罪，絕[883]。
睢陽十八
元光三年，封偃孫侯廣元年[884]。
十三
元鼎二年，侯昌元年。太初三年，侯昌為太常，乏祠，國除。

三[885]

[854]須桑於惠帝在位的七年間繼續為侯。[855]須桑於呂后執政的八年間繼續為侯。[856]須桑卒於文帝十八年，即後元二年。[857]須慶忌卒於後元七年。[858]漢縣名，其地不詳。[859]內史，首都的行政長官，後改為京兆尹。梁玉繩以為此處「內史」應作「客」。御史大夫，國家的「三公」之一，掌彈劾，位同副丞相。[860]梁玉繩曰：「周苛以守滎陽城破罵項羽死，忠烈懋著，當與紀成、奚涓諸人比績；彼辟陽者徒以侍呂雉得侯，奈何比之，辱周御史矣。侯第辟陽在五十九，高京在六十，豈非陳平阿呂后意差錄倒雜乎？」[861]周苛為劉邦守滎陽，城破，罵項羽而死。[862]四月戊寅，四月十一。原作「四月丙寅」。據梁玉繩說及《漢》表改。[863]周成於惠帝在位的七年間繼續為侯。[864]周成於呂后執政的八年間繼續為侯。[865]死於關押之中。[866]景帝中五年，改封周成之孫周應為繩侯。繩，漢縣名。[867]不知其「元年」在哪一年。[868]不整修列祖列宗的陵墓。[869]其地不詳。[870]《索隱》曰：「鄧弱以長沙將兵侯，是所起也。」陳直曰：「離侯之下為義陵侯吳程，以長沙柱國侯，功勛相類，故侯位相聯次。《索隱》說是也。」[871]四月十一。[872]梁玉繩以為即「平氏縣」，在河南唐河城東南。[873]長沙柱國，長沙王吳芮的部屬。柱國，楚官名，國家的最高武官，僅次於令尹。[874]此年的九月無「丙子」日，記載有誤。[875]吳程卒於惠帝三年。[876]封號名，應屬關內侯。[877]張耳起兵討秦，後為趙王歇之相。秦兵圍鉅鹿，項羽率各路諸侯往救。滅秦後，項羽封張耳為常山王。陳餘驅逐張耳，張耳遂歸劉邦。韓信滅趙，劉邦封張耳為趙王。張耳死，張敖襲位。趙相貫高謀殺劉邦，張敖被降為侯。[878]張敖是劉邦女魯元公主之夫。[879]張敖於惠帝在位的七年間繼續為侯。[880]信平，二字不可解，有曰衍文。張敖卒於呂后六年，子張偃因被封為魯王，「宣平侯」取消；呂后八年，大臣誅呂氏，魯王張偃被廢。[881]文帝元年，張偃被改封南宮侯。張偃卒於文帝十五年。南宮，漢縣名。[882]張歐卒於景帝九年，即中元二年。[883]武帝七年，即元光元年，張生犯罪被廢。[884]張廣於元光三年被改封睢陽侯，張廣卒於元鼎元年。睢陽，漢縣名。[885]梁玉繩曰：「此張敖侯第也，高祖作十八侯位次，決不以敖居第三，並不知敖在十八人中否，第三者莫考何人矣。」

國名	侯功	高祖十二	孝惠七	高后八	孝文二十三	孝景十六	建元至元封六年三十六，太初元年盡後元二年十八	侯第
東陽[886]	高祖六年，為中大夫，以河間守擊陳豨，力戰功，侯，千三百戶[887]。	二 十一年，十二月癸巳[888]，武侯張相如元年。	七[889]	八[890]	十五[891] 五 十六年，共侯殷元年[892]。 三 後五年，戴侯安國元年。	三[893] 十三 四年，哀侯彊元年。	建元元年，侯彊薨，無後，國除。	百十八
開封[894]	以右司馬漢王五年初從，以中尉擊燕，定代，侯，比共侯，二千戶[895]。	一 十一年，十二月丙辰，閔侯陶舍元年[896]。 一 十二年，夷侯青元年。	七[897]	八[898]	二十三[899]	九 景帝時，為丞相[900]。 七 中三年，節侯偃元年。	十[901] 十八 元光五年，侯睢元年。 元鼎五年，侯睢坐酎金，國除。	百十五
沛[902]	高祖兄合陽侯劉仲子，侯。	一 十一年，十二月癸巳[903]，侯劉濞元年。 十二年，十月辛丑[904]，侯濞為吳王，國除。						

慎陽[905]	為淮陰舍人[906]，告淮陰侯信反，侯，二千戶。	二 十一年，十二月甲寅，侯欒說元年[907]。	七[908]	八[909]	二十三[910]	十二[911] 四 中六年，靖侯願之元年[912]。	二十二 建元元年，侯買之元年。元狩五年，侯買之坐鑄白金弃市，國除[913]。	百三十一
禾成[914]	以卒漢五年初從，以郎中擊代，斬陳豨，侯，千九百戶。	二 十一年，正月己未[915]，孝侯公孫耳元年。	七[916]	八[917]	四[918] 九 五年，懷侯漸元年。 十四年，侯漸薨，無後，國除。			百十七

師古曰：『張耳及敖並無大功，蓋以魯元之故呂后曲升之也。』」[886]漢縣名，縣治在今江蘇盱眙東南。[887]中大夫，帝王的侍從官員，掌議論。河間，漢郡名，郡治樂成，在今河北獻縣東南，《齊魯封泥集存》有「河間守印」封泥。陳豨，劉邦的部將，任代相，高祖十年起兵反漢，被討平。[888]十二月初六。[889]張相如於惠帝在位的七年間繼續為侯。[890]張相如於呂后執政的八年間繼續為侯。[891]張相如卒於文帝十五年。[892]張殷卒於文帝後四年。[893]張安國卒於景帝三年。[894]漢縣名，縣治即今河南開封。[895]中尉，首都的治安長官。擊燕，討伐燕王臧荼。定代，平定韓王信。[896]十二月十七。陶舍當年卒。[897]陶青於惠帝在位的七年間繼續為侯。[898]陶青於呂后執政的八年間繼續為侯。[899]陶青於文帝在位的二十三年間繼續為侯。[900]陶青卒於景帝九年，即中二年。[901]武帝十年，即元光四年陶偃卒。[902]漢縣名，即今江蘇沛縣。[903]十二月初六。[904]十月十九。[905]漢縣名，縣治在今河南正陽北之江口集。[906]一種賓客兼僕役的腳色。欒說告發韓信謀反事，見〈淮陰侯列傳〉。[907]十二月甲寅，十二月二十七。欒說，《漢書》作「樂說」。[908]欒說於惠帝在位的七年間繼續為侯。[909]欒說於呂后執政的八年間繼續為侯。[910]欒說於文帝在位的二十三年間繼續為侯。[911]欒說卒於景帝十二年。[912]欒願之於景帝中六年襲侯，景帝後三年卒。[913]鑄白金，即盜鑄錢。白金，《集解》引如淳曰：「雜鑄銀錫為『白金』也。」武帝為變相掠奪而鑄造的一種貨幣名稱。見〈平準書〉。[914]梁玉繩以為應作「和城」，亦即「下曲陽」，在今河北無極城南。[915]正月初三。[916]公孫耳於惠帝在位的七年間繼續為侯。[917]公孫耳於呂后執政的八年間繼續為侯。[918]公孫耳卒於文帝四年。

國名	侯功	高祖十二	孝惠七	高后八	孝文二十三	孝景十六	建元至元封六年三十六，太初元年盡後元二年十八。	侯第
堂陽[919]	以中涓從起沛，以郎入漢，以將軍擊籍，為惠侯。坐守滎陽降楚免，後復來以郎擊籍，為上黨守，擊豨，侯，八百戶[920]。	二 十一年，正月己未[921]，哀侯孫赤元年。	七[922]	八 元年，侯德元年。	二十三[923]	十二 中六年，侯德有罪，國除。		七十七
祝阿[924]	以客從起齧桑，以上隊將入漢，以將軍定魏太原，破井陘，屬淮陰侯，以缻度軍，擊籍及攻豨，侯，八百戶[925]。	二 十一年，正月己未[926]，孝侯高邑元年。	七[927]	八[928]	四[929] 十四 五年，侯成元年。後三年，侯成坐事國人過律[930]，國除。			七十四

長脩[931]	以漢二年用御史初從出關，以內史擊諸侯，功比須昌侯，以廷尉死事，千九百戶[932]。	二 十一年，正月丙辰[933]，平侯杜恬元年。	二[934] 五 三年，懷侯中元年。	八[935]	四[936] 十九 五年，侯喜元年。	八 罪絕[937]。 五 陽平 中五年，復封；侯相夫元年[938]。	三十三 元封四年，侯相夫坐為太常與樂令無可當鄭舞人擅繇不如令，闌出函谷關，國除[939]。	百八
江邑[940]	以漢五年為御史，用奇計徙御史大夫周昌為趙相而代之，從擊陳豨，功侯，六百戶[941]。	二 十一年，正月辛未[942]，侯趙堯元年。	七[943]	元年，侯堯有罪，國除。				

[919]漢縣名，縣治在今河北新河城北。[920]以將軍擊籍，指東襲彭城時事。上黨，漢郡名，郡治長子。[921]正月初三。[922]孫赤卒於惠帝七年。[923]孫德於文帝在位的二十三年間繼續為侯。[924]漢縣名，縣治在今山東齊河城東南。[925]齧桑，古邑名，在沛縣西南。上隊將，陳仁錫以為應作「二隊將」。定魏太原，破魏豹。破井陘，消滅陳餘、趙歇。[926]正月初三。[927]高邑於惠帝在位的七年間繼續為侯。[928]高邑於呂后執政的八年間繼續為侯。[929]高邑卒於文帝四年。[930]讓封地的百姓為自己服勞役超過規定。事，役使。[931]漢縣名，縣治在今山西絳縣西北。[932]廷尉，九卿之一，國家的最高司法長官。御史，御史大夫的屬官，掌糾彈。[933]此月無「丙辰」，記載有誤。[934]杜恬卒於惠帝二年。[935]杜中於呂后執政的八年間繼續為侯。[936]杜中卒於文帝四年。[937]杜喜於景帝八年因犯罪被廢。[938]杜相夫被改封為陽平侯。陽平，漢縣名。[939]樂令無可，太樂令，名叫「無可」。當，判處。擅繇，擅自徵調。闌出，無通行證而私自外出。[940]其地不詳。[941]奇計，指狡猾手段。為保護劉邦愛子趙王如意，趙堯勸劉邦將御史大夫周昌降級使用，任以為趙相，而自己取得御史大夫之職。「為趙相而代之，從擊陳豨」，原作「為趙相而伐陳豨」。據張文虎說及《漢》表改。[942]正月十五。[943]趙堯於惠帝在位的七年間繼續為侯。

國名	營陵[944]	土軍[948]
侯功	以漢三年為郎中，擊項羽，以將軍擊陳豨，得王黃，為侯。與高祖疏屬劉氏，世為衛尉。萬二千戶[945]。	高祖六年為中地守，以廷尉擊陳豨，侯，千二百戶。就國，後為燕相[949]。
高祖十二	二 十一年，侯劉澤元年。	二 十一年，二月丁亥[950]，武侯宣義元年。
孝惠七	七[946]	五[951] 二 六年，孝侯莫如元年。
高后八	五 六年，侯澤為琅邪王，國除[947]。	八[952]
孝文二十三		二十三[953]
孝景十六		二[954] 十四 三年，康侯平元年。
建元至元封六年三十六，太初元年盡後元二年十八。		五[955] 八 建元六年，侯生元年。元朔二年，生坐與人妻姦罪，國除。
侯第	八十八	百一十二

國名	侯功	高祖	孝惠	高后	孝文	孝景	建元至元封	侯第
廣阿[956]	以客從起沛，為御史，守豐二歲，擊籍，為上黨[957]守，陳豨反，堅守，侯，千八百戶。後遷御史大夫。	二 十一年，二月丁亥[958]，懿侯任敖元年。	七[959]	八[960]	二[961] 一 三年，夷侯竟元年[962]。 二十 四年，敬侯但元年。	十六[963]	四[964] 二十一 建元五年，侯越元年。元鼎二年，侯越坐為太常廟酒酸，不敬，國除。	八十九
須昌[965]	以謁者漢王元年初起漢中，雍軍塞陳，謁上，上計欲還，衍言從他道，道通，後為河間守，陳豨反，誅都尉相如，功侯，千四百戶[966]。	二 十一年，二月己酉[967]，貞侯趙衍元年。	七[968]	八[969]	十五[970] 四 十六年，戴侯福元年[971]。 四 後四年，侯不害元年。	四 五年，侯不害有罪，國除。		百七

[944]漢縣名，縣治在今山東維坊西南。[945]王黃，韓王信的部將，後又投靠陳豨。衛尉，九卿之一，主管護衛宮廷。「世」字有誤，呂后時劉澤始為衛尉。「漢」字原缺。據梁玉繩說及《漢》表補。[946]劉澤於惠帝在位的七年間繼續為侯。[947]呂后六年，劉澤被封為琅邪王，「營陵侯」被取消。[948]漢縣名，即今山西石樓。[949]中地，漢郡名，即後來之右扶風，在今西安市與其郊區之西北部。就國，到自己的封地上去。[950]二月初一。[951]宣義卒於惠帝五年。[952]宣莫如於呂后執政的八年間繼續為侯。[953]宣莫如於文帝在位的二十三年間繼續為侯。[954]宣莫如卒於景帝二年。[955]宣平卒於武帝建元五年。[956]漢縣名，縣治在今河北隆堯城東。[957]秦郡名，郡治長子，今山西長子城西南。[958]二月初一。[959]任敖於惠帝在位的七年間繼續為侯。[960]任敖於呂后執政的八年間繼續為侯。[961]任敖卒於文帝二年。[962]任竟襲侯當年死。[963]任但於景帝在位的十六年間繼續為侯。[964]建元四年任但卒。[965]漢縣名，縣治在今山東東平城西北。[966]雍軍，項羽所封雍王章邯的軍隊。塞陳，梁玉繩引陳氏語以為應作「塞陳倉」。[967]二月二十三。[968]趙衍於惠帝在位的七年間繼續為侯。[969]趙衍於呂后執政的八年間繼續為侯。[970]

國名	侯功	高祖十二	孝惠七	高后八	孝文二十三	孝景十六	建元至元封六年三十六，太初元年盡後元二年十八。	侯第
臨轅[972]	初起從為郎，以都尉守蘄城，以中尉侯，五百戶[973]。	二 十一年，二月乙酉，堅侯戚鰓元年。[974]	四[975] 三 五年，夷侯觸龍元年。	八[976]	二十三[977]	三[978] 十三 四年，共侯忠元年。	三[979] 二十五 建元四年，侯賢元年。元鼎五年，侯賢坐酎金，國除。	百十六
汲[980]	高祖六年為太僕，擊代、豨，有功，侯，千二百戶，為趙太傅[981]。	二 十一年，二月己巳，終侯公上不害元年[982]。	一[983] 六 二年，夷侯武元年。	八[984]	十三[985] 十 十四年，康侯通元年。	十六[986]	一[987] 九 建元二年，侯廣德元年。元光五年，廣德坐妻精大逆罪，頗連廣德，弃市，國除[988]。	百二十三
寧陵[989]	以舍人從陳留，以郎入漢，破曹咎成皋，為上解隨馬，以都尉擊陳豨，功侯，千戶[990]。	二 十一年，二月辛亥[991]，夷侯呂臣元年。	七[992]	八[993]	十[994] 十三 十一年，戴侯射元年。	三[995] 一 四年，惠侯始元年。五年，侯始薨，無後，國除。		七十三

汾陽[996]	以郎中騎千人前二年從起陽夏，擊項羽，以中尉破鍾離眛，功侯[997]。	二 十一年二月辛亥[998]，侯靳彊元年。	七[999]	二[1000] 六 三年，共侯解元年。	二十三[1001]	四[1002] 十二 五年，康侯胡元年。絕[1003]。	江鄒十九 元鼎五年，侯石元年[1004]。 太始四年五月丁卯，侯石坐為太常行太僕事，治嗇夫可年，益縱年，國除[1005]。	九十六

趙衍卒於文帝十五年。[971]趙福卒於文帝後三年。[972]其地不詳。《齊魯封泥集存》有「臨袁邑丞」封泥，《衡齋金石識小錄》有「臨袁侯虎符」。[973]蘄，秦縣名，縣治在今安徽宿州南。中尉，主管首都治安的長官。[974]二月乙酉，本月無「乙酉」，似應同趙衍格作「己酉」。[975]戚鰓卒於惠帝四年。[976]戚觸龍於呂后執政的八年間繼續為侯。[977]戚觸龍於文帝在位的二十三年間繼續為侯。[978]戚觸龍卒於景帝三年。[979]武帝建元三年戚忠卒。[980]漢縣名，縣治在今河南衛輝西北。[981]為趙王如意的太傅。太傅，帝王或太子的輔導官。[982]二月己巳，二月無「己巳」，此誤。公上不害，姓公上，名不害。[983]公上不害卒於惠帝元年。[984]公上武於呂后執政的八年間繼續為侯。[985]公上武卒於文帝十三年。[986]公上通於景帝在位的十六年間繼續為侯。[987]公上通卒於武帝建元元年。[988]妻精，其妻名精。[989]漢縣名，縣治在今河南寧陵城東南。[990]從陳留，陳仁錫以為應「從起留」。曹咎，項羽的部將，為項羽守成皋，被劉邦所破殺。為上解隨馬，「隨」字疑誤，意即為高祖解追騎之厄。以都尉擊陳豨，「以」字原缺。據梁玉繩說補。[991]二月二十五。[992]呂臣於惠帝在位的七年間繼續為侯。[993]呂臣於呂后執政的八年間繼續為侯。[994]呂臣卒於文帝十年。[995]呂射卒於景帝三年。[996]漢縣名，縣治在今山西靜樂城西北。[997]千人，官名，統領千人的軍官。陽夏，漢縣名，即今河南太康。鍾離眛，項羽的部將。梁玉繩以為「前二年從起陽夏」應作「漢二年從起櫟陽」。[998]二月二十五。[999]靳彊於惠帝在位的七年間繼續為侯。[1000]靳彊卒於呂后二年。[1001]靳解於文帝在位的二十三年間繼續為侯。[1002]靳解卒於景帝四年。[1003]靳胡於景帝五年襲侯，於十二年因罪被廢。[1004]元鼎五年改封靳石為江鄒侯。[1005]行，兼任，代行其職權。嗇夫可年，管理禽獸的人員名可年。

國名	侯功	高祖十二	孝惠七	高后八	孝文二十三	孝景十六	建元至元封六年三十六，太初元年盡後元二年十八。	侯第
戴[1006]	以卒從起沛，以卒開沛城門，為太公僕；以中廄令擊豨，侯，千二百戶[1007]。	二 十一年三月癸酉，敬侯彭祖元年[1008]。	七[1009]	二[1010] 六 三年，共侯悼元年。	七[1011] 十六 八年，夷侯安國元年。	十六[1012]	十六[1013] 十二 元朔五年，侯安期元年[1014]。 二十五 元鼎五年，侯蒙元年。 後元元年五月甲戌，坐祝詛無道，國除[1015]。	百二十六
衍[1016]	以漢二年為燕[1017]令，以都尉下楚九城，堅守燕，侯，九百戶。	二 十一年七月乙巳[1018]，簡侯翟盱元年。	七[1019]	三[1020] 二 四年，祗侯山元年[1021]。 三 六年，節侯嘉元年。	二十三[1022]	十六[1023]	二[1024] 十 建元三年，侯不疑元年。 元朔元年，不疑坐挾詔書論罪，國除[1025]。	百三十

平州[1026]
漢王四年，以燕相從擊籍，還擊荼，以故二千石將為列侯，千戶[1027]。
二 十一年，八月甲辰，共侯昭涉掉尾元年[1028]。
七[1029]
八[1030]
一[1031] 三 二年，戴侯福元年[1032]。 四 五年，懷侯它人元年[1033]。 十五 九年，孝侯馬童元年。
十四[1034] 二 後二年，侯昧元年。
三十三 元狩五年，侯昧坐行馳道[1035]中更呵馳去罪，國除。
百十一

[1006]也稱鄐，漢縣名，縣治在今河南民權東北。《齊魯封泥集存》有「戴國大行」封泥。[1007]太公，劉邦之父。僕，車夫。中廄令，在宮廷中管理車馬。「廄」字原缺。據梁玉繩說補。[1008]三月癸酉，三月十八。按：「彭祖」是名，此失其姓。《漢書》曰姓「祕」。[1009]祕彭祖於惠帝在位的七年間繼續為侯。[1010]祕彭祖卒於呂后二年。[1011]祕悼卒於文帝七年。[1012]祕安國於景帝在位的十六年內繼續為侯。[1013]祕安國卒於武帝十六年，即元朔四年。[1014]祕安期卒於元鼎四年。[1015]祝詛，祈求鬼神讓皇帝快死。按：最後幾句後人妄補。[1016]漢縣名，即今河南封丘。[1017]漢縣名，縣治在今河南延津城東北。[1018]此年七月無「乙巳」，記載有誤。[1019]翟盱於惠帝在位的七年間繼續為侯。[1020]翟盱卒於呂后三年。[1021]翟山卒於呂后五年。[1022]翟嘉於文帝在位的二十三年內繼續為侯。[1023]翟嘉於景帝在位的十六年內繼續為侯。[1024]翟嘉卒於武帝建元二年。[1025]挾詔書，師古曰：「詔書當奉持之，而挾以行，故為罪也。」梁玉繩引程大中曰：「謂挾詔書以威令人，借端生事者，師古注非。」[1026]漢縣名，在今山東萊蕪西。[1027]燕相，燕王臧荼之相，臧荼於漢三年時降漢。還擊荼，臧荼於漢五年反漢，被討平。[1028]八月甲辰，八月二十一。昭涉掉尾，姓昭涉，名掉尾。[1029]昭涉掉尾於惠帝在位的七年間繼續為侯。[1030]昭涉掉尾於呂后執政的八年間繼續為侯。[1031]昭涉掉尾卒於文帝元年。[1032]昭涉福卒於文帝四年。「福」，《漢書》作「種」。[1033]昭涉它人卒於文帝八年。[1034]昭涉馬童卒於景帝十四年。[1035]御道。

國名	中牟[1036]	邔[1045]	博陽[1055]
侯功	以卒從起沛,入漢,以郎中擊布[1037],功侯,二千三百戶。始高祖微時,有急,給高祖一馬,故得侯。	以故群盜長為臨江將,已而為漢擊臨江王及諸侯,破布,功侯,千戶[1046]。	以卒從起豐,以隊卒入漢,擊籍成皋,有功,為將軍,布反,定吳郡,侯,千四百戶[1056]。
高祖十二	一 十二年十月乙未,共侯單父聖元年[1038]。	一 十二年十月戊戌,莊侯黃極中元年[1047]。	一 十二年十月辛丑[1057],節侯周聚元年。
孝惠七	七[1039]	七[1048]	七[1058]
高后八	八[1040]	八[1049]	八[1059]
孝文二十三	七[1041] 五 八年,敬侯繒元年[1042]。 十一 十三年,戴侯終根元年。	十一[1050] 九 十二年,慶侯榮盛元年[1051]。 三 後五年,共侯明元年。	八[1060] 十五 九年,侯遬元年。
孝景十六	十六[1043]	十六[1052]	十一 中五年,侯遬奪爵一級[1061],國除。
建元至元封六年三十六,太初元年盡後元二年十八。	十[1044] 十八 元光五年,侯舜元年。元鼎五年,侯舜坐酎金國除。	十六[1053] 八 元朔五年,侯遂元年。元鼎元年,遂坐賣宅縣官故貴,國除[1054]。	
侯第	百二十五	百十三	五十三

陽義[1062]	以荊令尹漢王五年初從，擊鍾離眛及陳公利幾，破之，徙為漢大夫，從至陳，取韓信，還為中尉，從擊布，功侯，二千戶。[1063]	一 十二年十月壬寅[1064]，定侯靈常元年。	七[1065]	六[1066] 二 七年，共侯賀元年。	六[1067] 六 七年，哀侯勝元年。十二年，侯勝薨，無後，國除。				百十九
下相[1068]	以客從起沛，用兵從擊破齊田解軍，以楚丞相堅守彭城，距布軍，功侯，二千戶。[1069]	一 十二年十月己酉[1070]，莊侯冷耳元年。	七[1071]	八[1072]	二[1073] 二十一 三年，侯慎元年。	二 三年，三月，侯慎反，國除。			八十五

[1036]漢縣名，縣治在今河南中牟城西。[1037]討伐黥布。黥布以功臣被封為淮南王，高祖十一年起兵反，被消滅。[1038]十月乙未，十月初三。單父聖，姓單父，名聖。《漢書》作名「左車」。舊本無「二」字，依例補。[1039]單父聖於惠帝在位的七年間繼續為侯。[1040]單父聖於呂后執政的八年間繼續為侯。[1041]單父聖卒於文帝七年。[1042]單父繒卒於文帝十二年。[1043]單父終根於景帝在位的十六年間繼續為侯。[1044]單父終根卒於武帝十年，即元光四年。[1045]漢縣名，縣治在今湖北宜城北。[1046]為臨江將，為項羽所封臨江王共敖之將。「為」字原缺。據梁玉繩說及《漢》表補。漢擊臨江王在漢五年。[1047]十月戊戌，十月十六。舊本無「一」字，依例補。[1048]黃極中於惠帝在位的七年間繼續為侯。[1049]黃極中於呂后執政的八年間繼續為侯。[1050]黃極中卒於文帝十一年。[1051]黃榮盛卒於文帝後四年。[1052]黃明於景帝在位的十六年間繼續為侯。[1053]黃明卒於武帝十六年，即元朔四年。[1054]賣宅縣官，把自己家的房產賣給國家。[1055]似應作「傅陽」，在今江蘇徐州東北。[1056]隊卒，似應作「隊率」。吳郡，郡治即今蘇州。[1057]十月十九。[1058]周聚於惠帝在位的七年間繼續為侯。[1059]周聚於呂后執政的八年間繼續為侯。[1060]周聚卒於文帝八年。[1061]即降為關內侯。[1062]《漢書》作「陽羨」，今江蘇宜興西南。[1063]荊令尹，項羽的屬官。鍾離眛，項羽的部將。陳公利幾，陳縣縣令名利幾。取韓信，襲捕韓信。[1064]十月二十。[1065]靈常於惠帝在位的七年間繼續為侯。[1066]靈常卒於呂后六年。[1067]靈賀卒於文帝六年。

國名	侯功	高祖十二	孝惠七	高后八	孝文二十三	孝景十六	建元至元封六年三十六，太初元年盡後元二年十八	侯第
德[1074]	以代頃王[1075]子侯。頃王，吳王濞父也；廣，濞之弟也。	一 十二年，十一月庚辰[1076]，哀侯劉廣元年。	七[1077]	二[1078] 六 三年，頃侯通元年。	二十三[1079]	五[1080] 十一 六年，侯齕元年。	二十七[1081] 一 元鼎四年，侯何元年。元鼎五年，侯何坐酎金，國除。	百二十七
高陵[1082]	以騎司馬漢王元年從起廢丘，以都尉破田橫、龍且，追籍至東城，以將軍擊布，九百戶[1083]。	一 十二年，十二月丁亥，圉侯王周元年[1084]。	七[1085]	二[1086] 六 三年，惠侯并弓元年。	十二[1087] 十一 十三年，侯行元年。	二 三年，反，國除。		九十二
期思[1088]	淮南王布中大夫[1089]，有郄，上書告布反，侯，二千戶。布盡殺其宗族。	一 十二年，十二月癸卯[1090]，康侯賁赫元年。	七[1091]	八[1092]	十三 十四年，赫薨，無後，國除。			百三十二

穀陵[1093]
以卒從前二年起柘[1094]，擊籍，定代，為將軍，功侯。
一 十二年，正月乙丑[1095]，定侯馮谿元年。
七[1096]
八[1097]
八[1098] 十七 七年，共侯熊元年。
二[1099] 二 三年，隱侯卬元年[1100]。 十二 五年，獻侯解元年。
三[1101] 建元四年，侯偃元年。
百五

[1068]漢縣名，縣治在今江蘇宿遷西南。[1069]田解，齊王田廣的部下，漢四年被韓信所滅。楚丞相，劉邦弟楚元王劉交的丞相，劉交都彭城。[1070]十月己酉，十月二十七。原作「十月乙酉」。據梁玉繩說及《漢》表改。[1071]冷耳於惠帝在位的七年間繼續為侯。[1072]冷耳於呂后執政的八年間繼續為侯。[1073]冷耳卒於文帝二年。[1074]梁玉繩以為即今山東德州，按漢時無「德縣」，只有「安德」，即今山東臨邑。[1075]代頃王，劉邦的二哥劉仲。[1076]十一月二十八。[1077]劉廣於惠帝在位的七年間繼續為侯。[1078]劉廣卒於呂后二年。[1079]劉通於文帝在位的二十三年間繼續為侯。[1080]劉通卒於景帝五年。[1081]劉齕卒於武帝二十七年，即元鼎三年。[1082]舊說皆以為在琅邪郡，今地不詳。[1083]騎司馬，項羽所封雍王章邯的部下，章邯都廢丘。破田橫龍且，韓信先破齊兵於歷下，項羽派龍且救齊，韓信又破田橫、龍且於維水，齊國遂滅。東城，今安徽定遠東南。[1084]十二月丁亥，十二月初六。王周，《漢書》作「王虞人」。[1085]王周於惠帝在位的七年間繼續為侯。[1086]王周卒於呂后二年。[1087]王并弓卒於文帝十二年。[1088]漢縣名，縣治在今河南淮濱城東南。[1089]淮南王黥布屬下的中大夫，因黥布懷疑他與自己的妃子有姦，欲殺之，故進京上書告黥布謀反。[1090]十二月二十二。[1091]賁赫於惠帝在位的七年間繼續為侯。[1092]賁赫於呂后執政的八年間繼續為侯。[1093]應作「穀陽」，在今安徽靈璧西南。[1094]漢縣名，縣治在今河南柘城北。[1095]正月十四。[1096]馮谿於惠帝在位的七年間繼續為侯。[1097]馮谿於呂后執政的八年間繼續為侯。[1098]馮谿卒於文帝六年。[1099]馮熊卒於景帝二年。[1100]馮卬卒於景帝五年。[1101]馮解卒於武帝建元三年。

國名	侯功	高祖十二	孝惠七	高后八	孝文二十三	孝景十六	建元至元封六年三十六，太初元年盡後元二年十八。	侯第
戚[1102]	以都尉漢二年初起櫟陽，攻廢丘，破之，因擊項籍，別屬丞相韓信破齊軍，攻臧荼，遷為將軍，擊信，侯千戶[1103]。	一 十二年十二月癸卯，圉侯季必元年[1104]。	七[1105]	八[1106]	三[1107] 二十 四年，齊侯班元年。	十六[1108]	二[1109] 二十 建元三年，侯信成元年。元狩五年，侯信成坐為太常，縱丞相侵神道壖，不敬，國除[1110]。	九十
壯[1111]	以楚將漢王三年降，起臨濟[1112]，以郎中擊籍、陳豨，功侯，六百戶。	一 十二年，正月乙丑[1113]，敬侯許倩元年。	七[1114]	八[1115]	二十三[1116]	一[1117] 十五 二年，共侯恢元年。	一[1118] 九 建元二年，殤侯則元年[1119]。 十五 元光五年，侯廣宗元年。元鼎元年，侯廣宗坐酎金，國除。	百十二

國名	侯功	高祖十二	孝惠七	高后八	孝文二十三	孝景十六	建元至元封六年三十六	侯第
成陽[1120]	以魏郎漢王二年從起陽武，擊籍，屬魏豹；豹反，屬相國彭越，以太原尉定代，侯，六百戶[1121]。	一 十二年正月乙酉，定侯意元年[1122]。	七[1123]	八[1124]	十[1125] 十三 十一年，侯信元年。	十六[1126]	建元元年，侯信罪鬼薪，國除[1127]。	百一十
桃[1128]	以客從漢王二年從起定陶，以大謁者擊布，侯，千戶。為淮陰守。項氏親也，賜姓[1129]。	一 十二年三月丁巳，安侯劉襄元年[1130]。	七[1131]	一 奪，絕[1132]。 七 二年，復封襄。	九[1133] 十四 十年，哀侯舍元年。	十六 景帝時，為丞相[1134]。	十三 建元元年，厲侯申元年[1135]。 十五 元朔二年，侯自為元年。 元鼎五年，侯自為坐酎金，國除。	百三十五

[1102]有說謂今山東微山，有說謂今河南清豐西南之古戚亭。[1103]櫟陽，項羽所封塞王司馬欣的都城，在今西安臨潼區西北部的櫟陽鎮。廢丘，項羽所封雍王章邯的都城，在今陝西興平城東南。丞相韓信，時韓信為左丞相。「相」字原缺。據梁玉繩說補。擊信，擊韓王信。「千戶」上原有「合」字。據梁玉繩說刪。[1104]十二月癸卯，十二月二十二。季必，應作「李必」，其人見《樊酈滕灌列傳》。[1105]李必於惠帝在位的七年間繼續為侯。[1106]李必於呂后執政的八年間繼續為侯。[1107]李必卒於文帝三年。[1108]李班於景帝在位的十六年間繼續為侯。[1109]李班卒於武帝建元二年。[1110]神道壖，皇帝陵墓前正道兩側的空曠地。[1111]其地不詳。[1112]秦邑名，在今河南封丘城東。[1113]正月十四。[1114]許倩於惠帝在位的七年間繼續為侯。[1115]許倩於呂后執政的八年間繼續為侯。[1116]許倩於文帝在位的二十三年間繼續為侯。[1117]許倩卒於景帝元年。[1118]許恢卒於武帝建元元年。[1119]許則卒於元光四年。[1120]漢縣名，縣治在今河南信陽城北。[1121]魏郎，魏王豹的侍從。陽武，漢縣名，縣治在今河南原陽東南。魏豹，項羽所封的西魏王，都平陽，今山西臨汾西南。[1122]正月乙酉，此年正月無「乙酉」，記載誤。意，《漢書》作「奚意」，此失其姓。[1123]奚意於惠帝在位的七年間繼續為侯。[1124]奚意於呂后執政的八年間繼續為侯。[1125]奚意卒於文帝十年。[1126]奚信於景帝在位的十六年間繼續為侯。[1127]罪鬼薪，因犯罪被判罰勞役，為祭祀宗廟採伐薪柴。[1128]漢縣名。縣治在今河北衡水西北。[1129]定陶，漢縣

國名	侯功	高祖十二	孝惠七	高后八	孝文二十三	孝景十六	建元至元封六年三十六，太初元年盡後元二年十八。	侯第
高梁[1136]	食其兵起，以客從擊破秦，以列侯入漢[1137]，還定諸侯，常使約和諸侯，列卒兵聚，侯，功比平侯嘉。以死事子疥襲食其功侯，九百戶[1138]。	一 十二年，三月丙寅[1139]，共侯酈疥元年。	七[1140]	八[1141]	二十三[1142]	十六[1143]	八[1144] 十 元光三年，侯勃元年。元狩元年，坐詐詔衡山王取金，當死，病死，國除[1145]。	六十六[1146]
紀信[1147]	以中涓從起豐，以騎將入漢，以將軍擊籍，後攻盧綰，侯，七百戶[1148]。	一 十二年，六月壬辰[1149]，匡侯陳倉元年。	七[1150]	二[1151] 六 三年，夷侯開元年。	十七[1152] 六 後二年，侯陽元年[1153]。	二 三年，陽反，國除。		八十
甘泉[1154]	以車司馬漢王元年初從起高陵，屬劉賈，以都尉從軍，侯[1155]。	一 十二年，六月壬辰[1156]，侯王竟元年。	六[1157] 一 七年，戴侯莫搖元年。	八[1158]	十[1159] 十三 十一年，侯嫖元年。	九 十年，侯嫖有罪，國除。		百六

煮棗[1160]	以越連敖從起豐，別以郎將入漢，擊諸侯，以都尉侯，九百戶。	一 十二年，六月壬辰，靖侯赤元年[1161]。	七[1162]	八[1163]	一[1164] 二十二 二年，赤子康侯武元年。	八[1165] 二 中二年，侯昌元年。 中四年，有罪，國除。		七十五

名，縣治在今山東定陶城北。大謁者，官名，為帝王主管傳達、贊禮。為淮陰守，《漢書》作「淮南」，此誤。項氏親，項伯的族人。[1130]三月丁巳，三月初七。原作「二月丁巳」。據梁玉繩說及《漢》表改。劉襄，原名項襄。[1131]劉襄於惠帝在位的七年間繼續為侯。[1132]劉襄於呂后元年被廢。[1133]劉襄卒於文帝九年。[1134]劉舍卒於景帝十六年。[1135]劉申卒於元朔二年。[1136]漢縣名，縣治在今山西臨汾西北。[1137]梁玉繩曰：「酈生號廣野君，何曾為侯？《史》、《漢》表並誤。」[1138]列卒兵聚，詞語不順，疑有訛誤。死事，酈食其說齊王田廣已降，韓信突然襲破齊，齊殺酈食其。[1139]三月十六。[1140]酈疥於惠帝在位的七年間繼續為侯。[1141]酈疥於呂后執政的八年間繼續為侯。[1142]酈疥於文帝在位的二十三年間繼續為侯。[1143]酈疥於景帝在位的十六年間繼續為侯。[1144]酈疥卒於武帝元光二年。[1145]衡山王，劉賜，劉邦之孫。酈勃假傳聖旨，向劉賜騙取錢財。[1146]梁玉繩曰：「酈之侯第必是『三十八』，故功比之『平侯』也。若在『六十六』，不但去比『平侯』太遠，且與『肥如』同位矣。」[1147]其地不詳，《齊魯封泥集存》有「紀信邑丞」封泥，知漢初確有「紀信縣」，中華本不當削「信」字。[1148]盧綰，劉邦的同鄉與親密部屬，被封為燕王，後因被懷疑，起兵反漢，逃入匈奴。[1149]六月十四。[1150]陳倉於惠帝在位的七年間繼續為侯。[1151]陳倉卒於呂后二年。[1152]陳開卒於文帝十七年，即後元元年。[1153]後二年，原作「後二年六月」。梁玉繩《志疑》卷十一曰：「列侯嗣位，例不書月。」今據刪。[1154]其地不詳，梁玉繩以為應作「景城」，在今河北交河東北。[1155]高陵，秦縣名，縣治在今陝西高陵城西南。劉賈，劉邦的同族，以功封荊王。[1156]六月十四。[1157]王竟卒於惠帝六年。[1158]王莫搖於呂后執政的八年間繼續為侯。[1159]王莫搖卒於文帝十年。[1160]有說在今山東東明南；有說在今河北冀縣東北。[1161]六月壬辰，六月十四。侯赤，史失其姓，《漢書》作「革朱」。[1162]侯赤於惠帝在位的七年間繼續為侯。梁玉繩曰：「《漢》表云『朱以孝惠七年薨，嗣子有罪不得代；至文帝二年，始以它子紹封，中間曠絕十年』。則此所書妄矣。當衍去『八』字、『一』字，而高后格內補書曰『嗣子有罪不得代』，表例也。」[1163]侯赤於呂后執政的八年間繼續為侯。[1164]侯赤卒於文帝元年。[1165]侯武卒於景帝八年。

國名	侯功	高祖十二	孝惠七	高后八	孝文二十三	孝景十六	建元至元封六年三十六,太初元年盡後元二年十八。	侯第
張[1166]	以中涓騎從起豐,以郎將入漢,從擊諸侯,七百戶。	一 十二年六月壬辰[1167],節侯毛澤元年。	七[1168]	八[1169]	十[1170] 二 十一年,夷侯慶元年[1171]。 十一 十三年,侯舜元年。	十二 中六年,侯舜有罪,國除。		七十九
鄢陵[1172]	以卒從起豐,入漢,以都尉擊籍、荼,侯,七百戶。	一 十二年中,莊侯朱濞元年。	七[1173]	三[1174] 五 四年,恭侯慶元年。	六 七年,恭侯慶薨,無後,國除。			五十二
菌[1175]	以中涓前元年從起單父,[1176]不入關,以擊籍、布、燕王綰,得南陽,侯,二千七百戶。	一 十二年,六月,莊侯張平元年。	七[1177]	四[1178] 四 五年,侯勝元年。	三 四年,侯勝有罪,國除。			四十八

[1166]有說即今山東東平西南之張城。[1167]六月十四。梁玉繩曰:「『紀(信)』以下六侯惟『鄢陵』無月,餘皆書『六月』。考高祖以『四月甲辰』崩,則此六侯者豈孝惠封之與?抑誤書『六月』也。」[1168]毛澤於惠帝在位的七年間繼續為侯。[1169]毛澤於呂后執政的八年間繼續為侯。[1170]毛澤卒於文帝十年。[1171]毛慶卒於文帝十二年。[1172]漢縣名,縣治在今河南鄢陵西北。[1173]朱濞於惠帝在位的七年間繼續為侯。[1174]朱

濞卒於呂后三年。[1175]《漢書》作「鹵」，或曰在山西東北部，或說在甘肅東北部。[1176]秦縣名，縣治在今山東單縣南。[1177]張平於惠帝在位的七年間繼續為侯。[1178]張平卒於呂后四年。

【研　析】本表的意義，首先是它為我們提供了一份劉邦在位十二年間所封列侯一百四十三人的全體名單，和他們各自在幫著劉邦滅秦滅項以及在後來穩定漢初政治局面中所立的功勞，所起的作用，這可以大大彌補「本紀」、「世家」、「列傳」記事之不足。劉邦這些封侯的功臣單獨被寫入「世家」、「列傳」只有二十來人，還有一些只在「本紀」、「世家」或他人的「列傳」中被附帶提到過，至於還有許多像功勞位居第七的魯侯涓、位居第十八的曲城侯蟲逢、位居第十九的博陽侯陳濞、位居第二十的梁鄒侯武儒等則根本沒有別的地方露過面，只有在本表裡保留了他們的名字與其簡單事跡，這就非常可貴了。

按一般規律說，自然是等級越高的人功勞越大，給劉邦做的貢獻越多，但司馬遷在寫作「世家」、「列傳」時卻彷彿沒有完全依據這些因素。例如按功勞的等級講，蕭何第一，曹參第二，周勃第四，這三個人都進入了「世家」；而位居第三的張敖，與位居第五、第六的樊噲、酈商則下降到了「列傳」；而「世家」中所列的另外兩個人，陳平是位居第四十七，張良是位居第六十二。司馬遷說他給什麼人立傳的標準是「扶義俶儻，不令己失時，立功名於天下」，我們在分析有關問題時應考慮這一條，尤其是其中的「扶義俶儻」四個字。原來歷史就是這樣掛一漏萬，而且如此具有偶然性的。

〈高祖功臣侯者年表〉譜列了幫助劉邦打天下的一百四十三人由被封侯到其侯國大都很快在幾年或幾十年內被取消的情景。司馬遷感慨了這種好景不長與遠古那種繼世長久的巨大差異。這種不分析古今時代條件的變化，而單純衡量年頭長短，並將其歸結為古人德高、今人德薄的說法未免迂腐空泛。司馬遷將漢代列侯絕大多數迅速滅亡的原因歸結為兩方面，一是由於最高統治者的「罔亦少密」，一是由於諸侯們的「皆身無兢兢於當世之禁」。看起來像是兩者各打五十，實際上對最高統治者的指責是主要的，司馬遷對許多因「莫須有」的罪名而被剝奪封爵的諸侯們表現了深刻同情。我認為這與司馬遷在其他篇章中所表現的對漢代統治者的批評是一致的。我認為司馬遷更多的是從君臣關係、朋友關係，是從道德的層面上興發慨歎，而不應該理解為是由於司馬遷留戀「分封制」。

劉邦所封列侯的大量被消滅是在武帝時代，日人中井積德曾說：「是時四方征伐，有功者不得不封，而天下無地可封焉，故不得不滅舊封，是事所必至，雖孝武之殘忍寡恩，亦少有可恕者，要之處之之道失宜耳。」這話說得很好，舊的不去，新的不來。至於手段麼，有的自然是殘酷了點，有的顯然是強加罪名，無中生有，但我們後人也就不必再為此去替古人鳴什麼不平了。

梁玉繩認為本表是譜列功臣，不應該將劉姓子弟與呂氏外戚混入其中。將沒有尺寸之功的劉姓子姪雜入「功臣表」的確不好；但呂澤、呂釋之卻不僅僅是「外戚」，而是與劉邦同時起事，並為劉邦做出了重要貢獻的大功臣，簡單的以「外戚」二字將其歷史作用抹殺似乎於理不當。

卷十九

惠景間侯者年表第七

【題解】本表譜列了惠帝元年（西元前一九四年）以來，中經呂后、文帝，到景帝末年（西元前一四一年）共五十四年間所封之侯從其受封到武帝元封六年（西元前一〇五年）幾十年間的演變狀況，寫了他們各自封侯的緣由，食邑的多少，以及他們後來被廢的原因。在這段時間受封的共九十多人，分五種情況：一是劉邦功臣過去沒有得以封侯的；二是隨文帝入承大統，翊衛文帝有功的；三是景帝時平定吳楚七國之亂的功臣；四是諸侯王的子弟被封侯的；五是外族人投降漢朝受到封賞的，此外還有些外戚，純粹是靠著裙帶關係得以受封。

太史公讀列封❶至便侯❷，曰：有以也夫❸！長沙王者，著令甲，稱其忠焉❹。

昔高祖定天下，功臣非同姓❺疆土❻而王者八國❼。至孝惠❽時，唯獨長沙全❾，禪五世，以無嗣絕❿，竟無過，為藩守職⓫，信矣⓬。故其澤流枝庶⓭，毋功而侯者數人⓮。及孝惠訖孝景間五十載⓯，追修高祖時遺功臣⓰，及從代來⓱，吳、楚之勞⑱，諸侯子弟⑲若肺腑⑳，外國歸義㉑，封者九十有餘㉒。咸表始終㉓，當世仁義成功之著者也㉔。

【章旨】以上為本表的序，交代了本表所列九十三個列侯所以受封的原因，並由本表起首所列的便侯吳淺發議論，表面只是盛讚吳氏一門的忠於朝廷，將其奉為勸世的楷模；實則對漢興以來所封諸王以及諸列侯迅即被廢的複雜原因表現了深深感慨。

【注釋】❶列封　列侯受封的檔案資料。按：趙恆有所謂「列封者，惠景間之封也」，似與文意不合。❷便侯　吳淺，長沙王吳芮之孫，吳臣之子，於惠帝元年被封為便侯，一直傳國到武帝元鼎年間，在受封為侯的諸人中，算是傳國比較久遠的。❸有以也夫　這是有原因的呀。❹長沙王者三句　長沙王，吳芮，秦時為番陽縣令，諸侯反秦時，派其部將梅鋗率兵從諸侯入關滅秦，因此吳芮被項羽封為衡山王。楚漢戰爭中，吳芮一直臣屬於劉邦，故劉邦稱帝後改封吳芮為長沙王。著令甲，特別下令予以褒獎，將此命令收在法令彙編的第一集裡。令甲，也稱「甲令」，詔令彙編的第一集。因有多集，故以甲、乙、丙、丁相區分。《集解》引鄧展曰：「漢約，非劉氏不王，如芮王，故著令使特王。或曰以芮至忠，故著令也。」臣瓚曰：「漢以芮忠，故特王之。以非制，故特著令。」❺非同姓　劉氏家族以外的人。❻疆土　劃分領土。疆，這裡用如動詞，意即分割、區劃。❼王者八國　指趙王張耳、楚王韓信、淮南王黥布、梁王彭越、燕王臧荼、長沙王吳芮、韓王信、燕王盧綰。❽孝惠　惠帝劉盈，劉邦之子，呂后所生，西元前一九四—前一八八年在位。漢代尊儒，為表示提倡孝道，在每個皇帝的諡字前都加一個「孝」字，如「孝武」「孝平」「孝明」等是也。❾唯獨長沙全　上述異姓諸侯王八家至劉邦末年除長沙王吳芮外，其他七家已全部被劉邦所消滅。當時吳芮已死，吳芮的兒子吳臣繼其父位為王。❿禪五世二句　禪，傳位。從劉邦封吳芮為長沙王後，吳氏共經歷了文王吳芮、成王吳臣、哀王吳回、恭王吳右、靖王吳著五代，至文帝後七年，吳著死，無後國除，可謂善始終。⓫為藩守職　為大漢王朝做藩籬屏障，謹守臣職。⓬信矣　確實如此。⓭澤流枝庶　正根雖斷，祖輩的恩澤仍能流布到非正根的子子孫孫。枝庶，也稱「庶孽」，非嫡系的子孫。⓮毋功而侯者數人　如呂后元年，封長沙成王吳臣之少子吳陽為沅陵侯；景帝元年（西元前一五六年），封文王吳芮之少子吳淺為便侯，這兩家都分別向後傳到了景帝時代和武帝時代。⓯孝

惠訖孝景間五十載　自惠帝元年（西元前一九四年）至景帝後三年（西元前一四一年），其間相隔五十三年。⑯追修高祖時遺功臣　找補、追加高祖時應封而漏封的功臣，如梧侯陽成延、平定侯齊受等是。⑰從代來　原是代國的藩臣，隨文帝一同進京而發達起來，如壯武侯宋昌。⑱吳楚之勞　在平定吳、楚七國之亂中立功封侯，如俞侯欒布、魏其侯竇嬰、建陵侯衛綰等是。⑲諸侯子弟　如齊悼惠王子菅侯劉罷軍、楚元王子休侯劉富等是。⑳肺腑　猶言「骨肉」，這裡指因與皇家有親密關係而獲封侯，如張敖之子信都侯張侈、呂后之姪祝茲侯呂榮等是。關於「肺腑」一詞，《索隱》以為通「柿柎」，並說「柿，木札也；柎，木皮也，以喻人主疏末之親，如木札出于木，樹皮出于樹也。」陳仁錫曰：「『肺腑』者猶云『心腹』也，《索隱》注非。」㉑外國歸義　如安陵侯子軍、容成侯唯徐盧等是。㉒封者九十有餘　本表所列共九十三人。㉓咸表始終　都把他們的始末譜列出來。㉔當世仁義成功之著者也　大意謂其中有的歷世綿長，有的時光短暫，只有那些謹守仁義之道的才能成功、才能歷世久遠，這是最明顯不過的，可以供人們借鑒。凌稚隆引董份曰：「太史公獨以長沙起論，即賈生所謂『欲諸王之忠附，則莫若令如長沙』，反復論敘，以見其國小而得完。見疆土之不可盛，而侯王之不可不忠也。」有井範平曰：「起首講『其忠』句虛，『昔高祖』以下至『侯者數人』實，以下展拓出六等，末句『仁義成功』四字暗應起首『忠』字作繳，小文中法度森嚴。」

【語　譯】太史公閱讀有關列侯的檔案讀到長沙王吳淺的時候，不由得深有感慨地說：長沙王吳芮，曾被漢朝的皇帝在詔令中稱之為「忠臣」，這是有原因的啊！當初高祖平定天下時，非劉姓親屬的功臣被裂土封王的一共有八個人。等到高祖死，惠帝即位的時候，這八個人就只剩下長沙王吳淺一個人了。長沙王吳氏一共傳了五代，由於沒有兒子繼承而絕後。在整個為王的過程中沒有任何過錯，作為一個謹守藩屏之道的臣子，吳氏家族可以說是無可挑剔的。所以他家享受的洪福能夠旁衍到非正根的子孫，好幾個都是沒有任何功勞就被封做了列侯。從惠帝歷呂后、文帝到景帝的五十來年間，被封為列侯的共有五種人：第一種是輔佐高祖開國有功而高祖時未能封為列侯，現在加以找補的；第二種是跟隨文帝由代國入承大統，有翊衛之力的；第三種是在平定吳楚七國之亂中有功的；第四種是由諸侯王的兒子或是其他皇室的親屬受封的；第五種是由周邊民族率部歸降漢朝，朝廷特加獎勵的，總共九十三人。現在我把他們的始末根由譜列出來，這都是當代比較明顯的由於體行仁義而獲得成功的。

國名❶	便❾	軑⓳	平都㉙
侯功❷	長沙王子，侯，二千戶❿。	長沙相，侯，七百戶⓴。	以齊將高祖三年降，定齊，侯，千戶㉚。
孝惠七❸	七 元年，九月，頃侯吳淺元年⓫。	六 二年，四月庚子，侯利倉元年㉑。	三 五年，六月乙亥，孝侯劉到元年㉛。
高后八❹	八⓬	二㉒ 六 三年，侯豨元年㉓。	八㉜
❺孝文二十三	二十二⓭ 一 後七年，恭侯信元年⓮。	十五㉔ 八 十六年，侯彭祖元年㉕。	二㉝ 二十一 三年，侯成元年㉞。
孝景十六❻	五⓯ 十一 前六年，侯廣志元年⓰。	十六㉖	十四 後二年，侯成有罪，國除㉟。
❼建元至元封六年三十六	二十八⓱ 元鼎五年，侯千秋坐酎金，國除⓲。	十㉗ 二十 元光五年，侯秩元年。元封元年，侯秩為東海太守，行過不請，擅發卒兵為衛，當斬，會赦，國除㉘。	
太初已後❽			

右孝惠時三㊱

國名	侯功	高后八	孝文二十三	孝景十六	建元至元封六年三十六	太初已後
扶柳㊲	高后姊長姁子，侯㊳。	七 元年，四月庚寅，侯呂平元年。 八年，侯平坐呂氏事誅，國除㊴。				

❶漢代列侯的封地多數為一個縣，也有小的為一個鄉。❷該受封人的資格。❸惠帝在位共七年。西元前一九四－前一八八年。❹呂后執政共八年。西元前一八七－前一八〇年。❺文帝在位二十三年，西元前一七九－前一五七年。❻景帝在位十六年，西元前一五六－前一四一年。❼武帝在位的前六個年號即建元、元光、元朔、元狩、元鼎、元封，共三十六年，西元前一四〇－前一〇五年。❽《史記》敘事的下限為太初年間，此格非司馬遷所原有。❾漢縣名，縣治即今湖南永興。❿長沙王吳芮之少子。⓫吳淺開始受封為便侯。「頃」字是謚。《漢書》「元年」下有「癸卯」二字。九月癸卯，九月初二。⓬吳淺在呂后執政的八年間一直為侯。⓭吳淺卒於文帝二十二年，即後六年。⓮文帝二十三年，即後七年吳淺之子吳信襲父位為侯。⓯吳信卒於景帝五年。⓰吳信之子吳廣志襲父位為侯，在景帝時期共為侯十一年。⓱梁玉繩曰：「廣志之薨，千秋之嗣，《史》《漢》俱不得其年。」《史詮》曰：「當書曰『千秋嗣不得元年。』」⓲武帝二十九年，即元鼎五年，吳千秋因交納酎金不合標準被廢。酎金，皇帝祭祖讓諸王、諸列侯交納的隨祭金銀。酎金問題明顯是武帝為打擊諸列侯所用的一個藉口。⓳漢縣名，縣治在今河南光山西北之息縣境內。⓴長沙王吳臣之丞相。㉑西元一九七二年所發掘的長沙馬王堆一號漢墓的墓主即利倉之妻。西元一九七三年於二號漢墓中出有「長沙丞相」「軑侯之印」「利倉」三印，足證軑侯為「利倉」，而《漢書》作「朱倉」「黎朱倉」者皆非。㉒利倉卒於呂后二年。㉓呂后三年，利倉子利豨襲父位為侯。在呂后時期為侯六年。㉔利豨卒於文帝十五年。㉕文帝十六年，利彭祖襲其父位為侯。在文帝朝為侯八年。㉖利彭祖於景帝在位的十六年內一直為侯。㉗利彭祖卒於武帝十年，即元光四年。㉘行過不請，路過長安時不入朝拜見。當斬，被判處死罪。按：此格舊本原作「三十」，誤，今依梁玉繩說改為「十」、「二十」，又增「元光五年，侯秩元年」八字。㉙漢縣名，縣治在今陝西子長境。㉚齊將，齊王田廣之將。定齊，隨韓信平定齊地。㉛六月乙亥，六月二十六。㉜劉到在呂后執政的八年內一直為侯。㉝劉到卒於文帝二年。㉞劉成於文帝三年襲父位為侯，在文帝朝為侯二十一年。㉟劉成於景帝在位的前十四年繼續為侯，於景帝十五年即後二年因罪被廢。㊱以上孝惠時代共封三人為侯。㊲漢縣名，縣治在今河北冀縣西北。㊳呂平是呂后的大姐呂長姁的兒子，靠親屬關係被封侯。㊴四月庚寅，四月二十七。坐呂氏事誅，在呂后死後，大臣誅諸呂的政變中被殺。師古曰：「平既呂氏所生，不當姓呂，史家唯記母族也。」

國名	侯功	高后八	孝文二十三	孝景十六	建元至元封六年三十六	太初已後
郊[40]	呂后兄悼武王，身佐高祖定天下，呂氏佐高祖治天下，天下大安，封武王少子產為郊侯[41]。	五 元年，四月辛卯，侯呂產元年。六年，七月壬辰，產為呂王，國除。八年，九月，產以呂王為漢相，謀為不善。大臣誅產，遂滅諸呂[42]。				
南宮[43]	以父越人為高祖騎將，從軍，以大中大夫侯[44]。	七 元年，四月丙寅，侯張買元年[45]。八年，侯買坐呂氏事誅，國除[46]。				
梧[47]	以軍匠從起郟，入漢，後為少府，作長樂、未央宮，築長安城，先就，功侯，五百戶[48]。	六 元年，四月乙酉，齊侯陽成延元年[49]。 二 七年，敬侯去疾元年。	二十三[50]	九[51] 七 中三年，靖侯偃元年。	八[52] 十四 元光三年，侯戎奴元年。元狩五年，侯戎奴坐謀殺季父棄市，國除。	

平定[53]	以卒從高祖起，留，以家車吏入漢，以梟騎都尉擊項籍，得樓煩將功，用齊丞相侯。一云項涓[54]。	八 元年，四月乙酉，敬侯齊受元年[55]。	一[56] 四 二年，齊侯市人元年[57]。 十八 六年，恭侯應元年。	十六[58]	七[59] 十八 元光二年，康侯延居元年[60]。 二 元鼎二年，侯昌元年。 元鼎四年，侯昌有罪，國除。	

[40]《齊魯封泥集存》有「郊侯邑丞」封泥，則知作「郊」者是，而《漢書》作「交」者非，縣治即今安徽固鎮之東濠村。[41]悼武王，呂后之長兄呂澤，劉邦的功臣，死於高祖八年。[42]呂產是呂氏家族的首領，先封呂王，又改梁王，身任相國，統領南軍。呂后一死大臣政變，呂產被劉章所殺。按：呂產為相國在呂后七年，此曰「八年」誤。[43]漢縣名，縣治在今河北南宮城西北。[44]大中大夫，同「太中大夫」，帝王的侍從官員，掌議論。[45]張越人死，張買以其父之功封侯。四月丙寅，四月初三。[46]張買被視為呂氏一黨被殺。[47]漢縣名，縣治即今安徽蕭縣。[48]軍匠，軍中的工匠。郟，漢縣名，即今河南郟縣。少府，九卿之一，為皇帝私家理財。長樂宮，太后所居；未央宮，皇帝所居。[49]四月乙酉，四月二十二。陽成延卒於呂后六年。[50]陽成去疾於文帝在位的二十三年內一直為侯。[51]陽成去疾卒於景帝九年，即中二年。[52]陽成偃卒於武帝八年，即元光二年。[53]漢縣名，有謂其縣治在今陝西府谷西北，也有說即今河北安平。[54]留，秦縣名，縣治在今江蘇沛縣東南。家車吏，未詳。樓煩將，統領騎射之兵的將領。一云項涓，另一種說法是俘獲了項羽的部將項涓。[55]齊受於呂后元年被封侯。四月乙酉，四月二十二。[56]齊受卒於文帝元年。[57]齊市人於文帝二年襲侯，卒於文帝五年。按：此所謂「齊侯」似有誤，豈可以自家之姓為謚。[58]齊應於景帝在位的十六年內一直為侯。[59]齊應卒於武帝七年，即元光元年。[60]齊延居卒於元鼎元年。

國名	侯功	高后八	孝文二十三	孝景十六	建元至元封六年三十六	太初已後
博成[61]	以悼武王郎中，兵初起從高祖起豐，攻雍丘，擊項籍，力戰，奉衛悼武王出滎陽，功侯[62]。	三 元年，四月乙酉，敬侯馮無擇元年[63]。 四 四年，侯代元年。八年，侯代坐呂氏事誅，國除。				
沛[64]	呂后兄康侯少子，侯，奉呂宣王寢園[65]。	六[66] 元年，四月乙酉，侯呂種元年。 一 為不其侯[67]。八年，侯種坐呂氏事誅，國除。				
襄成[68]	孝惠子，侯。	一 元年，四月辛卯，侯義元年[69]。 一 二年，侯義為常山王，國除[70]。				

軹[71]	孝惠子，侯。	三 元年，四月辛卯，侯朝元年[72]。四年，侯朝為常山王，國除。				
壺關[73]	孝惠子，侯。	四 元年，四月辛卯，侯武元年。五年，侯武為淮陽王，國除[74]。				
沅陵[75]	長沙嗣成王子，侯[76]。	八 元年，十一月壬申，頃侯吳陽元年[77]。	十七[78] 六 後二年，頃侯福元年[79]。	十一[80] 四 中五年，哀侯周元年。後三年，侯周薨，無後，國除。		

[61]即博縣，在今山東泰安東南。[62]郎中，帝王的侍從人員。雍丘，秦縣名，即今河南杞縣。悼武王，呂澤，呂后之長兄。[63]馮無擇卒於呂后三年。[64]漢縣名，即今江蘇沛縣。[65]康侯，呂后的次兄呂釋之。呂宣王，呂后之父。諡曰「宣」。寢園，指陵墓。[66]「六」字原作「七」，誤。[67]呂后七年，呂種改封為不其侯。不其，漢縣名。在今山東即墨西南。[68]漢縣名，即今河南襄城。[69]四月辛卯，四月二十八。[70]劉義已封常山王，故「襄成侯」的封爵取消。常山國的都城元氏，在今河北元氏西北。[71]漢縣名，縣治在今河南濟源城東南。[72]四月辛卯，四月二十八。[73]漢縣名，縣治在今山西長治北。[74]淮陽國的都城即今河南淮陽。[75]漢縣名，縣治在今湖南沅陵城南。[76]以長沙王吳臣的兒子被封侯。成王，吳臣，老長沙王吳芮之子，「成」字是諡。[77]梁玉繩曰：「當依《漢》表作『七月丙申』。」七月丙申，七月初五。[78]吳陽卒於文帝十七年，即後元年。[79]按：吳福與其父吳陽同諡曰「頃」，必有一誤。陳仁錫以為吳福疑諡「順」。[80]吳福卒於景帝十一年，即中四年。

國名	侯功	高后八	孝文二十三	孝景十六	建元至元封六年三十六	太初已後
上邳(81)	楚元王子，侯(82)。	七 二年，五月丙申，侯劉郢客元年(83)。	一 二年，侯郢客為楚王，國除(84)。			
朱虛(85)	齊悼惠王子，侯(86)。	七 二年，五月丙申，侯劉章元年(87)。	一 二年，侯章為城陽王，國除(88)。			
昌平(89)	孝惠子，侯。	三 四年，二月癸未，侯太元年(90)。七年，太為呂王，國除(91)。				
贅其(92)	呂后昆弟子，用淮陽丞相侯(93)。	四 四年，四月丙申，侯呂勝元年(94)。八年，侯勝坐呂氏事誅，國除。				
中邑(95)	以執矛從高祖入漢，以中尉破曹咎，用呂相侯，六百戶(96)。	五 四年，四月丙申，貞侯朱通元年(97)。	十七(98) 六 後二年，侯悼元年。	十五 後三年，侯悼有罪，國除。		

樂平[99]	以隊卒從高祖起沛，屬皇訢，以郎擊陳餘，用衛尉侯，六百戶[100]。	二 四年，四月丙申，簡侯衛無擇元年[101]。 三 六年，恭侯勝元年。	二十三[102]	十五[103] 一 後三年，侯侈元年。	五 建元六年，侯侈坐以買田宅不法，又請求吏罪，國除[104]。	
山都[105]	高祖五年為郎中柱下令，以衛將軍擊陳豨，用梁相侯[106]。	五 四年，四月丙申，貞侯王恬開元年[107]。	三[108] 二十 四年，惠侯中黃元年。	三[109] 十三 四年，敬侯觸龍元年。	二十二[110] 八 元狩五年，侯當元年。元封元年，侯當坐與奴闌入上林苑，國除[111]。	

[81]漢縣名，縣治在今山東滕縣西南。[82]楚元王，劉交，劉邦之少弟。[83]五月丙申，五月初九。[84]文帝二年，劉郢客襲其父位為楚王，「上邳侯」的封爵被取消。[85]漢縣名，縣治在今山東臨朐東南。[86]齊悼惠王劉肥的兒子。劉肥是劉邦之子。[87]五月丙申，五月初九。[88]文帝二年，劉章被封為城陽王，「朱虛侯」的爵邑取消。[89]梁玉繩以為應作「平昌」，在今山東商河西南。[90]二月癸未，二月初七。[91]梁玉繩曰：「『太』字誤，應作『大』。」[92]漢縣名，縣治在今江蘇盱眙西南。[93]昆弟，兄弟。用，以；由。淮陽丞相，惠帝子淮陽王劉強的丞相。[94]四月丙申，四月二十一。[95]漢縣名，縣治在今河北滄州東北。[96]中尉，主管首都治安的長官。曹咎，項羽的部將，為項羽守成皋，被劉邦破殺。呂相，呂王呂台之丞相。[97]貞侯，原作「真侯」。張文虎《札記》卷二曰：「『真』字宋諱改，索隱本作『貞』。」《漢書》亦作「貞」。據改。朱通，《漢書》作「朱進」。[98]朱通卒於文帝十七年，即後元年。[99]其地不詳。[100]隊卒，應作「隊率」。皇訢，魏將，曾與劉邦合力攻昌邑，見〈高祖本紀〉。陳餘，趙王歇之相，漢三年被韓信所滅。衛尉，九卿之一，主管護衛宮廷。[101]衛無擇卒於呂后五年。[102]衛勝在文帝在位的二十三年內一直為侯。[103]衛勝卒於景帝十五年，即後元二年。[104]梁玉繩曰：「『坐』下衍『以』字，『求』當作『賕』。」「賕」即行賄。[105]漢縣名，在今湖北穀城城東南。[106]衛將軍，統率侍衛的將領，與武帝時的「衛將軍」不同。陳豨，劉邦的功臣，任代相，監代、趙邊兵，高祖十年反漢，被討平。[107]按：王恬開的事跡參見〈張釋之馮唐列傳〉。[108]王恬開卒於文帝三年。

國名	松茲(112)	成陶(117)	俞(120)	滕(123)
侯功	兵初起，以舍人從起沛，以郎中入漢，還，得雍王邯家屬功，用常山丞相侯(113)。	以卒從高祖起單父，為呂氏舍人，度呂后淮之功，用河南守侯，五百戶(118)。	以連敖從高祖破秦，入漢，以都尉定諸侯，功比朝陽侯。嬰死，子它襲功，用太中大夫侯(121)。	以舍人、郎中十二歲，以都尉屯田霸上，用楚相侯(124)。
高后八	五 四年，四月丙申，夷侯徐厲元年(114)。	五 四年，四月丙申，夷侯周信元年。	四 四年，四月丙申，侯呂它元年(122)。八年，侯它坐呂氏事誅，國除。	四 四年，四月丙申，侯呂更始元年。八年，侯更始坐呂氏事誅，國除。
孝文二十三	六(115) 十七 七年，康侯悼元年。	十一(119) 三 十二年，孝侯勃元年。 十五年，侯勃有罪，國除。		
孝景十六	十二(116) 四 中六年，侯偃元年。			
建元至元封六年三十六	五 建元六年，侯偃有罪，國除。			
太初已後				

醴陵[125]	以卒從漢王二年初起櫟陽，以卒吏擊項籍，為河內都尉，用長沙相侯，六百戶。[126]	五 四年，四月丙申，侯越元年。[127]	三 四年，侯越有罪，國除。			
呂成[128]	呂后昆弟子，侯。[129]	四 四年，四月丙申，侯呂忿元年。八年，侯忿坐呂氏事誅，國除。				

梁玉繩曰：「按釋之傳稱『中尉條侯周亞夫與梁相山都侯王恬開見釋之持議平，結為親友』。考亞夫為中尉在文帝後六年，釋之為廷尉亦在是時；而王恬開若以高后四年封，文帝三年薨，則相去十八年，安得與周、張并時邪？蓋恬開以後四年卒，其子中黃以後五年嗣，表誤以『後五年』為『四年』，而中書『三』字、『二十』字又誤倒耳。吳仁傑亦辨之曰：『恬開以後四年卒，表書二十者，恬開在文帝朝為侯之歲又書三者，中黃在文帝朝嗣侯歲數也。班表不能考正，遂總之云「恬開八年薨」，以釋之傳推之，其實二十五年然後薨也。』此辨甚覈，有疑釋之傳誤書者，謬甚。」[109]王中黃卒於景帝三年。[110]王觸龍卒於武帝二十二年，即元狩四年。[111]闌入，私自闖入。[112]漢縣名，縣治在今安徽太湖城西南。[113]郎中，原作「郎吏」。梁玉繩《志疑》卷十二曰：「『吏』字誤，當依〈漢表〉作『郎中』。」據改。雍王邯，項羽所封的雍王章邯，都廢丘，今陝西興平城東南。常山丞相，惠帝子常山王劉不疑的丞相。[114]按：徐厲的事跡見〈絳侯周勃世家〉。[115]徐厲卒於文帝六年。[116]徐悼卒於景帝十二年，即中五年。[117]漢縣名，今地說法不一，有曰即今山東之高密者。其他不錄。[118]單父，縣治即今山東單縣。舍人，一種賓客兼僕役的角色。度呂后淮，據〈高祖本紀〉，漢元年，劉邦令人「因王陵兵南陽迎太公、呂后于沛，楚發兵拒之陽夏」，是時呂后由沛西行度淮，周信以舍人從之也。河南，漢郡名，郡在今洛陽城東北。[119]周信卒於文帝十一年。[120]也寫作「鄃」，漢縣名，縣治在今山東高唐東北。[121]梁玉繩以為開頭應有「父嬰」二字。連敖，管糧秣的小官。朝陽侯，華寄，見〈高祖功臣侯者年表〉。[122]呂它，呂嬰之子，襲其父功為侯。[123]漢縣名，縣治在今山東滕縣城西。[124]十二歲，為舍人、郎中十二年。楚相，楚元王劉交之丞相。[125]有說即今湖南醴陵，當時為鄉名。[126]櫟陽，項羽所封塞王司馬欣的都城，在今西安之閻良區。河內，漢郡名，郡治懷縣在今河南武陟西南。長沙相，長沙王吳臣之相。「用」字原無。梁玉繩《志疑》卷十二曰：「『長沙』上當有『用』字，〈漢表〉有，此缺。」據補。[127]侯越，名越，史失其姓。[128]有人以為在今河南南陽西。[129]昆弟，兄弟。

國名	侯功	高后八	孝文二十三	孝景十六	建元至元封六年三十六	太初已後
東牟[130]	齊悼惠王子，侯[131]。	三 六年，四月丁酉，侯劉興居元年[132]。	一 二年，侯興居為濟北王，國除[133]。			
錘[134]	呂肅王子，侯[135]。	二 六年，四月丁酉，侯呂通元年。八年，侯通為燕王，坐呂氏事，國除[136]。				
信都[137]	以張敖、魯元太后子侯[138]。	一 八年，四月丁酉，侯張侈元年[139]。	元年，侯侈有罪，國除[140]。			
樂昌[141]	以張敖、魯元太后子侯[142]。	一 八年，四月丁酉，侯張受元年[143]。	元年，侯受有罪，國除[144]。			
祝茲[145]	呂后昆弟子，侯。	八年，四月丁酉，侯呂榮元年。坐呂氏事誅，國除。				
建陵[146]	以大謁者侯，宦者，多奇計。	八年，四月丁酉，侯張澤元年。九月，奪侯，國除[147]。				

東平[148]	以燕王呂通弟侯。	八年，五月丙辰，侯呂莊元年。坐呂氏事誅，國除[149]。				

右高后時三十一[150]

國名	侯功	孝文二十三	孝景十六	建元至元封六年三十六	太初已後
陽信[151]	高祖十二年為郎。以典客奪趙王呂祿印，關殿門拒呂產等入，共尊立孝文，侯，二千戶[152]。	十四 元年，三月辛丑，侯劉揭元年[153]。 九 十五年，侯中意元年[154]。	五 六年，侯中意有罪，國除[155]。		

[130]漢縣名，縣治即今山東牟平。[131]齊悼惠王劉肥之子，齊哀王劉襄之弟。[132]四月丁酉，四月初三。[133]呂后八年大臣誅諸呂，擁立漢文帝，文帝二年封劉興居為濟北王，「東牟侯」的爵邑被取消。[134]應作「腄」，即今山東福山。[135]呂肅王，呂台，呂產之兄。[136]呂后八年，封呂通為燕王；呂后死，呂通在大臣政變中被誅。[137]漢縣名，即今河北冀縣。[138]按：張侈乃張敖前妻所生，非魯元公主所生。[139]四月丁酉，四月十五。[140]因張氏是呂氏一黨，故牽連被廢。[141]有說在今河南南樂西北；有說在今安徽太和東。[142]按：張受乃張敖前妻所生，非魯元公主所生。[143]四月丁酉，四月十五。[144]因張氏是呂氏一黨，故牽連被廢。[145]梁玉繩以為是東海即丘縣，縣治在今山東臨沭西。[146]漢縣名，縣治在今山東新沂城南。[147]按：張澤字子卿，是呂后的親幸，在封諸呂為王中頗起作用，見〈呂太后本紀〉。[148]漢縣名，縣治在今山東東平城東南。[149]五月丙辰，五月初四。梁玉繩以為「呂莊」應作「呂庀」。[150]以上呂后執政時期共封侯三十一人。梁玉繩曰：「考高后元年封呂祿為胡陵侯，二年封蕭何夫人為酇侯、蕭延為築陽侯，四年封女弟嬃為林光侯，又封劉信母為陰安侯，此皆失數，則當作『三十六』矣。」[151]漢縣名，縣治在今山東無棣城北。[152]典客，朝官名，九卿之一。主管接待賓客。趙王祿，呂祿，呂后之姪，執掌北軍。劉揭勸呂祿將兵權交給周勃，及阻止呂產進宮事，見〈呂太后本紀〉。[153]文帝元年，劉揭因參加誅諸呂有功被封侯。三月辛丑，三月二十四。梁玉繩以為應作「十一月」。劉揭卒於文帝十四年。[154]文帝十五年，劉中意襲父位為侯。[155]景帝六年，劉中意因犯罪被廢。

國名	侯功	孝文二十三	孝景十六	建元至元封六年三十六	太初已後
軹[156]	高祖十年為郎，從軍，十七歲為太中大夫，迎孝文代，用車騎將軍迎太后，侯，萬戶。薄太后弟[157]。	十 元年二月乙巳，侯薄昭元年[158]。 十三 十一年，易侯戎奴元年[159]。	十六[160]	一[161] 建元二年，侯梁元年[162]。	
壯武[163]	以家吏從高祖起山東，以都尉從守滎陽，食邑。以代中尉勸代王入，驂乘至代邸，王卒為帝，功侯，千四百戶[164]。	二十三 元年，四月辛亥，侯宋昌元年[165]。	十一[166] 中四年，侯昌奪侯，國除[167]。		
清都[168]	以齊哀王舅父侯[169]。	五 元年，四月辛未，侯駟鈞元年[170]。前六年，鈞有罪，國除。			
周陽[171]	以淮南厲王舅父侯[172]。	五 元年，四月辛未，侯趙兼元年。前六年，兼有罪，國除。			

樊[173]	以睢陽令從高祖初起阿，以韓家子還定北地，用常山相侯，千二百戶[174]。	十四 元年，六月丙寅，侯蔡兼元年[175]。 九 十五年，康侯客元年。	九[176] 七 中三年，恭侯平元年。	十三[177] 十四 元朔二年，侯辟方元年。 元鼎四年，侯辟方有罪，國除。	
管[178]	齊悼惠王子，侯[179]。	二 四年，五月甲寅，恭侯劉罷軍元年[180]。 十八 六年，侯戎奴元年。	二 三年，侯戎奴反，國除[181]。		

[156]漢縣名，縣治在今河南濟源城東南。[157]薄昭是文帝之舅，大臣誅諸呂，迎立代王劉恆為帝，薄昭為文帝先進京觀察動靜；文帝即位，又回代都迎太后進京，見〈孝文本紀〉。[158]二月乙巳，各本多作四月乙巳，但四月無「乙巳」，梁玉繩則以為應依《漢書》作「正月」。薄昭卒於文帝十年。據《漢書》薄昭乃因殺漢使者有罪自殺。[159]按：有罪自殺當廢，文帝所以不廢其封者，以太后故。[160]薄戎奴在景帝在位的十六年內一直為侯。[161]武帝建元元年薄戎奴卒。[162]按：史公寫史時薄梁尚在位，故無終止之年。[163]漢縣名，縣治在今山東即墨城西北。[164]從守，原作「從之」。《殿本史記考證》：「《漢表》無『之』字，以文義推測，此『之』字當是『守』字。」今據改。食邑，享有領地。代中尉，代國主管軍事的武官。代邸，代王在京的住宅。大臣誅滅呂氏後，宋昌勸代王劉恆進京事見〈孝文本紀〉。[165]四月辛亥，四月初五。[166]此處應作「十」。[167]奪侯，因犯罪被剝奪侯爵。宋昌被奪侯在景帝十一年，即中元四年。[168]應作「清郭」，亦即「靖郭」，在今山東滕縣境。[169]齊哀王，劉襄，劉肥之子，劉邦之孫。呂后一死，劉襄立即在齊國起兵以討諸呂，為朝廷內部的大臣政變提供了良好條件。因大臣畏懼劉襄英武難制，故暗中迎立了劉恆。在齊哀王統兵討伐諸呂的過程中，其舅駟鈞是其心腹骨幹之一。[170]四月辛未，四月二十五。[171]鄉名，在今山西絳縣西南。[172]趙兼是淮南厲王劉長之舅，其人見於〈淮南衡山列傳〉〈孝文本紀〉〈酷吏列傳〉。[173]漢縣名，縣治在今山東兗州城西南。[174]睢陽，秦縣名，縣治在今河南商丘城南。阿，也稱「東阿」，秦縣名，縣治在今山東東阿西南，陽穀東北。韓家子，師古曰：「本六國時韓家之諸子，後更姓蔡也。」北地，秦郡名，郡治義渠，今甘肅慶陽西南。常山相，常山王劉朝之相。劉朝是惠帝子。[175]六月丙寅，六月二十一。蔡兼卒於文帝十四年。[176]蔡客卒於景帝九年，即中二年。[177]蔡平卒於武帝十三年，即元朔元年。[178]應作「菅」，漢邑名，在今山東單縣北。《齊魯封泥集存》有「菅侯相印」封泥。[179]齊悼惠王，劉肥。劉邦之私生子，

國名	侯功	孝文二十三	孝景十六	建元至元封六年三十六	太初已後
瓜丘[182]	齊悼惠王子,侯[183]。	十一 四年,五月甲寅,侯劉寧國元年[184]。 九 十五年,侯偃元年。	二 三年,侯偃反,國除。		
營[185]	齊悼惠王子,侯。	十 四年,五月甲寅,平侯劉信都元年[186]。 十 十四年,侯廣元年。	二 三年,侯廣反,國除。		
楊虛[187]	齊悼惠王子,侯。	十二 四年,五月甲寅,恭侯劉將廬元年。十六年,侯將廬為齊王,有罪,國除[188]。			
杸[189]	齊悼惠王子,侯。	十二 四年,五月甲寅,侯劉辟光元年[190]。十六年,侯辟光為濟南王,國除。			

安都[191]	齊悼惠王子，侯。	十二 四年，五月甲寅，侯劉志元年[192]。十六年，侯志為濟北王，國除。			
平昌[193]	齊悼惠王子，侯。	十二 四年，五月甲寅，侯劉卬元年[194]。十六年，侯卬為膠西王，國除。			
武城[195]	齊悼惠王子，侯。	十二 四年，五月甲寅，侯劉賢元年[196]。十六年，侯賢為菑川王，國除。			
白石[197]	齊悼惠王子，侯。	十二 四年，五月甲寅，侯劉雄渠元年[198]。十六年，侯雄渠為膠東王，國除。			

惠帝之庶兄。[180]五月甲寅，五月二十六。劉罷軍是齊哀王劉襄之弟。卒於文帝五年。[181]劉戎奴反於景帝三年，蓋亦捲入吳楚七國之亂。[182]其地不詳，然必在今山東境內。[183]舊本原文無「侯」字，依上下例補。[184]劉寧國卒於文帝十四年。[185]梁玉繩以為即營丘，即今淄博之臨淄附近。[186]劉信都卒於文帝十三年。[187]漢縣名，縣治在今山東茌平東北。[188]劉將廬為楊虛侯十二年，後改封齊王。在景帝三年吳、楚串聯造反時劉將廬曾一度動搖，後又堅持不反，事後受盤問，自殺。但這是後事，不應書於此。此處應依前後例削「有罪」二字，直作「將廬為齊王，國除」，即取消此「楊虛侯」。[189]漢縣名，縣治在今山東惠民城西。[190]劉辟光為侯十二年。[191]漢縣名，縣治在今河北高陽城南。[192]劉志為侯十二年。[193]漢縣名，縣治在今山東商河城西北。[194]劉卬為侯十二年。[195]梁玉繩以為應作「南成」，在今山東費縣西南。[196]劉賢為侯十二年。[197]漢縣名，縣治在今山東臨邑城西北。[198]劉雄渠為侯十二年。

國名	侯功	孝文二十三	孝景十六	建元至元封六年三十六	太初已後
波陵[199]	以陽陵君侯[200]。	五 七年，三月甲寅，康侯魏駟元年。十二年，康侯魏駟薨，無後，國除。			
南鄭[201]	以信平君侯[202]。	一 七年，三月丙寅，侯起元年[203]。孝文時坐後父故，奪爵級，關內侯[204]。			
阜陵[205]	以淮南厲王子侯[206]。	八 八年，五月丙午，侯劉安元年。十六年，安為淮南王，國除。			
安陽[207]	以淮南厲王子侯。	八 八年，五月丙午，侯勃元年。十六年，侯勃為衡山王，國除。			
陽周[208]	以淮南厲王子侯。	八 八年，五月丙午，侯劉賜元年。十六年，侯賜為廬江王，國除。			

東城209	以淮南厲王子侯。	七 八年，五月丙午，哀侯劉良元年。十五年，侯良薨，無後，國除。			
犂210	以齊相召平子侯，千四百一十戶211。	十一 十年，四月癸丑，頃侯召奴元年212。 三 後五年，侯澤元年。	十六213	十六214 十九 元朔五年，侯延元年。元封六年，侯延坐不出持馬，斬，國除215。	
缾216	以北地都尉孫卬，匈奴入北地，力戰死事，子侯217。	十 十四年，三月丁巳，侯孫單元年。	二 前三年，侯單謀反，國除。		
弓高218	以匈奴相國降，故韓王信孽子，侯，千二百三十七戶219。	八 十六年，六月丙子，莊侯韓穨當元年220。	十六 前元年，侯則元年221。	十六 元朔五年，侯則薨，無後，國除222。	

199梁玉繩以為應作「沶陵」，鄉名，在今湖北南漳西南。200按：陽陵君魏駟不知何許人。201其地不詳。202按：此信平君不知何許人。203梁玉繩以為應作「奪爵名起，史失其姓。204後父，隨其父之後。師古曰：「會於廷中而隨父，失朝廷以爵之序。」奪爵級，關內侯，梁玉繩以為應作「奪爵一級，為關內侯」。205漢縣名，縣治在今安徽和縣城西。206淮南厲王，劉長，劉邦之子，因謀反被流放，途中絕食而死。「厲」字是謚。207漢縣名，縣治在今河南息縣城西。208鄉名，在今山東莒縣境內。209漢縣名，縣治在今安徽定遠城東南。210漢縣名，縣治在今山東鄆城西。211召平，齊哀王劉襄的丞相，劉襄起兵討諸呂，召平阻止，被圍困自殺。212四月癸丑，四月二十九。召奴卒於文帝二十年，即後元四年。213召澤於景帝在位的十六年內一直為侯。214召澤卒於武帝十六年，即元朔四年。215不出持馬，師古曰：「時發馬給軍，匿而不出也。」陳仁錫以為「持」字應作「特」。郭嵩燾曰：「天子車騎過，當出持馬，若導引也。」按：郭說近是。216漢縣名，縣治在今山東臨朐城東南。217北地，漢郡名，郡治馬領，在今甘肅慶陽西北。218漢縣名，縣治在今河北阜城城南。219匈奴相國，地位不甚高，與中原王朝之丞相權位相差甚遠。韓王信，劉邦功臣，封韓王，都馬邑，因勾結匈奴反漢失敗，逃死於匈奴中。孽子，庶子，非正妻所生

國名	侯功	孝文二十三	孝景十六	建元至元封六年三十六	太初已後
襄成[223]	以匈奴相國降，侯，故韓王信太子之子，侯，千四百三十二戶[224]。	七 十六年，六月丙子，哀侯韓嬰元年[225]。 一 後七年，侯澤之元年。	十六[226]	十五 元朔四年，侯澤之坐詐病不從，不敬，國除[227]。	
故安[228]	孝文元年，舉淮陽守從高祖入漢功，侯，食邑五百戶；用丞相侯，一千七百一十二戶[229]。	五 後三年，四月丁巳，節侯申屠嘉元年[230]。	二[231] 十四 前三年，恭侯蔑元年。	十九[232] 元狩二年，清安侯臾元年。 五 元鼎元年，臾坐為九江太守有罪，國除。	
章武[233]	以孝文后弟侯，萬一千八百六十九戶[234]。	一 後七年，六月乙卯，景侯竇廣國元年[235]。	六[236] 十 前七年，恭侯完元年。	八[237] 元光三年，侯常坐元年。 十 元狩元年，侯常坐謀殺人未殺罪，國除。	

南皮[238]	
以孝文后兄竇長君子侯，六千四百六十戶。	
一	後七年，六月乙卯，侯竇彭祖元年[239]。
十六[240]	
五[241]	五　建元六年，夷侯良元年[242]。 十八　元光五年，侯桑林元年。 元鼎五年，侯桑林坐酎金罪國除。

右孝文時二十九[243]

者。[220]韓頹當因攜家自匈奴逃回被封侯。六月丙子，六月二十七。[221]依此處文意，韓頹當已死於孝文後元七年；然景帝三年之平定吳楚七國之亂中，弓高侯「功冠諸將」，《漢書》於景帝格書曰「不得子嗣侯者年名」，乃不知韓頹當卒於何年，亦不知其子為何人。[222]《漢書》於武帝格書曰「元朔五年，侯則嗣薨，無後」，乃謂韓頹當之孫曰「則」，於元朔五年襲侯，當年即死。[223]漢縣名，即今河南襄城。[224]韓嬰是韓王信之孫，其父死於匈奴，不得其名。[225]韓嬰卒於文帝後六年。[226]韓澤之於景帝在位的十六年內一直為侯。[227]詐病不從，假裝生病，不跟隨皇帝一起活動。[228]漢縣名，縣治在今河北易縣城東南。[229]文帝元年，找補高祖功臣當年該封而未封者，加以補封。淮陽，秦郡名，郡治即今河南淮陽。申屠嘉當年帶著一個郡歸附劉邦，隨劉邦去了漢中，其功該封。文帝時，申屠嘉又當了丞相，也應予以照顧。[230]四月丁巳，四月二十五。[231]申屠嘉卒於景帝二年。[232]申屠蔑卒於武帝十九年，即元狩元年。[233]漢縣名，縣治在今河北青縣城東南。[234]竇廣國是竇皇后之弟，事跡見〈外戚世家〉。[235]六月乙卯，六月十七。[236]竇廣國卒於景帝六年。[237]竇完卒於武帝八年，即元光二年。[238]漢縣名，即今河北南皮。[239]竇彭祖是竇皇后之姪。[240]竇彭祖於景帝在位的十六年內一直為侯。[241]竇彭祖卒於建元五年。[242]竇良卒於元光四年。[243]梁玉繩曰：「表中止二十八者，因脫誤『楊丘』一侯也。然考孝文後二年封周亞夫為條侯；又《路史・國名紀四》引《輿地志》謂文帝封東海王搖之子期視為顧餘侯，乃後世顧氏得姓之由；《三國志・諸葛瑾傳》注及《廣韻》「諸」字注并引《風俗通》云『葛嬰為陳勝有功非罪而誅，孝文追封其孫為諸縣侯，因并氏焉』，表皆失之，則『二十九』當作『三十二』也。」

國名	侯功	孝景十六	建元至元封六年三十六	太初已後
平陸[244]	楚元王子，侯，三千二百六十七戶[245]。	二 元年，四月乙巳，侯劉禮元年[246]。 三年，侯禮為楚王，國除[247]。		
休[248]	楚元王子，侯。	二 元年，四月乙巳，侯富元年[249]。 三年，侯富以兄子戎為楚王反，富與家屬至長安北闕自歸，不能相教，上印綬。詔復王。後以平陸侯為楚王，更封富為紅侯[250]。		
沈猶[251]	楚元王子，侯，千三百八十戶。	十六 元年，四月乙巳，夷侯劉穢元年[252]。	四[253] 十八 建元五年，侯受元年。 元狩五年，侯受坐故為宗正聽謁不具宗室，不敬，國除[254]。	

紅[255]	楚元王子，侯，千七百五十戶。	四 三年，四月乙巳，莊侯富元年[256]。 一 前七年，悼侯澄元年[257]。 九 中元年，敬侯發元年[258]。	十五[259] 一 元朔四年，侯章元年。 元朔五年，侯章薨，無後，國除。	
宛朐[260]	楚元王子，侯。	二 元年，四月乙巳，侯劉埶元年。 三年，侯埶反，國除。		
魏其[261]	以大將軍屯滎陽，扞吳楚七國，侯，三千三百五十戶[262]。	十四 三年，六月乙巳，侯竇嬰元年[263]。	九 建元元年為丞相，二歲免。元光四年，侯嬰坐爭灌夫事，上書稱為先帝詔，矯制害，弃市，國除[264]。	

[244]漢縣名，即今山東汶上。[245]楚元王，劉交，劉邦之弟。[246]景帝元年，劉禮受封為侯。四月乙巳，四月十二。[247]景帝三年，楚王劉戊因伙同吳王劉濞等共同造反，兵敗被殺，朝廷改封元王他子平陸侯劉禮為楚王。[248]漢鄉名，在今山東滕縣境內。[249]景帝元年，劉富受封為侯。四月乙巳，四月十二。[250]兄子戎，劉戎，楚元王的長子，襲其父位為王，景帝三年，謀反失敗自殺。劉富率家屬到朝廷請罪，朝廷改封劉富為紅侯。劉富後事見紅侯格。[251]鄉名，在今山東鄒平境內。[252]劉穢於景帝在位的十六年內一直為侯。[253]劉穢卒於武帝建元四年。[254]宗正，九卿之一，管理皇室宗族的事務。聽謁，聽取訴訟。不具宗室，沒把該參加的人都叫齊。[255]也作「虹」。漢縣名，縣治在今安徽五河城西北。梁玉繩曰：「按表例，凡更封者即附書初封之下。劉富先封『休侯』，更封『紅侯』，自當連書之，乃并列若兩人，謬也。」[256]由紅侯改封。三年四月乙巳，此年之四月無「乙巳」，梁玉繩以為應作「六月乙亥」。劉富卒於景帝六年。[257]劉澄於襲侯的同年死。《漢書》作「懷侯登」。[258]《漢書》「發」字作「嘉」。[259]劉發卒於武帝十五年，即元朔三年。[260]漢縣名，縣治在今山東菏澤西南。[261]漢縣名，縣治在今山東臨沂東南。[262]大將軍，當時尚非固定官名，僅表示其在諸將中的地位。[263]竇嬰是景帝母竇太后之姪，事

國名	侯功	孝景十六	建元至元封六年三十六	太初已後
棘樂[265]	楚元王子，侯，戶千二百一十三。	十四 三年，八月壬子，敬侯劉調元年[266]。	一[267] 十二 建元二年，恭侯應元年[268]。 十六 元朔元年，侯慶元年。元鼎五年，侯慶坐酎金國除。	
俞[269]	以將軍吳楚反時擊齊有功。布故彭越舍人，越反時布使齊，還已梟越，布祭哭之，當亨，出忠言，高祖舍之。黥布反，布為都尉，侯，戶千八百[270]。	六 六年，四月丁卯，侯欒布元年[271]。中五年，侯布薨[272]。	十 元狩六年，侯賁坐為太常廟犧牲不如令，有罪國除[273]。	
建陵[274]	以將軍擊吳楚功，用中尉侯，戶一千三百一十[275]。	十一 六年，四月丁卯，敬侯衛綰元年[276]。	十[277] 十八 元光五年，侯信元年。元鼎五年，侯信坐酎金，國除。	

建平[278]	以將軍擊吳楚功，用江都相侯，戶三千一百五十[279]。	十二 六年，四月丁卯，哀侯程嘉元年。	七[280] 一 元光二年，節侯橫元年[281]。 一 元光三年，侯回元年。 元光四年，侯回薨，無後，國除。

跡見〈魏其武安侯列傳〉。六月乙巳，此年六月無「乙巳」，應作「乙亥」，即六月二十五。[264]元光四年，應作元光三年。爭灌夫，為灌夫的事情作辯護。矯制害，假稱皇帝的旨意，造成惡果。梁玉繩曰：「《漢》傳作『矯先帝詔害』。鄭氏曰：『矯詔有害、不害也。』」再考〈建元表〉「宜春侯衛伉坐矯制不害，免」；「浩侯王恢坐矯制害，當死」。《漢》表如淳注云：「律矯詔大害腰斬，有矯詔害、矯詔不害。」」[265]鄉名，在今河南永城西南。[266]八月壬子，八月初二。[267]劉調卒於武帝建元元年。[268]劉應卒於元光六年。[269]也寫作「鄃」，漢縣名，縣治在今山東高唐東北。[270]擊齊有功，梁玉繩曰：「〈將相表〉云『欒布為大將軍擊齊』；〈元王世家〉云『欒布自破齊還』；〈酈商傳〉『欒布自平齊來』；〈吳王濞傳〉『天子遣欒布擊齊』；又〈濞傳〉〈魏其傳〉云『監齊、趙兵』，《漢書》表、傳同。齊未嘗偕齊、趙反，何為擊之？布所擊破者乃膠西等圍齊四國之兵，救齊則有之，豈其破齊哉？〈悼惠世家〉書之甚明。蓋此『齊』字猶〈吳濞傳〉末所云『連齊趙』，〈敘傳〉所云『厄齊』，〈趙孝王世家〉及〈韓長孺傳〉首所云『吳楚齊趙七國』，《漢書．五行志》亦稱『四齊』，蓋統膠西、膠東、菑川、濟南四國而言，四國皆自齊分也。」梟越，將彭越斬首，懸其頭於高竿示眾。布為都尉，布以都尉從征黥布。[271]四月丁卯，四月二十一。按：欒布以破膠東、膠西等四國圍齊之兵有功，被景帝封侯。[272]梁玉繩曰：「自景中五年至孝武元朔元年，布絕十八年。惟其中絕，故田蚡為相得以食邑於俞，見〈河渠書〉。不然欒氏見為侯，何得田蚡以俞為奉邑哉？蚡卒而俞歸有司。其卒在元光三年，迨元朔二年仍以俞續封布子賁也。」[273]「十」字後應有「元朔二年，侯賁元年」諸字。太常，九卿之一，主管朝廷禮儀與宗廟祭祀等事。廟犧牲不如令，使用的祭品不合規定。「廟」字《漢書》作「雍」，即用於在雍縣祭天的祭品，雍縣有秦漢帝王祭天的壇臺多處。[274]漢縣名，縣治在今山東新沂城南。[275]中尉，維持首都治安的長官。[276]衛綰在景帝後元年曾為丞相。[277]衛綰卒於武帝十年，即元光四年。[278]漢縣名，縣治在今河南夏邑西南。[279]江都相，景帝子江都王劉非之相。[280]程嘉卒於武帝七年，即元光元年。[281]程橫襲侯的同年死。

國名	侯功	孝景十六	建元至元封六年三十六	太初已後
平曲[282]	以將軍擊吳楚功，用隴西太守侯，戶三千二百二十[283]。	五 六年，四月己巳，侯公孫昆邪元年[284]。 中四年，侯昆邪有罪，國除。太僕賀父[285]。		
江陽[286]	以將軍擊吳楚功，用趙相侯，戶二千五百四十一[287]。	四 六年，四月壬申，康侯蘇嘉元年[288]。 七 中三年，懿侯盧元年。	二[289] 十六 建元三年，侯明元年[290]。 十一 元朔六年，侯雕元年。 元鼎五年，侯雕坐酎金，國除。	
遽[291]	以趙相建德，王遂反，建德不聽，死事，子侯，戶千九百七十[292]。	六 中二年，四月乙巳，侯橫元年[293]。 後二年，侯橫有罪，國除。		
新市[294]	以趙內史王慎，王遂反，慎不聽，死事，子侯，戶一千十四[295]。	五 中二年，四月乙巳，侯王康元年[296]。 三 後元年，殤侯始昌元年。	九 元光四年，殤侯始昌為人所殺，國除。	
商陵[297]	以楚太傅趙夷吾，王戊反，不聽，死事，子侯，千四十五戶[298]。	八 中二年，四月乙巳，侯趙周元年。	二十九 元鼎五年，侯周坐為丞相知列侯酎金輕，下廷尉，自殺，國除。	

山陽[299]	以楚相張尚王戊反，尚不聽，死事，子侯，戶千一百一十四[300]。	八 中二年，四月乙巳，侯張當居元年。	十六 元朔五年，侯當居坐為太常程博士弟子故不以實，罪，國除[301]。	
安陵[302]	以匈奴王降，侯，戶一千五百一十七。	七 中三年，十一月庚子，侯子軍元年[303]。	五[304] 建元六年，侯子軍薨，無後，國除。	
垣[305]	以匈奴王降，侯。	三[306] 中三年，十二月丁丑，侯賜元年。六年，賜死，不得及嗣[307]。		
遒[308]	以匈奴王降，侯，戶五千五百六十九[309]。	中三年，十二月丁丑，侯隆彊元年。不得隆彊嗣[310]。		後元年四月甲辰，侯則坐使巫齊少君祠祝詛，大逆無道，國除[311]。

[282]漢縣名，縣治在今江蘇平曲城東南。[283]隴西，漢郡名，郡治狄道，即今甘肅臨洮。[284]四月己巳，四月初五。公孫昆邪，姓公孫，名昆邪。[285]公孫昆邪是公孫賀之父，公孫賀先任太僕，武帝時當過丞相，後被殺。[286]梁玉繩以為應作「江陵」，即今湖北荊州之江陵。[287]趙相，景帝子趙王劉彭祖之相。[288]蘇嘉卒於景帝中二年。[289]蘇盧卒於武帝建元二年。[290]蘇明卒於元朔五年。[291]其地不詳。[292]建德，史失其姓，為趙王遂之相。景帝三年，趙王遂伙同吳楚等國造反，建德堅決抵制，被趙王遂所殺。[293]四月乙巳，四月二十八。[294]漢縣名，縣治在今河北新河縣南。[295]內史，諸侯國的民政長官。王慎，〈楚元王世家〉與《漢書》皆作「王悍」。[296]王康卒於景帝中六年。王康，《漢書》作「王弃之」。[297]梁玉繩以為應作「高陵」，應在山東東部，其地不詳。[298]楚太傅，楚王劉戊的太傅，是朝廷所派的輔導官。王戊，楚元王之子，襲其父位為王，景帝三年，與吳王劉濞等共同造反，兵敗自殺。[299]漢縣名，縣治在今河南焦作城東。[300]楚相，楚王劉戊的丞相。[301]程博士弟子，主持博士弟子的考核。博士弟子即當時太學的學生。「程」字《漢書》作「擇」。[302]漢縣名，縣治在今河南鄢陵西北。[303]十一月庚子，十一月二十七。[304]應作「六」。[305]梁玉繩以為應是「武垣」，在今河北肅寧城東南。[306]應作「四」。[307]侯賜，史失其姓。不得及嗣，意即尚無子嗣。[308]漢縣名，縣治在今河北淶水北。[309]《漢書》作「千五百六十九」。[310]《索隱》曰：「遒侯李隆彊。」徐孚遠曰：「不得隆彊嗣者，言不知誰為之後，蓋失其名也。」[311]按：此數句後人所增。

國名	侯功	孝景十六	建元至元封六年三十六	太初已後
容成[312]	以匈奴王降，侯，七百戶。	七 中三年，十二月丁丑，侯唯徐盧元年[313]。	十四 建元元年，康侯綽元年[314]。 二十二 元朔三年，侯光元年[315]。	十八 後二年，三月壬辰，侯光坐祠祝詛，國除。
易[316]	以匈奴王降，侯。	六 中三年，十二月丁丑，侯僕黥元年。後二年，侯僕黥薨，無嗣[317]。		
范陽[318]	以匈奴王降，侯，戶千一百九十七。	七 中三年，十二月丁丑，端侯代元年[319]。	七[320] 二 元光二年，懷侯德元年。元光四年，侯德薨，無後，國除。	
翕[321]	以匈奴王降，侯。	七 中三年，十二月丁丑，侯邯鄲元年。	九 元光四年，侯邯鄲坐行來不請長信，不敬，國除[322]。	
亞谷[323]	以匈奴東胡王降，故燕王盧綰子侯，千五百戶[324]。	二 中五年，四月丁巳，簡侯它父元年[325]。 三 後元年，安侯種元年[326]。	十一 建元元年，康侯偏元年[327]。 二十五 元光六年，侯賀元年。	十五 征和二年七月辛巳，侯賀坐太子事，國除[328]。

隆慮[329]	以長公主嫖子侯，戶四千一百二十六[330]。	五 中五年，五月丁丑，侯蟜元年[331]。	二十四 元鼎元年，侯蟜坐母長公主薨未除服姦，禽獸行，當死，自殺，國除。	
乘氏[332]	以梁孝王子侯[333]。	一 中五年，五月丁卯，侯買元年[334]。 中六年，侯買嗣為梁王，國除。		
桓邑[335]	以梁孝王子侯。	一 中五年，五月丁卯，侯明元年。 中六年，為濟川王，國除。		

[312]漢縣名，縣治在今河北新城南。[313]唯徐盧，姓唯徐，名盧。唯徐盧卒於景帝十六年。[314]唯徐綽於建元元年襲侯，元朔二年卒。[315]唯徐光於元朔三年襲侯。[316]漢縣名，縣治在今河北雄縣城西北。[317]梁玉繩曰：「『無嗣』下應有『國除』二字。」[318]漢縣名，縣治在今河北徐水城北。[319]端侯代，史失其姓。[320]端侯代卒於武帝七年，即元光元年。[321]其地不詳。[322]行來不請長信，到京城的時候不到長信宮拜見太后。如淳曰：「長信宮，太后所居也。」師古曰：「請，謁也。」[323]古邑名，有說在今河北容城境。[324]盧綰，劉邦功臣，被封燕王，後反漢，逃死於匈奴中。此處受封之「它父」應作「它之」，乃盧綰之孫，非盧綰子。[325]四月丁巳，四月二十八。盧它父卒於景帝中六年。「它父」《韓信盧綰列傳》與《漢書》皆作「它之」。[326]盧種卒於景帝後三年。[327]盧偏卒於武帝元光五年。[328]太子事，武帝太子劉據因巫蠱被逼起兵與丞相戰于長安，盧賀受太子節。[329]漢縣名，即今河南林縣。[330]長公主嫖，竇太后所生，景帝之姐，武帝陳皇后之母。[331]中五年，據本紀乃「前五年」，非「中五年」。侯蟜，姓陳，堂邑侯陳嬰之曾孫。梁玉繩曰：「『五月丁丑』應作『五月丁卯』。」[332]漢縣名，縣治在今山東巨野城西南。[333]梁孝王，名武，文帝之子，景帝之弟。[334]「一」字原無。各本有，據補。五月丁卯，五月初八。[335]梁玉繩以為即長垣，今河南長垣城東北。

國名	侯功	孝景十六	建元至元封六年三十六	太初已後
蓋[336]	以孝景后兄侯，戶二千八百九十[337]。	五 中五年五月甲戌，靖侯王信元年。	二十[338] 八 元狩三年，侯偃元年[339]。元鼎五年，侯偃坐酎金，國除。	
塞[340]	以御史大夫前將兵擊吳楚功侯，戶千四十六。	三 後元年，八月，侯直不疑元年。	三[341] 十二 建元四年，侯相如元年[342]。十三 元朔四年，侯堅元年。元鼎五年，堅坐酎金，國除[343]。	
武安[344]	以孝景后同母弟侯，戶八千二百一十四[345]。	一 後三年，三月，侯田蚡元年。	九[346] 五 元光四年，侯梧元年。元朔三年，侯梧坐衣襜褕入宮廷中，不敬，國除[347]。	
周陽[348]	以孝景后同母弟侯，戶六千二十六[349]。	一 後三年，三月，懿侯田勝元年。	十一[350] 八 元光六年，侯彭祖元年。元狩二年，侯彭祖坐當歸與章侯宅不與罪，國除[351]。	

右孝景時三十一[352]

[336]漢縣名，縣治在今山東沂源城東南。[337]王信是景帝王皇后之兄，漢武帝之舅。[338]王信卒於武帝二十年，即元狩二年。[339]梁玉繩曰：「按《漢》表，蓋侯王信薨，頃侯充嗣，又侯受嗣。雖不書充、受薨嗣之年，而傳位三代甚明。此僅書二代，年名并異，則所謂『偃』者，充耶？受耶？」[340]其地說法不一，有說在今河北趙縣境內。[341]直不疑卒於武帝建元三年。[342]直相如卒於元朔三年。[343]按：「堅」字《漢書》作「彭祖」，蓋一名一字。[344]漢縣名，縣治在今河北武安城西南。[345]田蚡是景帝王皇后的同母異父弟，武帝之舅。[346]田蚡於武帝建元六年任丞相。卒於武帝九年，即元光三年。〈漢興以來將相名臣年表〉書田蚡死於元光四年，與此異。[347]襜褕，即今之「背心」「汗衫」之類。[348]漢邑名，在今山西絳縣城西南。[349]田勝是景帝王皇后的同母異父弟，田蚡之胞弟。[350]田勝卒於武帝十一年，即元光五年。[351]梁玉繩以為「章侯」應作「郠侯」，此誤。上「與」字衍。[352]梁玉繩《志疑》卷十二曰：「〈表〉中止三十人，而此言『三十一』者，誤以休改紅並列也。」張文虎《札記》卷二曰：「此『一』字疑亦後人所增。」梁玉繩又曰：「考景前二年封蕭嘉為武陽侯，酏昭為張侯；中元年封周應為鄲侯，周成之孫應為繩侯；中二年封周左車為安陽侯；中三年封酈堅為繆侯；中五年封薛澤為平棘侯，陳始為塞侯，董赤為節氏侯，蟲捷為垣侯，丁通為發婁侯，趙胡為臾侯，楊無害為臨汝侯，杜相夫為陽平侯；中六年封陳最為巢侯，郭延居為南侯；後元年封周堅為平曲侯，俱見〈高祖功臣表〉。又前六年封岑邁為陽陵侯，見〈將相表〉，此皆失數。則孝景封侯凡四十八人。」

【研　析】本表值得說清的事情有三點，其一是隨文帝由代國入承大統，這的確是大事件，但由此被文帝封侯的卻只有兩個人，一個是宋昌，一個是薄昭。前者原在代國任中尉，職位已經不低；在周勃、陳平等剷除諸呂，派人往迎劉恆時，眾人都勸劉恆不要冒險，唯有宋昌力排眾議，堅主接受邀請。而後又親自進京與周勃等面議，為文帝的進京鋪平了道路。後者既是文帝進京的翊衛功臣，又是文帝的親舅舅，因此對於薄昭不能單純看作是因「外戚」受封。竇皇后有兩個兄弟，人品本來不錯，但在文帝之世始終沒有封侯。從以上三事看來，文帝對與自己有關的事情控制得是比較嚴格的。其二是與文帝對比，我們可以看到景帝對平定吳楚七國之亂的功臣，以及對外族叛逃來漢分子的封賞是如何的既多且濫。如果我們再聯想一下漢景帝對吳楚七國士民的處置，看看他是多麼狠毒、多麼殘暴地鼓動官兵極意殺戮，乃至將一座廣陵城夷為平地。後來歷史上又出過一個宋孝武帝劉駿，與漢景帝足稱難兄難弟！其三，賈誼曾為文帝設謀，要「眾建諸侯而少其力」，要將他們化整為零。於是文帝將齊國一分為七，將淮南國一分為三。而在進行過程中又是先將這些人封為侯，不久又將他們封為王的。到景帝時又將趙國分為六，到武帝時又進一步實行「推恩法」，下令讓每個諸侯國都照此裂地分封各自的眾多兒子為侯；與此同時武帝又多方尋找藉口，將這些眾王國、眾列侯加以懲治，而將其領土收歸國有。我們應將此表與〈漢興以來諸侯王年表〉〈高祖功臣侯者年表〉〈建元以來侯者年表〉〈建元已來王子侯者年表〉等對比閱讀，以便對漢代的封建制度有個全面的認識。至於說到作者的感情傾向，似乎仍是對漢朝歷代皇帝的批評較多。

卷二十

建元以來侯者年表第八

【題解】本表譜列了自漢武帝建元元年（西元前一四〇年）至太初年間（西元前一〇四—前一〇一年）分封功臣的情況，表的形式與〈高祖功臣侯者年表〉、〈惠景間侯者年表〉相同，都是「國經而年緯」；但緯欄在「侯功」下分成「元光」、「元朔」、「元狩」、「元鼎」、「元封」、「太初已後」六格，劃分得比前二表更為詳細，體現了司馬遷重視當代史的撰寫原則。本表所譜列的主要是在漢武帝北討匈奴、南誅勁越以及在征伐其他周邊民族的戰爭中立有軍功的人物，其中以伐匈奴侯者二十五人，征兩越、朝鮮侯者九人，匈奴、兩越、朝鮮、小月氏因歸義侯者三十人，以功蔭侯者三人，以父死事南越侯者二人，紹先代封侯者一人，以丞相封侯者一人，以方術封侯者一人，總共七十三人。篇前小序流露了作者對武帝時代的「好大喜功」與其濫行封賞的含蓄批評。

太史公曰：匈奴絕和親，攻當路塞❶；閩越擅伐❷，東甌請降❸。二夷交侵❹，當盛漢之隆❺，以此知功臣受封侔於祖考❻矣。何者？自詩、書❼稱三代「戎、狄是膺，荊荼是徵❽」，齊桓越燕伐山戎❾，武靈王❿以區區趙服單于⓫，秦繆⓬用百里⓭霸西戎⓮，吳、楚之君⓯以諸侯役百越⓰。況乃以中國一統，明天子在上，兼文武⓱，席卷四海⓲，內輯⓳億萬之眾，豈以晏然⓴不為邊境征伐哉！自是後，遂出師北討彊胡㉑，南誅㉒勁越，將卒㉓以次封㉔矣。

【章旨】以上為本表的序，指出武帝時期的功臣封侯都是由於對四夷用兵，而武帝時期的對外用兵亦客觀形勢所必然。

【注釋】❶絕和親二句　絕和親，破壞和親協議。當路塞，匈奴進攻漢朝，其軍鋒必須經過的關塞。按：自高祖七年（西元前二〇〇年）劉邦因討伐勾結匈奴的韓王信進擊平城被匈奴圍困後，漢與匈奴開始實行和親政策，漢朝嫁公主與匈奴單于，並每年要給匈奴一定數量的財物，這實際上是一種屈辱性的不平等條約。只是由於西漢初期國力微弱，沒有別的辦法，只好暫時接受。這種政策歷惠帝、呂后、文帝、景帝，一直奉行未改。但匈奴卻並未認真遵守這種條約，他們時時對漢朝的北部地區進行攻擊、屠殺、掠奪，在文帝三年、十四年、後六年曾有三次大舉入侵，景帝時代也「時時小入盜邊」，這是漢初幾代皇帝留下來的沒有解決的問題。❷閩越擅伐　閩越是生活在今福建沿海的一個少數民族部落，楚漢戰爭期間因其君長擁護劉邦，故漢朝建國後劉邦封之為閩越王，國都東冶（舊說以為即今福州市，據近來考古發掘，人們多以為乃今武夷山（崇安）市之城村故城）。到武帝建元三年，閩越王受吳楚七國之亂失敗後逃到閩越國的吳王劉濞兒子的挑動，擅自發兵進攻建都在東甌（今浙江溫州）的另一個小國，這個小國也是被漢王朝所封立的，世稱東甌。漢王朝發兵救東甌，閩越撤兵而回；至建元六年，閩越又擅自進攻建都在番禺（今廣州市）的南越，南越向漢王朝報告，從此遂導致了漢王對東南地區的用兵。❸東甌請降　東甌遭到閩越的攻擊，向漢王朝求救，漢王朝派兵救東甌，閩越撤兵而走，東甌為躲避閩越遂請求全部內遷到了江淮之間。❹二夷交侵　指北方的匈奴與東南方的閩越同時侵擾漢王朝。❺當盛漢之隆　正好遇著武帝在位的強盛時代。〈平準書〉曰：「至今上即位數歲，漢興七十餘年之間，國家無事，非遇水旱之災，民則人給家足，都鄙廩庾皆滿，而府庫餘貨財。京師之錢累巨萬，貫朽而不可校。太倉之粟陳陳相因，充溢露積於外，至腐敗不可食。眾庶街巷有馬，阡陌之間成群，而乘字牝者儐而不得聚會。」故而這時武帝的改變過去章程，出兵反擊匈奴與解決閩越是勢所必然的。❻功臣受封侔於祖考　武帝時代因對外用兵而獲封侯的人數和高祖時代差不多。侔，相當；相等。祖考，祖輩。考，父。按：劉邦時封侯者一百四十多人，武帝時七十多人。❼詩書　《詩經》、《尚書》。❽戎狄是膺二句　二句見《詩經·魯頌·閟宮》，原文作「戎狄是膺，荊舒是懲」。膺，擊。荊舒，猶言「荊楚」，即指楚國。這幾句的意思是，早在《詩經》與《尚書》裡，就記載了夏、商、西周時代的帝王討伐外敵入侵的事跡，如《詩經》裡的〈六月〉、〈采芑〉。❾齊桓越燕伐山戎　事見《左傳》莊公三十年與〈齊太公世家〉、〈燕召公世家〉。山戎是春秋初期活動在今河北省東北部的少數民族，曾攻擊建都於今北京市的燕國，燕國向當時的諸侯霸主齊桓公求救，齊桓公遂率兵打退了山戎，穩定了燕國。❿武靈王　趙武靈王，戰國中期的趙國君主，西元前三二五－前二九九年在位，曾改革內政，胡服騎射，滅取中山，北攘匈奴，使趙國強盛至頂點。⓫服單于　使北方民族的君長臣服。據〈趙世家〉，武靈王二十年曾「西略胡地至榆中，林胡王獻馬」；二十六年復「攘地北至燕代，西至雲中、九原」。⓬秦繆　秦繆公，「繆」也寫作「穆」，西元前六五九－前六二一年在位，春秋時代秦國最有作為的君主。⓭百里　姓百里，名奚，秦繆公的良臣。⓮霸西戎　使秦國成為西戎地區的霸主。按：《會注考證》將「百里」解釋為「百里之地」，不可取。李斯〈諫逐客書〉有所謂「昔繆公求士，西取由余于戎，東得百里奚於宛，迎蹇叔於宋，來丕豹、公孫支於晉。此五子者不產於秦，繆公用之併國二十，遂霸西戎」，即此意也。⓯吳楚之君　指吳王闔廬、吳王夫差，楚莊王、楚靈王以及戰國時代的楚威王、楚懷王等。⓰役百越　使南方越族降服，聽其驅使。吳王夫差曾打敗越王句踐，令其率眾稱臣；至戰國時楚威王滅越，而越以此散，或為王，或為君，服朝於楚。⓱兼文武　既有文韜，又有武略。或謂既有文王之德，又有武王之功。⓲席卷四海　指徹底完成了國內的統一，達到了高度集權，令行禁止。⓳內輯　國內擁有。輯，和；集，使之貼然聽命。⓴晏然　安然，無所事事的樣子。㉑胡　指匈奴，匈奴自稱曰「胡人」。㉒誅　討；討伐。㉓將卒　應作「將率」。㉔以次封　按時間順序被封侯。張大可曰：「武帝時所封列侯七十二人，其中三分之二是因戰功封侯。」

【語　譯】太史公說：匈奴人破壞和親條約，進攻我國首當其衝的關塞；閩越人擅自進攻東甌，東甌人請求遷入內地。南北兩夷侵擾漢王朝的南北邊疆，而漢王朝又正好是國富兵強的時代，因此朝廷起兵反擊，大臣立功封侯，轟轟烈烈得猶如高祖時代一樣，這就是非常自然的了。為什麼呢？早在《詩經》、《尚書》上就說過夏、商與西周時代「對北方的敵人要打，對南方的敵人也要打」；東周時代的齊桓公曾越過燕國北討山戎，趙武靈王憑著一個小小的趙國還曾打敗過匈奴，秦繆公靠著百里奚的輔佐在西戎稱霸，吳國、楚國不過是一方諸侯也能使南方的百越乖乖稱臣。更何況作為一個四海統一、擁有億萬民眾，自身又才兼文武、豪氣勃發的天子正在掌權行令，他怎麼能夠不立即做出反應，不大規模地發兵征討呢？於是遂北討匈奴，南征南越，而從軍立功的將帥們遂一批一批的受賞封侯了。

國名	侯功	元光❶	元朔❷	元狩❸	元鼎❹	元封❺	太初已後❻
翕❼	匈奴相降，侯。元朔二年，屬車騎將軍，擊匈奴有功，益封❽。	三 四年，七月壬午，侯趙信元年❾。	五 六年，侯信為前將軍擊匈奴，遇單于兵，敗，信降匈奴，國除❿。				
持裝⓫	匈奴都尉降，侯。	六年，後九月丙寅，侯樂元年⓬。	六⓭	六⓮	一⓯ 元年，侯樂死，無後，國除。		
親陽⓰	匈奴相降，侯⓱。		三 二年，十月癸巳，侯月氏元年。五年，侯月氏坐亡斬，國除⓲。				

若陽⓳	匈奴相降，侯。		三 二年，十月癸巳，侯猛元年。五年，侯猛坐亡斬，國除。				
長平⓴	以元朔二年再以車騎將軍擊匈奴，取朔方、河南，功侯。元朔五年，以大將軍擊匈奴，破右賢王，益封三千戶㉑。		五 二年，三月丙辰，烈侯衛青元年㉒。	六㉓	六㉔	六㉕	太初元年，今侯伉元年㉖。

❶西元前一三四—前一二九年。❷西元前一二八—前一二三年。❸西元前一二二—前一一七年。❹西元前一一六—前一一一年。❺西元前一一〇—前一〇五年。❻西元前一〇四年以後。❼其地不詳。❽匈奴相，匈奴有「相邦」，名同中原之「相國」，但地位不高。車騎將軍，國家的高級武官名，僅低於大將軍與驃騎將軍，衛青於元朔元年任此職。❾七月壬午，「七月」應作「十月」，「十月壬午」即十月十二。按：此時衛青尚未出擊匈奴，趙信即因以匈奴貴族降漢而受封。❿按：趙信兵敗降匈奴事，見〈衛將軍驃騎列傳〉。⓫陳直以為應作「持袁」。其地不詳。⓬後九月丙寅，閏九月十二。⓭侯樂在元朔年間一直為侯。⓮侯樂在元狩年間一直為侯。⓯一，梁玉繩曰：「樂以元鼎元年薨，則當中書『一』字，此缺，故補。蓋表例，凡以罪奪侯者，不數其奪侯之年；若無罪而薨絕者，則並其薨年書之。今本多訛脫，或疑表例不一，非也。」按：舊本原文無「一」字，今據增。⓰即舞陰，今河南杜旗城東南。⓱匈奴相，匈奴有「相邦」，名同中原之「相國」，但地位不高，不能理解為略同中原之丞相。⓲十月癸巳，十月十六。亡，逃跑。⓳其地不詳。⓴漢縣名，縣治在今河南西華城東北。㉑梁玉繩曰：「衛青本以三千八百戶封長平侯，而又兩次益封，一益封三千戶，即在封侯之年；一益封六千戶，在元朔五年。此既脫去本封及再益封戶數，遂誤以收河南地益封之戶數為破右賢王戶數矣。」朔方，漢郡名，與「河南」所指的區域略同，即今內蒙古伊克昭盟一帶的河套地區，因其地處黃河之南，故稱「河南」。大將軍，國家的最高軍事長官，衛青於元朔五年任此職。右賢王，管理匈奴西部地區的大頭領。㉒三月丙辰，三月十一。㉓衛青在元狩年間一直為侯。㉔衛青在元鼎年間一直為侯。㉕衛青

國名	侯功	元光	元朔	元狩	元鼎	元封	太初已後
平陵㉗	以都尉從車騎將軍青擊匈奴，功侯。以元朔五年，用遊擊將軍從大將軍，益封㉘。		四 二年，三月丙辰，侯蘇建元年。六年，侯建為右將軍，與翕侯信俱敗，獨身脫來歸，當斬，贖，國除㉙。	㉚			
岸頭㉛	以都尉從車騎將軍青擊匈奴，功侯。元朔六年，從大將軍，益封㉜。		五 二年，六月壬辰，侯張次公元年㉝。	元年，次公坐與淮南王女姦，及受財物罪，國除㉞。			
平津㉟	以丞相詔所褒侯㊱。		二 三年，十一月乙丑，獻侯公孫弘元年㊲。	二㊳ 四 三年，侯慶元年㊴。	六㊵	三 四年，侯慶坐為山陽太守有罪，國除。	
涉安㊶	以匈奴單于太子降，侯。		一 三年，四月丙子，侯於單元年㊷。五月，卒，無後，國除㊸。				

昌武㊹	以匈奴王降，侯。以昌武侯從驃騎將軍擊左賢王功，益封㊺。		三 四年，十月庚申，堅侯趙安稽元年㊻。	六㊼	六㊽	一㊾ 五 二年，侯充國元年。	太初元年，侯充國薨，亡後，國除。
襄城㊿	以匈奴相國降，侯。		三 四年，十月庚申，侯無龍元年。	六(51)	六(52)	六(53)	二 太初二年，無龍從浞野侯戰死(54)。 二 三年，侯病已元年。

卒於元封六年。㉖今侯伉，衛青之子衛伉。㉗漢縣名，在今湖北丹江口西北。㉘車騎將軍、大將軍皆指衛青。㉙四，舊本「四」原作「五」，誤，今改。按：元朔二年蘇建被封侯。元朔六年與翕侯趙信一道出兵戰敗，趙信投降匈奴，蘇建單身來歸。舊本誤將「六年」以下數句置於元鼎格內，遂似蘇建一直為侯多年，大誤，今上移於此。事實見〈衛將軍驃騎列傳〉。㉚舊本此格有「六」字，誤，今刪。㉛鄉名，在今山西河津境。㉜六年，應作「五年」。㉝六月壬辰，六月十八。㉞淮南王女，淮南王劉安之女，被派到京城做奸細。㉟鄉名，在今河北鹽山城南。㊱按：西漢前期為丞相者多先以軍功為侯，至公孫弘乃為丞相後被賜封侯，從此開出一種先例。㊲二，舊本原作「四」，誤，今改。十一月乙丑，十一月初五。㊳公孫弘卒於元狩二年。㊴「慶」字應依〈平津侯主父列傳〉作「度」。㊵公孫度在元鼎年間一直為侯。㊶梁玉繩以為此名號，非封地名。㊷四月丙子，四月初七。㊸匈奴太子於單四月來降，五月即死。㊹梁玉繩以為應作「武陽」，即今山東陽穀。㊺驃騎將軍，指霍去病。㊻四年十月庚申，「十月」，原作「七月」。梁玉繩《史記志疑》卷十三：「元朔四年七月壬戌朔，無庚申，必是『十月』之誤。《史》、《漢》於昌武、襄城二侯並誤作『七月』也。」今據改。下襄城同。十月庚申，十月二十四。㊼趙安稽在元狩年間一直為侯。㊽趙安稽在元鼎年間一直為侯。㊾趙安稽卒於元封元年。㊿梁玉繩以為應作襄武，縣治在今甘肅隴西東南。(51)無龍在元狩年間一直為侯。(52)無龍在元鼎年間一直為侯。(53)無龍在元封年間一直為侯。(54)浞野侯，趙破奴。舊本「二」字原作「一」，依例改。

國名	侯功	元光	元朔	元狩	元鼎	元封	太初已後
南奅[55]	以騎將軍從大將軍青擊匈奴得王,功侯。太初二年,以丞相封為葛繹侯[56]。		二 五年,四月丁未,侯公孫賀元年[57]。	六[58]	四 五年,賀坐酎金國除,絕七歲[59]。		十三 太初二年,三月丁卯,封葛繹侯。征和二年,賀子敬聲有罪,國除[60]。
合騎[61]	以護軍都尉三從大將軍擊匈奴,至右賢王庭,得王,功侯。元朔六年益封[62]。		二 五年,四月丁未,侯公孫敖元年。	一 二年,侯敖將兵擊匈奴,與驃騎將軍期,後畏懦,當斬,贖為庶人,國除[63]。			
樂安[64]	以輕車將軍再從大將軍青擊匈奴,得王,功侯。		二 五年,四月丁未,侯李蔡元年[65]。	四 五年,侯蔡以丞相盜孝景園神道壖地罪,自殺,國除[66]。			

國名	侯功						
龍頟[67]	以都尉從大將軍青擊匈奴，得王，功侯。元鼎六年，以橫海將軍擊東越功，為案道侯[68]。		二　五年，四月丁未，侯韓說元年[69]。	六[70]	四　五年，侯說坐酎金國絕。二歲復侯[71]。	六[72]　元年五月丁卯，案道侯說元年。	十三　征和二年，子長代，有罪，絕。子曾復封為龍頟侯。
隨成[73]	以校尉三從大將軍青擊匈奴，攻農吾，先登石累，得王，功侯[74]。		二　五年，四月乙卯，侯趙不虞元年。	三[75]　三年，侯不虞坐為定襄都尉，匈奴敗太守，以聞非實，謾，國除[76]。			

[55]其地不詳。[56]據〈衛將軍驃騎列傳〉公孫賀以千三百戶封南窌侯。[57]公孫賀於元朔五年被封侯。四月丁未，四月二十。[58]公孫賀在元狩年間一直為侯。[59]公孫賀以元鼎五年免，至太初二年又因任丞相被封為葛繹侯。「七歲」，原本作「十歲」，梁玉繩已指出其為「七歲」之誤。今據改。[60]按：「十三」應作「葛繹十二」，公孫賀自太初二年因任丞相被封葛繹侯，至征和二年被殺，其間為侯十二年。子敬聲有罪，即涉及巫蠱之禍，牽連公孫賀滿門被斬。[61]「合騎」是封號名，意即配合驃騎。封地高城，在今湖北松茲南。[62]得王，俘獲匈奴小王，非即右賢王。[63]公孫敖因畏縮誤期被判死刑。當，判處。[64]漢縣名，在今山東博興東北。[65]李蔡是李廣之弟。[66]李蔡因盜占景帝陵墓前神道旁邊之地，元狩五年自殺。[67]漢縣名，縣治在今山東齊河城西北。[68]東越，在今福建省境內。[69]韓說，弓高侯韓穨當之孫。[70]韓說在元狩年間一直為侯。[71]韓說於元鼎五年被廢，至元封元年又被封侯。[72]「六」前應有「案道」二字。[73]封號名。[74]農吾，《漢書》作「辰吾」，匈奴中的河水名。[75]應作「二」。[76]定襄，漢郡名，郡治在今內蒙之和林格爾西北。「謾」，原本其上有「坐」字，張文虎已指出其為衍文，今據刪。

國名	侯功	元光	元朔	元狩	元鼎	元封	太初已後
從平[77]	以校尉三從大將軍青擊匈奴，至右賢王庭，數為鴈行上石山先登，功侯[78]。		二 五年，四月乙卯，公孫戎奴元年[79]。	一 二年，侯戎奴坐為上郡太守發兵擊匈奴，不以聞，謾，國除[80]。			
涉軹[81]	以校尉三從大將軍擊匈奴，至右賢王庭，得王，虜閼氏，功侯[82]。		二 五年，四月丁未，侯李朔元年[83]。	元年，侯朔有罪，國除[84]。			
宜春[85]	以父大將軍青破右賢王功侯。		二 五年，四月丁未，侯衛伉元年[86]。	六[87]	元年，侯伉坐矯制不害，國除[88]。		
陰安[89]	以父大將軍青破右賢王功侯。		二 五年，四月丁未，侯衛不疑元年。	六[90]	四 五年，侯不疑坐酎金，國除。		
發干[91]	以父大將軍青破右賢王功侯。		二 五年，四月丁未，侯衛登元年。	六[92]	四 五年，侯登坐酎金，國除。		

博望[93]	以校尉從大將軍六年擊匈奴，知水道，及前使絕域大夏功侯[94]。		一 六年，三月甲辰，侯張騫元年[95]。	一 二年，侯騫坐以將軍擊匈奴畏懦，當斬，贖，國除[96]。			
冠軍[97]	以嫖姚校尉再從大將軍，六年從大將軍擊匈奴，斬相國，功侯。元狩二年，以驃騎將軍擊匈奴，至祁連，益封；迎渾邪王，益封；擊左右賢王，益封[98]。		一 六年，四月壬申，景桓侯霍去病元年[99]。	六[100]	六 元年，哀侯嬗元年[101]。	元年，哀侯嬗薨，無後，國除[102]。	

[77]封號名，封地樂昌，即今河南南樂。[78]數為鴈行，多次為大將軍的後側翼。[79]公孫戎奴於元朔五年被封侯。[80]上郡，漢郡名，郡治在今陝西榆林東南。[81]封號名。[82]得王，得匈奴小王。閼氏，匈奴貴族的妻妾。[83]四月丁未，四月二十。[84]李朔於元狩元年被廢。[85]漢縣名，縣治在今河南確山東。[86]衛伉是衛青的長子。[87]衛伉在元狩年間一直為侯。[88]矯制不害，假傳聖旨，但未造成惡果，故僅奪爵。衛伉被廢於元鼎元年。[89]漢縣名，縣治在今河南南樂西南。[90]衛不疑在元狩年間一直為侯。[91]漢縣名，縣治在今山東冠縣東南。[92]衛登在元狩年間一直為侯。[93]漢縣名，縣治在今河南南陽東北。[94]大夏，西域國名，約當今之阿富汗北部。[95]三月甲辰，三月二十二。[96]贖，贖為庶人。張騫為侯共二年被廢。[97]漢縣名，縣治在今河南鄧縣西北。[98]祁連，山名，在今甘肅與青海之交界處。迎渾邪王，霍去病大破匈奴於河西後，單于欲殺渾邪王，渾邪王遂率部降漢，武帝命霍去病往迎之。[99]按：元朔六年之四月無「壬申」，此誤。「景桓」二字是諡。[100]霍去病卒於元狩六年。[101]元鼎元年，霍嬗襲父位為侯。[102]《集解》引徐廣曰：「嬗字子侯，為武帝奉車，登封泰山，暴病死。」

國名	侯功	元光	元朔	元狩	元鼎	元封	太初已後
眾利(103)	以上谷太守四從大將軍，六年擊匈奴，首虜千級以上，功侯(104)。		一 六年，五月壬辰，侯郝賢元年(105)。	一 二年，侯賢坐為上谷太守入戍卒財物上計謾罪，國除(106)。			
潦(107)	以匈奴趙王降，侯。			一 元年七月壬午，悼侯趙王煖訾元年。二年，煖訾死，無後，國除。			
宜冠(108)	以校尉從驃騎將軍二年再出擊匈奴，功侯。故匈奴歸義。			三 二年正月乙亥，侯高不識元年。四年，不識擊匈奴，戰軍功增首不以實，當斬，贖罪，國除。			

煇渠[109]	從驃[111]	下麾[115]
以校尉從驃騎將軍二年再出擊匈奴，得王，功侯。以校尉從驃騎將軍二年虜五王功，益封。故匈奴歸義。	以司馬再從驃騎將軍數深入匈奴，得兩王子、騎將，功侯。以匈河將軍元封三年擊樓蘭功，復侯[112]。	以匈奴王降，侯。
五 二年，二月乙丑，忠侯僕多元年。	五 二年，五月丁丑，侯趙破奴元年。	五[116] 二年，六月乙亥，侯呼毒尼元年[117]。
三[110] 三 四年，侯電元年。	四 五年，侯破奴坐酎金國除。	四[118] 五年，煬侯伊即軒元年。 二
六	浞野四 三年，侯破奴元年[113]。	六[119]
四	一 二年，侯破奴以浚稽將軍擊匈奴，失軍，為虜所得，國除。[114]	四[120]

[103]鄉名，當時屬姑幕縣，在今山東安丘東南。[104]上谷，漢郡名，郡治在今河北懷來東南。[105]按：元朔六年之五月無「壬辰」，此誤。[106]接受士兵賄賂，在派吏上京報告工作時為之說假話。[107]鄉名，在當時的舞縣境內。[108]封號名。[109]鄉名，在當時的魯陽縣，即今河南魯山境內。[110]僕多卒於元鼎三年。[111]封號名。[112]樓蘭，西域國名，在今新疆羅布泊西北側。[113]元封三年，趙破奴封浞野侯。[114]太初二年趙破奴降匈奴。[115]鄉名，在猗氏縣，今山西臨猗城南。[116]應作「四」。[117]梁玉繩曰：「當作『三年十月壬午』」。呼毒尼，渾邪王之部屬。[118]呼毒尼卒於元鼎四年。[119]伊即軒在元封年間一直為侯。[120]伊即軒在太初年間一直為侯。

國名	侯功	元光	元朔	元狩	元鼎	元封	太初已後
漯陰[121]	以匈奴渾邪王將眾十萬降，侯，萬戶[122]。			四 二年，七月壬午[123]，定侯渾邪元年[124]。	六 元年，魏侯蘇元年。	五 五年，魏侯蘇薨，無後，國除。	
煇渠[125]	以匈奴王降，侯[126]。			四 三年，七月壬午，悼侯扁訾元年[127]。	一[128] 二年，侯扁訾死，無後，國除。		
河綦[129]	以匈奴右王與渾邪降，侯。			四 三年，七月壬午，康侯烏犁元年。	二[130] 四 三年，餘利鞮元年。	六[131]	四[132]
常樂[133]	以匈奴大當戶與渾邪降，侯[134]。			四 三年，七月壬午，肥侯稠雕元年。	六[135]	六[136]	二[137] 太初三年，今侯廣漢元年。
符離[138]	以右北平太守從驃騎將軍四年擊右王，將重會期，首虜二千七百人，功侯[139]。			三 四年，六月丁卯，侯路博德元年。	六[140]	六[141]	太初元年，侯路博德有罪，國除。

壯[142]	以匈奴歸義因淳王從驃騎將軍四年擊左王，以少破多，捕虜二千一百人，功侯[143]。			三 四年，六月丁卯，侯復陸支元年。	二[144] 四 三年，今侯偃元年。	六[145]	四[146]

[121]漢縣名，縣治在今山東臨邑東南。[122]即元狩二年秋降漢，武帝命霍去病所迎者，共四萬人，號稱十萬。[123]二年七月壬午，梁玉繩曰：「此所封渾邪王也，與後順梁、河綦、常樂三侯同封，則『二年』乃『三年』之誤。然考渾邪王與下麾侯等五人降漢在元狩二年之秋，其封侯亦宜在二年之秋，即遲至三年，時日必不甚遠，何以緩封遲至七月乎？五人之封，渾邪宜先，餘四人應稍後，以渾邪是王，且獨先乘傳至長安也，何以漯陰反後於下麾乎？驗情準義，其誤無疑。蓋渾邪封於三年十月乙亥，下麾等封於十月壬午，先後相差七日耳。漯陰當列下麾之前。」[124]按：「二年七月壬午」應作「三年十月乙亥」。渾邪卒於元狩六年。「渾邪」是王號，而此處竟用作名字，蓋史失其姓名。[125]鄉名，在魯陽縣，今河南魯山境。[126]《索隱》引韋昭曰：「僕多所封則作『煇渠』，應庀所封則作『渾渠』。二者皆鄉名。在魯陽。」又引孔文祥曰：「同是元狩中封，則一邑分為二人也。」[127]扁訾，《漢書》作「應庀」。[128]應作「二」。[129]其地不詳。[130]烏犁卒於元鼎二年。[131]餘利鞮在元封年間一直為侯。[132]餘利鞮在太初年間一直為侯。[133]其地不詳。[134]大當戶，匈奴官名，二十四長之一。[135]稠雕在元鼎年間一直為侯。[136]稠雕在元封年間一直為侯。[137]稠雕卒於太初二年。[138]其地不詳。[139]右北平，漢郡名，郡治在今河北平泉北。右王，此指右賢王。將重會期，運送輜重按期到達。按：郭嵩燾曰：「《漢》表作『得重』。顏師古注：『得重，得輜重也。會期，不失期也。』據霍去病傳，元狩四年衛青、霍去病擊匈奴至『寘顏山趙信城，得匈奴積粟，食軍，留一日還，悉燒其城餘粟。』又詔以『路博德屬驃騎將軍，會與城，不失期，斬首捕虜，封博德為符離侯。』與城，蓋即趙信城也。顏師古注正與去病傳合。《史記》作『將重』者，字之訛。」此說可取。[140]路博德在元鼎年間一直為侯。[141]路博德在元封年間一直為侯。[142]鄉名，重平縣，今河北滄州東北。[143]因淳王，復陸支的王號。按：「匈奴」二字應在「歸義」二字下。[144]復陸支卒於元鼎二年。[145]復陸偃在元封年間一直為侯。[146]復陸偃在太初年間一直為侯。

國名	侯功	元光	元朔	元狩	元鼎	元封	太初已後
眾利[147]	以匈奴歸義樓剸王從驃騎將軍四年擊右王，手自劍合，功侯[148]。			三 四年，六月丁卯，質侯伊即軒元年。	六[149]	五[150] 一 六年，今侯當時元年。	四[151]
湘成[152]	以匈奴符離王降，侯。			三 四年，六月丁卯，侯敞屠洛元年。	四 五年，侯敞屠洛坐酎金，國除。		
義陽[153]	以北地都尉從驃騎將軍四年擊左王，得王，功侯[154]。			三 四年，六月丁卯，侯衛山元年。	六[155]	六[156]	四[157]
散[158]	以匈奴都尉降，侯。			三 四年，六月丁卯，侯董荼吾元年。	六[159]	六[160]	二[161] 二 太初三年，今侯安漢元年。
臧馬[162]	以匈奴王降，侯。			一[163] 四年，六月丁卯，康侯延年元年。五年，侯延年死，不得置後，國除。			

周子南君[164]	以周後紹封[165]。				三 四年，十一月丁卯，侯姬嘉元年[166]。	三[167] 三 四年，君買元年。	四[168]
樂通[169]	以方術侯[170]。				一 四年，四月乙巳，侯五利將軍欒大元年。五年，侯大有罪，斬，國除[171]。		
瞭[172]	以匈奴歸義王降，侯。				一 四年，六月丙午，侯次公元年。五年，侯次公坐酎金，國除[173]。		

[147]鄉名，當時屬姑幕縣，在今山東安丘東南。[148]樓剸王，伊即軒的王號。手自劍合，親自持劍與右王格鬥。[149]伊即軒在元鼎年間一直為侯。[150]伊即軒卒於元封五年。[151]伊即當時在太初年間一直為侯。[152]鄉名，在當時的陽城縣，今河南方城城東。[153]鄉名，在平氏縣，今河南唐河東南。[154]左王，匈奴之左賢王。得王，得匈奴小王，非左賢王。[155]衛山在元鼎年間一直為侯。[156]衛山在元封年間一直為侯。[157]衛山在太初年間一直為侯。[158]在今河南新安境。因當時有稱新函谷關曰「散關」者。[159]董荼吾在元鼎年間一直為侯。[160]董荼吾在元封年間一直為侯。[161]董荼吾卒於太初二年。[162]其地不詳。[163]應作「二」。[164]《漢》表曰「在長社」，蓋分長社以為國。長社在今河南長葛東北。[165]此即孔子所謂「興滅國，繼絕世」之意。[166]元鼎四年，姬嘉以周朝後裔被封侯。十一月丁卯，十一月十一。[167]姬嘉卒於元封三年。[168]姬買在太初年間繼續為君。[169]鄉名，在高平，今江蘇泗洪東南。[170]欒大以長生不死之術欺騙漢武帝，騙得漢武帝神魂顛倒。漢武帝封之為五利將軍，並將自己的女兒嫁與這個騙子為妻。[171]四月乙巳，四月二十二。有罪斬，欒大製造長生不死之藥的騙術暴露後，被武帝腰斬。[172]鄉名，在舞陽，今河南舞陽西南。[173]六月丙午，六月初三。

國名	侯功	元光	元朔	元狩	元鼎	元封	太初已後
術陽[174]	以南越王兄越高昌侯[175]。				一 四年，侯建德元年。五年，侯建德有罪，國除。		
龍亢[176]	以校尉摎樂擊南越，死事，子侯[177]。				二 五年，三月壬午，侯廣德元年[178]。	六[179] 六年，侯廣德有罪誅，國除。	
成安[180]	以校尉韓千秋擊南越，死事，子侯[181]。				二 五年，三月壬子，侯延年元年[182]。	六[183] 六年，侯延年有罪，國除。	
昆[184]	以屬國大且渠擊匈奴，功侯[185]。				二 五年，五月戊戌，侯渠復累元年[186]。	六[187]	四[188]
騏[189]	以屬國騎擊匈奴，捕單于兄，功侯。				二 五年，六月壬子，侯駒幾元年[190]。	六[191]	四[192]
梁期[193]	以屬國都尉五年間出擊匈奴，得復累絺縵等，功侯[194]。				二 五年，七月辛巳，侯任破胡元年[195]。	六[196]	四[197]

牧丘[198]	以丞相及先人萬石積德謹行侯[199]。				二　五年，九月丁丑，恪侯石慶元年[200]。	六[201]	二[202]　二　三年，侯德元年。
瞭[203]	以南越將降侯。				一　六年，三月乙酉，侯畢取元年[204]。	六[205]	四[206]
將梁[207]	以樓船將軍擊南越，椎鋒卻敵，侯[208]。				一　六年，三月乙酉，侯楊僕元年[209]。	三　四年，侯僕有罪，國除[210]。	

[174]鄉名，在下邳，今江蘇邳州西南。[175]趙建德是南越王趙佗的玄孫，明王趙嬰齊之子，原為南越的高昌侯。呂嘉反漢後，立之為南越王，後被漢軍所俘。[176]漢縣名，縣治在今安徽懷遠西北之龍亢集。[177]「摎樂」，原本作「摎世樂」，錢大昕《廿二史考異》卷二：「〈南越傳〉作『摎樂』，無『世』字，《漢書》同。」今據刪。摎樂，與韓千秋率軍伐南越，因輕敵冒進被破殺。[178]元鼎五年，摎廣德襲其父功被封侯。三月壬午，三月初四。[179]應作「五」。[180]漢縣名，縣治在今河南臨汝西南。[181]韓千秋，與摎樂率軍伐南越，因輕敵冒進被破殺。[182]元鼎五年，韓延年襲其父功被封侯。壬子，應作「壬午」。[183]應作「五」。[184]其地不詳。[185]屬國，外族人集體降漢，被漢王朝安置在沿邊地區，仍以其原部落名稱稱之者。大且渠，匈奴官號。[186]五月戊戌，五月二十一。侯渠復累元年，句上原有「昆」字。梁玉繩《史記志疑》卷十三：「『昆』字衍。」今據刪。[187]渠復累在元封年間一直為侯。[188]渠復累在太初年間一直為侯。[189]鄉名，在北屈，今山西吉縣城北。[190]六月壬子，六月初六。[191]駒幾在元封年間一直為侯。[192]駒幾在太初年間一直為侯。[193]漢縣名，縣治在今河北磁縣東北。[194]復累絺縵，匈奴頭領名。任破胡以俘獲復累絺縵，元鼎五年被封侯。[195]七月辛巳，七月初五。[196]任破胡在元封年間一直為侯。[197]任破胡在太初年間一直為侯。[198]其地不詳。[199]先人，指石慶之父石奮，人稱「萬石君」，以恭敬馴順著稱。[200]九月丁丑，九月初二。[201]石慶在元封年間一直為侯。[202]石慶卒於太初二年。[203]鄉名，在舞陽，今河南舞陽西南。此地先封次公，後又封畢取。[204]三月乙酉，三月十三。[205]畢取在元封年間一直為侯。[206]畢取在太初年間一直為侯。[207]鄉名，在廣望，今河北高陽城西。[208]椎鋒卻敵，即勇猛直前之意。[209]三月乙酉，三月十三。[210]楊僕在率兵自水路伐朝鮮中，與陸路將領荀彘不協調，擅自行動失敗，被免去侯爵。

國名	侯功	元光	元朔	元狩	元鼎	元封	太初已後
安道[211]	以南越揭陽令聞漢兵至自定降,侯[212]。				一 六年,三月乙酉,侯揭陽令定元年[213]。	六[214]	四[215]
隨桃[216]	以南越蒼梧王聞漢兵至降,侯[217]。				一 六年,四月癸亥,侯趙光元年[218]。	六[219]	四[220]
湘成[221]	以南越桂林監聞漢兵破番禺,諭甌駱兵四十餘萬降,侯[222]。				一 六年,五月壬申,侯監居翁元年[223]。	六[224]	四[225]
海常[226]	以伏波司馬捕得南越王建德,功侯[227]。				一 六年,七月乙酉,莊侯蘇弘元年[228]。	六[229]	太初元年,侯弘死,無後國除。
北石[230]	以故東越衍侯佐繇王斬餘善,功侯[231]。					六 元年,正月壬午,侯吳陽元年[232]。	三[233] 一[234] 太初四年,今侯首元年。
下鄜[235]	以故甌駱左將斬西于王,功侯[236]。					六 元年,四月丁酉,侯左將黃同元年[237]。	四[238]

繚嫈[239]	以故校尉從橫海將軍說擊東越，功侯[240]。					一 元年，五月己卯，侯劉福元年。二 二年，侯福有罪，國除[241]。	
蘌兒[242]	以軍卒斬東越徇北將軍，功侯。					六 元年閏月癸卯[243]，莊侯轅終古元年[244]。	一[245] 太初元年，終古死，無後，國除。

[211]其地不詳。[212]揭陽，南越縣名，縣治即今廣東豐順。自定，自行穩定了該地區的局面。[213]三月乙酉，三月十三。[214]史定在元封年間一直為侯。[215]史定在太初年間一直為侯。[216]其地不詳。[217]蒼梧王，趙光，其稱王之地即今廣西梧州。[218]趙光，南越王的同族，為蒼梧王。[219]趙光在元封年間一直為侯。[220]趙光在太初年間一直為侯。[221]鄉名，在堵陽，今河南方城城東。[222]桂林監，桂林郡的監郡，與郡守、郡尉同為郡長官。番禺，當時南越的都城，即今廣州市。甌駱，當時南越西部的民族部落名，在今廣西與越南臨近的地區。[223]五月壬申，五月初一。居翁，姓居名翁。[224]居翁在元封年間一直為侯。[225]居翁在太初年間一直為侯。[226]其地不詳。[227]伏波司馬，伏波將軍路博德部下的司馬，司馬是軍中的執法官。南越王建德，趙建德，明王趙嬰齊之子，被呂嘉立為南越王以反漢。[228]七月乙酉，七月十五。[229]蘇弘在元封年間一直為侯。[230]其地不詳。[231]吳陽原在東越為越衍侯，東越王餘善舉兵反漢，吳陽勸說無效，遂改勸繇王居股殺餘善以降漢。東越衍侯，應作「東越越衍侯」。[232]正月壬午，正月十五。[233]吳陽卒於太初三年。[234]舊本無「一」字，應有。[235]即南酈，在今河南南陽北。[236]甌駱，見右「湘成」格。西于王，越族君長，因響應東越王餘善反漢，被黃同所殺。[237]四月丁酉，四月初一。[238]黃同在太初年間一直為侯。[239]其地不詳。[240]橫海將軍說，韓說，韓王信的後代，漢伐東越時為橫海將軍。[241]劉福於元封元年受封，次年被廢。五月己卯，原作「五月乙卯」。梁玉繩《史記志疑》卷十三：「元封元年五月丙寅朔，無乙卯，疑當作「己卯」。」今據改。五月己卯，五月十三。[242]〈東越列傳〉作「禦兒」，鄉名，在今浙江桐鄉城西南。[243]元年閏月癸卯，梁玉繩曰：「《史》《漢》表蘌兒、開陵、臨蔡、東成四侯俱書「閏月」封。但書「閏月」，不知月之閏，漢初凡閏歸於終，稱「後九月」，安得有「閏月」乎？疑「閏」訛。」[244]梁玉繩以為「閏」字訛。以當時之情形判斷，閏月即後九月。閏月癸卯，即後九月初十。[245]舊本原文無「一」字，今依例補。

國名	侯功	元光	元朔	元狩	元鼎	元封	太初已後
開陵[246]	以故東越建成侯與繇王共斬東越王餘善，功侯[247]。					六 元年，閏月癸卯，侯建成元年[248]。	
臨蔡[249]	以故南越郎聞漢兵破番禺，為伏波得南越相呂嘉，功侯[250]。					六 元年，閏月癸卯，侯孫都元年。	
東成[251]	以故東越繇王斬東越王餘善，功侯，萬戶[252]。					六 元年，閏月癸卯，侯居服元年[253]。	
無錫[254]	以東越將軍漢兵至弃軍降，侯。					六 元年，侯多軍元年。	
涉都[255]	以父弃故南海守，漢兵至以城邑降，子侯[256]。					六 元年中，侯嘉元年[257]。	二 太初二年，侯嘉薨，無後，國除。

平州[258]	以朝鮮將漢兵至，降，侯。					一[259] 三年四月丁卯，侯唊元年。四年，侯唊薨，無後，國除[260]。	
荻苴[261]	以朝鮮相漢兵至，圍之，降，侯。					四 三年四月，侯朝鮮相韓陰元年[262]。	
澅清[263]	以朝鮮尼谿相使人殺其王右渠來降，侯[264]。					四 三年六月丙辰，侯朝鮮尼谿相參元年[265]。	
騠茲[266]	以小月氏若苴王將眾降，侯[267]。					三 四年十一月丁卯，侯稽谷姑元年[268]。	一[269] 太初元年，侯稽谷姑薨，無後，國除。

[246]其地不詳。[247]繇王，名居股，東越王餘善的親族。繇王斬餘善事，參見前「北石」格。[248]閏月癸卯，即後九月初十。「建成」原是侯名，今又當成人名，誤也。據〈東越列傳〉其人名敖，史失其姓。[249]其地不詳。[250]郎，帝王的侍從官名。伏波，伏波將軍路博德，漢朝討南越的將領之一。呂嘉，南越丞相，因不願接受漢王朝使南越等同其國內諸侯的做法而起兵反漢，兵敗被殺。[251]漢縣名，縣治在今安徽定遠東南。[252]東越繇王，名居股，在吳陽、建成等人的佐助下，殺反漢的東越王餘善而降漢。[253]居服，〈東越列傳〉作「居股」。[254]漢縣名，即今江蘇無錫。[255]漢縣名，縣治在今湖北光化城西。[256]受封者名嘉，史失其姓。其父名弁，為南越的南海郡守，郡治即今廣州市。因其父死，故嘉受封。[257]元封元年侯嘉受封為侯。侯嘉，名嘉，史失其姓。[258]漢邑名，在今山東新泰西。[259]應作「二」。[260]四月丁卯，四月十三。此受封者名唊，史失其姓。[261]鄉名，有說在今河北鹽山境。[262]據《漢》表，「四月」下也應有「丁卯」二字。[263]其地不詳，有說即「畫邑」，在山東臨淄西北。[264]尼谿相，朝鮮王右渠所屬的部落之相。因右渠反漢，漢兵大至，故殺其王以降。[265]六月丙辰，六月初三。此尼谿相名參，史失其姓。[266]其地不詳。[267]小月氏，西域部族名，在今甘肅祁連山一帶。若苴王，小月氏的部落頭領。

國名	侯功	元光	元朔	元狩	元鼎	元封	太初已後
浩[270]	以故中郎將將兵捕得車師王，功侯[271]。					一[272] 四年，正月甲申，侯王恢元年。 四年，四月，侯恢坐使酒泉矯制害，當死，贖，國除。封凡三月[273]。	
瓡讘[274]	以小月氏王將眾千騎降，侯。					二 四年，正月乙酉，侯扜者元年[275]。 一 六年，侯勝元年。	四
幾[276]	以朝鮮王子漢兵圍朝鮮降，侯。					二 四年，三月癸未，侯張⿰阝各歸義元年。 六年，侯張⿰阝各使朝鮮，謀反，死，國除。	

涅陽	以朝鮮相路人漢兵至首先降，道死，其子侯[277]。					三 四年，三月壬寅，康侯子最元年。	二 太初二年，侯最死，無後，國除。
右太史公本表[278]							
當塗[279]	魏不害，以圉守尉捕淮陽反者公孫勇等侯[280]。						
蒲[281]	蘇昌，以圉尉史捕淮陽反者公孫勇等侯。						
遼陽[282]	江德，以圉廄嗇夫共捕淮陽反者公孫勇等侯[283]。						
富民[284]	田千秋，家在長陵。以故高廟寢郎上書諫孝武曰：「子弄父兵，罪當笞。父子之怒，自古有之。蚩尤畔父，黃帝涉江。」上書至意，拜為大鴻臚。征和四年為丞相，封三千戶。至昭帝時病死，子順代立，為虎牙將軍，擊匈奴，不至質，誅死，國除[285]。						
右孝武封國名[286]							

[268]十一月丁卯，十一月二十二。[269]舊本無「二」字，依例補。[270]有說即浩亹縣，今甘肅永登西南。[271]中郎將，帝王身邊的禁衛長官，統率諸郎，上屬郎中令。車師，西域國名，在今新疆吐魯番一帶。[272]「二」字應削。[273]矯制害，假傳聖旨造成惡果。[274]鄉名，有說在今山西永和西南。[275]扞者卒於元封五年。[276]古邑名，有說在今河北大名東南。[277]路人，朝鮮王右渠之丞相，往降漢軍，死於路，故封其子。[278]《索隱》曰：「七十二國，太史公舊；餘四十五國，褚先生補也。」梁玉繩曰：「六字褚生所改。孫侍御云：『史表原文必如〈惠景侯表〉之例云右元光至太初若干人。又海西、新時二侯並封於太初之世，史公不當遺之也。』至此下至當塗至陽平四十六侯，亦皆褚所續，非但侯位多有遺缺，其編錄之誤，不可指計。凡功勛罪狀國號姓名官職以及戶數年數，盡與《漢書》不合。」[279]漢縣名。縣治在今安徽懷遠西南。[280]圉，漢縣名，縣治即今河南杞縣西南之圉鎮。淮陽，漢縣名，縣治即今河南淮陽。公孫勇，淮陽人，曾任城父縣令，征和元年因謀反被捕殺。[281]其地不詳。[282]在今山東臨清境。[283]「圉」字舊本原作「園」，與文意不合，今改。圉廄嗇夫，管理圉縣馬棚的小吏。[284]在蘄縣境，今安徽宿州城南。[285]長陵，漢陵邑名，在今陝西咸陽東北。高廟寢郎，看守劉邦陵墓寢廟的小吏。大鴻臚，也叫奉常，掌管朝廷禮儀與宗廟祭祀，九卿之一。不至質，沒有到達規定的地點。[286]按：以上四侯雖列在褚先生說話之上，實亦褚先生所補。陳直曰：「《史記》『涅陽侯』以下，褚先生補武帝時四侯，《漢書》則有十一侯，當以《漢書》為準。」

後進好事儒者褚先生❶曰：太史公記事盡於孝武之事❷，故復修記孝昭以來功臣侯者，編於左方❸，令後好事者得覽觀成敗長短絕世之適❹，得以自戒焉。當世之君子，行權合變❺，度時施宜，希世用事❻，以建功有土封侯，立名當世，豈不盛哉！觀其持滿守成之道，皆不謙讓，驕蹇爭權，喜揚聲譽，知進不知退，終以殺身滅國。以三得之❼，及身失之，不能傳功於後世，令恩德流子孫，豈不悲哉！夫龍頟侯曾❽為前將軍，世俗順善❾，厚重謹信，不與政事❿，退讓愛人。其先起於晉六卿⓫之世。有土君國以來，為王侯，子孫相承不絕，歷年經世，以至于今，凡百餘歲⓬，豈可與功臣及身失之者同日而語之哉？悲夫，後世其誡之！

【章旨】以上為褚先生在他所補諸列侯功狀之前的小序，其勸喻受封者謙讓謹信自然是至理名言，但一味訓誡臣下，為最高統治者保駕護航的聲口令人生厭。

【注釋】❶褚先生　名少孫，元帝、成帝時期為郎，是最早見於記載的研究《史記》與補寫《史記》的人。其補寫的內容主要見於今本《史記》的〈三代世表〉、〈外戚世家〉、〈梁孝王世家〉、〈三王世家〉、〈張丞相列傳〉、〈田叔列傳〉、〈滑稽列傳〉、〈龜策列傳〉等八篇。陳直曰：「《漢舊儀》云『博士稱先生』，褚少孫為元、成間博士，故亦自稱『先生』。」❷盡於孝武之事　司馬遷寫《史記》的時間下限為武帝太初年間。❸左方　猶言「下面」、「後面」。古人豎行書寫，從右向左。❹成敗長短絕世之適　詞語不順，大意謂那些成功者、傳世久遠者經驗，與那些失敗者、很快將封爵斷送者的教訓。適，通「謫」。❺行權合變　採取特殊手段以解決特殊問題，如霍光之行廢立，杜延年等之除上官桀等。權，反經曰權，即臨時置宜，採取非常手段。❻希世用事　意即看風使舵，投合權勢者的需求，司馬遷曾用此語說叔孫通。❼以三得之　《集解》曰：「即上所謂

「行權合變，度時施宜，希世用事」也。」❽龍頟侯曾　韓曾，韓王信的後代，韓說之子。❾世俗順善　意即順從世俗，一味做好人。❿不與政事　這裡即指不攬權。與，參與；過問。⓫晉六卿　春秋後期把持晉國政權的六家大貴族，即范氏、中行氏、智氏、韓氏、趙氏、魏氏。如韓厥、韓起等皆韓曾之祖。⓬凡百餘歲　韓氏家族自文帝十六年（西元前一六四年）韓穨當自匈奴歸被封為弓高侯，一直到韓曾續封龍頟侯，韓曾為侯三十一年，前後已經歷了一百零七年。

【語　譯】晚輩書生褚少孫說：太史公在本篇的記事是結束在武帝年間，現在我再把昭帝以後大臣立功封侯的事情列在下邊，以便讓後代人們能夠看到那些成功者、傳世久遠者的經驗，與那些失敗者、很快將爵位斷送者的教訓，使自己引以為戒。當代有的君子能採取特殊手段以解決特殊問題，能根據當前形勢採用恰當措施，適應社會要求，從而立功封侯、揚名於世，好不轟轟烈烈呀！但觀察他們成功以後的表現，一點都不謙讓，驕奢爭權，多方賣弄，削尖腦袋往前鑽而不給自己留任何退路，以至於最後鬧得家敗人亡。辛辛苦苦掙來的爵賞，在當輩就丟掉了，不能傳到後代、留給子孫，這不是最大的悲哀嗎？看看人家龍雒侯韓曾，在他任前將軍的時候，順從世俗，厚道謹慎，從不攬權，謙讓好施。他的祖先是晉國的六卿之一，建立韓國以後，子孫相繼為王，經過漫長歲月一直到今天，已經有一百多年了，那些當代就丟掉爵位的人怎麼能跟人家韓氏家族相比呢？真讓人感慨呀，後人可要從中吸收教訓！

博陸❶	霍光，家在平陽。以兄驃騎將軍故貴。前事武帝，覺捕得侍中謀反者馬何羅等功侯，三千戶。中輔幼主昭帝，為大將軍。謹信，用事擅治，尊為大司馬，益封邑萬戶。後事宣帝。歷事三主，天下信鄉之，益封二萬戶。子禹代立，謀反，族滅，國除❷。

❶《集解》引文穎曰：「博，廣；陸，平，取其嘉名，無此縣也。」臣瓚曰：「漁陽有博陸城也。」按：漁陽即今北京密雲。❷霍光，驃騎將軍霍去病之弟，衛子夫皇后之姪，武帝臨終的託孤大臣。覺，發覺。馬何羅，巫蠱之亂的作孽者之一，為武帝身邊的侍從官員，先已傾倒太子，又欲謀害武帝，事覺被誅。昭帝，武帝的少子，鉤弋夫人所生，西元前八六—前七四年在位。尊為大司馬，時霍光為大司馬大將軍，位在丞相之上。宣帝，名詢，武帝之曾孫，巫蠱之亂中受害的太子劉據之孫，自小長在民間，西元前七三—前四九年在位。信鄉，信任；擁護。鄉，通「向」。子禹，霍光之子霍禹，與上官桀等勾結作亂，事發被誅。

秺❸	金翁叔名日磾，以匈奴休屠王太子從渾邪王將眾五萬降漢歸義，侍中，事武帝，覺捕侍中謀反者馬何羅等功侯，三千戶。中事昭帝，謹厚，益封三千戶。子弘代立，為奉車都尉，事宣帝。❹
安陽❺	上官桀，家在隴西。以善騎射從軍。稍貴，事武帝，為左將軍。覺捕斬侍中謀反者馬何羅弟重合侯通功侯，三千戶。中事昭帝，與大將軍霍光爭權，因以謀反，族滅，國除。❻
桑樂❼	上官安，以父桀為將軍故貴，侍中，事昭帝。安女為昭帝夫人，立為皇后故侯，三千戶。驕蹇，與大將軍霍光爭權，因以父子謀反，族滅，國除。❽
富平❾	張安世，家在杜陵。以故御史大夫張湯子武帝時給事尚書，為尚書令。事昭帝，謹厚習事，為光祿勳右將軍。輔政十三年，無適過，侯，三千戶。及事宣帝，代霍光為大司馬，用事，益封萬六千戶。子延壽代立，為太僕侍中。❿
義陽⓫	傅介子，家在北地。以從軍為郎，為平樂監。昭帝時，刺殺外國王，天子下詔書曰：「平樂監傅介子使外國，殺樓蘭王，以直報怨，不煩師，有功，其以邑千三百戶封介子為義陽侯。」子厲代立，爭財相告，有罪，國除。⓬
商利⓭	王山，齊人也。故為丞相史，會騎將軍上官安謀反，山說安與俱入丞相，斬安。山以軍功為侯，三千戶。上書願治民，為代太守。為人所上書言，繫獄當死，會赦，出為庶人，國除。⓮
建平⓯	杜延年，以故御史大夫杜周子給事大將軍幕府，發覺謀反者騎將軍上官安等罪，封為侯，邑二千七百戶，拜為太僕。元年出為西河太守。五鳳三年，入為御史大夫。⓰
弋陽⓱	任宮，以故上林尉捕格謀反者左將軍上官桀，殺之便門，封為侯，二千戶。後為太常，及行衛尉事。節儉謹信，以壽終，傳於子孫。⓲
宜城⓳	燕倉，以故大將軍幕府軍吏發謀反者騎將軍上官安罪有功，封侯，邑二千戶。為汝南太守，有能名。⓴
宜春㉑	王訢，家在齊。本小吏佐史，稍遷至右輔都尉。武帝數幸扶風郡，訢共置辦，拜為右扶風。至孝昭時，代桑弘羊為御史大夫。元鳳三年，代田千秋為丞相，封二千戶。立二年，為人所上書言暴，自殺，不殊。子代立，為屬國都尉。㉒
安平㉓	楊敞，家在華陰。故給事大將軍幕府，稍遷至大司農，為御史大夫。元鳳六年，代王訢為丞相，封二千戶。立二年，病死。子賁代立，十三年病死。子翁君代立，為典屬國。三歲，以季父惲故出惡言，繫獄當死，得免，為庶人，國除。㉔
右孝昭時所封國名㉕	

陽平㉖	蔡義，家在溫。故師受韓詩，為博士，給事大將軍幕府，為杜城門候。入侍中，授昭帝韓詩，為御史大夫。是時年八十，衰老，常兩人扶持乃能行。然公卿大臣議，以為為人主師，當以為相。以元平元年代楊敞為丞相，封二千戶。病死，絕無後，國除。㉗

❸侯國名，故治在今山東成武西北。❹金日磾，字翁叔，匈奴休屠王之子，隨渾邪王一道降漢。以忠心耿耿取信於漢武帝。休屠王，原是匈奴西部的一個王，因被霍去病打敗受匈奴單于疾恨，在隨渾邪王歸漢途中被渾邪王所殺。❺侯國名，故治在今河南安陽西南，割湯陰縣地以為之。❻隴西，漢郡名，郡治臨洮，即今甘肅岷縣。稍貴，漸漸貴盛。左將軍，時將軍有前、後、左、右之稱，位在諸雜號將軍之上。重合侯通，馬何羅之弟，名通，封重合侯，因謀反被誅。❼其地不詳。❽夫人，皇帝姬妾的通稱，細分則有美人、良人、八子、七子以及婕妤、昭儀等等。驕蹇，驕縱；跋扈。❾侯國名，故治在今山東陽信東南。❿杜陵，漢縣名，縣治在今西安東南。張湯，武帝時的著名酷吏，官至御史大夫。給事尚書，在尚書省服務。尚書省是為皇帝管理文件、檔案的官署。尚書令，尚書省的首席長官。光祿勳，原稱郎中令，九卿之一，統領皇帝侍從與主管宮殿門戶的警衛。適過，罪過，過錯。適，通「謫」。太僕，給皇帝趕車，並為皇帝管理車馬，九卿之一。⓫侯國名，故治在今河南信陽北。⓬北地，漢郡名，郡治馬領，今甘肅慶陽西北。郎，帝王的侍從人員，上屬郎中令。平樂監，平樂殿的管理官員。樓蘭，西域國名，都城在今新疆羅布泊之西北側。因其王勾結匈奴人，攔阻東西交通，殺漢使者，被傅介子等所刺殺。⓭侯國名，故治在今河南信陽北。⓮王山，據《漢書》此人曰「王壽」。丞相史，丞相手下的小吏，此時的丞相是車千秋。說安與俱入丞相，騙說上官安，將其引入丞相府。代太守，代郡的太守。代郡的郡治在今河北蔚縣東北。⓯侯國名，故治在今河南永城西南。⓰杜周，武帝時的著名酷吏。大將軍，指霍光，時為大司馬大將軍。元年，指宣帝元康元年，西元前六五年。西河，漢郡名，郡治平定，在今內蒙東勝境。五鳳，漢宣帝的第五個年號，西元前五七—前五四年。⓱侯國名，故治在今河南潢川西。⓲上林尉，掌管皇家獵場上林苑的武官。太常，也稱奉常，九卿之一，主管朝廷禮儀與宗廟祭祀諸事。行衛尉事，代理衛尉職權。衛尉也是九卿之一，主管宮廷守衛。⓳其地不詳。有說應作「宜成」，在今山東濟陽西北。⓴發，揭發；舉報。汝南，漢郡名，郡治在今河南平輿城北。㉑侯國名，故治即今江西宜春。㉒右輔都尉，首都長安西部地區的武官，當時長安地區分京兆尹、左馮翊、右扶風三部分，其行政長官位同郡守，其武官同於郡尉。右輔即指右扶風。共置辦，為皇帝與其隨行人員提供各種需要做得好。桑弘羊，武帝時的經濟大臣，任御史大夫。田千秋，因其受武帝恩寵，特准乘車進宮，故也稱「車千秋」。不殊，受傷而未死。屬國都尉，管理外族人降漢後集體居住的沿邊地區的武官。㉓其地不詳，有說在今江西安福東南。㉔華陰，漢縣名，縣治在今陝西華陰城東。大司農，九卿之一，掌管錢穀。典屬國，朝官名，主管降漢的外族事務。季父惲，楊惲，楊敞之子，司馬遷的外甥，以寫〈報孫會宗書〉發牢騷，被處死。按：中華本「惲」字原作「憚」，分明錯字，今據《漢書》改。繫獄當死，指楊翁君受其叔楊惲牽連被下獄，被判處死刑。㉕以上是昭帝時代（西元前八六—前七四年）所封的列侯共十二人。㉖漢縣名，縣治即今山東莘縣。㉗溫，漢縣名，縣治在今河南溫縣西南。韓詩，漢代講授《詩經》的一個門派，其開創者是燕國太傅韓嬰，今傳有《韓詩外傳》。博士，太學裡的教授，也有

扶陽㉘	韋賢，家在魯。通詩、禮、尚書，為博士，授魯大儒，入侍中，為昭帝師，遷為光祿大夫大鴻臚，長信少府。以為人主師，本始三年代蔡義為丞相，封扶陽侯，千八百戶。為丞相五歲，多恩，不習吏事，免相就第，病死。子玄成代立，為太常。坐祠廟騎，奪爵，為關內侯㉙。
平陵㉚	范明友，家在隴西。以家世習外國事，使護西羌。事昭帝，拜為度遼將軍，擊烏桓功侯，二千戶。取霍光女為妻。地節四年，與諸霍子禹等謀反，族滅，國除㉛。
營平㉜	趙充國。以隴西騎士從軍得官，侍中，事武帝。數將兵擊匈奴有功，為護軍都尉，侍中，事昭帝。昭帝崩，議立宣帝，決疑定策，以安宗廟功侯，封二千五百戶㉝。
陽成㉞	田延年。以軍吏事昭帝；發覺上官桀謀反事，後留遲不得封，為大司農。本造廢昌邑王議立宣帝，決疑定策，以安宗廟功侯，二千七百戶。逢昭帝崩，方上事並急，因以盜都內錢三千萬。發覺，自殺，國除㉟。
平丘㊱	王遷，家在衛。為尚書郎，習刀筆之文。侍中，事昭帝。帝崩，立宣帝，決疑定策，以安宗廟功侯，二千戶。為光祿大夫，秩中二千石。坐受諸侯王金錢財，漏泄中事，誅死，國除㊲。
樂成㊳	霍山。山者，大將軍光兄子也。光未死時上書曰：「臣兄驃騎將軍去病從軍有功，病死，賜謚景桓侯，絕無後，臣光願以所封東武陽邑三千五百戶分與山。」天子許之，拜山為侯。後坐謀反，族滅，國除㊴。
冠軍㊵	霍雲。以大將軍兄驃騎將軍嫡孫為侯。地節三年，天子下詔書曰：「驃騎將軍去病擊匈奴有功，封為冠軍侯。薨卒，子侯代立，病死無後。春秋之義，善善及子孫，其以邑三千戶封雲為冠軍侯。」後坐謀反，族滅，國除㊶。
平恩㊷	許廣漢，家昌邑。坐事下蠶室，獨有一女，嫁之。宣帝未立時，素與廣漢出入相通，卜相者言當大貴，以故廣漢施恩甚厚。地節三年，封為侯，邑三千戶。病死無後，國除㊸。
昌水㊹	田廣明。故郎，為司馬，稍遷至南郡都尉、淮陽太守、鴻臚、左馮翊。昭帝崩，議廢昌邑王，立宣帝，決疑定策，以安宗廟。本始三年，封為侯，邑二千三百戶。為御史大夫。後為祁連將軍，擊匈奴，軍不至質，當死，自殺，國除㊺。
高平㊻	魏相，家在濟陰。少學易，為府卒史，以賢良舉為茂陵令，遷河南太守。坐賊殺不辜，繫獄，當死，會赦，免為庶人。有詔守茂陵令，為楊州刺史，入為諫議大夫，復為河南太守，遷為大司農、御史大夫。地節三年，譖毀韋賢，代為丞相，封千五百戶。病死，長子賓代立，坐祠廟失侯㊼。
博望㊽	許中翁。以平恩侯許廣漢弟封為侯，邑二千戶。亦故有私恩，為長樂衛尉。死，子延年代立㊾。

樂平㊿　許翁孫，以平恩侯許廣漢少弟故為侯，封二千戶。拜為彊弩將軍，擊破西羌，還，更拜為大司馬、光祿勳。亦故有私恩，故得封。嗜酒好色，以早病死。子湯代立(51)。

的在帝王身邊充顧問之職。大將軍，指霍光。杜城門侯，看管杜縣城門的小官。元平元年，西元前七四年。「元平」是漢昭帝的最後一個年號，只一年。㉘侯國名，故治在今安徽蕭縣西南。㉙光祿大夫，光祿勳的屬官，在帝王身邊備參謀顧問。大鴻臚，原稱「典客」，主管封拜禮儀，接待外族來客等。長信少府，為太后宮管財管物的官。本始，漢宣帝的第一個年號，西元前七三—前七〇年。坐祠廟騎，在參加祭祀宗廟典禮的時候是騎馬去的，犯了不恭敬罪。關內侯，有侯爵而無封地，因只有住在首都，故稱關內侯，比有封地的列侯低一等。㉚其地諸說不一，有說在湖北均縣西，其他不錄。㉛護西羌，監護歸順漢王朝的今甘肅、青海東部一帶的西羌諸部落。度遼將軍，雜號將軍名，以出征地點為號。烏桓，當時活動在今內蒙古翁牛特旗、奈曼旗一帶的少數民族名。地節四年，西元前六六年。地節是漢宣帝的第二個年號。諸霍子禹，以霍禹為首的霍氏諸人。霍禹是霍光之子。㉜侯國名，有說故治在今山東濟南東。㉝護軍都尉，上屬大司馬，職掌監察監督諸將。議立宣帝，昭帝死後，霍光等曾先立武帝子昌邑王劉賀為帝；後又廢掉昌邑王，改立武帝子劉據之孫劉詢為帝，即宣帝，這在當時是驚天動地的大事件，趙充國是支持霍光的重要人物之一，故說他有「安宗廟功」。㉞其地說法不一，有說在河南，有說在安徽。㉟都內，都城的國庫。按：田延年在任大司農時「盜都內錢」，後以擁立宣帝被封侯，宣帝二年盜錢事被發覺，田延年自殺。㊱侯國名，故治在今山東肥城。㊲衛，古衛國之地，今河南淇縣、濮陽等一帶地區。秩，官階。中二千石，漢代之「二千石」分「中二千石」、「二千石」、「比二千石」三等，「中二千石」即「實足的二千石」，如九卿等官是；「二千石」低一等，如郡太守、諸侯相以及朝官中的中尉、詹事等是；「比二千石」更低一等。中事，宮廷裡的機密。㊳侯國名，故治在今山東聊城西南。㊴霍山，此文以為是霍去病之子，《漢書》則說是霍去病之孫。後坐謀反，即參與霍禹等人的謀反。㊵漢縣名，縣治在今河南鄧縣城西北。㊶嫡孫，既曰「子侯代立，病死無後」，此又稱霍雲是霍去病的「嫡孫」，似有矛盾。坐謀反，參與霍禹等人的謀反。㊷漢縣名，縣治在今河北丘縣西南。㊸下蠶室，即受宮刑。施恩甚厚，指對蒙難中的劉詢多有恩惠。㊹侯國名，故治在今山東鄒平長平西南。㊺南郡，漢郡名，郡治即今湖北江陵城西北之紀南城。淮陽，郡治即今河南淮陽。鴻臚，大鴻臚，原稱典客，九卿之一。左馮翊，首都東部地區的行政長官，位同郡守。本始三年，西元前七一年。「本始」是漢宣帝的第一個年號。不至質，沒有到達指定地點。祁連將軍，雜號將軍名，以出征地點命名。當死，判定死罪。㊻侯國名，故治在今河南枯城城北。㊼濟陰，漢郡名，郡治在今山東定陶城北。府卒史，濟陰郡的文職小吏。茂陵令，漢武帝園邑的行政長官，位同縣令。河南太守，河南郡的郡守，河南郡的郡治在洛陽。賊殺不辜，史無明載，魏相下獄的原因實乃出於霍光的誤解。守，代理；權理。楊州刺史，朝廷派出的探察楊州諸郡政務的官員，級別不高但權力甚大。諫議大夫，朝廷的言官，主管議論、糾彈。韋賢，一個靠讀儒書升任丞相的平庸官僚。坐祠廟失侯，即因下雨而騎馬前往參加祭祀宗廟而被問罪事，此事同時受譴者多人。㊽漢縣名，縣治在今南陽市東北。㊾許中翁，名舜，字中翁。故有私恩，宣帝蒙難時對宣帝有大恩。長樂衛尉，護衛長樂宮的軍事長官，九卿之一。㊿侯國名，故治在今河南桐柏城西。(51)大司馬，武帝時用為

將陵[52]	史子回。以宣帝大母家封為侯，二千六百戶，與平臺侯昆弟行也。子回妻宜君，故成王孫，嫉妒，絞殺侍婢四十餘人，盜斷婦人初產子臂膝以為媚道。為人所上書言，論弃市。子回以外家故不失侯[53]。
平臺[54]	史子叔。以宣帝大母家封為侯，二千五百戶。衛太子時，史氏內一女於太子，嫁一女魯王，今見魯王亦史氏外孫也。外家有親，以故貴，數得賞賜[55]。
樂陵[56]	史子長。以宣帝大母家貴，侍中，重厚忠信。以發覺霍氏謀反事，封三千五百戶[57]。
博成[58]	張章，父故潁川人，為長安亭長。失官，之北闕上書，寄宿霍氏第舍，臥馬櫪間，夜聞養馬奴相與語，言諸霍氏子孫欲謀反狀，因上書告反，為侯，封三千戶[59]。
都成[60]	金安上，先故匈奴。以發覺故大將軍霍光子禹等謀反事有功，封侯，二千八百戶。安上者，奉車都尉秺侯從羣子。行謹善，退讓以自持，欲傳功德於子孫[61]。
平通[62]	楊惲，家在華陰，故丞相楊敞少子，任為郎。好士，自喜知人，居眾人中常與人顏色，以故高昌侯董忠引與屏語，言霍氏謀反狀，共發覺告反，侯，二千戶，為光祿勳。到五鳳四年，作為妖言，大逆罪腰斬，國除[63]。
高昌[64]	董忠，父故潁川陽翟人，以習書詣長安。忠有材力，能騎射，用短兵，給事期門。與張章相習知，章告語忠霍禹謀反狀，忠以語常侍騎郎楊惲，共發覺告反，侯，二千戶。今為梟騎都尉，侍中。坐祠宗廟乘小車，奪百戶[65]。
爰戚[66]	趙成。用發覺楚國事侯，二千三百戶。地節元年，楚王與廣陵王謀反，成發覺反狀，天子推恩廣德義，下詔書曰「無治廣陵王」，廣陵不變更。後復坐祝詛滅國，自殺，國除。今帝復立子為廣陵王[67]。
酇[68]	地節三年，天子下詔書曰：「朕聞漢之興，相國蕭何功第一，今絕無後，朕甚憐之，其以邑三千戶封蕭何玄孫建世為酇侯。」[69]
平昌[70]	王長君，家在趙國，常山廣望邑人也。衛太子時，嫁太子家，為太子男史皇孫為配，生子男，絕不聞聲問，行且四十餘歲，至今元康元年中，詔徵，立以為侯，封五千戶。宣帝舅父也[71]。
樂昌[72]	王稚君，家在趙國，常山廣望邑人也。以宣帝舅父外家封為侯，邑五千戶。平昌侯王長君弟也[73]。
邛成[74]	王奉光，家在房陵。以女立為宣帝皇后，故封千五百戶。言奉光初生時，夜見光其上，傳聞者以為當貴云。後果以女故為侯[75]。
安遠[76]	鄭吉，家在會稽。以卒伍起從軍為郎，使護將弛刑士田渠梨。會匈奴單于死，國亂，相攻，日逐王將眾來降漢，先使語吉，吉將吏卒數百人往迎之。眾頗有欲還者，斬殺其渠率，遂與俱入漢。以軍功侯，二千戶[77]。

博陽(78)	邴吉，家在魯。本以治獄為御史屬，給事大將軍幕府。常施舊恩宣帝，遷為御史大夫，封侯，二千戶。神爵二年，代魏相為丞相。立五歲，病死。子翁孟代立，為將軍，侍中。甘露元年，坐祠宗廟不乘大車而騎至廟門，有罪，奪爵，為關內侯(79)。

「大將軍」、「驃騎將軍」的加官，宣帝時用為官名，略同於西漢初期的「太尉」，三公之一。光祿勳，前稱郎中令，統領皇帝的侍從，守衛宮殿門戶，九卿之一。(52)其地不詳。(53)史子回，名曾，字子回。大母，祖母，宣帝的祖母即史良娣，太子劉據的夫人。昆弟行，兄弟輩。成王，宜君之祖父，名字事跡不詳。媚道，用迷信手段祈請鬼神害人，如巫蠱就是其一。(54)其地不詳。(55)史子叔，名玄，字子叔。衛太子，武帝的太子，名據，衛子夫所生，故稱衛太子。征和二年，在巫蠱之禍中遇害。內，通「納」。送入。魯王，名光，景帝之孫，魯共王劉餘之子。今見魯王，現時在位的魯王，指劉慶忌，劉光之子。見，通「現」。(56)其地不詳。(57)霍氏，即霍禹、霍山等諸人。(58)其地不詳。(59)潁川，漢郡名，郡治陽翟，即今河南禹縣。北闕，未央宮的北門，當時給朝廷上書都在此處。馬櫪，餵馬用的槽。(60)其地不詳，有說在今山東鄄城東南。(61)奉車都尉秺侯，金日磾，其表見前。從羣子，許多姪子當中的一個。從子，姪。(62)侯國名，故治在今河南商水東南。(63)楊惲，司馬遷的外孫。自喜，自足，以某種行動為樂。與人顏色，做出一種賞識、友好的樣子。高適〈燕歌行〉有「天子非常賜顏色」語。引與屏語，拉他到無人處悄悄私語。(64)侯國名，故治在今山東博興西南。(65)以習書詣長安，陳直曰：「《漢書·藝文志》雜賦家有黃門書者王廣、呂嘉及黃門書者假史王商所作的賦，足證漢代能書者皆集中在黃門令署中。董忠以習書詣長安，等於候補書工。」給事期門，意即陪同皇帝一道遊獵。《集解》引《漢書·東方朔》：「武帝微行，出與侍中、常侍武騎及待詔隴西、北地良家子能騎射者期諸殿門，故有『期門』之號。」坐祠宗廟乘小車，與前數人之「坐祠廟騎」為同一種過失。奪百戶，削減其食邑百戶。(66)漢縣名，縣治在今山東嘉祥城南。(67)楚王，名延壽，楚元王劉交的後代，地節元年因謀反自殺。廣陵王，名胥，武帝之子，地節元年謀反被赦，至五鳳四年又以兒子罪，自殺。祝詛，祈請鬼神令皇帝速死。今帝，漢元帝，名奭，西元前四八—前三三年在位。復立子為廣陵王，復立劉胥之子劉霸為廣陵王。(68)漢縣名，縣治在今湖北光化城西北。(69)地節三年，《漢書》作地節四年。今絕無後，蕭何的子孫曾幾度中絕，朝廷幾次續封。武帝元封四年蕭壽成又因罪被廢，至此宣帝地節年間，蕭建世又再度受封。(70)侯國名，故治在今山東諸城西北。(71)王長君，名無故，字長君。常山廣望邑，常山郡的廣望縣，縣治在今河北清苑城西南。史皇孫，太子劉據之子，宣帝之父。因其為史良娣所生，故稱「史皇孫」。絕不聞聲問，斷絕來往，失掉音訊。按：此所謂「絕，不聞聲問」者，王長君也；行文不清，像是其姐妹，而其姐妹似乎已隨史皇孫遇難。元康元年，西元前六五年。「元康」是漢宣帝的第三個年號。(72)有說即今河南南樂西北之古樂昌縣，有說在今安徽太和東。(73)王稚君，名武，字稚君，王長君之弟。(74)有人以為應作郜城，在今山東成武東南。(75)房陵，漢縣名，縣治即今湖北房縣。(76)侯國名，故治在今安徽潁上西北。(77)會稽，漢郡名，郡治即今蘇州市。護將，押解；率領。弛刑士，剛剛宣告赦免的罪犯。田渠梨，在渠梨屯墾。渠梨，古西域國名，在今新疆尉犁西沙磧中。渠率，頭領；首要分子。(78)侯國名，故治在今河南項城西南。(79)御史屬，御史大夫的屬官。大將軍，指霍光。常施舊恩宣帝，因當時衛太子事尚未平反，宣帝

建成(80)	黃霸，家在陽夏，以役使徙雲陽。以廉吏為河內守丞，遷為廷尉監，行丞相長史事，坐見知夏侯勝非詔書大不敬罪，久繫獄三歲，從勝學尚書。會赦，以賢良舉為揚州刺史，潁川太守。善化，男女異路，耕者讓畔，賜黃金百斤，秩中二千石。居潁川，入為太子太傅，遷御史大夫。五鳳三年，代邴吉為丞相。封千八百戶(81)。
西平(82)	于定國，家在東海。本以治獄給事為廷尉史，稍遷御史中丞。上書諫昌邑王，遷為光祿大夫，為廷尉。乃師受春秋，變道行化，謹厚愛人。遷為御史大夫，代黃霸為丞相(83)。
右孝宣時所封	
陽平(84)	王稚君，家在魏郡。故丞相史。女為太子妃。太子立為帝，女為皇后，故侯千二百戶。初元以來，方盛貴用事，游宦求官於京師者多得其力，未聞其有知略廣宣於國家也(85)。

尚在蒙難。神爵二年，西元前六〇年。甘露元年，西元前五三年。(80)侯國名，故治在今河南永城西南。(81)陽夏，漢縣名，縣治即今河南太康。以役使徙雲陽，因為奴役鄉人被強制搬遷到雲陽縣。雲陽，今陝西淳化西北。河內守丞，河內郡的郡丞，河內郡的郡治懷縣，在今河南武陟西南。郡丞是郡守的助理。廷尉監，廷尉的副職。廷尉是國家的最高司法長官，九卿之一。丞相長史，丞相手下的諸史之長。見知，明知某人犯罪而不舉報。夏侯勝，以通儒術聞名，時為長信少府。非詔書，非議皇帝的命令。從勝學尚書，二人一起下獄，在獄裡黃霸向夏侯勝學習《尚書》。善化，善於以儒術教化百姓。讓畔，彼此推讓地界。(82)漢縣名，縣治在今河南西平西。(83)東海，漢郡名，郡治郯縣，今山東郯城城北。廷尉史，廷尉手下的小吏。御史中丞，御史大夫的屬官，主管監察彈劾。昌邑王，劉賀，武帝之孫，昭帝去世後曾被擁立為帝，後因荒淫無道被霍光所廢。光祿大夫，光祿勳的屬官，光祿勳原稱郎中令。(84)侯國名，故治在今山東莘縣。(85)王稚君，《集解》名傑，《漢書・外戚恩澤侯表》則名禁。漢元帝初元元年（前四八年）始封，劉玄更始元年（西元二三年）侯王莫為兵所殺。

【研　析】 從篇前短序的表面文字看，司馬遷引古證今，好像是在為漢武帝的征伐四夷尋找合理根據；似乎是皇帝的決策與這些將領的活動都是應該肯定、應該歌頌的。但這種理解與司馬遷在〈匈奴列傳〉、〈大宛列傳〉、〈南越列傳〉、〈朝鮮列傳〉、〈西南夷列傳〉、〈衛將軍驃騎列傳〉，尤其是〈平準書〉等所反映的情緒是大不相同的。公孫弘與主父偃都不是司馬遷喜歡的人物，但司馬遷對他們所發表的反對漢武帝對外擴張的言論卻極為欣賞，從而大篇幅的將它們引在列傳中。正是由於有大量的材料與此做比較，所以從古到今讀《史記》的人都說這篇表序含有諷刺，是似褒而實貶。

從歷史發展的角度看，漢武帝的開疆拓土對大一統的多民族國家的形成，對各民族之間的融合，對中外經濟、文化的交流都有不可磨滅的功勞；但在當時卻不能不說是一種非正義的武力擴張，而且這種擴張在當時給漢族與各兄弟民族的勞動人民都造成了嚴重的災難。司馬遷作為一個漢代臣子對此持批評態度，不論從民族主義還是從民主主義的立場，都不能不說是具有突出的進步性，其勇氣更不是一般人所能達到的。

自「涅陽侯」以下為褚少孫所補，計武帝時四侯，昭帝時十二侯，宣帝時二十九侯，元帝時一侯，共四十六侯，表的格式均為通體一欄，褚少孫在補表序中諄諄告誡功臣侯者子孫須有「持滿守成」之道，被清人尚鎔在《史記辨證》中譏為「全不知遷意，可謂狗尾續貂」。

卷二十一

建元已來王子侯者年表第九

【題解】本表譜列了漢武帝接受主父偃的建議大規模實行「推恩法」，令各諸侯王瓜分自己的領土以封其所有兒子為列侯的具體情況，本表共譜列了受封者一百六十三人，看似熱熱鬧鬧，其實是漢武帝為迅速消滅諸侯王所設的大圈套，司馬遷的簡短序言「似褒而實諷」。

制詔御史❶：「諸侯王或欲推私恩分子弟邑❷者，令各條上❸，朕且臨定其號名❹。」

太史公曰：盛哉，天子之德❺！一人有慶，天下賴之❻。

【章旨】以上為本表的小序，作者引入了武帝施行「推恩法」的詔令，並歌頌武帝這一舉措。

【注釋】❶制詔御史　皇帝下令給御史大夫。當時皇帝向全國頒布命令的程序是，皇帝先把自己的意旨告訴御史大夫，御史大夫根據皇帝的意旨形成文件轉發給丞相，丞相再發往全國。此過程可參看〈三王世家〉。❷推私恩分子弟邑　願意把自己封國的領土分成若干份，立自己的兒子或兄弟為列侯。漢代的諸侯王通常領有一個郡，其政治級別大體相當於郡守；而列侯的封土通常為一個縣，也有的不夠一個縣，其政治級別相當於縣令。瀧川曰：「推恩之說賈誼之遺策，而自主父偃發。」❸條上　開列清楚，報告上來。❹臨定其號名　審查、確定其封土、名號。梁玉繩曰：「此元朔二年詔也；《漢書》詔曰：『諸侯王請與子弟邑者，朕將親覽，使有列位焉』，所載不同，豈班、馬於詔辭亦擅改之耶？」❺盛哉二句　指其准許諸侯王推私恩以分封子弟而言。❻一人有慶二句　一個人有德惠，天下人都跟著沾光。按：二語出自《尚書・呂刑》，原文作「一人有慶，兆民賴之。」陳仁子曰：「遷之言，似頌似諷。」

【語　譯】皇帝下詔令給御史大夫說：「各諸侯王如果願意把自己封國的領土分出來，立自己的兒子或兄弟為列侯的，要他們開列清楚，報告上來，朕將親自審查、確定他們的封土和名號。」

太史公說：天子的德性多麼盛大呀！可說是一人有德惠，天下人都跟著沾光。

國名	王子號	元光❶	元朔❷	元狩❸	元鼎❹	元封❺	太初❻
茲❼	河間獻王子❽。	二 五年，正月壬子，侯劉明元年❾。	二 三年，侯明坐謀反殺人，弃市，國除。❿				
安成⓫	長沙定王子⓬。	一 六年，七月乙巳，思侯劉蒼元年⓭。	六⓮	六⓯	六 元年，今侯自當元年⓰。	六⓱	四⓲
宜春⓳	長沙定王子。	一 六年，七月乙巳，侯劉成元年⓴。	六㉑	六㉒	四 五年，侯成坐酎金，國除㉓。		

句容㉔	長沙定王子。	一 六年，七月乙巳，哀侯劉黨元年。	一㉕ 元年，哀侯黨薨，無後，國除。㉖				
句陵㉗	長沙定王子。	一 六年，七月乙巳，侯劉福元年。	六㉘	六㉙	四 五年，侯福坐酎金，國除。		
杏山㉚	楚安王子㉛。	一 六年，後九月壬戌，侯劉成元年㉜。	六㉝	六㉞	四 五年，侯成坐酎金，國除。		

❶西元前一三四－前一二九年。❷西元前一二八－前一二三年。❸西元前一二二－前一一七年。❹西元前一一六－前一一一年。❺西元前一一〇－前一〇五年。❻西元前一〇四－前一〇一年。❼梁玉繩曰：「疑即太原茲氏縣，或云是琅邪茲鄉。」茲氏在今山西汾陽東南；茲鄉在今山東諸城西北。❽河間獻王名德，景帝之子，栗姬所生。❾正月壬子，正月十九。劉明在元光年間為侯二年。❿梁玉繩曰：「明何嘗謀反，但殺人耳。」孫侍御曰：「疑是坐謀殺人，衍一『反』字。」⓫漢縣名，在今江西安福西。⓬長沙定王劉發，景帝子，唐姬所生。⓭七月乙巳，七月二十。劉蒼在元光年間為侯一年。⓮劉蒼在元朔年間繼續為侯。⓯劉蒼卒於元狩六年。⓰劉自當於武帝元鼎元年襲其父位為侯。⓱劉自當在元封年間繼續為侯。⓲劉自當在太初年間繼續為侯。⓳漢縣名，縣治即今江西宜春。⓴劉成在元光年間為侯一年。㉑劉成在元朔年間繼續為侯。㉒劉成在元狩年間繼續為侯。㉓劉成因所交助朝廷祭祀宗廟的金銀不合標準，被廢。酎，濃酒。酎金，諸侯王與列侯們上交朝廷的隨祭宗廟的分子錢，這是武帝為打擊地方勢力所用的重要藉口之一。㉔有說即今江蘇句容者，似乎離長沙太遠。㉕舊本原文無「一」字，依表例應有，今補。㉖劉黨卒於元朔元年。㉗應作容陵，在今湖南攸縣北。㉘劉福在元朔年間繼續為侯。㉙劉福在元狩年間繼續為侯。㉚其地不詳。㉛楚安王，劉道，楚元王劉交之孫，劉禮之子。㉜後九月壬戌，閏九月的初八。當時以十月為歲首，閏月都放在一年的最後。㉝劉成在元朔年間繼續為侯。㉞劉成在元狩年間繼續為侯。

國名	王子號	元光	元朔	元狩	元鼎	元封	太初
浮丘[35]	楚安王子。	一 六年，後九月壬戌，侯劉不審元年[36]。	六[37]	四[38] 二 五年，侯霸元年[39]。	四 五年，侯霸坐酎金，國除。		
廣戚[40]	魯共王子[41]。		六 元年，十月丁酉，節侯劉擇元年[42]。	六 元年，侯始元年[43]。	四 五年，侯始坐酎金，國除。		
丹楊[44]	江都易王子[45]。		六 元年，十二月甲辰，哀侯敢元年[46]。	一 元狩元年，侯敢薨，無後，國除[47]。			
盱台[48]	江都易王子。		六 元年，十二月甲辰，侯劉象之元年[49]。	六[50]	四 五年，侯象之坐酎金，國除。		
湖孰[51]	江都易王子。		六 元年，正月丁卯，頃侯劉胥元年[52]。	六[53]	四[54] 二 五年，今侯聖元年。	六[55]	四[56]
秩陽[57]	江都易王子。		六 元年，正月丁卯，終侯劉漣元年。	六[58]	三[59] 四年，終侯漣薨，無後，國除。		

國名	王子號	元光	元朔	元狩	元鼎	元封	太初
睢陵[60]	江都易王子。		六 元年，正月丁卯，侯劉定國元年。	六[61]	四 五年，侯定國坐酎金國除。		
龍丘[62]	江都易王子。		五 二年，五月乙巳，侯劉代元年[63]。	六[64]	四 五年，侯代坐酎金國除。		
張梁[65]	江都易王子。		五 二年，五月乙巳，哀侯劉仁元年。	六[66]	二[67] 四 三年，今侯順元年。	六[68]	四[69]
劇[70]	菑川懿王子[71]。		五 二年，五月乙巳，原侯劉錯元年[72]。	六[73]	一[74] 五 二年，孝侯廣昌元年[75]。	六[76]	四[77]

[35]有說在今安徽五河東。[36]侯劉不審，《漢書》作「節侯劉不害」。[37]劉不審在元朔年間繼續為侯。[38]劉不審卒於元狩四年。[39]元狩五年，劉霸襲父位為侯。在元狩年間為侯二年。[40]舊治在今江蘇沛縣東。[41]魯共王，劉餘，景帝之子，程姬所生。[42]十月丁酉，十月十四。劉擇於元朔元年被封侯，元朔六年卒。「擇」字有本作「將」。[43]元狩元年，劉始襲父位為侯。[44]在今安徽蕪湖附近。[45]江都易王，劉非，景帝子，程姬所生。[46]十二月甲辰，十二月二十二。[47]原無「二」字，今依表例增。[48]舊治在今江蘇盱眙東北。[49]「象」字《漢書》作「蒙」。[50]劉象之在元狩年間繼續為侯。[51]舊治即今江蘇江寧東南之湖孰鎮。[52]正月丁卯，正月十五。[53]劉胥在元狩年間繼續為侯。[54]劉胥卒於元鼎四年。[55]劉聖在元封年間繼續為侯。[56]劉胥在太初年間繼續為侯。[57]有說應作「秣陵」，在今江蘇江寧南之秣陵鎮。[58]劉漣在元狩年間繼續為侯。[59]應作「四」。[60]有說應作「淮陵」，在今安徽嘉山東北。[61]劉定國在元狩年間繼續為侯。[62]其地不詳。[63]五月乙巳，五月初一。[64]劉代在元狩年間繼續為侯。[65]故地在今河南商丘附近。[66]劉仁在元狩年間繼續為侯。[67]劉仁卒於元鼎二年。[68]劉順在元封年間繼續為侯。[69]劉順在太初年間繼續為侯。[70]在今山東昌樂西。陳直曰：「《齊魯封泥集存》有『劇丞』封泥，字形從力不從

國名	王子號	元光	元朔	元狩	元鼎	元封	太初
壤[78]	菑川懿王子。		五 二年，五月乙巳，夷侯劉高遂元年。	六[79]	六 元年，今侯延元年[80]。	六[81]	四[82]
平望[83]	菑川懿王子。		五 二年，五月乙巳，夷侯劉賞元年。	二[84] 四 三年，今侯楚人元年。	六[85]	六[86]	四[87]
臨原[88]	菑川懿王子。		五 二年，五月乙巳，敬侯劉始昌元年。	六[89]	六[90]	六[91]	四[92]
葛魁[93]	菑川懿王子。		五 二年，五月乙巳，節侯劉寬元年。	三[94] 三 四年，侯戚元年。	二 三年，侯戚坐殺人，弃市，國除。		
益都[95]	菑川懿王子。		五 二年，五月乙巳，侯劉胡元年。	六[96]	六[97]	六[98]	四[99]
平酌[100]	菑川懿王子。		五 二年，五月乙巳，戴侯劉彊元年。	六[101]	六 元年，思侯中時元年[102]。	六[103]	四[104]

劇魁[105]	壽梁[111]	平度[113]
菑川懿王子。	菑川懿王子。	菑川懿王子。
五 二年，五月乙巳，夷侯劉墨元年。	五 二年，五月乙巳，侯劉守元年。	五 二年，五月乙巳，侯劉衍元年。
六[106]	六[112]	六[114]
六[107]	四 五年，侯守坐酎金，國除。	六[115]
三 元年，侯昭元年[108]。 三 四年，侯德元年[109]。		六[116]
四[110]		四[117]

刀。」[71]菑川懿王，劉志，齊悼惠王劉肥之子，「懿」字是謚。[72]五月乙巳，五月初一。[73]劉錯在元狩年間繼續為侯。[74]劉錯卒於元鼎元年。[75]孝，應作「今」。[76]劉廣昌在元封年間繼續為侯。[77]劉廣昌在太初年間繼續為侯。[78]其地未詳。[79]劉高遂卒於元狩六年。[80]《漢書》稱延父卒於元朔三年，延以元朔四年嗣侯，與此異。[81]劉延在元封年間繼續為侯。[82]劉延在太初年間繼續為侯。[83]舊治在今山東壽光東北。[84]元狩二年劉賞卒。[85]劉楚人在元鼎年間繼續為侯。[86]劉楚人在元封年間繼續為侯。[87]劉楚人在太初年間繼續為侯。[88]舊治在今山東臨朐東。[89]劉始昌在元狩年間繼續為侯。[90]劉始昌在元鼎年間繼續為侯。[91]劉始昌在元封年間繼續為侯。[92]劉始昌在太初年間繼續為侯。[93]其地不詳。[94]元狩三年劉寬卒。[95]舊治在今山東壽光西北。[96]劉胡在元狩年間繼續為侯。[97]劉胡在元鼎年間繼續為侯。[98]劉胡在元封年間繼續為侯。[99]劉胡在太初年間繼續為侯。[100]有說應作「平的」，北海郡有平的縣。[101]劉彊卒於元狩六年。[102]劉中時，謚「思」。按：此處實應作「今侯中時」。[103]劉中時在元封年間繼續為侯。[104]劉中時在太初年間繼續為侯。[105]其地不詳。[106]劉墨在元狩年間繼續為侯。[107]劉墨卒於元鼎六年。[108]劉昭於元封元年襲父位為侯，卒於元封三年。[109]劉德於元封四年襲父位為侯。[110]劉德在太初年間繼續為侯。[111]有說應作「壽良」，在今山東東平西南；有說應作「壽光」，在今山東壽光附近。[112]劉守在元狩年間繼續為侯。[113]舊治在今山東平度西南。[114]劉衍在元狩年間繼續為侯。[115]劉衍在元鼎年間繼續為侯。[116]劉衍在元封年間繼續為侯。[117]劉衍在太初年間繼續為侯。

國名	王子號	元光	元朔	元狩	元鼎	元封	太初
宜成[118]	菑川懿王子。		五 二年，五月乙巳，康侯劉偃元年。	六[119]	六 元年，侯福元年。	六[120]	元年，侯福坐殺弟，弃市，國除。
臨朐[121]	菑川懿王子。		五 二年，五月乙巳，哀侯劉奴元年[122]。	六[123]	六[124]	六[125]	四[126]
雷[127]	城陽共王子[128]。		五 二年，五月甲戌，侯劉稀元年[129]。	六[130]	五 五年，侯稀坐酎金，國除。		
東莞[131]	城陽共王子。		三 二年，五月甲戌，侯劉吉元年[132]。五年，侯吉有痼疾，不朝，廢，國除。				

辟[133]	城陽共王子。		三 二年，五月甲戌，節侯劉壯元年[134]。 二 五年，侯朋元年。	六[135]	四 五年，侯朋坐酎金，國除[136]。		
尉文[137]	趙敬肅王子[138]。		五 二年，六月甲午，節侯劉丙元年[139]。	六 元年，侯犢元年。	四 五年，侯犢坐酎金，國除。		
封斯[140]	趙敬肅王子。		五 二年，六月甲午，共侯劉胡陽元年[141]。	六[142]	六[143]	六[144]	二[145] 二 三年，今侯如意元年。

[118]舊治在今山東濟陽西北。[119]劉偃卒於元狩六年。[120]劉福在元封年間繼續為侯。[121]舊治在今山東掖縣北。[122]哀侯，當作「今侯」。[123]劉奴在元狩年間繼續為侯。[124]劉奴在元鼎年間繼續為侯。[125]劉奴在元封年間繼續為侯。[126]劉奴在太初年間繼續為侯。[127]即「慮」，舊治在今山東沂水西南。[128]城陽共王，劉喜，劉章之子。[129]五月甲戌，五月三十。稀，《漢書》作「豨」。[130]劉稀在元狩年間繼續為侯。[131]舊治即今山東沂水。[132]五月甲戌，五月三十。[133]有說應作「辟城」，在今山東莒縣東南。[134]劉壯卒於元朔四年。[135]劉朋在元狩年間繼續為侯。[136]朋，《漢書》作「明」。[137]有說即今河北蔚縣，有說在今河北無極南。[138]趙敬肅王，劉彭祖，景帝之子，賈夫人所生。梁玉繩曰：「『尉文』以下十四人皆以敬肅王子封，而敬肅王彭祖封於景帝二年，薨於太始四年，在位六十三載，不應稱謚。以此表書『衡山王賜』例之，當云『趙王彭祖子』。〈五宗世家〉諸王皆稱謚，惟彭祖獨曰『趙王』，亦可証表中『敬肅』二字為後人妄增。」[139]劉丙卒於元朔六年。[140]舊治在今河北趙縣西北。[141]共侯劉胡陽，《漢書》作「戴侯胡傷」。陳直曰：「『胡傷』與『無傷』、『何傷』義皆相近，為兩漢人之習俗語。」[142]劉胡陽在元狩年間繼續為侯。[143]劉胡陽在元鼎年間繼續為侯。[144]劉胡陽在元封年間繼續為侯。[145]劉胡陽卒於太初二年。

國名	王子號	元光	元朔	元狩	元鼎	元封	太初
榆丘(146)	趙敬肅王子。		五 二年，六月甲午，侯劉壽福元年(147)。	六(148)	四 五年，侯壽福坐酎金，國除。		
襄嚵(149)	趙敬肅王子。		五 二年，六月甲午，侯劉建元年。	六(150)	四 五年，侯建坐酎金，國除。		
邯會(151)	趙敬肅王子。		五 二年，六月甲午，侯劉仁元年(152)。	六(153)	六(154)	六(155)	四(156)
朝(157)	趙敬肅王子。		五 二年，六月甲午，侯劉義元年。	六(158)	二(159) 四 三年，今侯祿元年。	六(160)	四(161)
東城(162)	趙敬肅王子。		五 二年，六月甲午，侯劉遺元年。	六(163)	元年，侯遺有罪，國除(164)。		
陰城(165)	趙敬肅王子。		五 二年，六月甲午，侯劉蒼元年。	六(166)	六(167)	元年，侯蒼有罪，國除(168)。	

廣望[169]	將梁[176]	新館[178]	新處[180]
中山靖王子[170]。	中山靖王子。	中山靖王子。	中山靖王子。
五 二年，六月甲午，侯劉安中元年[171]。	五 二年，六月甲午，侯劉朝平元年。	五 二年，六月甲午，侯劉未央元年。	五 二年，六月甲午，侯劉嘉元年。
六[172]	六[177]	六[179]	六[181]
六[173]	四 五年，侯朝平坐酎金，國除。	四 五年，侯未央坐酎金，國除。	四 五年，侯嘉坐酎金，國除。
六[174]			
四[175]			

[146]有說即今山西榆次。[147]壽福，《漢書》作「受福」。[148]劉壽福在元狩年間繼續為侯。[149]有說即廣平縣，在今河北曲周城北。[150]劉建在元狩年間繼續為侯。[151]舊治在今河南安陽西北。[152]六月甲午，六月二十。[153]劉仁在元狩年間繼續為侯。[154]劉仁在元鼎年間繼續為侯。[155]劉仁在元封年間繼續為侯。[156]劉仁在太初年間繼續為侯。[157]在今山東舊朝城南。[158]劉義在元狩年間繼續為侯。[159]劉義卒於元鼎二年。[160]劉祿在元封年間繼續為侯。[161]劉祿在太初年間繼續為侯。[162]在今河北邯鄲附近。[163]劉遺在元狩年間繼續為侯。[164]《漢書》作「為孺子所殺」，「孺子」是其妾之名。[165]在今河北曲周附近。[166]劉蒼在元狩年間繼續為侯。[167]劉蒼在元鼎年間繼續為侯。[168]侯蒼有罪二句 梁玉繩曰：「此是元封元年，《漢表》云『思侯蒼封十七年，太初元年薨，嗣子有罪不得代。』《唐世襲表》廣平劉氏亦云『蒼薨，嗣子有罪不得立』。此既失書諡，而「有罪」上下有脫文。上脫「薨，嗣子」三字；下脫「不得代」三字，中缺「一」字。」[169]舊治在今河北清苑南。[170]中山靖王，劉勝，景帝之子，賈夫人所生。[171]劉安中，《漢書》作「劉忠」。[172]劉安中在元狩年間繼續為侯。[173]劉安中在元鼎年間繼續為侯。[174]劉安中在元封年間繼續為侯。[175]劉安中在太初年間繼續為侯。[176]在當時的廣望縣境，今保定市南。[177]劉朝平在元狩年間繼續為侯。[178]有疑為「新昌」之誤，在今河北新城東南。[179]劉未央在元狩年間繼續為侯。[180]舊治在今河北定縣西北。[181]劉嘉在元狩年間繼續為侯。

國名	王子號	元光	元朔	元狩	元鼎	元封	太初
陘城[182]	中山靖王子。		五 二年，六月甲午，侯劉貞元年。	六[183]	四 五年，侯貞坐酎金，國除。		
蒲領[184]	廣川惠王子[185]。		四 三年，十月癸酉，侯劉嘉元年[186]。	[187]			
西熊[188]	廣川惠王子。		四 三年，十月癸酉，侯劉明元年。				
棗彊[189]	廣川惠王子。		四 三年，十月癸酉，侯劉晏元年。				
畢梁[190]	廣川惠王子。		四 三年，十月癸酉，侯劉嬰元年[191]。	六[192]	六[193]	三 四年，侯嬰有罪，國除。	
房光[194]	河間獻王子[195]。		四 三年，十月癸酉，侯劉殷元年。	六[196]	元年，侯殷有罪，國除。		

距陽[197]	河間獻王子。		四 三年，十月癸酉，侯劉匄元年。	四[198] 二 五年，侯渡元年。[199]	四 五年，侯渡有罪，國除。		
蔞[200]	河間獻王子。		四 三年，十月癸酉，侯劉邈元年。	六[201]	六[202]	六 元年，今侯嬰元年。	四
阿武[203]	河間獻王子。		四 三年，十月癸酉，涽侯劉豫元年。[204]	六[205]	六[206]	六[207]	二[208] 二 三年，今侯寬元年。
參戶[209]	河間獻王子。		四 三年，十月癸酉，侯劉勉元年。[210]	六[211]	六[212]	六[213]	四[214]

[182]有說應作「陸地」，在今河北定縣東北。[183]劉貞在元狩年間繼續為侯。[184]舊治在今河北阜城東北。[185]廣川惠王，劉越，景帝之子，王夫人所生。[186]十月癸酉，十月初一。[187]蒲領、西熊、棗彊三格之下半截諸本皆失印。[188]其地不詳。[189]舊治在今河北棗強東南。[190]其地不詳。[191]十月癸酉，十月初一。[192]劉嬰在元狩年間繼續為侯。[193]劉嬰在元鼎年間繼續為侯。[194]有說即房子縣，在今河北高邑西南。[195]河間獻王，劉德，景帝之子，栗姬所生。[196]劉殷在元狩年間繼續為侯。[197]其地不詳。[198]劉匄卒於元狩四年。[199]《漢書》稱劉匄卒於元鼎四年，其子乃元鼎五年襲侯，與此異。[200]梁玉繩以為應在今河北饒陽境內。原作「蔞安」。梁玉繩《志疑》卷一四曰：「〈漢表〉無『安』字，是也。」今據刪。[201]劉邈在元狩年間繼續為侯。[202]劉邈卒於元鼎六年。[203]舊治在今河北獻縣西北。[204]涽侯，《漢書》作「戴侯」，疑此誤。[205]劉豫在元狩年間繼續為侯。[206]劉豫在元鼎年間繼續為侯。[207]劉豫在元封年間繼續為侯。[208]劉豫卒於太初二年。[209]舊治在今河北青縣西南。[210]「侯」上應有「今」字。[211]劉勉在元狩年間繼續為侯。[212]劉勉在元鼎年間繼續為侯。[213]劉勉在元封年間繼續為侯。[214]劉勉在太初年間繼續為侯。

國名	王子號	元光	元朔	元狩	元鼎	元封	太初
州鄉[215]	河間獻王子。		四 三年，十月癸酉，節侯劉禁元年。	六[216]	六[217]	五[218] 一 六年，今侯惠元年。	四[219]
成平[220]	河間獻王子。		四 三年，十月癸酉，侯劉禮元年。	二 三年，侯禮有罪，國除。			
廣[221]	河間獻王子。		四 三年，十月癸酉，侯劉順元年。	六[222]	四 五年，侯順坐酎金，國除。		
蓋胥[223]	河間獻王子。		四 三年，十月癸酉，侯劉讓元年。	六[224]	四 五年，侯讓坐酎金，國除。		
陪安[225]	濟北貞王子[226]。		四 三年，十月癸酉，康侯劉不害元年。	六[227]	一[228] 二 二年，哀侯秦客元年。三年，侯秦客薨，無後，國除。		

榮簡[229]	濟北貞王子。		四 三年，十月癸酉，侯劉騫元年。	二 三年，侯騫有罪，國除。		
周堅[230]	濟北貞王子。		四 三年，十月癸酉，侯劉何元年。	四[231] 二 五年，侯當時元年。	四 五年，侯當時坐酎金，國除。	
安陽[232]	濟北貞王子。		四 三年，十月癸酉，侯劉桀元年。	六[233]	六[234]	六[235]	四[236]
五攄[237]	濟北貞王子[238]。		四 三年，十月癸酉，侯劉臆丘元年。	六[239]	四 五年，侯臆丘坐酎金，國除。	

[215]舊治在今河北河間東北。[216]劉禁在元狩年間繼續為侯。[217]劉禁在元鼎年間繼續為侯。[218]劉禁卒於元封五年。[219]劉惠在太初年間繼續為侯。[220]舊治在今河北滄州西南。[221]其地不詳。[222]劉順在元狩年間繼續為侯。[223]其地不詳。[224]劉讓在元狩年間繼續為侯。[225]其地不詳。[226]濟北貞王，劉勃，淮南厲王劉長之子。[227]劉不害在元狩年間繼續為侯。[228]劉不害卒於元鼎元年。[229]舊治在今山東茌平西。[230]其地不詳，有說在今山東東阿東北。[231]劉何卒於元狩四年。[232]其地不詳。有說在今河北吳橋舊吳橋鎮東南。[233]劉桀在元狩年間繼續為侯。[234]劉桀在元鼎年間繼續為侯。[235]劉桀在元封年間繼續為侯。[236]劉桀在太初年間繼續為侯。[237]五攄　其地不詳。梁玉繩曰：「《漢表》『陪』前二侯在『安陽』、『五攄』之前，而『五攄』、『富』、『平』、『羽』、『胡母』五侯作『濟北式王子』。《索隱》謂〈漢表〉自『安陽』下尚作『貞王子』誤也。式王乃貞王子，時見為王。兩代王子同日受封者，蓋分封式王之弟若子也。與史皆作『貞王子』者異，疑莫能定。」[238]《漢書》稱此「五攄侯」為「濟北式王子」。濟北式王名胡，是濟北貞王劉勃之子。[239]劉臆丘在元狩年間繼續為侯。

國名	王子號	元光	元朔	元狩	元鼎	元封	太初
富[240]	濟北貞王子。[241]		四 三年，十月癸酉，侯劉龔元年。	六[242]	六[243]	六[244]	四[245]
陪[246]	濟北貞王子。		四 三年，十月癸酉，繆侯劉明元年[247]。	六[248]	二[249] 三年，侯邑元年。 二 五年，侯邑坐酎金，國除。		
叢[250]	濟北貞王子。		四 三年，十月癸酉，侯劉信元年。	六[251]	四 五年，侯信坐酎金，國除。		
平[252]	濟北貞王子。[253]		四 三年，十月癸酉，侯劉遂元年。	元年，侯遂有罪，國除。			
羽[254]	濟北貞王子。[255]		四 三年，十月癸酉，侯劉成元年。	六[256]	六[257]	六[258]	四[259]

胡母[260]	濟北貞王子[261]。		四　三年，十月癸酉，侯劉楚元年。	六[262]	四　五年，侯楚坐酎金，國除。		
離石[263]	代共王子[264]。		四　三年，正月壬戌，侯劉綰元年[265]。	六[266]	六[267]	六[268]	四[269]
邵[270]	代共王子。		四　三年，正月壬戌，侯劉慎元年[271]。	六[272]	六[273]	六[274]	四[275]
利昌[276]	代共王子。		四　三年，正月壬戌，侯劉嘉元年。	六[277]	六[278]	六[279]	四[280]

[240]舊治在今山東肥城西南。[241]《漢書》稱此「富侯」為「濟北式王子」。[242]劉襲在元狩年間繼續為侯。[243]劉襲在元鼎年間繼續為侯。[244]劉襲在元封年間繼續為侯。[245]劉襲在太初年間繼續為侯。[246]有說在今山東平原西南。[247]劉明，《漢書》作「劉則」。[248]劉明在元狩年間繼續為侯。[249]劉明卒於元鼎二年。[250]其地不詳，有說在今山東臨沂境內。[251]劉信在元狩年間繼續為侯。[252]其地不詳。有說在今河南孟縣東者，恐非。[253]《漢書》稱此「平侯」為「濟北式王子」。[254]舊治在今山東禹城西南。[255]《漢書》稱此「羽侯」為「濟北式王子」。[256]劉成在元狩年間繼續為侯。[257]劉成在元鼎年間繼續為侯。[258]劉成在元封年間繼續為侯。[259]劉成在太初年間繼續為侯。[260]其地不詳。[261]《漢書》稱此「胡母侯」為「濟北式王子」。[262]劉楚在元狩年間繼續為侯。[263]舊治即今山西離石。[264]代共王，劉登，劉參之子，文帝之孫。[265]正月壬戌，正月二十二。[266]劉綰在元狩年間繼續為侯。[267]劉綰在元鼎年間繼續為侯。[268]劉綰在元封年間繼續為侯。[269]劉綰在太初年間繼續為侯。[270]其地不詳。[271]劉慎，《漢書》作「劉順」。[272]劉慎在元狩年間繼續為侯。[273]劉慎在元鼎年間繼續為侯。[274]劉慎在元封年間繼續為侯。[275]劉慎在太初年間繼續為侯。[276]其地不詳。有說在今山西離石境。[277]劉嘉在元狩年間繼續為侯。[278]劉嘉在元鼎年間繼續為侯。[279]劉嘉在元封年間繼續為侯。[280]劉嘉在太初年間繼續為侯。

國名	王子號	元光	元朔	元狩	元鼎	元封	太初
藺[281]	代共王子。		三年，正月壬戌，侯劉熹元年[282]。				
臨河[283]	代共王子。		三年，正月壬戌，侯劉賢元年。				
隰成[284]	代共王子。		三年，正月壬戌，侯劉忠元年。				
土軍[285]	代共王子。		三年，正月壬戌，侯劉郢客元年。		侯郢客坐與人妻姦，弃市[286]。		
皋狼[287]	代共王子。		三年，正月壬戌，侯劉遷元年。				
千章[288]	代共王子。		三年，正月壬戌，侯劉遇元年。				

博陽[289]	齊孝王子[290]。		四 三年，三月乙卯，康侯劉就元年[291]。	六[292]	二[293] 三年，侯終吉元年。 二 五年，侯終吉坐酎金，國除[294]。		
寧陽[295]	魯共王子[296]。		四 三年，三月乙卯，節侯劉恢元年[297]。	六[298]	六[299]	六[300]	四[301]
瑕丘[302]	魯共王子。		四 三年，三月乙卯，節侯劉貞元年[303]。	六[304]	六[305]	六[306]	四[307]

[281]舊治在今山西離石西。[282]正月壬戌，正月二十二。劉憙，《漢書》作「劉罷軍」。[283]有說應作「臨水」，舊治在今山西臨縣東北。有說指內蒙之臨河者，定非。[284]舊治在今山西離石城西。[285]即今山西石樓。[286]梁玉繩曰：「但與人妻姦，何至棄市？」[287]舊治在今山西離石西北。[288]其地應在今山西晉中、呂梁一帶。[289]舊治在今山東泰安東南。[290]齊孝王，劉將閭，劉肥之子，劉邦之孫。[291]三月乙卯，三月十六。[292]劉就在元狩年間繼續為侯。[293]劉就卒於元鼎二年。[294]終吉，《漢書》作「終古」。《史記》中有「轅終古」、「劉終古」，蓋取〈九歌〉「長無絕兮終古」之義。[295]舊治在今山東寧陽城南。[296]魯共王，劉餘，景帝之子。「共」字也寫作「恭」。[297]梁玉繩曰：「『節』字衍，『恢』應作『恬』。」[298]劉恢在元狩年間繼續為侯。[299]劉恢在元鼎年間繼續為侯。[300]劉恢在元封年間繼續為侯。[301]劉恢在太初年間繼續為侯。[302]舊治在今山東兗州城東北。[303]梁玉繩曰：「『節』字衍，『貞』字應作『政』。」[304]劉貞在元狩年間繼續為侯。[305]劉貞在元鼎年間繼續為侯。[306]劉貞在元封年間繼續為侯。[307]劉貞在太初年間繼續為侯。

國名	王子號	元光	元朔	元狩	元鼎	元封	太初
公丘[308]	魯共王子。		四 三年，三月乙卯，夷侯劉順元年[309]。	六[310]	六[311]	六[312]	四[313]
郁狼[314]	魯共王子。		四 三年，三月乙卯，侯劉騎元年。	六[315]	四 五年，侯騎坐酎金，國除。		
西昌[316]	魯共王子。		四 三年，三月乙卯，侯劉敬元年。	六[317]	四 五年，侯敬坐酎金，國除。		
陘城[318]	中山靖王子[319]。		四 三年，三月癸酉，侯劉義元年[320]。	六[321]	四 五年，侯義坐酎金，國除。		
邯平[322]	趙敬肅王子[323]。		四 三年，四月庚辰，侯劉順元年[324]。	六[325]	四 五年，侯順坐酎金，國除。		
武始[326]	趙敬肅王子。		四 三年，四月庚辰，侯劉昌元年。	六[327]	六[328]	六[329]	四[330]

象氏[331]	趙敬肅王子。		四 三年，四月庚辰，節侯劉賀元年。	六[332]	六[333]	二[334] 四 三年，思侯安德元年[335]。	四[336]
易[337]	趙敬肅王子[338]。		四 三年，四月庚辰，安侯劉平元年。	六[339]	六[340]	四[341] 二 五年，今侯種元年。	四[342]
洛陵[343]	長沙定王子[344]。		三 四年，三月乙丑，侯劉章元年[345]。	一 二年，侯章有罪，國除。			
攸輿[346]	長沙定王子。		三 四年，三月乙丑，侯劉則元年[347]。	六[348]	六[349]	六[350]	元年，侯則篡死罪，弃市，國除[351]。

[308]舊治在今山東滕縣東南。[309]「夷」字衍。[310]劉順在元狩年間繼續為侯。[311]劉順在元鼎年間繼續為侯。[312]劉順在元封年間繼續為侯。[313]劉順在太初年間繼續為侯。[314]舊治即今山東魚台東北之郁狼村。《齊魯封泥集存》有「郁狼鄉印」。[315]劉騎在元狩年間繼續為侯。[316]其地不詳，有說在今山東東平西北。[317]劉敬在元狩年間繼續為侯。[318]舊治在今河北定縣東北。[319]中山靖王，劉勝，景帝子。[320]三月癸酉，《漢書》作「三月乙卯」，此月無「癸酉」。[321]劉義在元狩年間繼續為侯。[322]舊治在今河北雞澤境。[323]趙敬肅王，劉彭祖，景帝子。[324]四月庚辰，四月十一。[325]劉順在元狩年間繼續為侯。[326]舊治在今河北邯鄲西南。[327]劉昌在元狩年間繼續為侯。[328]劉昌在元鼎年間繼續為侯。[329]劉昌在元封年間繼續為侯。[330]劉昌在太初年間繼續為侯。[331]舊治在今河北隆堯西北。[332]劉賀在元狩年間繼續為侯。[333]劉賀在元鼎年間繼續為侯。[334]劉賀卒於元封二年。[335]思侯，應作「今侯」。[336]劉安德在太初年間繼續為侯。[337]舊治在今河北柏鄉城北。[338]舊本此格無字，今依黃本補。[339]劉平在元狩年間繼續為侯。[340]劉平在元鼎年間繼續為侯。[341]劉平卒於元封四年。[342]劉種在太初年間繼續為侯。[343]其地不詳，有說應作「昭陵」，在今湖南邵陽。[344]長沙定王，劉發，景帝子。[345]三月乙丑，三月初二。劉章，《漢書》作「劉童」。[346]舊治在今

國名	王子號	元光	元朔	元狩	元鼎	元封	太初
荼陵(352)	長沙定王子。		三 四年，三月乙丑，侯劉欣元年。	六(353)	一(354) 五 二年，哀侯陽元年(355)。	六(356)	元年，侯陽薨，無後，國除。
建成(357)	長沙定王子。		三 四年，三月乙丑，侯劉拾元年。	五 六年，侯拾坐不朝，不敬，國除(358)。			
安眾(359)	長沙定王子。		三 四年，三月乙丑，康侯劉丹元年。	六(360)	六(361)	五(362) 一 六年，今侯山拊元年。	四(363)
葉(364)	長沙定王子。		三 四年，三月乙丑，康侯劉嘉元年(365)。	六(366)	四 五年，侯嘉坐酎金，國除。		
利鄉(367)	城陽共王子(368)。		三 四年，三月乙丑，康侯劉嬰元年(369)。	二 三年，侯嬰有罪，國除。			
有利(370)	城陽共王子。		三 四年，三月乙丑，侯劉釘元年(371)。	元年，侯釘坐遺淮南書稱臣，弃市，國除(372)。			

東平[373]	城陽共王子。			三 四年，三月乙丑，侯劉慶元年。	二 三年，侯慶坐與姊妹姦，有罪，國除。		
運平[374]	城陽共王子。			三 四年，三月乙丑，侯劉訢元年。	六[375]	四 五年，侯訢坐酎金，國除。	
山州[376]	城陽共王子。			三 四年，三月乙丑，侯劉齒元年。	六[377]	四 五年，侯齒坐酎金，國除。	

湖南攸縣東北。[347]三月乙丑，三月初二。[348]劉則在元狩年間繼續為侯。[349]劉則在元鼎年間繼續為侯。[350]劉則在元封年間繼續為侯。[351]篡死罪，劫奪犯了死罪的罪犯。[352]舊治在今湖南茶陵東。[353]劉欣在元狩年間繼續為侯。[354]劉欣卒於元鼎元年。[355]陽，《漢書》作「湯」。[356]劉陽在元封年間繼續為侯。[357]舊治即今江西高安。[358]侯拾坐不朝三句　梁玉繩曰：「此格內只當書「六」字，元狩時拾在位六年也。下元鼎格內應書「二」字，將上格「六年侯拾」十一字移於「二」字下，而改「六年」為「二年」方合。蓋《漢表》云「元鼎二年，坐使行人奉幣皮荐賀元年，十月不會，免。」元鼎改元在夏，故於二年十月賀改元也。」[359]舊治在今河南鎮平東南。[360]劉丹在元狩年間繼續為侯。[361]劉丹在元鼎年間繼續為侯。[362]劉丹卒於元封五年。[363]劉山拊在太初年間繼續為侯。[364]舊治在今河南葉縣西南。[365]嘉，《漢書》作「喜」。因罪被廢亦不應有謚。「康」字衍。[366]劉嘉在元狩年間繼續為侯。[367]舊治在今江蘇贛榆西。[368]城陽共王，劉喜，劉章之子。[369]因罪被廢不應有謚，「康」字衍。[370]其地或在今山東臨沂東南。[371]三月乙丑，三月初二。[372]坐遺淮南書稱臣三句　劉釘在給淮南王劉安寫信時，向劉安稱臣。時劉安正圖謀造反。梁玉繩曰：「中間有脫文，必不因「稱臣」棄市也。知者古人相語多自稱臣，即《史》、《漢》所載已不可枚舉矣。況淮南王安為釘之從祖，尊卑既別，名位亦殊，其稱臣也何罪？〈高祖功臣表〉有「廣平侯薛穰坐受淮南王財物稱臣國除」；又有「安平侯諤但坐與淮南王女陵通，遺淮南王書稱臣盡力棄市」，與釘為三。然彼所坐者重在淫賄交通，豈專為其「稱臣」哉？若釘專以稱臣棄市，則當日嚴助奉詔諭淮南王誅閩越事，助稱臣者再，何以不聞獲罪，直至同謀事覺始為張湯所誅乎？」
[373]其地在今山東費縣附近。[374]舊治在今山東沂水。[375]劉訢在元狩年間繼續為侯。[376]其地不詳。[377]劉齒在元狩年間繼續為侯。

國名	王子號	元光	元朔	元狩	元鼎	元封	太初
海常[378]	城陽共王子。		三 四年，三月乙丑，侯劉福元年。	六[379]	四 五年，侯福坐酎金，國除。		
鈞丘[380]	城陽共王子。		三 四年，三月乙丑，侯劉憲元年。	三[381] 三 四年，今侯執德元年[382]。	六[383]	六[384]	四[385]
南城[386]	城陽共王子。		三 四年，三月乙丑，侯劉貞元年[387]。	六[388]	六[389]	六[390]	四[391]
廣陵[392]	城陽共王子。		三 四年，三月乙丑，常侯劉表元年。	四[393] 二 五年，侯成元年。	四 五年，侯成坐酎金，國除。		
莊原[394]	城陽共王子。		三 四年，三月乙丑，侯劉皋元年。	六[395]	四 五年，侯皋坐酎金，國除。		
臨樂[396]	中山靖王子[397]。		三 四年，四月甲午，敦侯劉光元年[398]。	六[399]	六[400]	五[401] 一 六年，今侯建元年。	四[402]

東野[403]	中山靖王子。		三 四年，四月甲午，侯劉章元年。	六 [404]	六 [405]	六 [406]	四 [407]
高平[408]	中山靖王子。		三 四年，四月甲午，侯劉嘉元年。	六 [409]	四 五年，侯嘉坐酎金，國除。		
廣川[410]	中山靖王子。		三 四年，四月甲午，侯劉頗元年[411]。	六 [412]	四 五年，侯頗坐酎金，國除。		
千鍾[413]	河間獻王子[414]。		三 四年，四月甲午，侯劉搖元年[415]。	一 二年，侯陰不使人為秋請，有罪，國除[416]。			

[378]其地不詳。[379]劉福在元狩年間繼續為侯。[380]其地不詳，有說應作「騶丘」，在今山東鄒縣境內。[381]元狩三年劉憲卒。[382]執德，《漢書》作「報德」。[383]劉執德在元鼎年間繼續為侯。[384]劉執德在元封年間繼續為侯。[385]劉執德在太初年間繼續為侯。[386]舊治在今山東費縣西南。[387]三月乙丑，三月初二。[388]劉貞在元狩年間繼續為侯。[389]劉貞在元鼎年間繼續為侯。[390]劉貞在元封年間繼續為侯。[391]劉貞在太初年間繼續為侯。[392]有人說應作廣陽，在今北京良鄉東北，恐非。[393]元狩四年，劉表卒。[394]有說在今山東淄博之臨淄西。[395]劉皋在元狩年間繼續為侯。[396]舊治在今河北南皮東南。[397]中山靖王，劉勝，景帝之子。[398]四月甲午，四月初一。[399]劉光在元狩年間繼續為侯。[400]劉光在元鼎年間繼續為侯。[401]劉光卒於元封五年。[402]劉建在太初年間繼續為侯。按：梁玉繩以為劉建為侯不可能至太初。[403]其地不詳，有人以為應離山東費縣不遠。似非。[404]劉章在元狩年間繼續為侯。[405]劉章在元鼎年間繼續為侯。[406]劉章在元封年間繼續為侯。[407]劉章在太初年間繼續為侯。[408]其地不詳，有人以為在江蘇盱眙北，似非。不應遠離河北。[409]劉嘉在元狩年間繼續為侯。[410]舊治在今河北景縣西南。[411]四月甲午，四月初一。[412]劉頗在元狩年間繼續為侯。[413]舊治在今河北鹽山西南。[414]河間獻王，劉德，景帝之子。[415]劉搖，梁玉繩以為應作「劉陰」。[416]秋請，秋天朝見皇帝。陳直曰：「謂不使人請秋期來朝也。」

國名	王子號	元光	元朔	元狩	元鼎	元封	太初
披陽[417]	齊孝王子[418]。		三 四年，四月乙卯，敬侯劉燕元年[419]。	六[420]	四[421] 二 五年，今侯隅元年[422]。	六[423]	四[424]
定[425]	齊孝王子。		三 四年，四月乙卯，敬侯劉越元年。	六[426]	三[427] 三 四年，今侯德元年。	六[428]	四[429]
稻[430]	齊孝王子。		三 四年，四月乙卯，夷侯劉定元年。	六[431]	二[432] 四 三年，今侯都陽元年。	六[433]	四[434]
山[435]	齊孝王子。		三 四年，四月乙卯，侯劉國元年。	六[436]	六[437]	六[438]	四[439]
繁安[440]	齊孝王子。		三 四年，四月乙卯，侯劉忠元年。	六[441]	六[442]	六[443]	三 一 四年，今侯壽元年[444]。

柳445	雲450	牟平455
齊孝王子。	齊孝王子。	齊孝王子。
三 四年，四月乙卯，康侯劉陽元年。	三 四年，四月乙卯，夷侯劉信元年。	三 四年，四月乙卯，共侯劉渫元年。
六446	六451	二456 四 三年，今侯奴元年。
三447 三 四年，侯罷師元年。	五452 一 六年，今侯歲發元年。	六457
四448 二 五年，今侯自為元年。	六453	六458
四449	四454	四459

417舊治在今山東高青東南。418齊孝王，劉將閭，劉肥之子。419四月乙卯，四月二十二。420劉萁在元狩年間繼續為侯。421劉萁卒於元鼎四年。422隅，《漢書》作「偃」。423劉隅在元封年間繼續為侯。424劉隅在太初年間繼續為侯。425舊治在今山東樂陵東北。426劉越在元狩年間繼續為侯。427劉越卒於元鼎三年。428劉德在元封年間繼續為侯。429劉德在太初年間繼續為侯。430舊治在今山東高密西南。431劉定在元狩年間繼續為侯。432劉定卒於元鼎二年。433劉都陽在元封年間繼續為侯。434劉都陽在太初年間繼續為侯。435其地不詳。436劉國在元狩年間繼續為侯。437劉國在元鼎年間繼續為侯。438劉國在元封年間繼續為侯。439劉國在太初年間繼續為侯。440其地不詳。441劉忠在元狩年間繼續為侯。442劉忠在元鼎年間繼續為侯。443梁玉繩：「此元封六年也，然當分作兩「三」字，而橫行補「四年，安侯守元年」七字，〈漢表〉可據，此失去一代。」444壽，《漢書》作「壽漢」。445舊治在今河北鹽山東北。446劉陽在元狩年間繼續為侯。447元鼎三年劉陽卒。448劉元封四年劉罷師卒。449劉自為在太初年間繼續為侯。450有說在今山東陽信東南。451劉信在元狩年間繼續為侯。452元鼎五年劉信卒。453劉歲發在元封年間繼續為侯。454劉歲發在太初年間繼續為侯。455舊治在今山東福山西北。456元狩二年劉渫卒。457劉奴在元鼎年間繼續為侯。458劉奴在元封年間繼續為侯。459劉奴在太初年間繼續為侯。

國名	王子號	元光	元朔	元狩	元鼎	元封	太初
柴[460]	齊孝王子。		三 四年，四月乙卯，原侯劉代元年。	六[461]	六[462]	六[463]	四[464]
柏陽[465]	趙敬肅王子[466]。		二 五年，十一月辛酉，侯劉終古元年[467]。	六[468]	六[469]	六[470]	四[471]
鄗[472]	趙敬肅王子。		二 五年，十一月辛酉，侯劉延年元年。	六[473]	四 五年，侯延年坐酎金國除。		
桑丘[474]	中山靖王子[475]。		二 五年，十一月辛酉，節侯劉洋元年[476]。	六[477]	三[478] 三 四年，今侯德元年。	六[479]	四[480]
高丘[481]	中山靖王子。		二 五年，三月癸酉，哀侯劉破胡元年[482]。	六[483]	一[484] 元年，侯破胡薨，無後，國除。		
柳宿[485]	中山靖王子。		二 五年，三月癸酉，夷侯劉蓋元年。	二[486] 四 三年，侯蘇元年。	四 五年，侯蘇坐酎金國除。		

戎丘[487]	中山靖王子。		二 五年，三月癸酉，侯劉讓元年。	六[488]	四 五年，侯讓坐酎金國除。		
樊輿[489]	中山靖王子。		二 五年，三月癸酉，節侯劉條元年[490]。	六[491]	六[492]	六[493]	四[494]
曲成[495]	中山靖王子。		二 五年，三月癸酉，侯劉萬歲元年。	六[496]	四 五年，侯萬歲坐酎金，國除。		
安郭[497]	中山靖王子。		二 五年，三月癸酉，侯劉博元年[498]。	六[499]	六[500]	六[501]	四[502]

[460]舊治在今山東新泰西南。[461]劉代在元狩年間繼續為侯。[462]劉代在元鼎年間繼續為侯。[463]劉代在元封年間繼續為侯。[464]劉代在太初年間繼續為侯。[465]舊治在今河北臨城西。[466]趙敬肅王，劉彭祖，景帝之子。[467]十一月辛酉，十一月初一。[468]劉終古在元狩年間繼續為侯。[469]劉終古在元鼎年間繼續為侯。[470]劉終古在元封年間繼續為侯。[471]劉終古在太初年間繼續為侯。[472]舊治在今河北柏鄉北。[473]劉延年在元狩年間繼續為侯。[474]舊治在今河北徐水西南。[475]中山靖王，劉勝，景帝之子。[476]梁玉繩曰：「〈漢表〉作『三月癸酉』，是也。蓋靖王九子皆以『三月癸酉』封，不應桑丘獨先封四月。」[477]劉洋在元狩年間繼續為侯。[478]元鼎三年劉洋卒。[479]劉德在元封年間繼續為侯。[480]劉德在太初年間繼續為侯。[481]有說在今河北安平西南。[482]三月癸酉，三月十五。[483]劉破胡在元狩年間繼續為侯。[484]舊本原無「一」字，依表例補。[485]有說在今河北定縣東北。[486]元狩二年劉蓋卒。[487]其地不詳，有說在隴西者定非。[488]劉讓在元狩年間繼續為侯。[489]舊治在今河北徐水東南。[490]劉條，《漢書》作「劉修」。「節」字後人所增。[491]劉條在元狩年間繼續為侯。[492]劉條在元鼎年間繼續為侯。[493]劉條在元封年間繼續為侯。[494]劉條在太初年間繼續為侯。[495]其地不詳，應是涿郡境內。[496]劉萬歲在元狩年間繼續為侯。[497]舊治在今河北安國東南。[498]劉博，《漢書》作「劉傳富」。[499]劉博在元狩年間繼續為侯。[500]劉博在元鼎年間繼續為侯。[501]劉博在元封年間繼續為侯。[502]劉博在太初年間繼續為侯。

國名	王子號	元光	元朔	元狩	元鼎	元封	太初
安險[503]	中山靖王子。		二 五年，三月癸酉，侯劉應元年。	六[504]	四 五年，侯應坐酎金，國除。		
安遙[505]	中山靖王子[506]。		二 五年，三月癸酉，侯劉恢元年[507]。	六[508]	四 五年，侯恢坐酎金，國除。		
夫夷[509]	長沙定王子[510]。		二 五年，三月癸酉，敬侯劉義元年[511]。	六[512]	四[513] 二[514] 五年，今侯禹元年。	六[515]	四[516]
舂陵[517]	長沙定王子。		二 五年，六月壬子，侯劉買元年[518]。	六[519]	六	六	四
都梁[520]	長沙定王子。		二 五年，六月壬子，敬侯劉遂元年[521]。	六[522]	六 元年，今侯係元年。	六[523]	四[524]
洮陽[525]	長沙定王子。		二 五年，六月壬子，靖侯劉狗彘元年[526]。	五[527] 六年，侯狗彘薨，無後，國除。			

泉陵528	長沙定王子。		二　五年，六月壬子，節侯劉賢元年529。	六530	六531	六532	四533
終弋534	衡山王賜子535。		一　六年，四月丁丑，侯劉廣置元年536。	六537	四　五年，侯廣置坐酎金國除。		
麥538	城陽頃王子539。			六　元年，四月戊寅，侯劉昌元年540。	四　五年，侯昌坐酎金國除。		

503舊治在今河北定縣東南。504劉應在元狩年間繼續為侯。505其地不詳。506梁玉繩曰：「疑此侯是長沙定王子，與下『夫夷』六人同以『六月壬子』封。」507三月癸酉，依梁說應作「六月壬子」。508劉恢在元狩年間繼續為侯。509舊治在今湖南邵陽西。510長沙定王，劉發，景帝子。511梁玉繩曰：「長沙王子之封宜皆在六月壬子，不應夫夷獨先三月。」512劉義在元狩年間繼續為侯。513元鼎四年劉義卒。514原作「六」。元鼎僅六年。劉義卒於四年，故此處應為「二」。515劉禹在元封年間繼續為侯。516劉禹在太初年間繼續為侯。517舊治在今湖南寧遠北。518六月壬子，六月二十六。梁玉繩曰：「買諡節，此失書。買為光武之高祖。」519梁玉繩曰：「此謂元狩時買在位六年也，然考《漢表》，元狩二年買薨，三年子熊渠嗣，則當中書『二』、『四』字，又橫書曰『三年，今侯熊渠元年』，此缺熊渠一代，竟以買在位至太初已後，未免疏舛矣。」520舊治在今湖南武岡東北。521六月壬子，六月二十六。劉遂，《漢書》作「劉注」。522元狩六年劉遂卒。523劉係在元封年間繼續為侯。524劉係在太初年間繼續為侯。525舊治在今廣西全州北。526狗㲋，《漢書》作「狩燕」。527應作「六」。528舊治在今湖南零陵北。529「節」字後人所增。530劉賢在元狩年間繼續為侯。531劉賢在元鼎年間繼續為侯。532劉賢在元封年間繼續為侯。533劉賢在太初年間繼續為侯。534其地不詳，有說在今河南光山。535衡山王賜，劉賜，劉長之子。536四月丁丑，此年四月無「丁丑」，此誤。537劉廣置在元狩年間繼續為侯。538舊治在今山東膠南西南。539城陽頃王，劉延，劉喜之子，劉章之孫。540四月戊寅，此年四月無「戊寅」，此誤。梁玉繩曰：「此元狩元年也，麥侯以下二十五人俱封於元狩元年，各本史表皆然。乃《漢表》並以元鼎元年封，而核其年數又不盡合。進退參差，疑莫能定。」

國名	王子號	元光	元朔	元狩	元鼎	元封	太初
鉅合[541]	城陽頃王子。			六 元年，四月戊寅，侯劉發元年。	四 五年，侯發坐酎金，國除。		
昌[542]	城陽頃王子。			六 元年，四月戊寅，侯劉差元年。	四 五年，侯差坐酎金，國除。		
蕢[543]	城陽頃王子。			六 元年，四月戊寅，侯劉方元年。	四 五年，侯方坐酎金，國除。		
雩殷[544]	城陽頃王子。			六 元年，四月戊寅，康侯劉澤元年[545]。	六[546]	[547]	
石洛[548]	城陽頃王子。			六 元年，四月戊寅，侯劉敬元年。	六[549]	六[550]	四[551]
扶溸[552]	城陽頃王子。			六 元年，四月戊寅，侯劉昆吾元年。	六[553]	六[554]	四[555]

挍[556]	城陽頃王子。			六 元年，四月戊寅，侯劉霸元年[557]。	六[558]	六[559]	四[560]
朸[561]	城陽頃王子。			六 元年，四月戊寅，侯劉讓元年。	六[562]	六[563]	四[564]
父城[565]	城陽頃王子。			六 元年，四月戊寅，侯劉光元年。	四 五年，侯光坐酎金，國除。		
庸[566]	城陽頃王子。			六 元年，四月戊寅，侯劉譚元年[567]。	六[568]	六[569]	四[570]

[541]有說在今山東平原西南，有說在今歷城東。[542]舊治在今山東諸城東南。[543]舊治在今山東費縣西北。[544]其地不詳，大體應在古之萊州一帶。[545]「康」字後人所增。[546]劉澤在元鼎年間繼續為侯。[547]諸本此格無字。[548]大抵在今山東諸城境。陳直曰：「《小滄浪筆談》有『石洛侯印』，《十鍾冊房印舉》有『石洛家丞』印。〈漢表〉作『原洛』，誤。」[549]劉敬在元鼎年間繼續為侯。[550]劉敬在元封年間繼續為侯。[551]劉敬在太初年間繼續為侯。[552]其地不詳，大體在今山東諸城附近。[553]劉昆吾在元鼎年間繼續為侯。[554]劉昆吾在元封年間繼續為侯。[555]劉昆吾在太初年間繼續為侯。[556]舊治在今山東臨朐東。梁玉繩曰：「〈漢表〉城陽頃王子封侯者二十人，此脫侯劉雲，故止十九。」徐克范曰：「元鼎四年戊寅，封城陽頃王子十九人。按〈漢表〉二十人內有『挍侯雲、挾釐侯霸』；《史》表載『挍侯霸』，名邑參錯，故失其一，當從《漢書》為是。」[557]劉霸，《漢書》作「劉雲」，此似誤。[558]劉霸在元鼎年間繼續為侯。[559]劉霸在元封年間繼續為侯。[560]劉霸在太初年間繼續為侯。[561]舊治在今山東商河東北。[562]劉讓在元鼎年間繼續為侯。[563]劉讓在元封年間繼續為侯。[564]劉讓在太初年間繼續為侯。[565]其地不詳。當在東海郡境。[566]舊治在今山東膠南西南。[567]劉譚，梁玉繩以為應依《漢書》作「劉餘」。[568]劉譚在元鼎年間繼續為侯。[569]劉譚在元封年間繼續為侯。[570]劉譚在太初年間繼續為侯。

國名	王子號	元光	元朔	元狩	元鼎	元封	太初
翟[571]	城陽頃王子。			六 元年，四月戊寅，侯劉壽元年。	四 五年，侯壽坐酎金，國除。		
鱣[572]	城陽頃王子。			六 元年，四月戊寅，侯劉應元年。	四 五年，侯應坐酎金，國除。		
彭[573]	城陽頃王子。			六 元年，四月戊寅，侯劉偃元年[574]。	四 五年，侯偃坐酎金，國除。		
瓡[575]	城陽頃王子。			六 元年，四月戊寅，侯劉息元年。	六[576]	六[577]	四[578]
虛水[579]	城陽頃王子。			六 元年，四月戊寅，侯劉禹元年。	六[580]	六[581]	四[582]
東淮[583]	城陽頃王子。			六 元年，四月戊寅，侯劉類元年。	四 五年，侯類坐酎金，國除。		

栒[584]	城陽頃王子。			六[585] 元年，四月戊寅，侯劉買元年。	四 五年，侯買坐酎金國除。		
涓[586]	城陽頃王子。			六 元年，四月戊寅，侯劉不疑元年。	四 五年，侯不疑坐酎金國除。		
陸[587]	菑川靖王子[588]。			六 元年，四月戊寅，侯劉何元年[589]。	六[590]	六[591]	四[592]
廣饒[593]	菑川靖王子。			六 元年，十月辛卯，康侯劉國元年[594]。	六[595]	六[596]	四[597]
缾[598]	菑川靖王子。			六 元年，十月辛卯，侯劉成元年。	六[599]	六[600]	四[601]

[571]其地不詳。[572]舊治在今山東蒼山東南。[573]其地不詳，有說在今山東費縣附近。[574]劉偃，梁玉繩以為應依《漢書》作「劉強」。[575]梁玉繩以為「瓡」字應作「瓠」，其地有說即山東壽光北之霜雪城。[576]劉息在元鼎年間繼續為侯。[577]劉息在元封年間繼續為侯。[578]劉息在太初年間繼續為侯。[579]其地不詳。[580]劉禹在元鼎年間繼續為侯。[581]劉禹在元封年間繼續為侯。[582]劉禹在太初年間繼續為侯。[583]其地不詳，有說應作「東濰」，在今山東東南部。[584]有說在山東高青東南，有說在今江蘇連雲港市西南。[585]劉買，《漢書》作「劉賢」。[586]在今山東諸城附近。[587]在今山東壽光東。[588]菑川靖王，劉建，劉志之子，劉肥之孫。[589]四月戊寅，梁玉繩以為應依《漢書》作「七月辛卯」。[590]劉何在元鼎年間繼續為侯。[591]劉何在元封年間繼續為侯。[592]劉何在太初年間繼續為侯。[593]舊治在今山東壽光北。[594]十月，應作「七月」。七月辛卯，七月十七。「康」字後人所增。[595]劉國在元鼎年間繼續為侯。[596]劉國在元封年間繼續為侯。[597]劉國在太初年間繼續為侯。[598]

國名	王子號	元光	元朔	元狩	元鼎	元封	太初
俞閭[602]	菑川靖王子。			六 元年，十月辛卯，侯劉不害元年。	六[603]	六[604]	四[605]
甘井[606]	廣川穆王子[607]。			六 元年，十月乙酉，侯劉元元年[608]。	六[609]	六[610]	四[611]
襄陵[612]	廣川穆王子。			六 元年，十月乙酉，侯劉聖元年。	六[613]	六[614]	四[615]
皋虞[616]	膠東康王子[617]。				三 元年，五月丙午，侯劉建元年[618]。 三 四年，今侯處元年。	六[619]	四[620]
魏其[621]	膠東康王子。				六 元年，五月丙午，暢侯劉昌元年。	六[622]	四[623]

祝茲(624)	膠東康王子。				四 元年五月丙午，侯劉延元年。五年，延坐弃印綬出國，不敬國除。		

舊治在今山東臨朐東南。(599)劉成在元鼎年間繼續為侯。(600)劉成在元封年間繼續為侯。(601)劉成在太初年間繼續為侯。(602)有說在今山東壽光東南。(603)劉不害在元鼎年間繼續為侯。(604)劉不害在元封年間繼續為侯。(605)劉不害在太初年間繼續為侯。(606)其地不詳。(607)廣川穆王，劉齊，劉越之子，景帝之孫。廣川穆王子，梁玉繩曰：「廣川穆王齊以建元五年嗣位，征和元年薨，不應稱諡。準以『衡山王賜子』之例，當云『廣川王齊子』，後人妄改也。」(608)梁玉繩曰：「甘井、襄陵以元鼎元年七月己酉封，此皆誤在元狩，又訛其月日。」(609)元狩格的字句應移至此格。(610)劉元在元封年間繼續為侯。(611)劉元在太初年間繼續為侯。(612)有說在今河北棗強東北。(613)元狩格的字句應移至此格。(614)劉聖在元封年間繼續為侯。(615)劉聖在太初年間繼續為侯。(616)舊治在今山東即墨東北。(617)膠東康王，劉寄，景帝之子。(618)五月丙午，五月初六。元狩三年劉建卒。(619)劉處在元封年間繼續為侯。(620)劉處在太初年間繼續為侯。(621)舊治在今山東臨沂南。(622)劉昌在元封年間繼續為侯。(623)劉昌在太初年間繼續為侯。(624)在今山東膠縣附近。

【研　析】本表譜列了武帝時期所封王子侯一百六十三人，而絕大多數都是很快即被廢除、撤銷的情景，清人尚鎔稱它為「錫鞶帶而終朝三褫」，這是很生動、很形象的，熱熱鬧鬧而又曇花一現，表現了漢武帝既有其當時之「勢」，又有其手段的高明，徹底削弱割據勢力的目的就這樣達到了。有人說其壞處是為王莽篡漢準備了條件，這就是問題的另一面。實現了中央集權，四海一統，雷厲風行，要好一起好，要壞一起壞，中央一旦發生篡軍篡政，下面誰也沒法辦。但對於漢武帝來說，此時此地，他的願望是徹底實現了。「推恩法」名聲很大，其實始於賈誼的「眾建諸侯而少其力」，早在文帝時就已經大量使用了，「淮南一分為三」、「齊國一分為七」，都是先將其諸子封侯，而後又將其晉封為王。景帝時將楚國一分為五，從梁國分出兩個。即以武帝而言，早在主父偃進言以前，就已經封了長沙王四子、江都王五子等等。「推恩法」之所以還要說，「蓋前此之封恩自上逮，或侯或不侯，不盡封也。至是始令諸侯得推私恩分子弟，恩自下推，上特臨定之耳。所以藩國悉分，支庶畢侯，不削而自弱也」，徐克范這段話區分得很好。應該補充的是，文帝時割據勢力強大，以至於賈誼覺得可為之痛哭，這是實情；到景帝平息七國之亂，對諸侯國實行了許多新的章程後，從此對諸侯不斷分割、不斷侵削，到又過了二十多年的武帝元朔二年，那時的諸侯國還有起兵造反的能力麼？還用主父偃這麼費心勞神麼？這是由於漢武帝有其新的需要。漢武帝要大張旗鼓的討伐四夷，新功臣如雨後春筍，不消滅舊王侯哪裡有土地分給新貴族？於是泡製一個「酎金」問題，就廢除諸王、列侯、王子侯等一百多個；其他如芒侯申生坐「尚南宮公主不敬」國除，祈侯它坐「從射擅罷」國除，絳陽侯祿、寧侯指，坐「出界」國除，武原侯不害坐「葬過律」國除，高苑侯信坐「出入屬車間」國除，安丘侯指坐「入上林謀盜鹿」國除，這些都算是什麼罪名？不用問，這是武帝時代的現實需要，明白這一點就足夠了。

司馬遷批評漢武帝的狡詐殘酷，同情受打擊、受迫害的諸侯王與王子侯，有人說這表現了司馬遷「留戀分封制」，或者說是表現了司馬遷在這個問題上的「思想矛盾」，我則認為這主要表現了司馬遷對統治集團內部那種被權勢、利欲扭曲了的醜惡人性的極端厭惡，是從道德層面對統治集團進行的批判。這些問題應結合〈漢興以來諸侯王年表〉、〈高祖功臣侯者年表〉、〈惠景間侯者年表〉，以及正面歌頌禮讓、歌頌禪讓的〈伯夷列傳〉、〈五帝本紀〉、〈吳太伯世家〉等一併思考。

卷二十二

漢興以來將相名臣年表第十

【題　解】本表譜列了自劉邦為漢王（西元前二〇六年）至成帝鴻嘉元年（西元前二〇年），中經惠帝、呂后、文帝、景帝、武帝、昭帝、元帝，至成帝止，幾乎是整個西漢一代的將相名臣的任職、罷官、死亡等交替順序。本表的開頭沒有序，內容共有四格，一是「大事記」，二是「相位」，三是「將位」，四是「御史大夫位」，也就是說它主要譜列了西漢王朝一百八十多年間「三公」一級執政大臣的升沉始末。本表究竟出自何人之手，自古以來看法不一。多數人認為武帝以前的部分是司馬遷所作，武帝征和以後的部分為後人所補。但即以武帝征和以前的部分而言，也問題甚多。

西元前 206

	大事記❶	相位❷	將位❸	御史大夫位❹
高皇帝元年❺。	春，沛公為漢王，之南鄭。秋，還定雍❻。	一 丞相蕭何守漢中❼。		御史大夫周苛守滎陽❽。

❶《索隱》：謂誅伐、封建、薨、叛。❷《索隱》：置立丞相、太尉、三公也。❸《索隱》：命將興師。❹《索隱》：亞相也。❺劉邦被項羽封漢王之元年。❻此年之十月劉邦入咸陽，而後項羽至，封劉邦為漢王。此年之四月劉邦去南鄭赴漢王任。此年之八月劉邦用韓信計殺回關中，並很快平定之。南鄭，今陝西漢中。雍，章邯的封國，國都廢丘，今陝西興平城東南。按：當時用秦曆，以十月為

		大事記	相位	將位	御史大夫位
205	二	春，定塞、翟、魏、河南、韓、殷國。夏，伐項籍，至彭城。立太子。還據滎陽❾。	二 守關中❿。	一 太尉長安侯盧綰⓫。	
204	三	魏豹反。使韓信別定魏，伐趙。楚圍我滎陽⓬。	三	二	
203	四	使韓信別定齊及燕，太公自楚歸，與楚界洪渠⓭。	四	三 周苛守滎陽，死⓮。	御史大夫汾陰侯周昌⓯。
202	五 ⓰	冬，破楚垓下，殺項籍。春，王踐皇帝位定陶。入都關中⓱。	五 罷太尉官⓲。	四 後九月，綰為燕王⓳。	
201	六	尊太公為太上皇。劉仲為代王。立大市。更命咸陽曰長安⓴。	六 封為酇侯㉑。張蒼為計相㉒。		
200	七	長樂宮成，自櫟陽徙長安。伐匈奴，匈奴圍我平城㉓。	七		
199	八	擊韓信反虜於趙城。貫高作亂，明年覺，誅之。匈奴攻代王，代王弃國亡，廢為郃陽侯㉔。	八		

歲首。❼在劉邦攻取三秦的時候蕭何為之鎮守漢中後方。❽滎陽，今河南滎陽東北。❾塞，司馬欣的封國，國都櫟陽，在今西安市之閻良區。翟，董翳的封國，國都高奴，在今延安市城東北。魏，魏豹的封國，國都平陽，在今山西臨汾西南。河南，申陽的封國，國都即今洛陽市。韓，韓成的封國，國都陽翟，即今河南禹縣。殷，司馬卬的封國，國都朝歌，即今河南淇縣。以上諸國均於此年春天被劉邦所平定。此年四月劉邦率領各路人馬乘項羽北征齊國之際一舉攻入項羽的國都彭城，即今徐州。項羽聞訊從齊國馳回，大破劉邦於彭城下。劉邦潰退至滎陽，建立起防線，與項羽對峙。劉邦向西潰逃中得遇其子劉盈，遂將其送入關中，立為太子，令其與蕭何共同鎮守後方。❿在劉邦東攻項羽及劉邦與項羽相持於滎陽的時候，蕭何為之鎮守關中後方。⓫盧綰是劉邦兒時的伙伴，後又是劉邦的親信，事見〈韓信盧綰列傳〉。太尉，國家的最高軍事長官。郭嵩燾曰：「似此時太尉不專兵，高帝因秦制而為之名，非漢制也。」⓬魏豹見劉邦失敗，回到魏國反水，劉邦於二年八月派韓信攻滅之，此年九月，韓信滅代。三年十月，韓信破陳餘，滅趙。在中路主戰場，劉邦形勢艱難，此年之四五六月劉邦被項羽圍困於滎陽。七月，劉邦與陳平等由滎陽逃出。⓭洪渠，即「鴻溝」，水名，自滎陽北引黃河水東行至開封，東南流入潁水。梁玉繩曰：「鴻溝也，『洪』與『鴻』同。鴻溝一名『河溝』，《始皇紀》二十二年王賁攻魏，『引河溝灌大梁』。《水經注》二十二『異名有五，而又名曰狼湯渠。』《漢志》河南滎陽縣注：『狼湯渠首受濟』，蓋因渠水受名矣。東漢以來稱為『汴渠』，至隋大業時更名『通濟渠』焉。」韓信滅趙後，用李左車計招降燕王臧荼。此年之十一月韓信滅齊。此年之九月，劉邦與項羽結約，以鴻溝為界兩下休兵。項羽放回了已作俘虜二年多的劉太公與呂后。⓮時周苛任御史大夫，劉邦逃出滎陽後，周苛等守滎陽。此年之三月，滎陽城破，周苛等被殺。⓯周昌是周苛的堂弟。事跡見〈張丞相列傳〉。⓰劉邦於此年始稱帝。⓱此年之十二月，劉邦破殺項羽，二月，劉邦即皇帝位於定陶，今山東定陶城北。劉邦原欲都於洛陽，後用婁敬議，入都關中。⓲因盧綰被封燕王，故取消太尉官。⓳後九月，即閏九月，當時的閏月都放在一年的最後。⓴太公，劉邦之父。劉仲，劉邦的二哥。代王，國都在今河北蔚縣東北。大市，制度不詳。陳直曰：「蓋在郡國之外選擇重要都市改做大市，共立幾大市則不可考。此條重要材料不見於《漢書》，本表又隱藏在『大事紀』欄內，學者多未注意。」更命咸陽曰長安，梁玉繩曰：「按《漢志》，高帝元年咸陽更名新城，五年置長安縣。則此書於六年者，因置縣而定為主名也。長安蓋咸陽地名，故二年封盧綰長安侯。《索隱》謂綰封別有長安，非。」㉑酇，漢縣名，在今河南永城西。㉒計相是在丞相屬下分管財政經濟的官員，不是丞相，不應列此。張蒼的事跡見〈張丞相列傳〉。㉓長樂宮，在當時長安城的東部。櫟陽，戰國以來的關中名城，在今西安之閻良區，劉邦戰時的留守都城。此年遷都馬邑的韓王信勾結匈奴反漢，劉邦十月北討，曾一度被匈奴圍困於平城，今山西大同東北。㉔趙城，趙國的城邑，這裡是指東垣，在今石家莊東北。貫高作亂，貫高是劉邦的女婿趙王張敖的丞相，因看不慣劉邦對張敖的無禮，欲殺劉邦，事情洩露被劉邦所殺。弃國亡，丟棄國土逃回長安。梁玉繩曰：「棄國事在七年，此書於八年，誤。」

	198	197	196	195	194	193	192	191
	九	十	十一	十二㉜	孝惠元年㉟。	二	三	四
大事記	未央宮成，置酒前殿，太上皇輦上坐，帝奉玉卮上壽，曰：「始常以臣不如仲力，今臣功孰與仲多？」太上皇笑，殿上稱萬歲。徙齊田、楚昭、屈、景于關中㉕。	太上皇崩。陳豨反代地㉘。	誅淮陰、彭越。黥布反㉚。	冬，擊布。還過沛㉝。夏，上崩，葬長陵㉞。	趙隱王如意死。始作長安城西北方除諸侯丞相為相㊱。	楚元王、齊悼惠王來朝㊲。七月辛未，何薨㊳。	初作長安城。蜀湔氐反，擊之㊵。	三月甲子，赦，無所復作㊶。
相位	九 遷為相國㉖。	十	十一	十二	十三	十四 七月癸巳，齊相平陽侯曹參為相國㊴。	二	三
將位			周勃為太尉。攻代。後官省㉛。					
御史大夫位	御史大夫昌為趙丞相㉗。	御史大夫江邑侯趙堯㉙。						

190	189
五	六
為高祖立廟於沛城成，置歌兒一百二十人㊷。八月乙丑，蕭何卒㊸。	七月，齊悼惠王薨。立太倉、西市㊹。
四	一　十月己巳，安國侯王陵為右丞相。曲逆侯陳平為左丞相㊺。
	趙堯抵罪㊻。
	廣阿侯任敖為御史大夫㊼。

㉕未央宮成，梁玉繩曰：「未央與長樂同以七年二月成，非至是始成也。」未央宮，在當時長安城內的西部。不如仲力，不像劉仲那樣賣力氣。齊田，齊地的田氏家族。楚昭屈景，楚地的昭氏、屈氏、景氏等家族。以上諸族皆諸侯的後裔，人多勢大，故劉邦用婁敬議將其遷入關中。㉖梁玉繩曰：「蕭何為相國在十一年，非九年也。」㉗劉邦為保護趙王劉如意，故將周昌降級使用。㉘太上皇崩，事在此年之五月。陳豨，時為代相，兼代、趙邊兵，十年九月，起兵反漢。㉙趙堯，原是周昌的下屬，事跡見〈張丞相列傳〉。㉚此年之正月韓信以「謀反」罪名被滅三族；三月，又滅彭越三族，於是黥布於此年之七月起兵反。㉛郭嵩燾曰：「此或當史官敘述之詞，以後所歷官稱之。」攻代，攻反叛者陳豨等。㉜此年四月劉邦卒。㉝此年十月劉邦擊斬黥布。回京時過沛，置酒甚歡。㉞劉邦卒於此年之四月。長陵，劉邦的陵墓，在今咸陽市東北。葬，原作「置」。梁玉繩《志疑》卷十四：「《史詮》曰：『葬』作『置』，誤。」㉟惠帝名盈，劉邦子，呂后所生。㊱趙隱王如意，劉如意，戚夫人所生。劉邦死後，被呂后所殺。「隱」字是謚。除諸侯丞相為相，應作「改諸侯王相國為丞相」，以與朝廷的「相國」相區分。梁玉繩曰：「景帝更命諸侯丞相曰相，此誤。《大事記》依荀紀云『改諸侯王相國為丞相』，是也。」㊲楚元王，劉交，劉邦之弟，「元」字是謚。楚國的都城即今徐州市。齊悼惠王，劉肥，劉邦的私生子。「悼惠」是謚。齊國的都城臨淄。㊳七月辛未，七月初五。㊴七月癸巳，七月二十七。曹參，事跡見〈曹相國世家〉。㊵初作長安城，長安城之修建開始於惠帝二年正月，至三年春築成。湔氐，湔氐縣的氐族人。湔氐道在今四川松潘城北。㊶三月甲子，三月初七。赦二句，犯人一旦被赦，就不再罰做苦役。㊷〈高祖本紀〉曰：「以沛宮為高祖原廟，高祖所教歌兒百二十人，皆令為吹樂，後有缺，輒補之。」㊸八月乙丑，八月二十七。㊹太倉，首都長安的國家大糧倉。西市，長安城中有東西二市，都在當時長安城的西北角。梁玉繩曰：「宜作『修敖倉、立西市』。《漢紀》云『起長安西市，修敖倉』是也。立太倉在高帝七年，本紀書之矣。」敖倉，在當時滎陽城北敖山上。「西市」下原有「八月赦齊」四字，梁玉繩以為衍字，據刪。㊺十月己巳，十月二十二。原作「十月乙巳」。據梁玉繩說改。「右丞相」原有「十月己巳」四字，為衍文，亦據梁玉繩說刪。按：此依劉邦遺言。又，右丞相的地位比左丞相高。王陵、陳平的事跡見〈陳丞相世家〉。㊻趙堯因給劉邦設謀保護趙王如意，被呂后免去其御史大夫職。㊼任敖的事跡見〈張丞相列傳〉。按：趙堯抵罪與任敖為御

	188	187	186	185	184	183
	七[48]	高后元年[50]。	二	三	四	五
大事記	上崩。大臣用張辟彊計，呂氏權重，以呂台為呂王。立少帝。九月辛丑，葬安陵[49]。	王孝惠諸子。置孝悌力田[51]。	十二月，呂王台薨，子嘉代立為呂王。行八銖錢[53]。		廢少帝，更立常山王弘為帝[57]。	八月，淮陽王薨，以其弟壺關侯武為淮陽王。令戍卒歲更[60]。
相位	二	三 十一月甲子，徙平為右丞相。辟陽侯審食其為左丞相[52]。	四 平[54]。 二 食其[55]。	五 三	六 四 置太尉官[58]。	七 五
將位					一 絳侯周勃為太尉[59]。	二
御史大夫位			平陽侯曹窋為御史大夫[56]。			

182	181	180
六	七	八
以呂產為呂王。四月丁酉，赦天下。晝昏61。	趙王幽死，以呂祿為趙王。梁王徙趙，自殺62。	七月，高后崩。九月，誅諸呂。後九月，代王至，踐皇帝位63。後九月，食其免相。
八 六	九 七	十 八 七月辛巳，為帝太傅。九月丙戌，復為丞相64。
三	四	五 隆慮侯竈為將軍，擊南越65。
		御史大夫蒼66。

史大夫皆在呂后元年，此誤。48此年八月惠帝卒。49上崩，惠帝卒於此年之八月。張辟彊，張良之子，他首先慫恿陳平等迎合呂后，請呂后封呂氏諸人為王。以呂台為呂王，梁玉繩曰：「呂台為呂王在高后元年，此書於惠七年，誤。」呂台，呂后的長兄呂澤之子。呂王，封地為濟南郡，國都東平陵，今山東章丘城西。少帝，惠帝之子，宮人所生者。九月辛丑，即九月初五。原作「己卯」。梁玉繩《志疑》卷十四曰：「惠帝以八月戊寅崩，翌日即己卯，安得便葬？當依《漢紀》作『九月辛丑』為是。」據改。安陵，惠帝的陵墓，在今咸陽市東北，劉邦的長陵之西。50稱作「高后元年」，實際還有小傀儡皇帝在位。呂后名雉，劉邦的髮妻。51王孝惠諸子，這些被呂后封王的孝惠諸子，後來都被陳平、周勃等說成是野種，非劉氏，從而被統統殺光。孝悌力田，朝廷選拔人才的科目名，由地方政府推薦，朝廷考核任用。梁玉繩曰：「是年除三族及妖言罪，此美事也，何以不書？」52右丞相王陵因反對呂后封呂氏為王，被免職；陳平因迎合呂后被轉為右丞相。審食其是呂后的親信與男寵，故任左丞相，單管宮廷中的事情。53十二月，應作「十一月」。呂王台薨，呂台墓在今山東濟南城東之洛莊。八銖錢，一文錢的重量為八銖。一銖為一兩的二十四分之一。54陳平繼續為右丞相。55審食其繼續為左丞相。56曹窋，曹參之子。梁玉繩以為曹窋為御史大夫在呂后四年。57少帝之母是一地位低下的宮女，呂後殺其母，謊說少帝是張皇后所生，少帝聽說後很生氣，說日後定要為母報仇。呂后遂廢而殺之，改立惠帝的另一子劉弘。58重新設置太尉官。59梁玉繩曰：「事在惠帝六年，非高后四年。」60淮陽王，劉強，惠帝之子。淮陽國的封土即當時的淮陽郡，國都即今河南淮陽。壺關侯武，劉武，景帝之子。壺關在今山西長治城北。戍卒歲更，戍守邊關的士兵，每年輪換一次。61呂產，呂台之弟，因呂台之子呂嘉居處驕恣，故呂后廢之，改封呂產為呂王。四月丁酉，四月初三。62按：三句話的次序顛倒。事實是：呂后殺死趙王劉如意後，改令淮陽王劉友為趙王，劉友因不愛呂氏妃，被呂后活活餓死。呂后又改封梁王劉恢為趙王，劉恢因不堪忍受呂后耳目的虐待而自殺，於是呂后封次兄呂釋之的兒子呂祿為趙王。呂后所殺的三個趙王都是劉邦的兒子。63呂后於此年七月病死，八月劉章約其兄齊王劉襄率兵進京，呂氏

公元前	年	大事記	相位	將位	御史大夫位
179	孝文元年(67)。	除收孥相坐律。立太子。賜民爵(68)。	十一 十一月辛巳，平徙為左丞相。太尉絳侯周勃為右丞相(69)。	六 勃為相，潁陰侯灌嬰為太尉(70)。	
178	二	除誹謗律。皇子武為代王，參為太原王，勝為梁王(71)。 十月，丞相平薨。	一 十一月乙亥，絳侯勃復為丞相。	一	
177	三	徙代王武為淮陽王。上幸太原。濟北王反。匈奴大入上郡。以地盡與太原，太原更號代(72)。 十一月壬子，勃免相，之國(73)。	一 十二月乙亥，太尉潁陰侯灌嬰為丞相。 罷太尉官。	二 棘蒲侯陳武為大將軍，擊濟北。昌侯盧卿、共侯盧罷師、甯侯遬、深澤侯將夜皆為將軍，屬武祁侯賀將兵屯滎陽(74)。	
176	四	十二月乙巳，嬰卒(75)。	一 正月甲午，御史大夫北平侯張蒼為丞相(76)。	安丘侯張說為將軍，擊胡，出代(77)。	關中侯申屠嘉為御史大夫(78)。
175	五	除錢律，民得鑄錢(79)。	二		
174	六	廢淮南王，遷嚴道，道死雍(80)。	三		
173	七	四月丙子，初置南陵(81)。	四		(82)

172	171	170	169
八	九	十	十一
太僕汝陰侯滕公卒[83]。	溫室鐘自鳴。以芷陽鄉為霸陵[84]。	諸侯王皆至長安[86]。	上幸代。地動[87]。
五	六	七	八
	御史大夫敬[85]。		

派灌嬰率兵抵擋，灌嬰中途倒戈，朝廷上的周勃、陳平等迅即發動政變，殺光了呂氏家族與惠帝諸子，迎來代王劉恆，立之為皇帝。[64]梁玉繩曰：「『為帝』上缺『食其』二字。」「辛巳」「丙戌」亦皆有誤。[65]隆慮侯竈：周竈。南越，秦末大亂時趙佗在今兩廣一帶建立的國名，國都即今廣州市。梁玉繩以為周竈擊南越在呂后七年。[66]張蒼為御史大夫。[67]文帝名恆，劉邦之子。[68]收孥，指家中一人犯罪，餘人皆被沒入官府為奴。相坐，指一人犯罪，其親屬要連帶受懲罰。太子，劉啟，即日後的漢景帝。賜民爵，此指賜「天下民當代父後者」爵各一級。[69]因在平定諸呂的過程中周勃的功勞比陳平更大。[70]灌嬰在平定諸呂之亂中功勳卓著，故有此任。灌嬰事跡見〈樊酈滕灌列傳〉。[71]皇子武，劉武，即日後的梁孝王。代王，國都在今河北蔚縣東北。太原王，國都晉陽，在今太原市西南。梁王，國都睢陽，今河南商丘城南。[72]淮陽王，國都即今河南淮陽。濟北王反，濟北王劉興居，其兄劉章在誅呂氏的過程中功勞最大，原說要封二人為趙王、梁王，後來反悔，只從其兄齊國的領地中割出二郡，封劉章為城陽王，劉興居為濟北王。劉章鬱憤而死，劉興居遂舉兵反。上郡，郡治膚施，在今陝西榆林東南。[73]免去丞相職務，到封地絳縣閒居。[74]武祁侯賀，繒賀，劉邦功臣，封祁侯。[75]十二月乙巳，十二月初八。[76]正月甲午，正月初四。[77]梁玉繩曰：「此事他所不載，考〈匈奴傳〉是年方議和親，不應有出代之師。」[78]申屠嘉的事跡見〈張丞相列傳〉。按：此時申屠嘉未為御史大夫，此年任御史大夫者名圍。[79]錢律，管制私人不得鑄錢的律令。[80]淮南王，劉長，劉邦之子。因圖謀造反被發配嚴道，中途絕食而死。嚴道，漢縣名，即今四川榮經。當時凡有少數民族雜居的縣稱作道。[81]四月丙子，四月初四。初置南陵，設立南陵邑，並在此地為文帝母薄太后預修陵墓。陵邑的級別相當於縣。因薄太后陵位於文帝的霸陵以南，故稱南陵。[82]此年馮敬任御史大夫。[83]滕公，夏侯嬰，因被劉邦封過滕縣縣令，故也稱滕公。長期以來任太僕，也就是為皇帝趕車。[84]芷陽是秦縣名，在今西安市之東北側，縣內又有芷陽鄉，因文帝在此建造霸陵，故改此鄉稱霸陵邑，級別同縣。[85]梁玉繩曰：「馮敬為御史大夫在七年，此書於九年誤。」[86]梁玉繩曰：「按表，是年只三國來朝，不得言『皆至』。」[87]上幸代，文帝先曾為代王，其子劉參此時又任代王，故對代深有感情。當時代國的都城在晉陽。

		大事記	相位	將位	御史大夫位
168	十二	河決東郡金隄。徙淮陽王為梁王88。	九		
167	十三	除肉刑及田租稅律、戍卒令89。	十		
166	十四	匈奴大入蕭關，發兵擊之，及屯長安旁90。	十一	成侯董赤、內史欒布、昌侯盧卿、隆慮侯竈、甯侯遬皆為將軍，東陽侯張相如為大將軍，皆擊匈奴。中尉周舍、郎中令張武皆為將軍，屯長安旁91。	
165	十五	黃龍見成紀。上始郊見雍五帝92。	十二		
164	十六	上始郊見渭陽五帝93。	十三		94
163	後元年。	新垣平詐言方士，覺，誅之95。	十四		
162	二	匈奴和親。地動96。八月戊辰，蒼免相97。	十五 八月庚午，御史大夫申屠嘉為丞相，封故安侯98。		御史大夫青99。
161	三	置谷口邑100。	二		
160	四		三		

159	158
五	六
上幸雍[101]。	匈奴三萬人入上郡，三萬人入雲中[102]。
四	五
	以中大夫令免為車騎將軍，軍飛狐；故楚相蘇意為將軍，軍句注；將軍張武屯北地；河內守周亞夫為將軍，軍細柳；宗正劉禮為將軍，軍霸上；祝茲侯徐厲為將軍，軍棘門：以備胡。數月，胡去，亦罷[103]。

[88]東郡，郡治濮陽，今河南濮陽西南。金隄，當時浚縣、滑縣一帶黃河堤岸名。徙淮陽王為梁王，文帝子劉武由淮陽王改封為梁王。[89]除肉刑，肉刑指殘害犯人軀體的刑罰，如刖刑、劓刑、宮刑等。漢文帝受孝女緹縈的感動，將以上刑罰改為用棍打鞭抽。也有人說宮刑仍依舊不改。除田租稅律，意即下令對種田人不再徵稅。[90]蕭關，古關塞名，在今寧夏固原東南。[91]董赤，應作董赫。內史欒布，欒布未曾為內史。內史即日後之京兆尹。隆慮侯竈，周竈。甯侯遬，魏遬。中尉，首都的治安長官。郎中令，統領皇帝侍衛並守衛宮殿之門。[92]成紀，漢縣名，在今甘肅之通渭縣東北。按：所謂黃龍見成紀云云自然是公孫臣等騙子所玩弄的把戲。郊見雍五帝。到雍縣祭祀五帝，雍縣，在今陝西鳳翔城南，其地有秦代以來的祭天壇臺。郊，皇帝所行的一種祭天典禮。五帝，指東西南北中的五位天神。[93]渭陽五帝，在渭水與霸水會合處的北面所建的五帝廟。在當時長安城的東北。[94]據《漢書》，此年申屠嘉為御史大夫。[95]新垣平，一個弄虛作假的騙子，他說長安東北有神氣，慫恿文帝修建五帝廟；又給文帝獻神杯，慫恿文帝到汾陰的黃河中打撈周鼎等等，後騙術洩露被殺。[96]前幾年匈奴侵擾漢邊境，文帝與匈奴單于書信往來，重結和親之議，下詔頒布全國。[97]八月戊辰，八月初二。[98]八月庚午，八月初四。申屠嘉，姓申屠，名嘉，劉邦的開國功臣，後封為關內侯，今以丞相封列侯。[99]陶青，劉邦功臣陶舍之子，襲其父爵為開封侯。[100]谷口，古邑名，在今陝西禮泉東北，地當涇水的出山之口，文帝後三年在此設立谷口縣。[101]此年三月，文帝又到雍縣祭祀天神。梁玉繩曰：「是年幸隴西、幸雍、幸代，此獨書『幸雍』何也？」[102]上郡，郡治膚施，在今陝西榆林東南。雲中，郡治在今呼和浩特西南。[103]飛狐，險塞名，在今河北淶源城北。句注，山名，在今山西代縣西北。北地，郡治馬領，在今甘肅慶陽西北。細柳，在當時長安城西的渭水北岸。霸上，在當時長安東南的霸水西岸。棘門，在今咸陽城東北。

	157	156	155	154	153	152
	七(104)	孝景元年(107)。	二	三	四	五
大事記	六月己亥，孝文皇帝崩。丁未，太子立。民出臨三日，葬霸陵(105)。	立孝文皇帝廟，郡國為太宗廟(108)。	立皇子德為河間王，閼為臨江王，餘為淮陽王，非為汝南王，彭祖為廣川王，發為長沙王。四月中，孝文太后崩(110)。 嘉卒(111)。	吳楚七國反，發兵擊，皆破之。皇子端為膠西王，勝為中山王(113)。	立太子(115)。	置陽陵邑(117)。 丞相北平侯張蒼卒。
相位	六	七 置司徒官(109)。	八 開封侯陶青為丞相。	二 置太尉官。	三	四
將位	中尉亞夫為車騎將軍，郎中令張武為復土將軍，屬國捍為將屯將軍。詹事戎奴為車騎將軍，侍太后(106)。			中尉條侯周亞夫為太尉，擊吳楚；曲周侯酈寄為將軍，擊趙；竇嬰為大將軍，屯滎陽；欒布為將軍，擊齊(114)。	二 太尉亞夫。	三
御史大夫位			御史大夫錯(112)。		御史大夫蚡(116)。	

150	151
七	六
廢太子榮為臨江王。四月丁巳，膠東王立為太子(120)。 青罷相(121)。	徙廣川王彭祖為趙王(118)。
六月乙巳，太尉條侯亞夫為丞相(122)。 罷太尉官。	五
五 遷為丞相。	四
御史大夫舍(123)。	御史大夫陽陵侯岑邁(119)。

(104)此年六月文帝卒。(105)六月己亥，六月初一。丁未，六月初九。臨，哭喪。(106)中尉亞夫，周亞夫，周勃之子，事跡見〈絳侯周勃世家〉。屬國捍，典屬國徐捍，徐廣以為即祝茲侯徐厲。按：「復土將軍」的任務即修築陵墓。戎奴為車騎將軍二句，梁玉繩曰：「車騎將軍已有亞夫，何以又命戎奴？詹事之官元掌太后宮者，何必將軍？蓋太后送葬霸陵別有儀衛，戎奴以本官為將軍扈行也。或以《史》、《漢》文紀不載疑傳寫有誤，殊昧事情。」(107)景帝名啟，文帝之子，竇太后所生。(108)在京城立孝文皇帝廟，在各諸侯國都、各郡首府立太宗廟。太宗，全國吏民的最高宗仰者。(109)梁玉繩曰：「哀帝元壽二年始改丞相為大司徒，此時安得有之？《史詮》以為錯簡之文。」(110)河間王，國都樂成，在今河北獻縣東南。臨江王，國都即今湖北江陵之紀南城。淮陽王，國都即今河南淮陽。汝南王，國都平輿，在今河南汝南東北。廣川王，國都在今河北棗強城東。長沙王，國都即今長沙市。孝文太后，即薄太后，劉邦之妃，文帝之生母。(111)丞相申屠嘉死。(112)鼂錯，事跡見〈袁盎鼂錯列傳〉。(113)吳楚七國，指吳王劉濞、楚王劉戊、趙王劉遂、膠東王劉雄渠、膠西王劉卬、濟南王劉辟光、菑川王劉賢。中山王，國都盧奴，即今河北定縣。(114)酈寄，劉邦功臣酈商之子。竇嬰，景帝母竇太后之姪，事跡見〈魏其武安侯列傳〉。酈寄、欒布原皆作「大將軍」。梁玉繩《志疑》卷十四曰：「寄、布但為將軍，非大將軍也，故本紀不書，此誤增兩『大』字。」今據刪。(115)立劉榮為太子，劉榮是栗姬所生。(116)田蚡，武帝之舅，武帝母王太后的同母異父弟，事見〈魏其武安侯列傳〉。《漢書》於此作「御史大夫介」，田蚡未曾任御史大夫。(117)陽陵邑，陳直曰：「西漢縣名，列侯所食邑稱『國』；太后、公主所食湯沐邑稱『邑』；與蠻夷雜處稱『道』。三種名稱之中以『道』字最為穩定，『國』字則在縣名下注有『侯國』，惟『邑』字所食既雜，最無定名，旋置旋廢。有屬於漢廷之湯沐邑，有屬於各藩王湯沐邑，此為西漢初中期之制度，極為紛亂，中期以後即無此情形矣。」景帝為自己預修陵墓，並設立陽陵邑。陽陵在今陝西咸陽東北，其地建有陽陵博物館。(118)趙國的都城即今河北邯鄲。(119)陳直曰：「《史記》傳寬封陽陵侯，至元狩元年始國除，此時岑邁不得再封陽陵侯，當有誤字。」岑邁事跡不詳，《史記》中僅此一見。(120)四月丁巳，四月二十九。景帝姐大長公主與武帝母王夫人勾結，共同傾倒了栗姬與太子劉榮。不久，膠東王劉徹被立為太子。(121)陶青被免去丞相。(122)六月乙巳，六月十八。梁玉繩以為「六月」應作「二月」。(123)劉舍，劉襄之子，劉襄原名項襄，是項羽的族人，因隨同項伯投靠劉邦，被封為桃侯，並賜姓劉。劉襄死，劉舍襲其父位為侯。

西元前	紀年	大事記	相位	將位	御史大夫位
149	中元年。		二		
148	二	皇子越為廣川王，寄為膠東王[124]。	三		
147	三	皇子乘為清河王。亞夫免相。	四 御史大夫桃侯劉舍為丞相。		御史大夫綰[125]。
146	四	臨江王徵，自殺，葬藍田，燕數萬為銜土置冢上[126]。	二		
145	五	皇子舜為常山王[127]。	三		
144	六	梁孝王武薨。分梁為五國，王諸子：子買為梁王，明為濟川王，彭離為濟東王，定為山陽王，不識為濟陰王[128]。	四		
143	後元年。	五月，地動。七月乙巳，日蝕[129]。舍免相。	五 八月壬辰，御史大夫建陵侯衛綰為丞相[130]。		御史大夫不疑[131]。
142	二		二	六月丁丑，御史大夫岑邁卒[132]。	

139	140	141
二	孝武建元元年。[134]	三
置茂陵。[137] 嬰免相。[138]	綰免相。	正月甲子，孝景皇帝崩。二月丙子，太子立。[133]
二月乙未，太常柏至侯許昌為丞相。蚡免太尉。[139] 罷太尉官。	四 魏其侯竇嬰為丞相。置太尉。	三
	武安侯田蚡為太尉。[135]	
御史大夫趙綰。[140]	御史大夫抵。[136]	

[124]膠東國的國都即墨，在今山東平度東南。[125]衛綰，一個以平庸無為見稱的官僚，事見〈萬石張叔列傳〉。[126]藍田，漢縣名，縣治在今陝西藍田城西。被陷害的太子劉榮又被召至京城，被逼自殺。[127]常山王，國都元氏，在今河北元氏城西北。[128]濟川王，國都博縣，今山東泰安東南。濟東王，國都無鹽，今山東東平東。山陽王，國都昌邑，今山東巨野城南。濟陰王，國都定陶，今山東定陶城西北。[129]七月乙巳，七月二十九。[130]八月壬辰，八月無壬辰，此誤。[131]直不疑，在此以前任衛尉，事跡見〈萬石張叔列傳〉。[132]六月丁丑，六月無丁丑，此誤。岑邁卒，陳直曰：「岑邁官御史大夫不見於《漢書．百官公卿表》，岑邁之名亦不見於其他文獻，最為可寶貴材料。但六年岑邁為御史大夫，七年有御史大夫舍，中三年有御史大夫綰，後元年有御史大夫不疑，而後二年又書『六月丁丑御史大夫岑邁卒』。照表文體例，岑邁僅官御史大夫一年，既未遷丞相，亦未注罷免，以後劉舍及衛綰等連任此官，隔了九年之久忽記岑邁之卒，於體例不合，此條應是誤文。」[133]正月甲子，正月二十七。二月丙子，二月初九。太子立，太子劉徹立為皇帝。梁玉繩曰：「景帝正月甲子崩，以二月癸酉葬，是崩後九日而葬也；丙子太子立，是葬後三日而即位也，乃《漢書》謂：『甲子，太子即皇帝位』何與？《大事紀》曰：『《史記》書正月甲子孝景崩，二月丙子太子立，用惠帝以來既葬即位之典也。班氏〈武紀〉書甲子太子即皇帝位，是崩之日遽即位也，其誤甚矣。蓋武帝享國多歷年所，招方士，求長年，恤典廢而不講。受遺大臣如霍光輩皆不學少文，故武帝以丁卯崩，明日戊辰昭帝遽即位。是後元之繼宣，成之繼元，哀之繼成，皆以葬前正位號，自古既葬即位之禮遂廢矣。班氏徒習見漢中葉以後故事，不復知先王典制，謬誤若此比者非一條也。』東萊斯論甚正，然尚有未覈。古者天子崩太子即位，始死則先定嗣子之位；既殯則正繼體之位。班氏所書『甲子及位』者，乃嗣位喪次，指始死定位之儀也；《史記》所書『丙子立』者，即既殯而正繼體之禮也。班馬所書各有典據，似不可以班為誤。」[134]梁玉繩曰：「改『今上』為『孝武』，乃續表者妄為之。」武帝名徹，景帝子。[135]田蚡在協助武帝即位，穩定當時局面有功，故升任太尉。[136]牛抵，事跡不詳，《史記》中僅此一見。[137]武帝為自己預修陵墓，並設立茂陵邑。茂陵

		大事記	相位	將位	御史大夫位
138	三	東甌王廣武侯望率其眾四萬餘人來降，處廬江郡141。	二		
137	四		三		御史大夫青翟142。
136	五	行三分錢143。	四		
135	六	正月，閩越王反。孝景太后崩144。 昌免相145。	五 六月癸巳，武安侯田蚡為丞相146。	青翟為太子太傅147。	御史大夫安國148。
134	元光元年。		二		
133	二	帝初之雍，郊見五畤149。	三	夏，御史大夫韓安國為護軍將軍，衛尉李廣為驍騎將軍，太僕公孫賀為輕車將軍，大行王恢為將屯將軍，太中大夫李息為材官將軍，篡單于馬邑，不合，誅恢150。	
132	三	五月丙子，河決于瓠子151。	四		
131	四	十二月丁亥，地動152。 蚡卒153。	五 平棘侯薛澤為丞相154。		御史大夫歐155。

130	129
五	六
十月，族灌夫家，弃魏其侯市[156]。	南夷始置郵亭[157]。
二	三
	太中大夫衛青為車騎將軍，出上谷；衛尉李廣為驍騎將軍，出鴈門；大中大夫公孫敖為騎將軍，出代；太僕公孫賀為輕車將軍，出雲中：皆擊匈奴[158]。

在今陝西咸陽西南之閃平縣境內。[138]竇嬰因倡導尊儒，被竇太后免相。[139]田蚡因鼓吹尊儒被竇太后免職。[140]趙綰是儒派人物，據〈魏其武安侯列傳〉，趙綰於建元元年被田蚡等用為御史大夫，二年因請武帝不要再奏事竇太后而被免職，自殺。[141]東甌王，越族君長，名望，漢封之為廣武侯。原居於今浙江溫州一帶。廬江郡，郡治舒縣，在今安徽廬江城西南。是年閩越進攻東甌，朝廷派兵往救，閩越退去，東甌請求內遷，遂處之江淮間。[142]趙綰罷職自殺，竇太后用莊青翟為御史大夫。梁玉繩以為應在建元二年趙綰自殺後。[143]梁玉繩曰：「《漢書．武紀》云『罷三銖錢，行半兩錢』；又〈平準書〉〈食貨志〉云『半兩錢法重四銖』，則此言『三分』非也。」陳直曰：「此條前人疑為誤文，其實非也。漢代以二十四銖為一兩，三分覈之一兩則重八銖，即指武帝初期所鑄之半兩錢而言。」[144]閩越，居住在今福建一帶的越族人，事見〈東越列傳〉。孝景太后，景帝之母竇太后。事跡詳見〈外戚世家〉。按：竇太后死在五月，閩越反在八月，此處先後顛倒。[145]竇太后死，田蚡勢力復起，故許昌被罷。[146]六月癸巳，六月初三。竇太后死，王太后勢力重振，故田蚡為相。[147]莊青翟是竇太后一派，故降職。[148]韓安國，事跡見〈韓長孺列傳〉。[149]郊，皇帝祭天的典禮。五時，修築在當時雍縣的五座祭祀天神的壇臺，即密時、鄜時、吳陽上時、吳陽下時、北時。詳情見〈封禪書〉。[150]篡，劫奪，這裡指伏擊。馬邑，漢縣名，即今山西朔縣。按：王恢建議引誘、伏擊匈奴單于於馬邑，事洩未果，以及王恢被殺事，詳見〈韓長孺列傳〉、〈匈奴列傳〉。[151]五月丙子，五月初三。瓠子，河水名，自今河南濮陽南引黃河水東流入濟水。此年五月黃河在瓠子河口發生泛濫。[152]十二月丁亥，十二月十八。[153]田蚡用權殺害了竇嬰、灌夫，自己也得暴病而死。按：田蚡死在元光三年，今書於四年，誤。[154]梁玉繩曰：「田蚡以三年三月卒，薛澤繼相即在其時（疑是三年五月），此及〈百官表〉書於四年，與〈功臣表〉廣平侯下書十年為丞相俱屬誤端。『五』字當改『二』字，薛澤為相之二年也。以後應遞易年數，蚡已卒矣，安得為相有五年乎？」薛澤，劉邦功臣薛歐的後代，襲其先人之爵為侯。[155]張歐，劉邦功臣張說之子，以平庸圓滑著稱，事見〈萬石張叔列傳〉。[156]灌夫、竇嬰被田蚡所殺在元光三年，今書於五年，誤。[157]南夷，指以夜郎為代表的今貴州境內的少數民族。郵亭，猶言驛站，為過往官員提供服務與傳遞文書信件之用。[158]衛青等四路出擊匈奴事詳見〈衛將軍驃騎列傳〉。但

年	序	大事記	相位	將位	御史大夫位
128	元朔元年。	衛夫人立為皇后[159]。	四	車騎將軍青出鴈門，擊匈奴。衛尉韓安國為將屯將軍，軍代，明年，屯漁陽，卒[160]。	
127	二		五	春，車騎將軍衛青出雲中，至高闕，取河南地[161]。	
126	三	匈奴敗代太守友[162]。	六		御史大夫弘[163]。
125	四	匈奴入定襄、代、上郡[164]。	七		
124	五	匈奴敗代都尉朱英[165]。 澤免相。	八 十一月乙丑，御史大夫公孫弘為丞相，封平津侯[166]。	春，長平侯衛青為大將軍，擊右賢，衛尉蘇建為游擊將軍，屬青。左內史李沮為強弩將軍，太僕賀為車騎將軍，代相李蔡為輕車將軍，岸頭侯張次公為將軍，大行息為將軍：皆屬大將軍，擊匈奴[167]。	
123	六		二	大將軍青再出定襄擊胡。合騎侯公孫敖為中將軍，太僕賀為左將軍，郎中令李廣為後將軍。翕侯趙信為前將軍，敗降匈奴。衛尉蘇建為右	

	122	121	120
	元狩元年。	二	三
	十月中，淮南王安、衡山王賜謀反，皆自殺，國除[169]。	匈奴入鴈門、代郡。江都王建反。膠東王子慶立為六安王[171]。弘卒。	匈奴入右北平、定襄[174]。
	三	四　御史大夫樂安侯李蔡為丞相。	二
將軍，敗，身脫。左內史沮為彊弩將軍。皆屬青[168]。		冠軍侯霍去病為驃騎將軍，擊胡，至祁連；合騎侯敖為將軍，出北地；博望侯張騫、郎中令李廣為將軍，出右北平[172]。	
	御史大夫蔡[170]。	御史大夫湯[173]。	

列傳誤作元光五年。此即軍事史上所講的「關市之戰」。[159]衛夫人，名子夫。夫人是皇帝姬妾的通稱。[160]雁門，漢郡名，郡治善無，在今山西左雲西。漁陽，漢郡名，郡治在今北京密雲西南。韓安國為將屯將軍二句，梁玉繩曰：「按〈匈奴傳〉及〈漢紀〉，安國屯漁陽在元光六年，此及〈安國傳〉〈百官表〉言在元朔元年，誤。且安國屯漁陽，非軍代也。軍代者乃將軍李息，是元年事。元年衛青出雁門、李息出代，正為匈奴圍安國漁陽也，此謂安國偕出軍亦誤。」[161]雲中，漢郡名，郡治在今呼和浩特西南。高闕，在今內蒙朝格旗東南。河南地，指今內蒙東勝一帶的大片河套地區。按：此即軍事史上所講的「西河朔方之戰」。[162]太守友，姓共，名友。敗，依卷一一一〈衛將軍驃騎列傳〉，應作「殺」。下二年同。[163]公孫弘，靠儒術平步青雲，事跡見〈平津侯主父列傳〉。[164]定襄，郡治在今內蒙和林格爾西北。[165]都尉，郡裡的軍事長官。[166]十一月乙丑，十一月初五。[167]衛青為大將軍二句，梁玉繩曰：「青破右賢王後乃拜大將軍，是時為車騎將軍也，此與〈匈奴傳〉同誤。又『右賢』下缺『王』字。」右賢，指匈奴右賢王，匈奴西部地區的最高君長。太僕賀為車騎將軍，梁玉繩曰：「賀與青同官，非也，傳及《漢書》無『車』字。」太僕賀，公孫賀。大行息，李息。大行，官名，主管外事活動。皆屬大將軍，梁玉繩曰：「按青本傳當云『皆屬車騎將軍』。」[168]左內史沮，李沮。左內史，猶如日後的京兆尹，唯此時分為左右二區，分別置吏。按：此役即軍事史上所講的「漠南之戰」。[169]淮南王劉安、衡山王劉賜，都是劉邦之孫，老淮南王劉長之子。淮南王都壽春，今安徽壽縣。衡山王都邾，今湖北黃岡北。[170]李蔡，李廣之弟。[171]江都王建，劉建，景帝之子，國都在今揚州市東南。膠東王子慶，劉寄之子劉慶。六安王，國都六縣，即今安徽六安。[172]祁連，山名，在今甘肅、青海交界處。按：霍去病此戰即軍事史上所說的「河西之戰」。[173]張湯，當時最有名的酷吏之一，事跡見〈酷吏列傳〉。[174]右北平，漢郡名，郡治在今內蒙寧城西南。

西元	年	大事記	相位	將位	御史大夫位
119	四		三	大將軍青出定襄，郎中令李廣為前將軍，太僕公孫賀為左將軍，主爵趙食其為右將軍，平陽侯曹襄為後將軍：擊單于175。	
118	五	蔡坐侵園壖，自殺176。	四 太子少傅武彊侯莊青翟為丞相。		
117	六	四月乙巳，皇子閎為齊王，旦為燕王，胥為廣陵王177。	二		
116	元鼎元年。		三		
115	二	青翟有罪，自殺178。	四 太子太傅高陵侯趙周為丞相179。	湯有罪，自殺180。	御史大夫慶181。
114	三		二		
113	四	立常山憲王子平為真定王，商為泗水王。六月中，河東汾陰得寶鼎182。	三		
112	五	三月中，南越相嘉反，殺其王及漢使者183。八月，周坐酎金，自殺184。	四 九月辛巳，御史大夫石慶為丞相，封牧丘侯185。	衛尉路博德為伏波將軍，出桂陽；主爵楊僕為樓船將軍，出豫章：皆破南越186。	

111	110	109	108	107	106
六	元封元年。	二	三	四	五
十二月，東越反[187]。	[190]				
二	三	四	五	六	七
故龍頟侯韓說為橫海將軍，出會稽；樓船將軍楊僕出豫章；中尉王溫舒出會稽，皆破東越[188]。		秋，樓船將軍楊僕、左將軍荀彘出遼東，擊朝鮮[192]。			
御史大夫式[189]。	御史大夫寬[191]。				

[175]大軍青出定襄，梁玉繩曰：「按匈奴、驃騎二傳及《漢書》，皆言是年衛青出定襄，霍去病出代，中分兩大軍擊匈奴，此不序去病脫也。」此即軍事史上所說的「漢北戰役」，是漢代對匈奴作戰以來最輝煌的一次，從此匈奴遠去。[176]堧，外小牆。李蔡因侵占景帝陵園的壖地，犯罪自殺。[177]四月乙巳，四月二十九。武帝封其三子劉閎、劉旦、劉胥為王事見〈三王世家〉。[178]因與其長史共同誣殺張湯被誅。[179]趙周，其父趙夷吾，七國之亂時因告反被叛王劉戊所殺，趙周因其父功被封侯，一生無事跡可述。[180]張湯被莊青翟的長史朱買臣等陷害下獄，自殺。[181]石慶，萬石君之子，以馴良圓滑著稱，事跡見〈萬石張叔列傳〉。[182]真定王，國都真定，在今石家莊東北。泗水王，國都淩縣，今江蘇泗陽西北。汾陰，漢縣名，縣治在今山西萬榮西南。[183]南越王興與其母皆欲歸漢，其相呂嘉欲令其王獨立。漢使者與南越王欲殺呂嘉，未成，呂嘉遂殺南越王興、王太后與漢使者，起兵反漢。[184]趙周死在此年九月。[185]九月辛巳，九月初六。據《漢書．百官表》趙周死於九月辛巳，石慶為丞相在九月丙申，較為合理。[186]桂陽，漢郡名，郡治即今湖南郴州。豫章，漢郡名，郡治在今南昌市城東。據〈南越列傳〉，漢朝當時為五路進兵，不止以上二將。[187]漢平南越後，閩越王餘善聞漢將請討閩越，遂發兵反。[188]會稽，漢郡名，郡治即今蘇州市。[189]卜式，以牧羊出身，事跡見〈平準書〉。[190]梁玉繩曰：「元封以後『大事紀』及『將位』多缺略不具。」[191]兒寬，以儒生平步青雲，事跡見〈儒林列傳〉。[192]遼東，漢郡名，郡治即今遼寧之遼陽市。楊僕率舟師浮海，荀彘出遼東，會師王險。王險即今平壤市。

西元	紀年	大事記	相位	將位	御史大夫位
105	六		八		
104	太初元年。	改曆，以正月為歲首[193]。	九		
103	二	正月戊寅，慶卒[194]。	十 三月丁卯，太僕公孫賀為丞相，封葛繹侯[195]。		
102	三		二		御史大夫延廣[196]。
101	四		三		
100	天漢元年[197]。		四		御史大夫卿[198]。
99	二		五		
98	三		六		御史大夫周[199]。
97	四		七	春，貳師將軍李廣利出朔方，至余吾水上；游擊將軍韓說出五原；因杅將軍公孫敖：皆擊匈奴[200]。	
96	太始元年。		八		
95	二		九		
94	三		十		御史大夫勝之[201]。
93	四		十一		
92	征和元年。	冬，賀坐為蠱死[202]。	十二		

年				
91	二	七月壬午，太子發兵殺游擊將軍說、使者江充。203	三月丁巳，涿郡太守劉屈氂為丞相，封彭城侯。204		御史大夫成。205
90	三	六月，劉屈氂因蠱斬。206	二	春，貳師將軍李廣利出朔方，以兵降胡。重合侯莽通出酒泉，御史大夫商丘成出河西，擊匈奴。207	
89	四		六月丁巳，大鴻臚田千秋為丞相，封富民侯。208		
88	後元元年。		二		

193《索隱》曰：「始用夏正也。」194正月戊寅，正月二十二。195按：公孫賀受命為丞相時，極不情願，曾痛哭推辭。196延廣，名延廣，史失其姓，前曾為膠東太守。197梁玉繩曰：「天漢以下至孝成鴻嘉元年，皆後人所續。以《漢書》校之，大半乖迕，如劉屈氂為『澎侯』而稱『彭城侯』，王章為『安平侯』而兩書『平安侯』，書元成嗣父為侯也而曰因為丞相封扶陽侯。元帝永元二年七月馮奉世擊西羌，八月任千秋別將並進，乃此移奉世擊羌之月為千秋，反遺卻奉世主帥；張禹以鴻嘉元年免相，哀帝建平二年卒，乃謂禹卒於鴻嘉之元，斯皆誤之大者。其餘年月、職官駁戾頗多，因均在刪削之列，不復匡訂矣。」徐克范曰：「若褚少孫所續太始以後，粗舉數事，事多缺旨，亦無取，故不論。」198王卿，先曾為濟南太守。199杜周，武帝時的著名酷吏，見〈酷吏列傳〉。200李廣利，武帝寵妃李夫人之兄，前因伐大宛去貳師城故任之為貳師將軍。事跡見〈大宛列傳〉。朔方，漢郡名，郡治在今內蒙烏拉特前旗東南。余吾水，即今蒙古國境內的圖拉河，地當大漠前北分界處。公孫敖，伐匈奴的將領，見〈衛將軍驃騎列傳〉。201暴勝之，先曾任繡衣直指，為皇帝檢察郡國事務。202蠱，以迷信手段祝詛害人。巫蠱是武帝聽信奸人江充挑動掀起的大冤案。203七月壬午，七月初九。韓說與奸人江充受昏了頭的武帝委派到太子宮中查抄蠱事，被太子所斬。韓說，韓王信的後代，因伐匈奴與討東越兩次被封侯。204三月丁巳，三月十一。太子斬韓說、江充後，武帝命丞相劉屈氂統兵捉拿太子，太子起兵與之戰於長安。兵敗外逃自殺。205姓商丘，名成。206劉屈氂原是奉武帝命剿殺他人之「為蠱」的，結果自己家庭也被人誣說「為蠱」，因而被斬。207李廣利出朔方，《漢書》作「出五原」。此役李廣利先與匈奴單于戰於余吾水，因聽說其家因誣蠱被滅，遂降匈奴。208六月丁巳，六月二十五。田千秋，因開導武帝，為太子申訴冤情被用為丞相。

		大事記	相位	將位	御史大夫位
87	二		三	二月己巳，光祿大夫霍光為大將軍，博陸侯；都尉金日磾為車騎將軍，秺侯；太僕安陽侯上官桀為大將軍[209]。	
86	孝昭始元元年[210]。		四 九月，日磾卒[211]。		
85	二		五		
84	三		六		
83	四		七	三月癸酉，衛尉王莽為左將軍，騎都尉上官安為車騎將軍[212]。	
82	五		八		
81	六		九		
80	元鳳元年。		十	九月庚午，光祿勳張安世為右將軍[213]。	御史大夫訢[214]。
79	二		十一		
78	三		十二	十二月庚寅，中郎將范明友為度遼將軍，擊烏丸[215]。	
77	四	三月甲戌，千秋卒[216]。	三月乙丑，御史大夫王訢為丞相，封富春侯。		御史大夫楊敞[217]。

	72	73	74	75	76
	二	孝宣本始元年[223]。	元平元年[220]。	六	五
			敞卒。		十二月庚戌，訢卒。[218]
	三	二	九月戊戌，御史大夫蔡義為丞相，封陽平侯。	十一月乙丑，御史大夫楊敞為丞相，封安平侯。	二
	七月庚寅，御史大夫田廣明為祁連將軍，龍頟侯韓曾為後將軍，營平侯趙充國為蒲類將軍，度遼將軍平陵侯范明友為雲中太守，富民侯田順為虎牙將軍，皆擊匈奴[224]。		四月甲申，光祿大夫龍頟侯韓曾為前將軍。五月丁酉，水衡都尉趙充國為後將軍，右將軍張安世為車騎將軍[221]。	九月庚寅，衛尉平陵侯范明友為度遼將軍，擊烏丸[219]。	
			御史大夫昌水侯田廣明[222]。		

[209]二月己巳，二月十六。按：以上任命是武帝臨終遺囑。武帝卒於二月十四，十六是霍光等正式上任之期。[210]昭帝名弗陵，武帝幼子。[211]金日磾卒。[212]王莽，此非日後篡漢之王莽，蓋同名。上官安，上官桀之子。[213]光祿勳，即以前之郎中令，統領皇帝侍衛及把守宮殿門戶。張安世，張湯之子。[214]王訢。[215]烏丸，即烏桓，當時游牧於今遼寧西部、內蒙東南部一帶的少數民族。[216]千秋卒，丞相田千秋卒。[217]楊敞，司馬遷的女婿。[218]丞相王訢卒。[219]九月庚寅，《漢書・昭帝紀》載此事未言月日。[220]此年四月昭帝卒。[221]韓曾，韓說之子。[222]田廣明，田千秋之子。[223]宣帝名詢，武帝的曾孫，太子劉據之孫。[224]田順，田千秋之子。

		大事記	相位	將位	御史大夫位
71	三	三月戊子，皇后崩[225]。六月乙丑，義薨。	六月甲辰，長信少府韋賢[226]為丞相，封扶陽侯。田廣明、田順擊胡還，皆自殺。充國奪將軍印。		御史大夫魏相。
70	四	十月乙卯，立霍后[227]。	二		
69	地節元年。		三		
68	二		四 三月庚午，將軍光卒。	二月丁卯，侍中、中郎將霍禹為右將軍[228]。	
67	三	立太子[229]。五月甲申，賢老，賜金百斤[230]。	六月壬辰，御史大夫魏相為丞相，封高平侯。	七月，安世為大司馬、衛將軍。禹為大司馬。	御史大夫邴吉[231]。
66	四		二 七月壬寅，禹腰斬[232]。		
65	元康元年。		三		
64	二		四		
63	三		五		
62	四		六 八月丙寅，安世卒。		

61	60	59	58	57	56	55	54
神爵元年。	二	三	四	五鳳元年。	二	三	四
上郊甘泉太畤、汾陰后土[233]。	上郊雍五畤。祋祤出寶璧玉器[234]。	三月，相卒。				正月，吉卒[238]。	
七	八	四月戊戌，御史大夫邴吉為丞相，封博陽侯。	二	三	四 五月己丑，曾卒[236]。	三月壬申，御史大夫黃霸為丞相，封建成侯。	二
四月，樂成侯許延壽為強弩將軍。後將軍充國擊羌。酒泉太守辛武賢為破羌將軍。韓曾為大司馬、車騎將軍。					五月，延壽為大司馬、車騎將軍。		
		御史大夫望之[235]。			御史大夫霸[237]。	御史大夫延年[239]。	

[225]許皇后被霍氏所殺。[226]韋賢，靠通儒經、依附權貴而位至卿相。[227]霍后，霍光之女。[228]霍禹，霍光之子。[229]太子劉奭，即日後的漢元帝。[230]老，退休。[231]邴吉，在宣帝幼年蒙難時邴吉多有救助。[232]霍氏屢為不軌，被滅門。[233]甘泉太時，即太一時，祭祀天神太一的神壇，在今陝西淳化西北的甘泉宮南。汾陰后土，祭祀地神的神壇，在今山西萬榮西南的汾水入黃河處。[234]祋祤，漢縣名，縣治在今陝西耀縣東。[235]蕭望之。[236]丞相韓曾卒。[237]黃霸。[238]丞相邴吉卒。[239]杜延年，杜周之子。

	53	52	51	50	49	48	47	46	45	44
	甘露元年。	二	三	四	黃龍元年[245]。	孝元初元元年[246]。	二	三	四	五
大事記		赦殊死，賜高年及鰥寡孤獨帛，女子牛酒[241]。	三月己丑，霸薨[243]。							
相位	三 三月丁未，延壽卒[240]。	四	七月丁巳，御史大夫于定國為丞相，封西平侯。	二	三	四	五	六	七	八
將位					樂陵侯史子長為大司馬、車騎將軍。太子太傅蕭望之為前將軍。			十二月，執金吾馮奉世為右將軍[247]。		二月丁巳，平恩侯許嘉為左將軍。
御史大夫位		御史大夫定國[242]。	太僕陳萬年為御史大夫[244]。							中少府貢禹為御史大夫。十二月丁未，長信少府薛廣德為御史大夫。

35	36	37	38	39	40	41	42	43
四	三	二	建昭元年。	五	四	三	二	永光元年。
	六月甲辰，玄成薨。253						三月壬戌朔，日蝕。	十月戊寅，定國免。248
二	七月癸亥，御史大夫匡衡為丞相，封樂安侯。	六	五	四	三	二	二月丁酉，御史大夫韋玄成為丞相，封扶陽侯。丞相賢子。	九 七月，子長免，就第。249
		弘免。252				右將軍平恩侯許嘉為車騎將軍，侍中、光祿大夫樂昌侯王商為右將軍，右將軍馮奉世為左將軍。	七月，太常任千秋為奮武將軍，擊西羌；雲中太守韓次君為建威將軍，擊羌後不行。	九月，衛尉平昌侯王接為大司馬、車騎將軍。 二月，廣德免。250
	衛尉繁延壽為御史大夫。	光祿勳匡衡為御史大夫。					二月丁酉，右扶風鄭弘為御史大夫。	七月，太子太傅韋玄成為御史大夫。251

240丞相許延壽卒。241赦殊死，凡不是死罪的犯人一律赦免。242于定國，原來任廷尉。243丞相黃霸卒。244陳萬年，以諂媚權貴著稱。245此年之十二月宣帝卒。246元帝名奭，宣帝之子。247執金吾，即以前之中尉，維持首都治安的長官。248于定國免相。249史子長免官家居。250薛廣德免御史大夫。251韋玄成，韋賢之子。252鄭弘免御史大夫。253丞相韋玄成卒。

	紀年	大事記	相位	將位	御史大夫位
34	五		三		
33	竟寧元年254。		四	六月己未，衛尉楊平侯王鳳為大司馬、大將軍。延壽卒255。	三月丙寅，太子少傅張譚為御史大夫。
32	孝成建始元年256。		五		
31	二		六		
30	三	十二月丁丑，衡免257。	七 八月癸丑，遣光祿勳詔嘉上印綬免，賜金二百斤。	十月，右將軍樂昌侯王商為光祿大夫、右將軍，執金吾弋陽侯任千秋為右將軍。譚免258。	廷尉尹忠為御史大夫。
29	四		三月甲申，右將軍樂昌侯王商為右丞相。	任千秋為左將軍，長樂衛尉史丹為右將軍。十月己亥，尹忠自刺殺。	少府張忠為御史大夫。
28	河平元年。		二		
27	二		三		
26	三		四	十月辛卯，史丹為左將軍，太僕平安侯王章為右將軍。	

25	24	23	22	21	20
四	陽朔元年。	二	三	四	鴻嘉元年。
四月壬寅，丞相商免。					三月，禹卒。
六月丙午，諸吏散騎光祿大夫張禹為丞相。	二	三		十月乙丑，左將軍，光祿勳平安侯王章卒。	四月庚辰，薛宣為丞相。
		張忠卒。[259]	九月甲子，御史大夫王音為車騎將軍。	閏月壬戌，永卒。[260]	
		六月，太僕王音為御史大夫。	十月乙卯，光祿勳于永為御史大夫。		

[254]此年七月元帝卒。[255]御史大夫繁延壽卒。[256]成帝名驁，元帝子。[257]匡衡免相。[258]張譚免御史大夫。[259]御史大夫張忠卒。[260]御史大夫于永卒。

【研　析】早在班固寫《漢書》的時候就說《史記》「十篇有目無文」，晉朝的張晏指出這十篇的具體名目時其中就有〈漢興以來將相名臣年表〉。但今天《史記》中的這篇表是從什麼時候、由什麼人增加到裡頭去的呢？詳情不得而知。但明、清以後的學者斷然否定此表非司馬遷所作的人並不多，即如梁玉繩作《史記志疑》，也認為「天漢」以前的部分是司馬遷所作。近些年來的看法大致與梁玉繩相同，認為武帝以前的部分是司馬遷所作，區別只在或斷於「元狩」、或斷於「太初」、或斷於「征和」而已。

但即以武帝以前的部分而言，問題也很多，即如「大事記」一欄，許多重大事件沒有，也有些小事反而寫得較詳。武帝時期的「大事記」有許多空格，有人認為這是司馬遷意在言外，含有「譏諷」。該書的不書是「譏諷」，不該書的書了也是「譏諷」，這樣一來就難免要失去客觀性，傑出的歷史家會存心設置這麼多悶葫蘆嗎？有人說「大事記」中寫了「行三分錢」、「行八銖錢」是體現了司馬遷的「重民用」，但武帝時代的一系列經濟活動，諸如鑄錢鹽鐵官營、平準均輸以及算緡告緡等等又為什麼不寫呢？

該表的「相位」譜列歷朝丞相比較完備，但把張蒼的「計相」也寫進去就沒有道理；「將位」應寫太尉、大將軍、驃騎將軍一流，因為他們都屬於「三公」一級；而此表的「將位」中又寫進了前、後、左、右甚至是一些雜號將軍，雜號將軍頂多相當於卿，照此而言，「相位」中緣何不寫九卿？

此表與其他九表還有一點明顯不同是出現了「倒書」。「倒書」問題，前人提出了許多解釋，這些似乎只可作為參考，難以成為定論，因為原表在簡策時代的「旁行斜上」究竟是什麼樣子誰也說不好。「倒書」是宋代刻本給我們提供的現象，是不是司馬遷的原樣尚未可知。近代彭尚木《史記識誤》云：「按本表，凡將、相、御史大夫薨、卒、罷免、遷調例皆倒書。此倒書各條均當列入『大事紀』欄內，今本皆分析而散見於各欄。原其所以倒書之故，以下欄各官此免彼任，恐讀者難明，故特倒書出之，俾讀者一見即知前後遞嬗之由。今惟涉丞相者尚在『大事紀』欄，餘則將占『相位』，御史大夫占『將位』，紛紜糅雜，失其統系。此蓋後人傳寫圖省篇幅，故移易其位置耳。」也只是一種推測。

總之，〈漢興以來將相名臣年表〉所呈現的如今這種模樣，是後人完全重作的呢？還是後人對司馬遷原表進行了大量刪削與補續而形成的呢？只有留待進一步的考古發現。

古籍今注新譯叢書

【哲學類】

新譯四書讀本	謝冰瑩等編譯
新譯學庸讀本	王澤應注譯
新譯論語新編解義	胡楚生編著
新譯孝經讀本	賴炎元等注譯
新譯易經讀本	郭建勳注譯
新譯乾坤經傳通釋	黃慶萱著
新譯易經繫辭傳解義	吳　怡著
新譯禮記讀本	姜義華注譯
新譯儀禮讀本	顧寶田等注譯
新譯孔子家語	羊春秋注譯
新譯老子讀本	余培林注譯
新譯帛書老子	趙　鋒注譯
新譯老子解義	吳　怡著
新譯莊子讀本	黃錦鋐注譯
新譯莊子讀本	張松輝注譯
新譯莊子本義	水渭松注譯
新譯莊子內篇解義	吳　怡著
新譯列子讀本	莊萬壽注譯
新譯管子讀本	湯孝純注譯
新譯墨子讀本	李生龍注譯
新譯公孫龍子	丁成泉注譯
新譯晏子春秋	陶梅生注譯
新譯鄧析子	徐忠良注譯
新譯荀子讀本	王忠林注譯
新譯尹文子	徐忠良注譯
新譯尸子讀本	水渭松注譯
新譯鶡冠子	趙鵬團注譯
新譯鬼谷子	王德華等注譯
新譯韓非子	傅武光等注譯
新譯呂氏春秋	朱永嘉等注譯
新譯韓詩外傳	孫立堯注譯
新譯淮南子	熊禮匯注譯
新譯春秋繁露	朱永嘉等注譯
新譯新書讀本	饒東原注譯
新譯新語讀本	王　毅注譯
新譯潛夫論	彭丙成注譯
新譯論衡讀本	蔡鎮楚注譯
新譯申鑒讀本	林家驪等注譯
新譯人物志	吳家駒注譯
新譯張載文選	張金泉注譯
新譯近思錄	張京華注譯
新譯傳習錄	李生龍注譯
新譯呻吟語摘	鄧子勉注譯
新譯明夷待訪錄	李廣柏注譯

【文學類】

新譯詩經讀本	滕志賢注譯
新譯楚辭讀本	林家驪注譯
新譯楚辭讀本	傅錫壬注譯
新譯文心雕龍	羅立乾注譯
新譯六朝文絜	蔣遠橋注譯
新譯世說新語	劉正浩等注譯
新譯昭明文選	周啟成等注譯
新譯古文觀止	謝冰瑩等注譯
新譯古文辭類纂	黃　鈞等注譯
新譯樂府詩選	溫洪隆注譯
新譯古詩源	馮保善注譯
新譯千家詩	邱燮友等注譯
新譯詩品讀本	成　林等注譯
新譯花間集	朱恒夫注譯
新譯南唐詞	劉慶雲注譯
新譯唐詩三百首	邱燮友注譯
新譯宋詩三百首	陶文鵬注譯
新譯宋詞三百首	汪　中注譯
新譯宋詞三百首	劉慶雲注譯
新譯元曲三百首	賴橋本等注譯
新譯明詩三百首	趙伯陶注譯
新譯清詩三百首	王英志注譯
新譯清詞三百首	陳水雲等注譯
新譯唐人絕句選	卞孝萱等注譯
新譯唐才子傳	戴揚本注譯
新譯拾遺記	石　磊注譯
新譯搜神記	黃　鈞注譯
新譯唐傳奇選	束　忱等注譯
新譯宋傳奇小說選	束　忱注譯
新譯明傳奇小說選	陳美林等注譯
新譯容齋隨筆選	朱永嘉等注譯
新譯明散文選	周明初注譯
新譯人間詞話	馬自毅注譯

新譯白香詞譜	劉慶雲注譯
新譯幽夢影	馮保善注譯
新譯菜根譚	吳家駒注譯
新譯小窗幽記	馬美信注譯
新譯圍爐夜話	馬美信注譯
新譯郁離子	吳家駒注譯
新譯歷代寓言選	黃瑞雲注譯
新譯賈長沙集	林家驪注譯
新譯揚子雲集	葉幼明注譯
新譯曹子建集	曹海東注譯
新譯建安七子詩文集	韓格平注譯
新譯阮籍詩文集	林家驪注譯
新譯嵇中散集	崔富章注譯
新譯陸機詩文集	王德華注譯
新譯陶淵明集	溫洪隆注譯
新譯江淹集	羅立乾等注譯
新譯庾信詩文選	歸　青注譯
新譯初唐四傑詩集	李福標注譯
新譯駱賓王文集	黃清泉注譯
新譯王維詩文集	陳鐵民注譯
新譯孟浩然詩集	楊　軍注譯
新譯李白詩全集	郁賢皓注譯
新譯李白文集	郁賢皓注譯
新譯杜甫詩選	張忠綱等注譯
新譯杜詩菁華	林繼中注譯
新譯高適岑參詩選	孫欽善等注譯
新譯昌黎先生文集	周啟成等注譯
新譯劉禹錫詩文選	閻　琦注譯

新譯柳宗元文選	卞孝萱等注譯
新譯白居易詩文選	陶　敏等注譯
新譯元稹詩文選	郭自虎注譯
新譯李賀詩集	彭國忠注譯
新譯杜牧詩文集	張松輝注譯
新譯李商隱詩選	朱恒夫等注譯
新譯范文正公選集	王興華等注譯
新譯蘇洵文選	羅立剛注譯
新譯蘇軾文選	滕志賢注譯
新譯蘇軾詞選	鄧子勉注譯
新譯蘇轍文選	朱　剛注譯
新譯曾鞏文選	高克勤注譯
新譯王安石文選	沈松勤注譯
新譯唐宋八大家文選	鄧子勉注譯
新譯柳永詞集	侯孝瓊注譯
新譯李清照集	姜漢椿等注譯
新譯陸游詩文選	韓立平注譯
新譯辛棄疾詞選	聶安福注譯
新譯歸有光文選	鄔國平注譯
新譯唐順之詩文選	馬美信注譯
新譯徐渭詩文選	周　群等注譯
新譯薑齋文集	平慧善注譯
新譯顧亭林文集	劉九洲注譯
新譯方苞文選	鄔國平等注譯
新譯袁枚詩文選	王英志注譯
新譯李慈銘詩文選	潘靜如注譯
新譯聊齋誌異全集	袁世碩等注譯
新譯聊齋誌異選	任篤行等注譯

新譯閱微草堂筆記	嚴文儒注譯
新譯浮生六記	馬美信注譯
新譯弘一大師詩詞全編	徐正綸編著

歷史類

新譯史記	韓兆琦注譯
新譯漢書	吳榮曾等注譯
新譯後漢書	魏連科等注譯
新譯三國志	吳樹平等注譯
新譯資治通鑑	韓兆琦等注譯
新譯史記—名篇精選	韓兆琦注譯
新譯尚書讀本	吳　璵注譯
新譯尚書讀本	郭建勳注譯
新譯周禮讀本	賀友齡注譯
新譯逸周書	牛鴻恩注譯
新譯左傳讀本	郁賢皓等注譯
新譯公羊傳	雪　克注譯
新譯穀梁傳	顧寶田注譯
新譯春秋穀梁傳	周　何注譯
新譯戰國策	溫洪隆注譯
新譯國語讀本	易中天注譯
新譯說苑讀本	左松超注譯
新譯說苑讀本	羅少卿注譯
新譯新序讀本	葉幼明注譯
新譯吳越春秋	黃仁生注譯
新譯西京雜記	曹海東注譯
新譯列女傳	黃清泉注譯
新譯越絕書	劉建國注譯

新譯燕丹子　曹海東注譯
新譯東萊博議　李振興等注譯
新譯唐六典　朱永嘉等注譯
新譯唐摭言　姜漢椿注譯

【宗教類】

新譯金剛經　徐興無注譯
新譯高僧傳　朱恒夫等注譯
新譯碧巖集　吳　平注譯
新譯百喻經　顧寶田注譯
新譯楞嚴經　賴永海等注譯
新譯梵網經　王建光注譯
新譯法句經　劉學軍注譯
新譯六祖壇經　李中華注譯
新譯禪林寶訓　李中華注譯
新譯維摩詰經　陳引馳等注譯
新譯經律異相　顏洽茂注譯
新譯阿彌陀經　蘇樹華注譯
新譯無量壽經　邱高興注譯
新譯無量壽經　蘇樹華注譯
新譯妙法蓮華經　張松輝注譯
新譯景德傳燈錄　顧宏義注譯
新譯大乘起信論　韓廷傑注譯
新譯釋禪波羅蜜　蘇樹華注譯
新譯八識規矩頌　倪梁康注譯
新譯永嘉大師證道歌　蔣九愚注譯
新譯華嚴經入法界品　楊維中注譯
新譯地藏菩薩本願經　李承貴注譯

新譯悟真篇　劉國樑等注譯
新譯无能子　張松輝注譯
新譯坐忘論　張松輝注譯
新譯列仙傳　張金嶺注譯
新譯抱朴子　李中華注譯
新譯神仙傳　周啟成注譯
新譯性命圭旨　傅鳳英注譯
新譯老子想爾注　顧寶田等注譯
新譯周易參同契　劉國樑注譯
新譯道門觀心經　王　卡注譯
新譯養性延命錄　曾召南注譯
新譯樂育堂語錄　戈國龍注譯
新譯沖虛至德真經　張松輝注譯
新譯長春真人西遊記　顧寶田等注譯
新譯黃庭經・陰符經　劉連朋等注譯

【軍事類】

新譯司馬法　王雲路注譯
新譯尉繚子　張金泉注譯
新譯三略讀本　傅　傑注譯
新譯六韜讀本　鄔錫非注譯
新譯吳子讀本　王雲路注譯
新譯孫子讀本　吳仁傑注譯
新譯李衛公問對　鄔錫非注譯

【教育類】

新譯爾雅讀本　陳建初等注譯
新譯顏氏家訓　李振興等注譯

新譯聰訓齋語　馮保善注譯
新譯曾文正公家書　湯孝純注譯
新譯三字經　黃沛榮注譯
新譯百家姓　馬自毅等注譯
新譯幼學瓊林　馬自毅注譯
新譯增廣賢文・千字文　馬自毅注譯
新譯格言聯璧　馬自毅注譯

【政事類】

新譯商君書　貝遠辰注譯
新譯鹽鐵論　盧烈紅注譯
新譯貞觀政要　許道勳注譯

【地志類】

新譯山海經　楊錫彭注譯
新譯水經注　陳橋驛等注譯
新譯佛國記　楊維中注譯
新譯大唐西域記　陳　飛等注譯
新譯洛陽伽藍記　劉九洲注譯
新譯徐霞客遊記　黃　珅注譯
新譯東京夢華錄　嚴文儒注譯

◎新譯商君書

貝遠辰／注譯　陳滿銘／校閱

《商君書》是匯集商鞅及其同派言論而成的一部重要典籍，先秦法家學派的代表作之一。書中含有商鞅個人及商鞅一派法家其他成員的思想觀點，主要記載了商鞅輔佐秦孝公進行革新變法、重農重戰、重刑厚賞、反斥儒家言論等具體措施與主張。秦國最後能併吞六國、一統天下，從書中即可一窺其歷史緣由與根據。本書詳為導讀和注譯，書後還附錄〈戰國兩漢文集中有關商鞅的記述〉與〈校勘〉兩篇，幫助現代讀者通讀原典，掌握要義。